KB190621

CNB 510
개혁주의 신앙고백 강좌 시리즈
참된 신앙을 위한 소중한 시금석

- 1647 -

웨스트민스터 신앙고백

이 광 호

2018년

교회와성경

지은이 | 이광호

영남대학교와 경북대학교대학원에서 법학과 서양사학을 공부했으며, 고려신학대학원(M.Div.)과 ACTS(Th.M.)에서 신학일반 및 조직신학을 공부한 후 대구가톨릭대학교(Ph.D.)에서 선교학을 위한 비교종교학을 연구하였다. '홍은개혁신학연구원' 에서 성경신학 담당교수를 비롯해 고신대학교, 고려신학대학원, 영남신학대학교, 브니엘신학교, 대구가톨릭대학교, 숭실대학교 등에서 학생들을 가르쳤으며, 이슬람 전문선교단체인 국제 WIN선교회 한국대표를 지냈다. 현재는 실로암교회에서 담임목회를 하며 조에성경신학연구원과 부경신학연구원에서 강의하며, 달구벌기독학술연구회 회장으로 봉사하고 있다.

저서

- 성경에 나타난 성도의 사회참여(1990)
- 갈라디아서 강해(1990)
- 더불어 나누는 즐거움(1995)
- 기독교관점에서 본 세계문화사(1998)
- 세계 선교의 새로운 과제들(1998)
- 이슬람과 한국의 민간신앙(1998)
- 아빠, 교회 그만하고 슈퍼하자요(1995)
- 교회와 신앙(2002)
- 한국교회 무엇을 개혁할 것인가(2004)
- 한의 학제적 연구(공저)(2004)
- 세상속의 교회(2005)
- 한국교회의 문제점과 극복방안(공저)(2005)
- 교회, 변화인가 변질인가(2015)
- CNB 501 에세이 산상수훈(2005)
- CNB 502 예수님 생애 마지막 7일(2006)
- CNB 503 구약신학의 구속사적 이해(2006)
- CNB 504 신약신학의 구속사적 이해(2006)
- CNB 505 창세기(2007)
- CNB 506 바울의 생애와 바울서신(2007)
- CNB 507 손에 잡히는 신앙생활(2007)
- CNB 508 아름다운 신앙생활(2007)
- CNB 509 열매 맺는 신앙생활(2007)
- CNB 510 웨스트민스터 신앙고백(2008)
- CNB 511 사무엘서(2010)
- CNB 512 요한복음(2009)
- CNB 513 요한계시록(2009)
- CNB 514 로마서(2010)
- CNB 515 야고보서(2010)
- CNB 516 다니엘서(2011)
- CNB 517 열왕기상하(2011)
- CNB 518 고린도전후서(2012)
- CNB 519 개혁조직신학(2012)
- CNB 520 마태복음(2013)
- CNB 521 히브리서(2013)
- CNB 522 출애굽기(2013)
- CNB 523 목회서신(2014)
- CNB 524 사사기, 룻기(2014)
- CNB 525 옥중서신(2014)
- CNB 526 요한 1, 2, 3서, 유다서(2014)
- CNB 527 레위기(2015)
- CNB 528 스코틀랜드 신앙고백서(2015)
- CNB 529 이사야(2016)
- CNB 530 갈라디아서(2016)
- CNB 531 잠언(2017)
- CNB 532 욥기(2018)
- CNB 533 교회헌법해설(2018)
- CNB 534 사도행전(2018)

역서

- 모슬렘 세계에 예수 그리스도를 심자(Charles R. Marsh, 1985년, CLC)
- 예수님의 수제자들(F. F. Bruce, 1988년, CLC)
- 치유함을 받으라(Colin Urquhart, 1988년, CLC)

홈페이지 http://siloam-church.org

웨스트민스터 신앙고백

CNB 510
웨스트민스터 신앙고백

A STUDY ON THE WESTMINSTER
CONFESSION OF FAITH
by Kwangho Lee

Published by the Church & Bible Publishing House

초판 인쇄 | 2009년 11월 28일
재판 발행 | 2018년 6월 16일
3판 발행 | 2018년 7월 27일

발행처 | 교회와성경
주소 | 평택시 특구로 43번길 90 (서정동)
전화 | 031-662-4742
등록번호 | 제2012-03호
등록일자 | 2012년 7월 12일

발행인 | 문민규
지은이 | 이광호
편집주간 | 송영찬
편집 | 신명기
디자인 | 조혜진

총판 | (주) 비전북출판유통
주소 | 경기도 고양시 일산서구 송산로 499-10 (우) 10212
전화 | 031-907-3927(대) 팩스 031-905-3927

값은 표지에 있습니다.
파손된 책은 구입처나 출판사에서 교환해 드립니다.
ISBN 978-89-98322-27-4 93230

Printed in Seoul of Korea

웨스트민스터 신앙고백

A STUDY ON THE WESTMINSTER CONFESSION OF FAITH

CNB시리즈
서 문

CNB The Church and The Bible 시리즈는 개혁신앙의 교회관과 성경신학적 구속사 해석에 근거한 신·구약 성경 연구 시리즈이다.

이 시리즈는 보다 정확한 성경 본문 해석을 바탕으로 역사적 개혁 교회의 면모를 조명하고 우리 시대의 교회가 마땅히 추구해야 할 방향을 제시함으로써 교회의 삶과 문화를 창달하는 것을 그 목적으로 하고 있다.

따라서 이 시리즈는 진지하게 성경을 연구하며 본문이 제시하는 메시지에 충실하고 있다. 그렇다고 이 시리즈가 다분히 학문적이거나 또는 적용이라는 의미에 국한되지 않는다. 학구적인 자세는 변함 없지만 궁극적으로 하나님의 나라를 지향함에 있어 개혁주의 교회관을 분명히 하기 위해 보다 더 관심을 가진다는 의미이다.

본 시리즈의 집필자들은 이미 신·구약 계시로써 말씀하셨던 하나님께서 지금도 말씀하고 계시며, 몸된 교회의 머리이자 영원한 왕이신 그리스도께서 지금도 통치하시며, 태초부터 모든 성도들을 부르시어 복음으로 성장하게 하시는 성령께서 지금도 구원 사역을 성취하심으로써 창세로부터 종말에 이르기까지 거룩한 나라로서 교회가 여전히 존재하고 있음을 그 무엇보다도 중요하게 여기고 있다.

아무쪼록 이 시리즈를 통해 계시에 근거한 바른 교회관과 성경관을 가지고 이 땅에 진정한 그리스도인의 삶과 문화가 확장되기를 바라는 바이다.

시리즈 편집인

김영철 목사, 미문(美聞)교회 목사, Th.M.
송영찬 목사, 기독교개혁신보 편집국장, M.Div.
오광만 목사, 대한신학대학원대학교 교수, Ph.D.
이광호 목사, 실로암교회 목사, Ph.D.

머리글

우리 시대의 교회들은 신앙의 진지함을 상실한 안타까운 형편에 빠져 있다. 특히 한국교회의 부정적인 특색 가운데 하나는 전통적인 신앙고백서의 내용과 의미를 모른 채 자기의 신앙을 고백하는 기奇현상이 일어나고 있다는 사실이다. 이는 감정적인 종교성의 표출일 뿐 진정한 신앙고백이 될 수 없다. 이런 안타까운 현상은 비단 한국교회뿐 아니라 전 세계적인 추세가 되어 가고 있는 실정이다.

웨스트민스터 신앙고백서는 종교개혁시대 이후 영국을 포함한 서구의 교회들이 빛을 잃어 세속화되고 국가와 사회가 혼란스러웠던 17세기 중엽 영국에서 작성되었다. 그것은 올바른 교회를 확립하고자 하는 역사적 몸부림이었으며 거기에는 하나님의 놀라운 은혜가 있었다. 혼탁한 시대에 처한 교회의 요청에 따라 성경의 가르침을 절대 표준으로 삼는 121명의 목사 및 신학자들과 18명의 귀족들, 그리고 20명의 하원의원들 등 총 159명의 성도들이 영국의 런던London에 위치한 웨스트민스터 Westminster 사원Abbey에 모여 약 5년 8개월(1643.7.1-1649.2.22)에 걸쳐 신앙고백서를 작성했다.

이 신앙고백서 작성에 참여했던 당시 신앙의 선배들은 진정으로 하나님을 경외하는 이들로서 신구약성경이 유일한 하나님의 말씀이라는 사실을 분명히 깨닫고 있었다. 하지만 거기에 참여했던 모든 구성원들이 완벽하게 일치된 입장을 가지지는 않았을 것이다. 그들은 전체적인 신학적 검토와 더불어 공동의 의견을 수렴했을 것이 분명하다. 따라서 신앙고백서의 문구에 표현되지 않은 소수의 의견을 추론해 보는 것도 의미가 있다. 필자가 본서에서 약간의 비평적 해석을 수반하게 된 것은 그것을 통해 성경과 신학을 통한 의미를 더욱 명확히 하고자 함이다.

그렇다면 17세기 중엽 영국에서 작성된 웨스트민스터 신앙고백서가 21세기 초엽 한국교회와 무슨 상관이 있다는 말인가? 우리는 이 점을 이해하기 위해 교회의 상속에 대한 의미를 분명히 깨달아야 한다. 웨스트민스터 신앙고백서는 우리가 알지 못하는 외국의 성도들이 오래전에 작성한 문서라고 막연하게 생각해서는 안 된다. 그들은 역사적으로 우리에게 교회를 상속해 준 우리의 직접적인 믿음의 선배들이었다. 그러므로 역사와 지리적인 관점에서 멀리 떨어져 있다고 여겨질지 모르지만 그들은 교회의 중심축 가운데 존재했던 성도들이었다.

따라서 우리는 웨스트민스터 신앙고백서를 역사적 보편교회를 위한 공적인 고백문서로 받아들인다. 즉 시대와 민족, 장소에 국한되는 것이 아니라 그것을 통해 역사적 교회 가운데 역사했던 하나님의 인도하심을 보게 되는 것이다. 그러므로 웨스트민스터 신앙고백서는 우리 시대에도 참된 신앙을 위한 소중한 시금석이 된다. 더구나 성경에 대한 자유주의 사상이 난무하고 교회가 혼탁하게 된 '말세지말末世之末'에 살고 있는 성도들에게 중요한 신앙적 근간이 되는 것이다.

대다수 한국 장로교회들은 웨스트민스터 신앙고백서를 채택하고 있다. 하지만 각 교단에 따라 고백서의 내용이 다소간 차이가 난다. 대한예수교 장로회 합신과 합동 교단의 경우 17세기 영국에서 작성된 총33장으로 구성된 전통적 웨스트민스터 신앙고백서를 기본으로 하는 고백문서를 받아들이고 있는 반면, 고신과 통합 교단은 미국 장로교단에서 수정한 총35장으로 구성된 고백서를 받아들이고 있다. 이 책에서는 미국교회의 수정된 고백서에 첨가된 제34장과 제35장은 불필요한 것으로 보아 전통적 웨스트민스터 신앙고백서를 기초로 하고 있다.[1)]

1) 신득일, "웨스트민스터 신앙고백 제34,35장에 대한 평가", 『고려신학보』, 제 19집, 고려신학대학원, 1990, pp.65,66. 참조.

고백서의 내용상 차이와는 무관하게 한국 장로교회들에서는 대개 세례를 베풀 때나 목사, 장로, 집사 등 임직을 할 때 웨스트민스터 신앙고백서에 대한 공적인 고백을 요구하며 그에 대한 서약을 한다. 그러나 문제는 웨스트민스터 신앙고백서를 공적으로 서약하고 입으로 고백하면서도 그 고백문 안에 기록된 구체적인 내용들에 대해서는 극도로 무관심하다는 사실이다.

공적인 고백을 하기 위해서는 신앙고백서의 내용과 의미를 명확히 이해하는 것이 필수적이다. 만일 그 고백서의 내용을 알지 못한 채 입술로만 형식적으로 고백한다면 그것은 위선적인 거짓고백에 지나지 않는다. 웨스트민스터 신앙고백서를 교회의 공적인 고백문서로 채택하고 있으면서 적절한 해석없이 그와 무관한 반대적인 주장을 지속한다면 여간 심각한 문제가 아니다.

웨스트민스터 신앙고백서가 작성될 당시의 환경과 우리 시대를 비교해 볼 때 상당한 차이가 나는 것이 사실이다. 그 점을 감안한다 할지라도 우리는 웨스트민스터 신앙고백서에 담겨있는 내용들을 통해 우리가 살고 있는 현대 사회와 그에 속한 교회들을 충분히 해석할 수 있다. 세상은 변해도 하나님의 말씀은 변하지 않으며 환경이 변해도 우리의 고백은 변할 수 없기 때문이다.

필자는 한글로 번역된 웨스트민스터 신앙고백서들이 미흡하다는 판단하에 전반적으로 다시 번역하고 각 항목에 간단한 해설들을 달았다. 이 책이 출간되기까지 필자의 원고를 교정해 준 고려신학대학원 손재익 형제에게 감사의 마음을 전한다. 새로운 번역과 해설을 단 이 책을 통해 한국교회의 신앙이 더욱 견실해져 가기를 바라는 마음 간절하다.

2007년 가을

이 광 호

목 차

웨스트민스터 신앙고백서

-전문-

웨스트민스터 신앙고백서

제1장
성 경

1 '피조세계의 조명'과 '창조와 섭리의 사역'을 통해 하나님의 선하심과 지혜와 능력이 분명하게 나타나 있다. 이 점에 있어서 아무도 하나님을 모른다고 핑계할 수 없다. 그러나 그것들이 구원에 이르게 할 정도로 하나님과 그의 뜻을 알게 하는 데 충분한 것은 아니다. 그러므로 하나님은 과거 여러 시대에 다양한 모양으로 그의 교회에 자기 자신을 드러내시고 그의 뜻을 계시해 주시기를 기뻐하셨다. 그리고 그후에는 계시된 진리를 전체적으로 기록하도록 하신 것이 하나님의 기뻐하신 뜻이었다. 그렇게 하여 기록된 책이 곧 성경이다. 나아가 성경을 기록한 목적은 진리가 보다 잘 보존되고 전파되며 육체의 타락과 사탄과 세상의 악에 대하여 교회를 더욱 견고하게 하며 위로하시기 위함이었다. 이 같은 이유로 진리를 온전히 기록한 성경이 절대적으로 필요하게 된 것이다. 그리하여 성경이 완성된 후에는 이전에 하나님께서 자기백성에게 자신의 뜻을 직접 계시해 주시던 과거의 방식들은 이제 중단되었다.

2 성경 혹은 기록된 하나님의 말씀은 구약과 신약의 모든 책들로 이루어졌는데 그것들은 다음과 같다.

[구약] : 창세기 출애굽기 레위기 민수기 신명기 여호수아 사사기 룻기 사무엘상 사무엘하 열왕기상 열왕기하 역대기상 역대기하 에스라 느헤미야 에스더 욥기 시편 잠언 전도서 아가 이사야 예레미야 예레미야애가 에스겔 다니엘 호세아 요엘 아모스

오바댜 요나 미가 나훔 하박국 스바냐 학개 스가랴 말라기

[신약] : 마태복음 마가복음 누가복음 요한복음 사도행전 로마서 고린도전서 고린도후서 갈라디아서 에베소서 빌립보서 골로새서 데살로니가전서 데살로니가후서 디모데전서 디모데후서 디도서 빌레몬서 히브리서 야고보서 베드로전서 베드로후서 요한일서 요한이서 요한삼서 유다서 요한계시록

이 모든 책들은 하나님의 직접적인 영감에 의해 우리에게 주어진 것으로서 신앙과 삶의 유일한 법칙이 된다.

3 일반적으로 외경外經이라 불리는 책들은 하나님의 영감靈感으로 된 것이 아니므로 정경正經에 속하지 않으며, 따라서 교회에서 아무런 권위를 가지지 못한다. 그것은 인간들의 저작품일 뿐 그 이상 달리 인정받거나 사용될 수 없다.

4 우리가 성경을 믿어 그에 마땅히 순종하는 것은 성경의 권위 때문이다. 그 권위는 어떤 사람이나 교회의 증거로 인해 부여된 것이 아니라 전적으로 그 저자이시며 진리 자체이신 하나님께 달린 것이다. 그러므로 우리가 성경의 권위를 받아들이는 것은 그것이 하나님의 말씀이라는 이유 때문이다.

5 우리는 교회의 증거에 의해 감동을 받아 성경을 고상하고 존엄하게 여기는 데 이르게 된다. 그것을 입증하는 논증들은 곧 성경에 기록된 진리의 신령함, 교리의 능력, 문체의 장엄성, 각 내용의 일치성, 하나님의 영광을 위한 전체적인 통일성, 인간 구원을 위한 유일한 길을 밝혀주는 충분한 내용전개, 그밖의 비교할 수 없는 탁월성과 성경 전체의 완전성 등이다. 성경의 이런 속성들은 성경이 하나님의 말씀이라는 사실을 충분히 증거해 주고 있다. 그러나 성경이 오류가 없는 진리이자 신적인 권위를

가지고 있다는 사실을 우리가 확신하는 것은 무엇보다 우리의 심령heart 속에서 말씀으로 증거하시는 성령의 내적인 사역으로 말미암는다.

6 하나님의 영광, 인간의 구원, 그리고 신앙과 삶에 필요한 하나님의 모든 뜻은 성경에 명백히 기록되어 있다. 그렇지 않은 것들은 선하고 적절한 논리에 의하여 성경에서 추론해 낼 수 있다. 그러므로 성경에는 그 어느 때라 하더라도 성령의 새로운 계시나 인간의 전통을 첨가할 수 없다. 그럼에도 불구하고 우리가 말씀에 계시된 것을 구원받는 데 유효하도록 깨달으려면 성령의 내적 조명을 받아야만 한다. 다만 하나님께 드리는 예배의 형식과 교회정치에 관해서는 인간들의 일반적인 활동이나 모임에서처럼 격식들이 있을 수 있다. 하지만 그런 경우에도 하나님의 말씀의 일반적인 법칙들에 근거한 성도의 분별력과 만물을 통해 드러나는 조명에 따라 행해져야 한다.

7 성경에 기록된 모든 진리는 획일적으로 명백히 동일하게 표현되어 있지는 않다. 그러나 우리가 믿고 지켜야 할 구원의 도리는 성경에 분명히 설명되어 나타나 있다. 그러므로 유식한 자나 무식한 자를 막론하고 평범한 지각을 온당하게 사용한다면 그 진리들을 충분히 깨달을 수 있다.

8 히브리어(구약시대 하나님의 백성이 사용한 언어)로 기록된 구약성경과 헬라어(그 기록 당시의 모든 나라들에 일반적으로 알려진 언어)로 기록된 신약성경은 하나님에 의해 직접 영감되었으며, 하나님의 비상한 보호와 섭리에 의해 모든 시대에 걸쳐 순수하게 보전保全되어 왔다. 그러므로 이 책들은 권위 있고 신뢰할 만한 것이다. 따라서 모든 종교적 논쟁에 있어서 교회는 성경에 근거하여 그 최종적인 결론을 내려야 한다. 성경 원어를 알지 못하는 자라 할지라도 하나님의 자녀로서 성경을 읽을 권리를 가

지고 있으며, 그들 역시 하나님을 경외하는 마음으로 성경을 읽고 연구하도록 명령받았다. 그러므로 성경은 전수(傳受)된 모든 나라의 평범한 언어로 번역되어야 한다. 그렇게 함으로써 하나님 말씀이 모든 사람들에게 풍성하게 거하게 하여, 그들이 합당한 방법으로 예배할 수 있게 하며 성경이 주는 인내와 위로를 통해 소망을 가질 수 있도록 해야 한다.

9 성경 해석상 오류를 피할 수 있는 방법은 성경으로 성경을 해석하는 것이다. 그러므로 어떤 성경구절의 참되고 온전한 뜻(여럿이 아니고 하나뿐임)을 찾는 데 어려움이 있으면 그 뜻을 더 명백히 나타내는 다른 성경구절들을 통해 그것을 밝혀야 한다.

10 최고의 재판관은 성경을 통해 말씀하시는 성령 외에는 어느 누구도 될 수 없다. 이 재판관에 의해 종교에 관한 모든 논쟁들이 결정되어야 하며, 교회 회의의 모든 신조들과, 이전 신학자들의 학설들 및 인간의 교훈들, 그리고 거짓 영들이 검토되어야 한다. 그의 판결에 대해서는 누구든지 순복해야 한다.

제2장
하나님과 삼위일체

1 살아 계시고 참된 하나님은 오직 한 분이시다. 그는 그 존재와 속성에 있어 무한하시고, 지극히 순결하신 영으로서 보이지 아니하며, 몸이나 지체나 성정이 없으시다. 그는 변치 않으며, 무궁하시고, 영원하셔서 인간이 측량하지 못한다. 그는 전능하시고, 지극히 지혜로우시고, 지극히 거룩하시고, 지극히 자유로우시고, 지극히 절대적이어서 그 변치 않는 의로운 뜻에 따라 모든 일들을 행하시되 자기의 영광을 위하여 행하신다. 그는 사랑이 지극하시며, 은혜로우시며, 자비로우시며, 오래 참

으시며, 인자하심과 진실하심이 풍부하셔서 사람들의 불의와 범행과 죄를 용서하시며, 부지런히 그를 찾는 자에게 보상해 주신다. 동시에 그의 심판은 지극히 공의롭고 두려우며, 그는 모든 죄를 미워하시므로 죄를 회개치 않고 스스로 고집하여 죄 짐을 지고 있는 자들을 결단코 면죄免罪하지 않으신다.

2 하나님은 모든 생명의 근원이시며, 영광과 선하심과 복되심이 그 안에 있다. 또한 모든 것이 그에게서 나오며 홀로 그 자신 안에서 스스로 만족하신다. 따라서 그는 자기가 만드신 피조물의 도움을 필요로 하지 않으시며, 그것들에게서 아무 영광도 얻으려 하지 않으신다. 다만 자신의 영광을 그것들 안에서 그것들로 말미암아 그것들을 상대로 그것들 위에 나타내실 뿐이다. 그분만이 모든 존재들의 유일한 근원이시며 만물이 그에게서 나오고 그로 말미암으며 그에게로 돌아간다. 그는 절대적인 주권을 가지고 그것들을 다스리시되 자신의 기뻐하시는 뜻대로 하시며 그것들을 위해 일하신다. 그의 앞에서는 만물이 가려지지 않고 그대로 드러나며 나타난다. 따라서 그의 지식은 무한하시고 무오하시며 피조물에 전혀 의존하지 않으신다. 그에게는 우연이란 것이 없으며 불확실한 것도 전혀 없다. 그는 자신의 모든 계획이나 모든 행사 그리고 모든 명령에 있어서 지극히 거룩하시다. 그는 천사들과 인간들과 기타 모든 피조물들로부터 그가 요구하시는 기쁜 예배와 봉사 및 순종을 받으시는 것이 마땅하다.

3 하나님의 본체本體는 하나이시며 동시에 삼위三位이시다. 즉 본체와 능력과 영원성에 있어서 동일한 삼위가 단일한 신격 안에 계신다. 이들은 성부 하나님, 성자 하나님, 성령 하나님이시다. 성부께서는 아무에게도 기원하지 않으시고 출생된 바 없으시며 나오시지도 않는다. 성자께서는 아버지로 말미암아 영원히 나신 바 되시고, 성령께서는 아버지

와 아들에게서 영원히 나오신다.

제3장
하나님의 영원한 작정

1 하나님께서는 영원 전부터 장차 있을 모든 일들을 작정하셨는데, 이는 그의 뜻에 가장 지혜롭고 거룩한 계획대로 하셨으며, 자유롭고 변치 않게 하셨다. 그러나 그는 죄의 조성자가 아닐 뿐만 아니라, 피조물들의 의지를 억압하지도 않으셨다. 또한 그는 제2원인들의 자유나 우연성을 제거하지 않으시며 오히려 확립하신다.

2 하나님께서는 모든 예상되는 조건들에 근거하여 장차 무슨 일들이 일어날지 알고 계신다. 그러나 그가 예지豫知하시는 그 지식을 따라 일들을 예정하신 것이 아니다.

3 하나님께서는 자신의 영광을 위한 작정에 따라 어떤 사람들과 천사들은 영원한 생명을 얻도록 예정하셨으며 또 다른 어떤 자들은 영원한 사망에 이르도록 예정하셨다.

4 이 천사들과 사람들에 대한 예정은 개별적으로 완벽하게 그리고 변치않게 계획되어 있다. 그러므로 그들의 수효는 확실하고 확정적이므로 거기에 더하거나 뺄 수가 없다.

5 하나님께서는 영생을 얻도록 예정된 자들을 창세전에 선택하셨다. 이 선택은 하나님께서 자신의 영원불변한 목적과 그 기쁘신 뜻, 그리고 오묘한 계획에 따라 이루어졌으며 그리스도 안에서 그들로 하여금 영원한 영광을 얻도록 하기 위한 것이었다. 이는 전적으로 그의 거저 주시

는 은혜와 사랑으로 말미암은 것일 뿐 장래에 있을 그들의 신앙과 선행에 대한 하나님의 예지와는 아무런 상관이 없다. 그러므로 우리는 하나님의 선택을 기억하며 그의 영화로우신 은혜를 찬송하게 될 따름이다.

6 하나님께서는 택한 자들을 영광에 이르도록 작정하신 것처럼, 그의 영원하고 지극히 자유로운 뜻에 따라 구원사역을 위한 모든 성취방법들을 미리 정하셨다. 그러므로 선택받은 자들은 아담 안에서 타락했으나 그리스도로 말미암아 구원을 얻으며 때를 따라 역사하시는 성령을 통해 그리스도 안에서 유효한 부르심을 받아 믿음에 이르러 의롭다 함을 받아 양자되고 성화되며 믿음으로 말미암아 구원이 완성되기까지 하나님의 능력으로 보호받게 된다. 하지만 선택받은 자 외에는 어느 누구에게도 이와 같은 일이 발생하지 않는다.

7 하나님의 자녀로 선택받은 자들 이외의 나머지 인간들에 대해서는 하나님께서 그들을 내버려두어 저들의 죄로 인해 치욕적인 형벌과 하나님의 진노를 당하도록 작정하셨다. 이는 그의 영광스러운 공의를 찬미케 하시기 위함이다. 그가 이렇게 하신 것은 은혜를 베풀 수도 있고 베풀지 않을 수도 있는 측량할 수 없는 그의 계획에 따라 하신 것으로서 그것은 피조물들 위에 행하시는 자신의 주권적인 능력의 영광을 나타내시기 위한 것이다.

8 지극히 신비로운 이 예정교리는 특별히 신중하고 주의깊게 다루어져야 한다. 이는 성경에 계시된 하나님의 뜻을 지켜 순종하는 사람들로 하여금 그 자신들이 효과적으로 부르심을 받은 사실과 영생을 얻게 된 사실을 확신케 해 준다. 그렇게 됨으로써 이 교리가 하나님을 향하여 찬송과 경의와 존귀함을 돌리게 하며, 진정으로 복음에 순종하는 자들은 이 교리로 말미암아 겸손과 근면한 자세와 더불어 풍성한 위로를 받게 된다.

제4장
창 조

1 태초에 삼위일체 하나님께서는 그의 영원하신 능력과 지혜와 선하신 영광을 나타내시기 위해 엿새 동안 무無에서부터 세계와 그 가운데 있는 보이는 것들과 보이지 않는 것들을 선하게 창조하신 후 그 모든 세계를 보시며 심히 만족해 하셨다.

2 하나님께서 다른 모든 피조물들을 창조하신 후 인간을 남자와 여자로 지으셨는데, 이성을 가진 불멸의 영혼들로 지으셨다. 그들에게는 하나님의 형상을 따라 지식과 의와 참된 거룩함이 주어졌으며 그 심령에 새겨진 하나님의 율법을 실행할 능력도 부여되었다. 그런데, 그들은 변할 수 있는 자유의지에 의해 범죄의 가능성 아래 있었다. 그들은 자신의 심령에 새겨진 율법 외에 선악을 알게 하는 나무의 열매를 따먹지 말라는 명령을 받았는데, 그들이 그것을 지키는 동안에는 하나님과 교통하는 축복을 누렸으며, 또한 피조물들을 다스렸다.

제5장
섭 리

1 만물의 위대한 창조주이신 하나님께서는 모든 피조물들과 그들의 언행심사들을 크건 작건 간에 자신의 가장 지혜롭고 거룩하신 섭리에 따라 보존하시며 감독하시고 처리하시며 다스리신다. 그는 이처럼 섭리하시되 자신의 무오한 예지와 자유롭고 불변하는 뜻과 계획에 따라 행하신다. 이로써 그의 지혜와 능력과 공의와 선하심 그리고 자비의 영광을 찬미케 하신다.

2 제1원인이 되시는 하나님의 예지와 작정에 따라 모든 일들이 변동 없이 이루어져 간다. 그러나 그것들의 되어 가는 방편은 제2원인의 성질에 따라 필연적인 것, 임의적인 것, 혹은 우연적인 것으로 구성된다. 그렇게 되어가는 것 역시 하나님의 섭리에 속한다.

3 하나님께서는 그의 보통 섭리에서 일반적인 여러 수단들을 사용하신다. 그러나 그는 그 수단들 없이 자유롭게 역사하시거나 그 수단들을 초월하기도 하시며, 역행하여 자신의 기쁘신 뜻대로 역사하시기도 한다.

4 하나님의 전능하신 능력과 측량할 수 없는 지혜, 그리고 무한한 선하심이 그의 섭리 가운데 잘 나타나 있다. 아담의 타락을 비롯한 천사들과 인간들의 모든 죄까지도 하나님의 섭리의 관할에 포함되어 있다. 죄에 대한 하나님의 섭리는 단순히 그것을 허용하신 것으로 끝내신 것이 아니라 지극히 크신 지혜와 능력으로 제한하고 계신다. 그리고 죄에 대해서 다양한 방법으로 명하시며 통제하심으로써 자신의 거룩하신 뜻이 온전히 이루어져 가도록 하신다. 그러나 죄는 오직 피조물들에게서 난 것이며 하나님으로부터 난 것이 아니다. 하나님은 지극히 거룩하고 의로우시므로 그 자신이 죄의 조성자나 승인자가 아니며 결코 그렇게 될 수도 없다.

5 지극히 지혜롭고 의로우며 은혜로우신 하나님께서는, 때로 자신의 자녀들이 갖가지 유혹에 빠지고 저들이 가진 마음의 부패성에 따라 행하도록 내버려두신다. 하나님께서 그렇게 하시는 것은, 전에 지은 저들의 죄에 대한 징계의 의미와 저들 속에 잠재해 있는 부패성의 힘이 얼마나 큰가를 발견케 하려는 것, 그리고 저들로 하여금 심령의 거짓됨을

깨닫게 하여 겸손케 하려는 것이다. 또한 그들이 하나님의 도우심을 받기 위해 하나님께 가까이 나아감으로써 더욱 굳건히 그를 의존하게 하시기 위함이다. 그리고 그것을 통해 저들로 하여금 깨어 경성하여 미래의 범죄를 방지케 하고자 하신다. 이는 결국 다양하게 표현되는 그의 의롭고 거룩한 목적을 이룩하기 위한 것이다.

6 의로운 재판장이신 하나님께서는 악하고 불경건한 자들에 대해서는 처음 인간이 지은 죄로 인하여 그들의 눈을 어둡게 하시며 마음을 강퍅케 하신다. 그들에게는 하나님의 뜻을 밝히 깨달아 심령이 새로워지는 은혜를 주시지 않으며, 경우에 따라서는 그들이 일시적으로 가졌던 은사들마저 빼앗으시며, 그들의 부패성이 좇고 있는 범죄할 기회에 그대로 내버려두신다. 그와 동시에 그들을 저들의 욕망과 세상의 유혹에 넘겨주며 사탄의 권세에 내어주신다. 하나님께서 자기자녀들의 마음을 부드럽게 하기 위해서 사용하시는 수단들로 말미암아 저들의 마음은 스스로 강퍅하게 되는 것이다.

7 하나님의 섭리는 일반적으로 모든 피조물에게 미친다. 그러나 하나님은 무엇보다도 자신의 교회를 특별한 방식과 섭리에 따라 보호하신다. 이와 같은 방식으로 하나님은 모든 일들이 합력하여 선을 이루게 함으로써 자신의 교회에 유익이 되도록 섭리하시는 것이다.

제6장
인간의 타락, 범죄, 그리고 그에 대한 형벌

1 인간들의 시조始祖 아담과 하와는 사탄의 간계와 유혹을 받아 금지된 열매를 따먹음으로써 범죄하게 되었다. 그들의 죄에 대하여 하나님께서는 자신의 지혜롭고 거룩한 뜻에 따라 기꺼이 허용하셨다. 이는

그것을 다스려 자신의 영광을 드러내시기로 작정하고 계셨기 때문이다.

2 이 죄로 말미암아 그들은 본래의 의義를 상실하게 되었으며, 하나님과의 교제가 단절되었다. 그리하여 인간들은 죄의 결과로 사망에 이르게 되었고, 그들의 영과 육의 모든 부분과 모든 기능들이 전적으로 더럽혀졌다.

3 그들은 모든 인류의 시조이기 때문에 그들이 범한 죄의 책임은 모든 후손들에게 전가轉嫁되었다. 죄로 인한 그 동일한 죽음과 부패한 성품이 대대로 유전되어 내려온 것이다. 이는 그 후손들이 통상적인 방법으로 출생함으로써 조상들의 모든 것을 유전 받았기 때문이다.

4 이 최초의 부패로 말미암아 인간에게는 선善한 마음이 전혀 없을 뿐더러 그것을 행할 능력도 없게 되었다. 그대신 전적으로 악을 행하는 성향만 남아 있다. 이는 근본적인 죄로 말미암는 것이며 거기서부터 인간들의 모든 실제적인 죄들이 발생하게 되었다.

5 이러한 본성의 부패는 이 세상을 살아가는 거듭난 성도들 가운데도 여전히 남아 있다. 비록 그 부패성이 그리스도를 통하여 용서받고 억제되고 있다 할지라도 부패한 본성 자체와 그로부터 나오는 모든 행동들은 완전히 죄악된 것이다.

6 원죄와 자범죄 등 모든 죄들은 하나님의 의로운 율법에 대한 범행이며 위반이다. 또한 죄인인 인간들은 자체의 성질로 인해 죄책을 가지게 된다. 그리하여 인간은 하나님의 진노와 율법의 저주 아래 결박되어 죽을 수밖에 없으며 영적으로나 육적으로 그리고 영원토록 비참한 상태에서 벗어날 수 없다.

제7장
하나님의 언약

1 하나님과 피조물 사이의 간격은 너무나 크다. 그러므로 이성적인 존재로 창조된 인간들은 마땅히 하나님을 창조주로 여기고 그에게 순종해야만 한다. 하지만 인간들이 마땅히 행해야 할 의무를 행함으로써 하나님의 축복이나 상급을 받을 수 있는 것이 아니라 오직 하나님께서 친히 베풀어 주시는 은혜로만 가능하다. 그것을 하나님께서는 언약의 수단[1]으로 나타내시기를 기뻐하셨다.

2 인간과 맺은 하나님의 첫 언약은 행위언약Covenant of Works이다. 하나님께서는 그 행위언약 안에서 아담과 그의 후손들에게 생명을 약속하셨다. 그 언약의 조건은 그들의 완전하고도 개별적인 순종이다.

3 인간의 타락으로 인해 행위언약으로는 생명에 이를 수 없게 되었다. 그러므로 하나님께서는 두 번째 언약을 맺고자 하셨다. 그것은 일반적으로 은혜언약Covenant of Grace이라 불린다. 하나님은 그 언약에 의해 죄인들에게 예수 그리스도로 말미암은 영생과 구원을 값없이 주셨다. 하지만 그들은 이 구원을 이루어가기 위해 그리스도를 믿는 신앙을 가져야 하며 영생을 얻기로 예정된 자들에게는 성령의 도우심을 통해 그들로 하여금 기꺼이 믿을 수 있게 하실 것을 약속하셨다.

4 이 은혜언약은 하나님의 약속과 연관되어 성경에 되풀이하여 나타나고 있다. 거기에는 언약의 주관자이신 예수 그리스도의 죽으심과 영원한 상속, 그리고 그 상속된 유업과 그에 관련된 모든 것들이 포함되어 있다.

5 이 은혜언약은 율법시대와 복음시대에 각기 다른 형태로 이행되었다. 율법시대에 유대민족 가운데 이행된 것은 약속, 예언, 제물, 할례, 유월절 양, 기타 모형들과 규례들이다. 이 모든 것들은 장차 오실 그리스도에 대한 예표로서 성령의 역사에 의하여 그 시대의 선민을 약속된 메시아 신앙으로 양육하시기에 충분히 유효했다. 그 시대에는 약속된 메시아로 말미암아 선택받은 성도들이 완전한 죄사함과 영원한 구원을 얻었는데 이것을 구약이라 부른다.

6 실체이신 그리스도께서 오신 복음시대에는 그 언약이 말씀선포와 세례 및 성찬으로 이루어진 성례를 통해 시행되었다. 이 절차들은 수적數的으로 보아서는 몇 되지 않아 매우 단조롭고 외적인 화려함이 없게 시행되는 것 같지만, 그것들은 유대인과 이방인 즉 모든 민족에게 있어서 더욱 충만할 뿐만 아니라 명확하고도 영적인 효과를 나타낸다. 이것을 신약이라고 부른다. 이처럼 두 시대의 계시 형태가 서로 다르지만 그 언약들은 실질적으로 하나이며 동일한 것이다.

제8장
중보자 그리스도

1 하나님께서는 자신의 영원하신 목적에 따라 그의 독생자 주 예수 그리스도를 택하여 하나님과 사람 사이의 중보자, 선지자, 제사장, 왕, 교회의 머리와 구주, 만유의 후사, 세상의 심판자로 택정하시고 임명하시기를 기뻐하셨다. 하나님께서는 영원 전에 자신의 독생자에게 한 백성을 주셔서 그의 씨seed가 되게 하셨다. 기약한 때가 되어 그 백성은 그로 말미암아 구속받고 부르심을 받아 의로운 자로 칭함을 받고 성화되어 영화롭게 되도록 하셨다.

2 삼위 중에 제2위이신 성자께서는 참되시고 영원하신 하나님이시며 성부와 동일한 본체이시다. 때가 차매 그가 오셔서 인성[10]을 취하시되, 인간의 모든 본질적 속성과 공통적인 연약성을 그대로 받으셨다. 그러나 성령의 능력으로 말미암아 죄성 없이 동정녀 마리아의 몸에 그의 체질로 잉태되어 출생하셨다. 그 결과 완전하며 구별된 신성과 인성이 나뉘지 않고 한 인격 안에 결합되었다. 그것은 각각 성품이 전환된 것이 아니며 혼합이나 혼동이 일어난 것도 아니다. 그 인격은 참 하나님이시자 참 사람으로서 한 분 그리스도이시며 하나님과 사람 사이의 유일한 중보자이시다.

3 신성과 결합된 인성을 소유하신 주 예수님은 성별聖別되셨으며 성령을 한량없이 받으셨다. 그와 동시에 그에게는 지혜와 지식의 모든 영적 보화가 있고 성부 하나님의 기뻐하신 뜻에 따라 모든 은혜가 충만하셨다. 이는 그가 거룩하고 악이 없고 더러움이 없으며 은혜와 진리에 충만하여 중보와 보증의 직무를 수행하는 데 부족함이 없게 하기 위해서였다. 그 직분은 그가 스스로 취하신 것이 아니라 성부께서 그를 불러 맡기신 것이다. 성부 하나님께서는 모든 권세와 심판을 그의 손에 맡기시고 그로 하여금 그것을 수행하도록 요청하셨던 것이다.

4 예수님께서는 이 직분을 자원하는 마음으로 받으셨으며, 그 직분을 감당하시기 위해 율법 아래 계셨고 그 율법을 온전히 성취하셨다. 그는 친히 자신의 영혼의 극심한 고뇌를 견디셨으며, 그의 몸으로는 극도의 고통을 당하신 후 십자가에 못박혀 죽으셨다. 그는 장사 지낸 바 되어 사망의 권세 아래 머물렀지만 결코 썩지 않으셨다. 사흘만에 죽은 자 가운데서 부활하셨는데, 고난 당하셨던 동일한 몸으로 일어나 같은 몸으로 승천하셨다. 그후 성부 하나님의 우편에 앉아 계시면서, 거기서 우

리를 위해 간구하신다. 그리고 결국 그는 세상 끝날에 인간들과 악한 천사들을 심판하시기 위해 다시 오시게 된다.

5 주 예수님께서는 영원하신 성령을 통하여 그의 완전한 순종을 하나님께 드렸으며, 자신을 단번에 희생제물로 바치셨다. 그는 이렇게 하심으로 성부의 공의를 충분히 만족시키셨던 것이다. 또한 하나님과 그가 자기에게 맡겨주신 백성들을 위한 화목뿐 아니라 영원한 천국의 기업을 값주고 사셨다.

6 구속 사역은 그리스도께서 성육신하신 후에야 구체적으로 성취되었다. 그러나 그 사역의 공덕과 효능 및 혜택은 창세 이래 모든 시대에 살던 선택받은 백성들에게 계속적으로 상속되어 내려왔다. 그리스도의 성육신 전에는 그를 상징하는 약속들과 예표들과 희생제물들이 그 방편이 되어 그리스도께서 곧 뱀의 머리를 상하게 할 '그 여자의 후손'이자 창세로부터 죽임이 되신 어린양이라는 사실이 계시되었다. 그러므로 그는 어제나 오늘이나 영원토록 동일한 분이시다.

7 그리스도는 그 중보 사역에 있어서 그의 두 성품 곧 신성과 인성으로 행하시되 각 본성은 그 고유한 기능으로 행하신다. 그러나 때로는 성경에 그의 두 본성 중 한 본성이 다른 한 본성에 귀속되어 표현된다. 이는 그리스도의 인격적 통일성으로 인해 두 번성이 한 위격으로 존재하시기 때문이다.

8 그리스도는 값을 치르고 구속하신 모든 성도들에게 그 구속의 은혜를 확실하고 효과적으로 적용하시며 전달하신다. 그 사역은 하나님 우편에서 행해지는 그의 기도와 말씀 안에서 말씀에 의한 구원의 비밀들의 계시, 그리고 성령에 의하여 효과적으로 설득하여 성도들로 하여

금 믿어 순종케 하시는 사역이다. 또한 그들의 심령을 말씀 및 성령으로 다스리는 일과 그의 전능하신 능력 및 지혜로 그들의 모든 원수들을 물리치시는 일이다. 이는 그의 오묘하시고 측량할 수 없는 섭리와 가장 잘 조화되는 방법으로 이루어진다.

제9장
자유의지

1 하나님께서는 인간의 의지에 원천적인 자유를 허락하셨다. 그러므로 그 의지는 선이나 악을 행하도록 외적으로 강요당하지 않으며, 혹은 내적으로 절대적인 어떤 필연으로 인해 선악을 행하도록 결정되어 있었던 것도 아니다.

2 인간은 타락 이전의 무죄 상태에서는 하나님께서 보시기에 기뻐하시는 선을 추구하며 그것을 행할 자유와 능력을 소유하고 있었다. 그러나 당시는 가변적이어서 그의 원래 상태에서 타락할 가능성을 지니고 있었다.

3 인간이 타락한 후에는 구원에 이르는 영적인 선을 행하고자 하는 모든 의지력을 완전히 상실당했다. 그러므로 중생하지 못한 상태의 그 자손들은 영적인 선을 전적으로 싫어하여 죄로 인해 죽은 자가 되었으며, 그 자신의 능력으로는 회개하거나 회개를 위한 준비조차 할 수 없게 되었다.

4 하나님께서 죄인을 회개시켜 은혜의 상태로 옮기실 때, 그가 당하고 있는 죄의 속박으로부터 그를 해방시키신다. 그리고 오직 은혜로만 그가 영적인 선을 추구하며 행할 수 있게 하신다. 그렇지만 인간은

자기에게 남아 있는 부패성으로 인해 선한 것만 전적으로 추구하는 것이 아니라 악한 것을 추구하기도 한다.

5 인간의 의지가 아무런 흔들림 없이 자유롭게 선善만을 행하게 되는 것은 그가 장차 영광의 상태에 이르게 될 때라야 가능하다.

제10장
효과적인 부르심

1 하나님께서는 생명에 이르도록 예정하신 사람들만을 그의 기쁘신 뜻에 따라 정하신 적당한 때에 효과적으로 부르신다. 이는 그의 말씀과 성령을 통한 것으로서 그들이 나면서부터 처해 있는 죄와 죽음의 상태에서 건져내어 예수 그리스도로 말미암는 은혜와 구원에 이르게 하는 것이다. 또한 그들의 마음을 영적으로 깨우쳐 구원에 관한 하나님의 사역들을 깨닫게 하시며, 돌과 같이 굳은 그들의 마음을 제하시고 살과 같이 부드러운 마음을 주신다. 그리고 그들의 의지를 새롭게 하여 전능하신 능력으로 그들로 하여금 선한 것을 추구하게 하시며, 그들을 효과적으로 이끌어 예수 그리스도께 나아오게 하신다. 그들은 하나님의 은혜로 말미암아 지극히 자유롭게 자발적으로 그리스도께 나아오게 된다.

2 이 효과적인 부르심은 값없이 베푸시는 하나님의 특별한 은혜로만 이루어진다. 그것은 하나님께서 사람 안에 있는 어떤 조건을 미리 보고 하시는 것이 결코 아니다. 인간은 성령으로 말미암아 소생하여 새롭게 된 후에는 그 부르심에 응답하게 되며, 그 전달된 은혜를 받아들일 수 있게 된다. 이 점에 있어서 인간은 전적으로 수동적일 따름이다.

3 선택받은 성도가 영아기에 죽을 경우, 그리스도로 말미암아 성령에 의해 중생하여 구원을 받게 된다. 이런 경우 성령께서는 자기가 기뻐하시는 때와 장소와 방법에 따라 임의로 역사하신다. 또한 선택을 받기는 했지만 말씀의 전파에 의한 외적인 부르심을 받아들일 능력이 없는 자들의 경우도 이와 마찬가지다.

4 선택받지 못한 자들은 비록 말씀선포에 의해 형식적인 부름을 받아 성령의 어떤 일반적인 역사를 체험한다 할지라도 진정으로 그리스도께 나아오지는 않는다. 그러므로 그들은 구원을 받을 수 없다. 기독교 신앙을 고백하지 않는 자들은 그 어떤 방법으로도 구원을 받지 못한다. 설령 그들이 일반계시로 인한 지혜와 그들이 신봉하는 종교적인 계율에 따라 열성을 다한다 하더라도 그들은 구원을 받을 수 없다. 그런 자들도 구원받을 수 있다고 단언하며 주장하는 것은 매우 악하며 가증한 일이다.

제11장
칭 의

1 하나님께서는 효과적으로 부르신 자들에 대하여 값없이 의롭다고 칭하신다. 이러한 의롭다고 칭하시는 것은 그들 속에 의를 주입해 줌으로써가 아니라 그들의 죄를 용서하시고 그들의 인격을 의로운 것으로 간주하여 용납해 주심으로써 이루어진다. 하나님께서는 그들 안에 무엇이 이루어졌거나 그들이 무엇을 성취했기 때문이 아니라 오직 그리스도로 인해 그렇게 하셨다. 믿음 자체나 믿는 행위 또는 기타 복음적인 순종을 그들의 의로 인정해 주시는 것이 아니라 다만 그리스도의 순종을 통해 성취하신 의와 그의 충분한 속상贖償을 그들에게 전가시킴으로써

의롭게 보시는 것이다. 이 점에 있어서 부르심을 입은 성도들은 그리스도와 그의 의를 믿음으로 받아들이고 그를 의지할 때 의롭다함을 받는다. 그 믿음은 저들 자신에게서 난 것이 아니라 하나님의 선물이다.

2 이처럼 믿음은 그리스도와 그의 의를 받아들여 그를 의지하게 하는 칭의의 유일한 방편이다. 그렇지만 그 믿음은 의롭다 칭함을 받은 성도 안에 단독적으로 존재하는 것이 아니라 항상 다른 모든 구원의 은사들을 수반하고 있다. 그것은 죽은 믿음이 아니라 사랑으로 역사하는 살아있는 믿음이다.

3 그리스도는 자신의 순종과 죽으심을 통해 의롭다함을 받는 모든 자들의 죄값을 완전히 지불하셨다. 그 결과 그들을 위해 성부 하나님의 공의를 충족시키기 위한 합당하고 참되며 충분한 속상을 드리셨다. 성부께서는 그리스도를 은혜로 그들에게 보내주셨으며 그들 대신으로 그리스도의 순종과 속상을 은혜로 받아들이셨다. 이것은 인간들 안에 있는 그 무엇 때문이 아니라 값없이 주신 하나님의 은혜로 말미암는다. 이로써 하나님의 엄정한 공의와 그의 풍성한 은혜가 죄인들을 의롭다 하시는 칭의 가운데 나타나도록 하셨다.

4 하나님께서는 영원 전부터 선택받은 모든 사람들을 의롭다 하시기로 작정하셨다. 그리고 그리스도는 때가 차매 저들의 죄를 위하여 죽으셨다가 저들에게 의로움을 베푸시기 위해 다시 살아나셨다. 그렇지만 그들이 의롭다 함을 받게 되는 것은 성령께서 적당한 때에 그리스도를 실제로 저들에게 적용시키실 때 비로소 실현된다.

5 하나님께서는 의롭다 함을 받은 자들의 죄를 지속적으로 용서하신다. 비록 그들이 범죄한다 할지라도 칭의의 상태에서 떨어지게 되지

는 않지만, 그 범죄로 인해 하나님의 부성적父性的 진노를 사게 된다. 그 때 그들이 자신을 낮추어 죄를 자백하고 용서를 빌며 믿음과 회개를 새롭게 하기 전에는 저들을 향한 하나님의 진노가 풀리지 않는다.

6 구약시대의 성도들의 칭의는 신약시대의 성도들의 칭의와 모든 면에서 동일하다.

제12장
양자됨

1 하나님께서는 독생자 예수 그리스도 안에서 의롭다 함을 받은 모든 자들로 하여금 그를 위하여 양자가 되는 은혜에 참여케 해 주셨다. 따라서 그들은 이 은혜를 통하여 하나님의 자녀의 수효에 들게 되어 자녀로서의 자유와 특권을 누리게 된다. 또한 그들 위에 하나님의 이름이 기록되어 양자의 영을 받아 담대히 은혜의 보좌에 나아가 하나님을 '아바 아버지'라 부를 수 있게 되었다. 불쌍히 여김을 받아 보호를 받으며 필요한 것들을 공급받게 되고 육신의 아버지에게 징계를 받는 것과 같이 하나님 아버지의 징계를 받지만, 결코 버림을 받지 않는다. 그들은 오히려 구속의 날까지 인印치심을 받아 약속을 기업으로 누리되 영원한 구원의 상속자로서의 지위를 누린다.

제13장
성 화

1 효과적인 부르심을 받고 중생한 자들은 그들 안에 창조된 새 마음과 새 영을 소유하게 된다. 이들은 그리스도의 죽음과 부활의 공로를 통하여, 그의 말씀과 그들 안에 내주하시는 성령으로 말미암아 실제적

이고 또한 인격적으로 더욱 성화되어 간다. 성화의 과정에 있는 성도들은 그들의 몸 전체를 지배하던 죄의 권세가 파괴되고 죄의 몸에서 나오는 다양한 욕망들이 점차 약화되어 가는 동시에 구원에 이르게 하는 모든 은혜 가운데 활기와 힘을 얻어 점차 거룩한 삶에 참여하게 된다. 이러한 거룩한 삶에 동참함이 없이는 아무도 주님을 볼 수 없다.

2 이 성화는 전인격을 통하여 이루어지는 것이지만 이땅에서는 아직 불완전하다. 하나님의 자녀라 할지라도 인간의 모든 영역에는 얼마간의 부패한 잔재들이 여전히 남아 있다. 이로 인해 지속적이고 화해될 수 없는 심각한 갈등war이 일어나며 육체의 욕망은 성령을 거스리고 성령은 육체를 거스려 싸운다.

3 그 남아 있는 부패성은 그 갈등에서 일시적으로 상당한 승세勝勢를 보일 수 있다. 하지만 거듭난 생명은 성화시켜 가시는 성령으로부터 공급받는 능력을 통해 그것을 극복해 나간다. 그리하여 성도들은 은혜 안에서 자라나며, 하나님을 경외하는 가운데 거룩함을 온전히 이루어 가게 된다.

제14장
구원에 이르는 믿음

1 믿음의 은혜는 선택받은 자들로 하여금 그들의 영혼이 믿어 구원에 이르도록 해 주는 것이다. 이는 그들의 심령 속에 임하는 그리스도의 영의 역사이다. 통상적으로는 말씀의 선포를 통해서 역사하는데, 그 말씀의 선포와 성례의 집행, 그리고 기도로 말미암아 믿음의 은혜는 증가되며 강화된다.

2 구원에 이르는 믿음을 소유한 성도는 하나님의 말씀에 계시된 모든 내용들을 참된 것으로 믿는다. 이는 하나님께서 그 말씀을 자신의 권위로 계시하셨기 때문이다. 그러므로 성도는 계시된 말씀의 각 구절에 포함된 내용에 따라 행동하되 명령의 말씀에는 순종하고 경고의 말씀에는 두려워하며 현세와 내세에 대한 하나님의 약속의 말씀은 기꺼이 받아들인다. 이러한 구원에 이르는 믿음을 소유한 성도의 중요한 자세는 은혜언약에 따라 칭의, 성화, 영생을 위하여 그리스도만을 받아들여 영접하고 의존하는 것이다.

3 구원에 이르는 믿음에는 정도의 차이가 있어서 약한 경우도 있고 강한 경우도 있으며 자주 그리고 여러 면에서 부딪혀 약해지기도 하지만 궁극적으로는 승리를 얻는다. 이 믿음이 여러 면으로 자라나 온전한 확신에 이르게 되는 것은 그리스도께서 믿음의 창시자이자 그것을 온전케 하는 분이시기 때문이다.

제15장
생명에 이르는 회개

1 생명에 이르는 회개는 복음으로 말미암는 은혜이다. 이 회개의 교리는 그리스도 신앙의 교리와 마찬가지로 복음의 사역자들에 의해 선포되어야 한다.

2 죄인은 생명에 이르는 회개로 말미암아 자신의 죄가 위험할 뿐 아니라 더럽고 추악하여 하나님의 거룩하신 성품과 의로운 율법에 위배됨을 깨닫게 된다. 또한 그리스도 안에서 회개하는 자들에게 베푸시는 하나님의 긍휼을 깨닫게 된다. 따라서 자신의 죄를 비통하게 여겨 그 죄

를 미워하게 되며 모든 죄에서 떠나 하나님께로 향하게 된다. 이로써 성도는 하나님의 모든 계명들을 좇아 그와 동행하게 되는 것이다.

3 회개가 죄에 대한 속상贖償의 근거가 될 수 없으며 죄인이 용서받는 근본적인 원인이 될 수 없다. 죄의 용서는 그리스도 안에서 값없이 주시는 하나님의 은혜의 행위이다. 그렇지만 회개 없이는 어느 누구도 죄의 용서를 기대할 수 없으므로 회개는 모든 죄인들에게 필요불가결한 요소이다.

4 아무리 사소하고 작은 죄라 할지라도 그것이 정죄를 면케 해 주는 것이 아니다. 이와 마찬가지로 아무리 중하고 큰 죄라 할지라도 그것을 진정으로 회개하는 자에게 정죄를 가져오지 못한다.

5 사람들은 통상적인 방법으로 회개하는 것으로 만족해서는 안 된다. 자기가 지은 죄들을 낱낱이 구체적으로 힘써 회개하는 것이 모든 성도들의 의무이다.

6 모든 사람은 자신의 죄를 사적私的으로 하나님께 고백하면서 그에 대한 용서를 간구해야 한다. 그렇게 하면서 죄들을 버릴 때 하나님의 긍휼을 입게 된다. 그러므로 누구든지 형제에게 상처를 주었거나 교회에 해악을 끼쳤을 경우 사적인 문제에 대해서는 개인적으로 자기의 잘못을 고백하고 하나님께 회개한 모습을 보여주어야 하며, 교회 공동체와 연관된 문제에 대해서는 공적으로 죄를 자백한 후 회개를 선포해야 한다. 그것을 통해 상처를 받았던 당사자는 그 회개한 자와 화해하여 그를 사랑으로 용납해야 한다.

제16장
선 행

1 선행이란 오직 하나님께서 거룩하신 말씀 가운데 명령하신 것들만 가리킨다. 따라서 성경 말씀의 보증 없이 인간들의 맹목적인 열성에 의하여 선행이 이루어질 수 없으며, 선의를 포장하여 인간들에 의해 고안된 행위들은 선행이 아니다.

2 하나님의 계명에 순종함으로써 이루어지는 선행은 참되고 살아 있는 믿음의 열매이며 증표이다. 성도들은 그 선행을 통해 감사를 나타내며 분명한 믿음을 견고케 하고 형제들 가운데서 덕을 세우게 된다. 그리고 복음에 대한 신앙고백을 돋보이게 하며 대적자들의 입을 막고 하나님께 영광을 돌리게 한다. 성도들은 하나님께서 창조하신 자들로서 그리스도 예수 안에서 선한 일을 이룩하기 위해 지음을 받았다. 그들은 궁극적으로 거룩한 열매를 맺음으로써 영생을 얻게 된다.

3 선을 행할 수 있는 성도들의 능력은 결코 그들 자신에게서 나오는 것이 아니라 전적으로 그리스도의 성령으로 말미암는다. 그러므로, 그들이 선을 행하기 위해서는 그들이 이미 값없이 받은 은혜 외에 그들 안에서 역사하여 자기의 기쁘신 뜻을 위해 그들로 하여금 소원을 두고 행하게 하시는 성령의 실제적인 감화가 필요하다. 그 감화에 의하여 그들은 하나님의 기쁘신 뜻을 추구하며 실천하게 된다. 그렇다고 해서 성령의 특별한 감동이 없으면 아무런 의무를 실천하지 않아도 되는 듯이 오해하며 나태해져서는 안 된다. 도리어 그들 안에 있는 하나님의 은혜를 불일듯이 일으켜 힘써 선을 행해야 한다.

4 하나님께 순종함으로써 이 세상에서 가능한 최고 수준의 선행을 실천하는 성도들이라 할지라도 자기의 의무 이상의 선행을 행하거나 하나님의 요구를 능가하는 선을 실천할 수는 없다. 왜냐하면 인간들은 마땅히 행해야 할 선행의 의무조차 다 행할 수 없는 존재에 지나지 않기 때문이다.

5 우리가 행하는 최선의 선행이라 할지라도 하나님께서 베푸시는 죄 사함이나 영생을 얻을 만한 공로가 될 수 없다. 그 이유는 인간의 선행과 장차 있을 영광 사이에는 너무나 큰 차이가 있으며, 우리와 하나님 사이에는 무한한 간격이 존재하기 때문이다. 그러므로 인간의 선행으로 하나님의 유익을 위해 보탤 것이 없으며, 그것으로써 인간이 범한 죄의 빚을 갚을 수도 없다. 설령 우리가 할 수 있는 모든 것을 다 행했다 할지라도 그것은 우리의 의무를 이행한 것일 뿐 여전히 무익한 종에 지나지 않는다. 그러므로 우리를 통해 진정한 선행이 드러난다면 그것은 성령의 은혜로 말미암는 것이며, 우리 자신의 선한 심성에서 나오는 것이 아니다. 인간들에게서 발생하는 선행들은 많은 약점과 결점이 뒤섞여 오염되어 있어서 하나님의 엄중한 심판을 견뎌낼 수 없다.

6 그럼에도 불구하고 성도들의 삶이 그리스도로 말미암아 하나님께 용납된 이상 그들의 선행 또한 그리스도 안에서 용납된다. 이는 세상에서 행해지는 그들의 선행이 하나님 보시기에 전혀 흠이 없거나 책망할 것이 없다는 의미가 아니다. 다만 그들의 선행에 온전치 못한 요소가 많음에도 불구하고 하나님께서는 그 아들 안에 있는 저들을 보시기 때문에 성실하게 행한 것에 대해서는 용납하시고 갚아 주시기를 기뻐하신다.

7 중생하지 못한 사람들의 어떤 행위가 그 자체로서는 하나님의 명령에 부합하여 자신뿐 아니라 다른 사람들에게 유익이 될 수 있다. 그러나 그것은 믿음에 의해 청결케 된 마음에서 난 것이 아니며 그 행위가 하나님의 말씀을 좇아서 올바르게 행해진 것이 아닐 뿐더러, 그 목적도 하나님의 영광을 위해서 한 것이 아니다. 그러므로 그것은 죄악되고 하나님을 기쁘시게 하지 못하며 하나님의 은혜를 받기에 합당하게 할 수 없다. 하지만, 그들이 그와 같은 행위마저 행하지 않으면 더욱 죄가 되며 하나님을 노엽게 하게 된다.

제17장
성도의 견인堅忍 : 성도의 궁극적 신앙

1 하나님께서 그 사랑하시는 독생자 안에서 용납하여 그의 성령으로써 효과적으로 불러 거룩하게 하신 자들은 은혜의 상태를 떠나 다시 완전히 타락할 수 없다. 그들은 하나님의 오래 참으심으로 인해 마지막 날까지 은혜의 자리에 머물게 되며 영원한 구원을 받게 된다.

2 성도의 견인은 인간의 자유의지에 달려있지 않다. 그것은 하나님 아버지의 영원한 사랑에서 나오는 선택에 대한 작정의 불변성, 예수 그리스도의 공로와 중보의 효력, 성령의 내주와 그들 안에 있는 하나님의 씨, 그리고 은혜언약의 본질에 달려있다. 이와 같은 모든 것들로부터 성도의 견인의 확실성과 무오성이 보장된다.

3 그렇지만 성도들은 사탄과 세상의 시험을 받게 되며, 그들 안에 남아 있는 부패성이 힘을 얻어 그들을 보존해 주는 은혜의 방편들을 무시함으로써 중한 죄에 빠질 수 있다. 그러므로 그들은 얼마 동안 그 죄

가운데 거하기도 한다. 그로 말미암아 그들은 하나님의 분노를 사며 성령을 근심케 하고 그들이 받은 은혜와 위로의 일부를 상실 당하게 된다. 그리고 그들의 마음이 강퍅해져 양심은 상처를 받고 남을 해치거나 중상하여 일시적인 심판을 자초하게 된다.

제18장
은혜와 구원의 확신

1 위선자들과 중생하지 못한 자들은, 하나님의 은혜와 구원을 소유한 듯 거짓된 소망과 육적인 억측으로 헛되게 자신을 속일 수 있으나 그들이 가지고 있는 소망은 사라지게 될 것이다. 그러나 하나님 앞에서 선한 양심으로 행하며 신실한 마음으로 주 예수를 믿고 사랑하는 자들은 자신이 구원의 자리에 있다는 사실을 확신할 수 있으며 장차 누리게 될 하나님의 영광에 대한 소망으로 인해 즐거워할 수 있다. 그 소망은 결코 그들을 부끄럽게 하지 않는다.

2 이 확실성은 허황된 소망에 따라 느껴지는 그럴듯한 추측에 의한 확신이 아니다. 이는 진정한 신앙에서 오는 무오無誤한 확신이다. 이 확신은 구원의 약속을 내용으로 한 하나님의 진리와 구원의 약속을 받은 자들 안에 내재하는 은혜들의 증거, 그리고 우리가 하나님의 자녀임을 입증하시는 성령의 증거에 기초하고 있다. 성령은 우리의 기업에 대한 영원한 보증이며 그로 말미암아 구속의 날까지 인印치심을 받게 되었다.

3 흔들림 없는 이 확신은 믿음의 본질에 속한 것이 아니다. 그러므로 참된 성도라 할지라도 구원의 확신을 소유하기까지 오랜 시간이 걸릴 수 있으며 상당한 난관들에 부딪칠 수 있다. 하지만 성도는 값없이 주신 그 선물들을 성령을 통해 알 수 있기 때문에 특별한 다른 계시를

필요로 하지 않는다. 그는 통상적인 은혜의 방편들을 올바르게 사용함으로써 그 확신을 소유할 수 있다. 그러므로 모든 성도들은 자신의 부르심과 택함받은 사실의 확신을 위해 최선을 다할 의무가 있다. 그렇게 함으로써 그의 심령은 성령께서 주시는 화평과 기쁨이 넘치게 되고 하나님께 대한 사랑과 감사로 부요해지며, 힘을 다해 자발적으로 순종의 의무를 감당하게 된다. 이 같은 것들은 확신으로 말미암는 당연한 열매들이다. 따라서 이 확신을 갖게 되면 성도들은 결코 방탕한 삶을 지속할 수 없다.

4 참된 성도라 할지라도 여러 가지 원인으로 인해 구원의 확신이 흔들리며 약해지거나 일시적으로 중단될 수 있다. 그에 대한 원인들은, 그 확신을 보존하는 노력을 소홀히 한 경우, 양심을 상하게 하고 성령을 근심케 하는 죄를 범한 경우, 어떤 급작스럽고 강렬한 시험에 빠진 경우, 하나님께서 그의 얼굴빛을 거두시고 그 빛의 혜택을 누리지 못하게 하실 경우 등이다. 하지만 그렇다고 해서 그들이 하나님의 씨를 완전히 상실한 것이 아니며, 믿음의 삶, 그리스도와 형제에 대한 사랑, 성도의 의무에 대한 진정한 마음과 양심이 완전히 사라진 것이 아니다. 따라서 성령의 역사로 말미암아 적당한 때에 구원의 확신이 저들 가운데 소생하게 된다. 그들은 그런 심각한 절망 중에서도 성령의 역사로 인해 버텨 낼 수 있는 것이다.

제19장
하나님의 율법

1 하나님께서는 아담에게 율법을 주셨는데, 그것을 행위언약의 의미로 주셨다. 이 언약은 아담뿐 아니라 그의 모든 후손들에게 개별적이며, 온전하고, 엄밀하고, 영구한 순종을 요구하는 것이었다. 하나님께서

는 아담이 이 율법을 준수하면 영생을 주시겠다고 약속하신 반면 그것을 어기는 경우에는 사망의 벌을 받게 될 것이라 경고하셨다. 또한 하나님께서는 아담에게 그것을 지킬 수 있는 힘과 능력을 부여해 주셨다.

2 이 율법은 아담이 타락한 후에도 의義에 대한 완전한 규범으로 존속하게 되었다. 그후 하나님께서는 그것을 시내산에서 의의 규칙으로서 기록된 형태의 계명으로 주셨다. 그것은 하나님께서 두 돌판에 새겨 주신 십계명인데, 처음 네 계명은 하나님께 대한 우리의 본분을 담고 있으며 나머지 여섯 계명은 인간에 대한 우리의 본분에 관한 내용을 담고 있다.

3 일반적으로 도덕법이라고 불려지는 율법 외에도 하나님께서는 아직 미숙한 교회였던 이스라엘 백성에게 의식법儀式法을 주셨다. 거기에는 몇 가지 모형적인 의례들이 포함되어 있다. 예배에 관한 것으로서 그것들은 그리스도와 그를 통해서 베풀어질 은혜, 그가 행하실 사역들, 그가 받으실 고난들, 그리고 그의 공로로 주어질 유익들을 예표하고 있다. 또한 부분적으로는 도덕적인 의무들에 관한 여러 가지 교훈들이 제시되어 있다. 그런데 이 모든 의식법들은 지금 신약시대에는 폐기되었다.

4 하나님께서는 정치적 왕국을 구성하고 있는 이스라엘 백성들에게 여러 가지 재판에 관한 율법들을 주셨다. 그러나 그 재판법은 이스라엘 왕국의 의미가 완성됨과 동시에 그 시효가 만료되었다. 따라서 그것의 일반적인 원리는 적용될 수 있겠으나, 지금은 다른 아무에게도 구속력이 없다.

5 도덕법은 성도들뿐 아니라 불신자들을 포함한 모든 사람들에게 영원토록 순종을 요구하는 구속력을 가진다. 그것은 거기에 포함된 내

용 때문만이 아니라 그 율법을 주신 창조주 하나님의 권위 때문이다. 그리스도는 구약의 도덕법을 순종해야 할 우리의 의무를 어떤 방법으로든지 폐기하지 않고 도리어 강화시키신다.

6 참된 성도는 행위언약의 율법 아래 속하지 않았으므로 그것으로 말미암아 의롭다 함을 받거나 영원한 정죄를 받지 않는다. 그렇지만 행위언약으로서의 율법은 참 성도들에게는 물론 불신자들에게도 매우 유용하게 사용된다. 이는 그 율법이 생활의 지침으로서 인간들에게 하나님의 뜻이 무엇이며 그들의 책임이 무엇인지 알게 해 주며 그들을 지도하고 강제하며 그것에 따라 행하게 하기 때문이다. 또한 그것은 그들로 하여금 그들의 본성과 심령 및 삶이 죄악으로 더러워진 사실을 발견케 하며 율법에 의하여 자신을 점검함으로써 더욱 죄책을 느껴 겸손하게 하고 죄에 대한 증오감憎惡感을 가지게 한다. 따라서 그리스도와 그의 온전하신 순종이 그들에게 절실히 필요함을 깨달아 그것을 의義로 받아들이게 된다. 그리고 거듭난 자들인 참 성도들에게 행위언약의 율법은 유효하다. 이는 죄에 대한 율법의 금령들이 성도들로 하여금 옛 성품의 욕망을 견제하는 데 유용하기 때문이다. 불순종에 대한 율법의 경고들이 성도들에게 그들의 죄값을 보여주며 그들이 죄 때문에 이 세상에서 어떤 고난을 받아야 할지를 보여준다. 그들은 참 성도들로서 율법의 저주, 곧 영원한 멸망의 저주에서는 해방되었다. 하지만 율법의 약속들이 보여주는 것은 하나님께서 그 순종하는 자를 기뻐하신다는 사실과 순종의 결과로 어떤 축복이 주어지는가 하는 것이다. 그러나 그것은 행위언약의 원칙에 의한 것이 아니다. 율법의 사역이 선을 장려하고 악을 억제 억제시키지만 그것이 결코 율법 아래 있고 은혜 아래 있지 않다는 증거가 되는 것은 아니다.

7 위에 언급된 율법의 용도는 복음의 은혜와 상충되지 않으며 도리어 서로간 잘 조화된다. 다시 말해, 그리스도의 성령께서 율법을 통해

인간의 의지를 억제함으로써 성도로 하여금 은혜 가운데 하나님께 순종하도록 인도하신다. 그렇게 된 성도는 율법에 계시된 하나님의 뜻을 자유롭고 기쁜 마음으로 따르게 되는 것이다.

제20장
그리스도인의 자유와 양심의 자유

1 그리스도께서 복음시대의 성도들을 위해 값주고 사신 자유는 다음과 같다: 그들은 그 죄책과 하나님의 정죄하시는 진노, 그리고 도덕법의 저주로부터 해방되었다. 또한 이 악한 세상과 사탄의 굴레 및 죄의 통치에서 벗어나게 되었으며, 환란과 사망과 무덤이 주는 고통 및 영원한 형벌로부터 자유롭게 되었다. 또한 그들은 하나님께 자유롭게 나아가 순종하게 되는데, 이는 노예적인 공포심 때문이 아니라 어린이 같이 단순하게 행하는 사랑과 자원하는 마음으로 인한 것이다. 이 모든 것들은 구약시대의 성도들에게도 적용되었다. 그러나 신약시대에는 성도들의 자유와 특권이 더욱 증가되었다. 그들은 구약시대 이스라엘 백성이 복종했던 의식법의 멍에로부터 해방되었으며, 더욱 담대하게 하나님의 은혜의 보좌로 나아갈 수 있게 되었다. 그리고 율법 시대의 성도들이 통상적으로 누렸던 것보다 훨씬 더 풍성한 성령과의 교통을 누리게 되었다.

2 하나님만이 인간의 양심을 주관하시는 주인이다. 그러므로 하나님께서는 신앙과 예배의 문제에 있어서 말씀에 위배되거나 거기서 이탈된 인간적인 교리나 계명에서 벗어날 수 있는 양심의 자유를 주셨다. 따라서 양심을 떠나 그런 인본적인 교리를 믿거나 그런 계명을 순종하는 것은 진정한 양심의 자유를 배반하는 것이다. 또한 그런 맹목적인 신앙과 순종을 요구하는 것은 참된 양심과 이성의 자유를 파괴하는 것이다.

3 그리스도인의 자유를 구실로 삼아 죄를 범하거나 정욕을 따르는 것은 자유의 목적을 파괴하는 행위이다. 성도에게 자유가 주어진 목적은 원수들의 손에서 구원받은 우리가 평생동안 하나님 앞에서 거룩함과 의로움으로 두려움 없이 그를 섬기려는 데 있다.

4 하나님께서 정하여 세우신 권세들과 그리스도께서 값주고 사신 자유는 양자가 서로 충돌하여 파괴되는 것이 아니라 상호 보완된다. 그러므로 그리스도인의 자유를 구실로 삼아 국가 및 교회의 합법적인 권세나 타당한 법적용을 거부하는 것은 하나님의 법령에 저항하는 행동이다. 그에 저항하는 주장을 하거나 그런 행동을 지속하는 것은 계시된 하나님의 뜻에 위배되며 통상적인 기독교 신앙, 예배, 삶의 원리, 혹은 경건의 능력에 배치된다. 즉 그런 그릇된 주장이나 행동은 그 성격과 행위로 보아 그리스도께서 교회 안에 세우신 평화와 질서를 파괴하는 것이다. 그런 행위는 책망 받아야 하며 교회의 권징과 국가법에 의해 다스려져야 한다.

제21장
예배와 안식일

1 자연계시는 우주만물에 대한 통치권과 주권을 행사하시는 하나님의 존재를 보여준다. 그는 선하신 분이며 선을 행하시는 분이다. 그러므로 인간은 마음을 다하고 성품을 다하고 힘을 다하여, 그를 경외해야 하며 사랑해야 하며 찬양해야 하며 찾아야 하며 믿어야 하며 섬겨야 한다. 그러나 참되신 하나님을 예배하는 합당한 방법은 하나님께서 친히 제정해 주셨으며 그것은 자신의 뜻대로 계시하신 성경말씀 안에 한정되어 있다. 그러므로 인간의 상상이나 고안 또는 사탄의 지시에 따라 어떤

가견적인 표상visible representation을 사용하거나 성경에 규정되어 있지 않는 다른 방법을 따라서 하나님을 예배해서는 안 된다.

2 신앙적인 예배는 오직 성부 성자 성령 삼위일체 하나님께만 드려야 된다. 천사나 유명한 죽은 교인들, 혹은 그밖의 어떤 피조물에게도 예배하지 말아야 한다. 그리고 아담의 타락 이후로는 중보자 없이 하나님을 예배할 수 없다. 오직 유일하신 중보자인 그리스도를 통해서만 예배해야 한다.

3 감사함으로 드리는 기도는 신앙적 예배의 특별한 한 요소이다. 이는 모든 성도들에 대한 하나님의 요구이다. 그 기도가 하나님께 열납되기 위해서는 성자의 이름으로 성령의 도우심을 받아 하나님의 뜻대로 행해져야 하며 분별력을 가지고 경외심과 겸손과 간절함과 믿음과 사랑과 인내로 행해야 한다. 소리를 내어 기도할 경우에는 알아들을 수 있는 일반적인 언어로 해야 된다.

4 기도하는 자는 합당한 것들을 위해 기도해야 되며, 현재 살아 있는 사람들과 장차 태어나게 될 사람들을 위해 해야 한다. 그러나 죽은 사람들이나 사망에 이르는 죄를 범한 자로 알려진 사람들을 위해서 기도해서는 안 된다.

5 하나님께 드리는 통상적인 예배에는 여러 가지 요소들이 존재한다. 거기에는 경건한 성경봉독과 건전한 설교, 그리고 분별력과 믿음과 경외심을 가지고 하나님의 말씀을 성실하게 들음으로써 하나님께 순종하고자 하는 자세를 가진 성도들이 있어야 한다. 그들은 심령에서부터 은혜로 시편을 노래해야 하며, 그 가운데 그리스도께서 제정하신 성례가 합당하게 시행되어 성도들이 그에 온전히 참여할 수 있어야만 한다.

이 모든 요소들은 하나님께 드리는 통상적인 예배에 있어야 할 내용들이다. 이밖에 특별한 경우에는 신앙적인 맹세와 서약, 엄숙한 금식, 특별한 감사 등이 예배의 요소에 포함될 수 있다. 이런 요소들과 더불어 예배를 드릴 경우에도 절차에 따라 경건하고 신앙적인 방식으로 행해져야 한다.

6 복음시대에는 기도를 비롯한 기타 예배 행위가 어떤 특정한 장소에서 거행되어야 하는 것으로 고정된 것이 아니다. 즉, 특정 장소 혹은 그곳을 향해 예배하면 하나님께 더 잘 열납된다고 할 수 없다. 우리는 언제 어디서나 하나님을 경배하되 영과 진리로 예배드려야 한다. 각 가정에서 날마다 예배드릴 수 있으며 은밀한 가운데 개별적으로 예배드릴 수도 있다. 특별히 공예배는 보다 엄숙하게 드려져야 하는데, 이는 하나님께서 자신의 말씀과 섭리에 의하여 우리를 부르시는 것이므로 경솔히 여겨 고의적으로 등한히 생각해 그 요구를 저버려서는 안 된다.

7 하나님께 예배드리기 위해 적절한 때를 구별하여 정하는 것은 자연법칙에 합당한 일이라 할 수 있다. 그래서 하나님께서는 그의 말씀을 통해 적극적이고 도덕적이며 영구한 명령으로써 모든 시대의 성도들에게 이레(七日) 중 하루를 특별한 안식일로 정하여 거룩하게 지키도록 요구하셨다. 그 안식일은 창세로부터 그리스도의 부활까지는 한 주간의 마지막 날이었으나 그리스도의 부활 이후부터는 한 주간의 첫째 날로 바뀌어졌다. 성경에는 그날이 '주의 날'로 불려지고 있으며, 그날은 세상 끝날까지 교회의 안식일로 지켜져야 한다.

8 그러므로 안식일은 주님께 거룩하게 지켜야 한다. 이를 위해 성도들은 마음을 합당하게 준비하고 일상적인 일들을 미리 정돈해 두어야 한다. 그날은 온종일 세속적인 업무를 비롯해 그에 연관된 말과 생각과

행위, 그리고 세속적인 오락을 중단하고 안식하게 된다. 또한 그날의 모든 시간은 공예배와 사적인 예배, 그리고 부득이 행해야 할 필요가 있는 일과 자비를 드러내는 일을 위해 사용해야 한다.

제22장
합법적인 맹세와 서원

1 합법적인 맹세는 경건한 예배의 한 요소이다. 맹세하는 자는 예배시간을 통해 맹세하면서 엄숙한 하나님의 보증과 함께 자신이 맹세한 내용에 대해 교회 앞에서 다짐한다. 즉 자기가 서원하고 결심한 내용을 진리에 따라 판단하시는 하나님과 교회 앞에서 공적으로 다짐하게 되는 것이다.

2 성도들은 하나님의 이름만으로 맹세해야 한다. 그리고 맹세할 때 진정으로 하나님을 경외하는 마음과 경건한 자세를 가지고 그 이름을 사용해야 한다. 그러므로 그 영광스럽고 두려운 이름을 허망하게 혹은 경솔하게 사용하여 맹세하는 것은 죄악이며, 다른 어떤 것을 통해 맹세하는 것도 가증스런 죄악이다. 그런 죄악되는 행동은 두려운 마음으로 피해야만 한다. 중요한 사안과 절차에 따라 맹세하는 것은 성경에 하나님의 말씀으로 보장되어 있다. 그러므로 합법적인 맹세는 적법한 권위에 의해 요구될 때 그것을 이행해야 한다.

3 맹세하는 자는 누구든지 그것이 매우 중요하고 엄숙한 행위라는 사실을 명심해야 한다. 그러므로 자기가 진리라고 확신하는 것 이외의 것을 맹세해서는 안 되며 자기의 역량을 벗어나는 것에 대해 맹세하지 말아야 한다. 그와 동시에 선하고 의로운 것에 대한 맹세가 합법적인 권위로부터 요구되었을 때 그것을 거절하는 것이 죄라는 사실을 염두에

두어야 한다.

4 맹세는 평범하고 명확한 말로 해야 한다. 그러므로 애매모호하거나 막연한 표현을 사용하여 맹세해서는 안 된다. 맹세로 말미암아 죄를 짓게 되는 일은 없어야 한다. 그러나 죄가 되지 않는 것을 맹세했을 경우에는 그것이 자신에게 해로울지라도 지켜야 한다. 설령 이단자나 배교자들 앞에서 맹세한 것이라 할지라도 그것을 어겨서는 안 된다.

5 서원은 서약과 동일한 성격을 지니고 있다. 그러므로 서원을 행할 때도 경건한 배려와 신실한 자세를 가지고 행해야 한다.

6 서원은 어떤 피조물에 대해서 할 것이 아니라 오직 하나님을 향해 이루어져야 한다. 그것이 하나님께 열납悅納되기 위해서는 자원하는 마음으로 믿음과 의무감을 가지고 행해야 된다. 그리고 하나님께서 베푸신 은혜와 소원하던 바를 이루게 된 데 대한 감사의 마음이 동반되어야 한다. 또한 서원하는 자는 그에 수반되는 필요한 의무와 그에 관련된 사항들을 엄격히 지켜야 한다.

7 하나님의 말씀으로 금지된 것에 대한 서원을 해서는 안 된다. 하나님께서 명하신 의무를 방해하는 일과 자신의 역량으로 할 수 없는 일, 그리고 하나님으로 말미암는 아무런 약속이 없는 일에 대해 서원해서는 안 된다. 이런 측면에서 볼 때 로마 카톨릭의 종신독신 서원과 궁핍생활 서원, 그리고 규칙에 대한 엄격한 순종 서원 같은 것은 온전히 지킬 수 없는 것들로서 미신적이며 범죄케 하는 올무들이다. 그런 서원들은 성도들로 하여금 보다 높은 성결에 이르게 하는 훈련의 단계가 될 수 없으므로 아무도 그와 같은 것에 빠져들지 말아야 한다.

제23장
국가 위정자爲政者

1 온 세상의 최고의 주主와 왕이신 하나님께서는 모든 국가의 백성들 위에 위정자들을 세우시고 자기의 관할 아래서 직무를 수행케 하셨다. 그것은 하나님의 영광과 그 백성의 공공의 유익을 위한 것으로서 선한 자들을 보호하고 격려하는 한편 악행하는 자들을 벌하기 위해서였다. 하나님께서는 이와 같은 목적을 달성하시기 위해 국가 위정자들에게 무력武力을 허용하셨다.

2 그리스도인들이 국가의 관직에 발탁되었을 때 그것을 맡아 수행하는 것은 적법하다. 그들은 직무를 수행하면서 소속 국가의 건전한 법률에 따라 하되 특별히 경건과 공의와 평화를 유지하도록 힘써야 된다. 그 목적을 이루기 위해 신약시대에도 정당하고 부득이한 경우 전쟁을 치르게 되는 것은 합법적이다.

3 국가 위정자들은 말씀선포와 성례집행의 권한이 자신들에게 있다고 생각해서는 안 되며, 천국의 열쇠와 관련된 권징 사역에 대해서도 역시 마찬가지이다. 뿐만 아니라 그들은 신앙과 관련된 사건에 대하여 조금이라도 간섭해서는 안 된다. 나아가 그들에게는 교회를 위한 의무가 있는데 그것은 교회의 질서와 일치 그리고 화평을 위하는 것과 하나님의 진리가 순수하고 온전하게 보전되도록 도와야 한다. 그리고 모든 불경건한 것들과 이단들을 억제하며, 예배에 있어서 모든 부패한 요소와 폐습을 개혁하며 저지하고 하나님의 거룩한 규례들이 정당하게 행해지며 실시되도록 협조해야 한다. 이에 관련된 일들을 효과적으로 이행하기 위해 위정자는 교회 회의를 소집할 수 있으며, 거기에 참석해 그 회의의 결과를 하나님의 뜻에 합당하게 시행되도록 협조할 권리가 있다.

4 모든 성도들은 위정자들과 정부를 위해 기도하고 그들의 인격을 존중하며 세금과 기타 공과금을 납부할 의무를 가지고 있으며, 정부의 합법적인 명령에 대하여 양심에 따라 순종해야 한다. 위정자가 무신론자이거나 혹은 종교가 다를 경우에도 마찬가지이다. 모든 사람은 위정자의 적법한 권위를 무시할 수 없으며 그에 불복종할 권한이 없다. 이런 의무 수행에 있어서 교직자들ecclesiastical persons도 예외가 아니다. 한편, 교황은 세속적 문제들에 있어서 각 국가의 위정자들과 일반 백성에 대한 통치권과 사법권을 가지고 있지 않다. 설령 그들이 이단사상이나 다른 오류를 가지고 있다고 해도 교황에게는 그들에 대한 통치권이나 생명을 박탈할 아무런 권세가 주어지지 않았다.

제24장
혼인과 이혼

1 혼인은 한 남자와 한 여자 사이에 이루어져야 한다. 한 남자가 한 명 이상의 아내를 두는 것은 불법이며, 한 여자가 한 명 이상의 남편을 두는 것도 마찬가지다.

2 혼인은 부부간에 서로 돕고 살아가도록 하기 위해 제정되었다. 그리고 적법한 방법에 따라 인간들이 번성함에 따라 경건한 자손들을 통해 교회가 번성하며, 성적인 부정을 방지하기 위해 제정되었다.

3 혼인에 응할 수 있는 분별력을 가진 사람이면 누구나 혼인할 수 있다. 그러나 그리스도인들은 오직 주 안에서만 혼인해야 한다. 특별히 참된 개혁신앙을 소유한 성도는 불신자나 로마 카톨릭교도 혹은 기타 우상숭배자와 혼인할 수 없다. 또한 노골적으로 사악한 생활을 하는 자나

저주받을 만한 이단사상을 주장하는 자와 더불어 혼인해서도 안 된다. 경건한 성도가 그런 자들과 혼인하여 멍에를 같이 할 수는 없는 것이다.

4 성경이 금하고 있는 가까운 혈족이나 인척간에는 혼인할 수 없다. 그런 근친상간적인 혼인은 어떤 인간의 법으로도 합법화될 수 없으며 쌍방의 동의로도 정당화되지 못한다. 나아가 남자나 여자를 막론하고 자신의 골육지친뿐 아니라 그 배우자측의 어떤 근친과도 혼인할 수 없다.

5 약혼한 후에 범한 간음이 혼인 전에 발각되면 흠 없는 측에서 그 약혼을 파기할 수 있다. 그리고 혼인한 후에 간음한 경우에는 흠없는 측에서 이혼소송을 할 수 있으며, 이혼한 후에는 범죄한 측이 죽은 것이나 마찬가지이므로 다른 사람과 혼인할 수 있다.

6 인간의 부패성은 하나님이 짝지어 주신 부부라 할지라도 부당하게 이혼사유를 캐내려는 경향이 있다. 그러나 부부 중 한 편이 간음한 경우와 고의적으로 버리는 경우 외에는 충분한 이혼사유가 되지 못한다. 이런 경우에는 교회나 국가의 법정이 어떻게 할 도리가 없다. 또한 이혼은 어떤 이유에서든지 그 당사자들의 개인적 자유나 판단에 맡겨진 것이 아니다. 그것은 교회법이나 국가법에 의거한 공적인 법적 질서와 절차에 따라 처리되어야 한다.

제25장
교 회

1 보편적 또는 우주적 교회는 불가견적인 존재로서 교회의 머리이신 그리스도를 중심으로 과거와 현재와 미래에 걸쳐 선택된 모든 택한

백성으로 구성되어 있다. 이 교회는 만물을 충만케 하시는 자이신 그리스도의 신부이자 몸이며 그의 충만이다.

2 또한 가견교회는 복음 아래서 보편적이며 우주적이다. 이는 이전의 율법시대처럼 특별한 한 민족에 국한되어 있지 않다. 이 가견교회는 전 세계적으로 참된 종교를 신앙하는 모든 사람들과 그의 자녀들 로 구성된다. 그리고 이 교회는 주 예수 그리스도의 왕국이요, 하나님의 집이며 권속이다. 통상적으로 이 보편적 교회 밖에서는 결코 구원을 받을 수가 없다.

3 그리스도는 이 보편적 가견교회에 직분과 성경과 규례를 허락하심으로써 세상 끝날까지 모든 성도들이 모여 온전케 되도록 하셨다. 따라서 그의 약속에 따라 자신의 임재와 성령을 통해 이 모든 것들을 효과적으로 이루어 가신다.

4 이 보편적 교회는 때로는 쉽게 식별되기도 하며, 때로는 식별이 어렵기도 하다. 보편교회에 속해 있는 개 교회들 가운데 복음의 교리가 얼마나 잘 가르쳐지고 받아들여지느냐, 규례가 잘 집행되느냐, 공적 예배가 얼마나 순결하게 진행되느냐에 따라 순수성에 대한 식별이 가능하다.

5 지상에서는 아무리 순수한 교회라 할지라도 혼탁함과 과오를 범하게 되는 경향성을 지니고 있다. 어떤 교회는 그리스도의 교회가 아니라 사탄의 회라고 할 만큼 깊이 타락하기도 한다. 그럼에도 불구하고 지상에는 하나님의 뜻에 따라 순종하며 예배하는 교회가 항상 존재할 것이다.

6 주 예수 그리스도 외에는 교회의 머리가 없다. 로마 카톨릭의 교황은 어떤 의미에서든지 교회의 머리가 될 수 없다. 그는 적그리스도요 죄악의 사람이며 멸망의 아들이다. 그는 그리스도 및 하나님과 관계된 모든 것에 반대되며 교회 안에서 자기를 높이는 자이다.

제26장
성도의 교통

1 모든 성도들은 성령과 믿음으로 말미암아 머리이신 예수 그리스도와 연합되어 있다. 그러므로 그들은 그의 은혜와 고난과 죽음과 부활과 영광 안에서 그와 교제를 갖게 된다. 그리고 성도들은 사랑 안에서 서로 연합되어 있다. 그러므로 그들은 각기 받은 은사와 은혜를 통용하며, 공사간에 각기 서로 섬기며 덕을 세움으로써 영육간 피차 유익을 받도록 협력해야 한다.

2 공적인 신앙고백을 통해 성도가 된 자들은 하나님을 예배하는 가운데 거룩한 교제와 교통을 유지해야 한다. 그들 상호간의 덕을 세우기 위해 서로간 신령한 봉사를 해야 하며, 각자의 능력과 필요에 따라 서로간 물질적인 도움을 나누어야 한다. 이러한 성도들의 교통은 하나님께서 기회를 주시는 대로 어디서든지 주 예수의 이름을 부르는 모든 성도들에게 베풀어져야 한다.

3 성도들이 그리스도와 더불어 교통한다는 의미는 그들이 그리스도께서 가진 신격의 본체를 소유한다거나 그리스도와 동등하게 된다는 뜻이 아니다. 이 두 가지 가운데 하나라도 그렇다고 생각한다면 그것은 불경건한 신성모독이다. 또한 성도간의 상호교통이 각자의 은사나 재물

에 대한 권리를 침해하거나 상실 당한다는 의미가 아니다.

제27장
성 례

1 성례는 은혜언약에 대해 인치는 거룩한 표이다. 그것은 하나님께서 그의 백성과 맺은 언약의 표로서 친히 제정하신 것이다. 이는 그리스도와 그가 주시는 은혜를 나타내며 그 안에서 우리가 누리는 유익을 확고히 하며, 교회에 속한 성도들과 세상에 속한 사람들 사이를 가시적으로 구별해 준다. 또한 우리로 하여금 하나님의 말씀에 따라 그리스도 안에서 하나님을 섬기는 일에 경건하게 참여토록 하기 위함이다.

2 모든 성례에는 그 표와 실체 사이에 영적인 관계와 성례적 연합이 존재한다. 그러므로 그 실체에 관한 내용이 그 표에 따른 명칭과 효과들로 표현될 수 있다.

3 올바른 성례전을 통해 나타나는 은혜는 성례에 사용되는 음식에 들어있는 내재적인 능력이나 집례자의 경건성과 그의 의도 때문이 아니다. 거기에 은혜가 임하게 되는 원인은 성령의 사역과 성례에 관련된 하나님의 말씀 때문이다. 즉, 성례에 관한 주님의 명령과 그것을 합당하게 받는 성도들에게 주어진 주님의 약속이 은혜의 원천이 된다.

4 복음시대에는 그리스도께서 제정하신 두 가지의 성례가 있을 뿐인데, 그것은 곧 세례와 성찬이다. 이 두 가지 성례 중 어느 것이든 아무나 베풀 수 없으며, 오직 합법적으로 임직된 말씀 사역자만이 집행할 수 있다.

5 구약의 성례들이 상징하고 표현하는 영적인 의미는 본질적으로 보아 신약의 성례와 동일하다.

제28장
세 례

1 세례는 신약의 성례로서 예수 그리스도께서 친히 제정하신 것이다. 그것은 세례받은 자를 유형교회에 엄숙하게 가입시키는 방편일뿐 아니라 은혜언약에 들어가는 표sign와 인seal의 의미를 지닌다. 그리고 그것은 세례를 받는 자가 그리스도에게 접붙임을 받는 의미를 가진다. 이는 그의 중생과 죄씻음을 의미하며 그리스도로 말미암아 하나님께 헌신하여 새생명 가운데 살게 됨을 의미한다. 이 세례는 그리스도께서 친히 명하신 것이므로 세상 끝날까지 그의 교회 가운데서 항상 지속되어야 한다.

2 세례에 사용되는 외형적인 요소는 물이다. 성도는 물로 세례를 받을 때 성부 성자 성령의 이름으로 받게 되며, 그 의례는 합법적으로 부르심을 입은 복음 사역자인 목사에 의해 집행되어야 한다.

3 세례를 베풀면서 세례받는 당사자를 반드시 물 속에 잠기게 할 필요는 없다. 세례를 베푸는 올바른 방법은 세례받는 사람의 머리 위에 물을 붓거나 적시는 것으로 족하다.

4 그리스도에 대한 신앙과 그에게 순종을 공적으로 고백한 사람에게 세례가 베풀어지지만, 부모가 모두 신앙있는 성도이든지 부모 가운데 한 편이 신앙을 가지고 있을 경우 그 가정의 유아들도 세례를 받아야

만 한다.

5 세례를 멸시하거나 가볍게 여기는 것은 큰 죄악이다. 그러나 사람이 하나님의 은혜와 구원을 받는 데 있어서 세례가 절대불가결의 요소가 되는 것은 아니다. 세례를 받지 않고도 중생하여 구원받는 성도가 있는가 하면 세례를 받았음에도 불구하고 중생하지 못한 사람들도 있다.

6 세례의 효력은 세례가 집행되는 그 시간에만 국한되는 것이 아니다. 그러나 세례를 올바르게 시행하면 하나님의 약속된 은혜가 성령으로 말미암아 구체적으로 세례받는 당사자에게 임하게 된다. 하나님께서는 자신의 뜻하신 목적에 따라 성인뿐 아니라 유아세례자에게도 그 은혜를 실제적으로 베풀어 주신다.

7 세례의 성례는 어느 누구에게든지 단 한 번만 베풀어져야 한다.

제29장
주의 성찬

1 우리 주 예수께서는 팔리시던 날 밤 자신의 몸과 피를 상징하는 성찬이라 칭해지는 성례를 제정하셨다. 그는 그 의례가 세상 끝날까지 교회 가운데서 지켜지도록 요구하셨다. 이는 그가 자신의 죽음으로 자신을 친히 희생제물로 드린 사역을 영원히 기념케 하며, 참 신자들에게 그 희생이 주는 모든 은혜들을 보증하며, 그 안에서 그들이 영적인 양식을 먹고 성장케 하기 위함이다. 그리고 그들이 그에게 마땅히 행해야 되는 의무들을 보다 충성스럽게 이행케 하며, 그들이 그와 더불어 갖는 교통과 그의 신비한 몸의 지체들로서 그들 상호간에 갖는 교통의 매는 줄

과 보증이 되게 하기 위함이다.

2 성찬의례를 통해 그리스도께서 다시 성부에게 실제로 바쳐진다거나 산 자와 죽은 자의 죄를 사하시기 위해 제물로 드려지는 것이 아니다. 다만 이 성찬예식은 십자가에서 스스로 자신을 단번에 영원한 희생제물로 바치신 것을 기념하는 것이며, 하나님께 드릴 수 있는 모든 찬양을 영적으로 봉헌하는 것이다. 로마 카톨릭의 희생제사인 소위 '미사'에서는 성찬을 행할 때마다 그리스도가 속죄제물로 거듭해서 바쳐진다고 주장한다. 그러므로 로마 카톨릭의 희생제사인 '미사'는 곧고다 십자가 위에서 택한 자녀들을 위해 단번에 죽으심으로써 충족했던 그리스도의 속죄적 희생의 완전성을 극단적으로 손상시키는 것이다.

3 주 예수께서는 성찬을 시행함에 있어서, 세워진 사역자들을 통해 성찬에 관련하여 주어진 자신의 말씀을 회중에게 선포하고 기도하게 하셨다. 그리고 성찬의 요소인 떡과 포도주를 가지고 축사함으로써 그것을 거룩하게 구별하여, 떡을 취하여 떼며 잔을 들어 집례자 자신뿐 아니라 회중들에게 나누어주어 참여케 하셨다. 그러나 그 회중에 참여하지 않은 자에게는 아무에게도 성찬을 허락지 않으셨다.

4 로마 카톨릭의 사적私的인 미사, 즉 성례를 사제 혹은 다른 사람으로부터 혼자 받는 것과 잔을 일반 회중에게는 나누어 주지 않는 것은 잘못된 행위이다. 그리고 떡과 포도주에 경배하며 그것들을 높이 치켜드는 것과 숭상하는 의미에서 가지고 돌아다니는 것은 옳지 않다. 또한 다른 거짓된 종교적 용도를 위하여 따로 보관해 두는 것도 합당한 행위가 아니다. 이와 같이 행하는 것은 성례의 본질에 어긋나며 그리스도께서 성찬을 제정하신 원래의 뜻에 부합하지 않는다.

5 이 성례에 사용되는 외형적인 요소인 떡과 포도주는 그리스도께서 제정하신 용도에 따라 구별되어 있으므로 십자가에 달리신 그리스도와 관련이 있다. 그 관련성은 참되지만 상징적인 의미를 지니고 있다. 그러므로 떡과 포도주는 때로 그리스도의 몸과 피로 불려진다. 그렇다 할지라도 그것들은 실체와 본질에 있어서는 여전히 전과 전혀 다름없는 떡과 포도주 그대로이다.

6 사제의 축사나 다른 특별한 방법을 통해 떡과 포도주가 실제적인 그리스도의 살과 피로 바뀐다고 하는 화체설은 성경의 교훈에 반할 뿐 아니라 일반 상식과 이성에도 모순된다. 이러한 교리는 성찬의 본질을 뒤엎는 것이며 여러 가지 미신과 조잡한 우상숭배의 원인이 되어 왔고 지금도 마찬가지다.

7 합당하게 성찬에 참여하는 성도들은 눈에 보이는 외적 요소인 떡과 포도주를 받으면서, 십자가에 못박히신 그리스도와 그의 죽으심으로 말미암는 모든 은혜를 믿음으로 받으며 취한다. 이와 같은 성찬이 실제로 참된 것이기는 하지만 육체적인 것이 아니라 영적인 것이다. 즉 그것을 받아 취할 때 그리스도의 살과 피가 눈에 보이는 떡과 포도주 가운데 실질적으로 존재하지는 않는다. 그렇지만 그리스도의 살과 피가 그 성찬에 참여하는 자들의 신앙을 통해 영적으로 임재하게 된다.

8 무지하고 사악한 자들은 성찬에 참여한다고 해도 물질적인 요소들인 떡과 포도주를 받게 될 뿐 그것이 의미하는 상징적 실체는 받지 못한다. 따라서 그들의 성찬 참여는 주님의 몸과 피를 범하는 죄를 짓는 것으로서 스스로 멸망에 이르게 된다. 그런 불경한 사람들은 그리스도와 교통을 누리기에 부적합한 자들이다. 그들은 회개하지 않는 한 성찬에 참여할 자격이 없으며, 성찬에 참여하도록 허락되어서도 안 된다.

제30장
교회의 권징勸懲

1 교회의 왕이요 머리이신 주 예수께서는 세속국가의 위정자와는 구별되는 교회의 직원들에게 교회의 정치를 제정해 주셨다.

2 교회의 직원들에게는 천국열쇠들이 맡겨졌다. 그들은 그것들을 사용하여 범죄자를 맬 수도 있으며 풀어줄 수도 있다. 또한 그들은 하나님의 말씀과 권징을 통해 회개하지 않는 자에게는 천국문을 닫고, 회개하는 자에게는 그것을 열어줄 수 있는 권세를 가지고 있다.

3 교회의 권징이 필요한 것은 범죄한 형제들을 교정矯正하여 잃어버리지 않고, 다른 사람들이 그와 같은 범죄에 빠지지 않게 막아 전체 덩어리에 퍼질지 모르는 누룩을 깨끗이 제거하기 위함이다. 또한 그리스도의 명예와 복음에 대한 거룩한 고백을 옹호함으로써 하나님의 진노를 막기 위함이다. 그러나 그리스도의 언약과 그 언약의 인치심seal이 악하고 완악한 범죄자들에 의해 더럽혀지는 것을 신자들이 묵인할 경우 하나님의 진노가 마땅히 그 위에 임할 수밖에 없다.

4 권징의 목적을 효과적으로 이루기 위해 교회의 직원들은 당사자의 죄의 성질과 정도에 따라 경책, 일시적인 수찬 정지, 혹은 출교를 행해야 한다.

제31장
공의회synods와 협의회councils

1 효율적인 교회정치와 건덕을 위해 일반적으로 공의회synods와 협의회councils가 필요하다.

2 국가의 위정자들은 종교적 사항에 관해 상의하고 충고하기 위한 의도로 목사들을 비롯한 적절한 인물들로 구성된 공의회를 적법하게 소집할 수 있다. 그러나 위정자들이 교회에 대항하여 공적으로 적대행위를 할 경우에는 교회의 사역자들이 그 직무상 권한에 따라 별도로 그와 같은 회의들을 소집할 수 있다.

3 공의회synods와 협의회councils는 신앙과 양심에 관련된 문제로 인한 논쟁을 해결하고 공예배와 교회정치에 대한 규칙과 지도원리를 결정할 수 있다. 그리고 치리회의 실책에 대한 불평과 고소를 접수하여 권위 있게 판결하는 권한을 갖고 있다. 그렇게 해서 확정된 결의사항과 판결이 하나님의 말씀에 일치하는 경우 성도들은 그에 순종해야 한다. 그들이 그것을 따라야 할 또 다른 이유는 공의회가 성경의 교훈에 따라 세워진 권위를 가졌기 때문이다.

4 사도시대 이후 모든 공의회와 협의회는 총회 차원이나 개별적 회의에서 항상 과오를 범할 가능성을 지니고 있다. 실제로 과거의 많은 회의들에서 실수들이 범해졌다. 그러므로 공의회와 협의회는 신앙과 행위에 대한 절대적 규범의 원천이 될 수 없으며, 신앙과 실제적인 측면에서 도움을 주게 될 따름이다.

5 공의회와 협의회는 교회에 관련된 사항 이외의 다른 사안을 취급하거나 결정해서는 안 된다. 그리고 국가의 세속정치 문제에 간섭하려 해서는 안 된다. 다만 특별한 경우 위정자에게 겸허한 태도로 청원할 수 있으며, 혹 위정자의 요구가 있을 때 양심껏 충고하는 방식을 취할 수 있다.

제32장
인간의 사후死後 상태와 죽은 자의 부활

1 인간의 육체는 죽은 후 흙으로 돌아가 썩게 된다. 그러나 그 영혼은 결코 죽거나 잠들지 않고 불멸의 실체로서 조물주이신 하나님께로 즉시 돌아간다. 의인의 영혼은 죽는 순간 거룩하게 되어 완전해져서 지극히 높은 천상의 나라에 들어가 빛과 영광중에 거하시는 하나님의 얼굴을 대하게 된다. 그들은 그곳에서 몸의 완전한 구속救贖을 기다린다. 한편 악인의 영혼은 죽은 후 지옥에 던져져 그곳에서 고통과 흑암 중에서 마지막 심판을 기다리게 된다. 성경은 인간의 육신이 죽은 후 영혼들이 갈 곳에 대해 위의 두 영역밖에 말하지 않는다.

2 마지막 심판날 살아남아 있는 성도들은 죽지 않고 그 몸이 변화될 것이며, 이미 죽은 모든 성도들은 전과 같이 여전한 몸으로 부활하게 된다. 그러나 부활한 몸은 질적인 면에서 그 전과 같지 않으며, 그 몸은 자신의 영혼과 영원히 결합하게 될 것이다.

3 마지막 심판날 불의한 자들의 몸은 그리스도의 능력에 의해 욕된 것으로 부활한다. 그러나 의로운 자들의 몸은 성령으로 말미암아 영광스러운 상태로 다시 살게 되어 그리스도의 영광스러운 몸의 형상으로 변화하게 된다.

제33장
최후의 심판

1 하나님께서는 예수 그리스도로 말미암아 공의로 세상을 심판하실 한 날을 정하시고 그에게 모든 심판의 권세를 맡기셨다. 그날에는 타

락한 천사들이 심판을 받을 뿐 아니라 땅 위에 살았던 모든 인간들이 그리스도의 심판대 앞에 서서 저들의 생각과 말과 행위의 전말을 밝히고 그들의 삶에 따라 선악간 보응을 받게 될 것이다.

2 하나님께서 심판날을 정하신 목적은 택한 자들을 영원히 구원하여 자신의 자비의 영광을 나타내시고 거역하는 사악한 불택자들을 영원히 정죄하여 자신의 공의의 영광을 나타내시고자 함이다. 그때 의인들은 영생으로 들어가 주님으로부터 임하는 충만한 기쁨과 만족을 누리게 될 것이지만, 하나님을 알지 못하고 복음을 거역한 자들은 영원한 고통 가운데 던져져 거기서 멸망의 형벌을 받게 된다.

3 그리스도는 장차 있을 심판날을 우리에게 확실히 확신시키고자 하셨다. 그것은 죄를 멀리하게 하고, 경건한 자들이 역경에 빠지게 될 때 더욱 큰 위로를 받게 하기 위함이다. 그와 동시에 그리스도는 심판날을 사람들에게 숨겨두시기를 원하신다. 이는 성도들로 하여금 항상 깨어 있어서, '오시옵소서, 주 예수여, 속히 오시옵소서! 아멘' 이라는 고백을 갖추어 살게 하려는 것이다.

웨스트민스터 신앙고백 해설

제 1 장
성 경

개괄적 이해 〉〉

웨스트민스터 신앙고백서의 두드러진 특색 가운데 하나는 맨 첫 장에 '성경' 에 관한 항목이 나온다는 사실이다. 그 다음에 하나님과 창조, 섭리, 인간 등에 관한 항목으로 이어지고 있다.

이는 개혁주의 신학의 매우 중요한 고백적 특징이다. 즉 성경의 기록계시를 통한 하나님이 아니면 진정한 하나님이 아니며 성경의 계시를 통하지 않고는 결코 하나님에 대해 알 수 없다는 것이다. 이것은 성경을 통해서만 우주만물의 모든 실체를 알 수 있으며 성경이 없는 자연인의 상태에서는 아무것도 알 수 없다는 점을 분명히 밝히고 있다.

제 1 장

성 경

1 '피조세계의 조명' 과 '창조와 섭리의 사역' 을 통해 하나님의 선하심과 지혜와 능력이 분명하게 나타나 있다. 이 점에 있어서 아무도 하나님을 모른다고 핑계할 수 없다.[1] 그러나 그것들이 구원에 이르게 할 정도로 하나님과 그의 뜻을 알게 하는 데 충분한 것은 아니다.[2] 그러므로 하나님은 과거 여러 시대에 다양한 모양으로 그의 교회에 자기 자신을 드러내시고 그의 뜻을 계시해 주시기를 기뻐하셨다.[3] 그리고 그후에는 계시된 진리를 전체적으로 기록하도록 하신 것이 하나님의 기뻐하신 뜻이었다.[4] 그렇게 하여 기록된 책이 곧 성경이다. 나아가 성경을 기록한 목적은 진리가 보다 잘 보존되고 전파되며 육체의 타락과 사탄과 세상의 악에 대하여 교회를 더욱 견고하게 하며 위로하시기 위함이었다. 이같은 이유로 진리를 온전히 기록한 성경이 절대적으로 필요하게 된 것이다.[5] 그리하여 성경이 완성된 후에는 이전에 하나님께서 자기 백성에게 자신의 뜻을 직접 계시해 주시던 과거의 방식들은 이제 중단되었다.[6]

1_ 롬 1:20; 시 19:1-3; 롬 1:32; 2:1; 14-15

2_ 고전 1:21; 고전 2:13-14

3_ 히 1:1

4_ 롬 15:4; 잠 22:19-21; 사 8:20; 마 4:4,7,10; 눅 1:3-4

5_ 딤후 3:15; 벧후 1:19

6_ 히 1:2

① 일반계시의 제한성

인간은 피조세계의 조명과 창조와 섭리의 사역 가운데서 하나님의 존재를 짐작하여 알 수 있다. 그 가운데 하나님의 선하심과 지혜와 능력이 나타나고 있기 때문이다. 그러나 자연의 빛과 피조된 세계를 통해 하나님의 뜻을 온전히 알 수 있는 것은 아니다. 죄에 빠진 인간으로서는 하나님의 특별계시를 통하지 않고 하나님을 알 수 있는 방편이 없다.

그럼에도 불구하고 피조세계의 조명과 창조 사역 가운데 하나님의 지혜와 능력이 나타나 있다고 말한다. 이것은 사실상 심판의 의미를 담고 있다. 즉 인간들이 자신과 자연을 통해 하나님을 충분히 알 수 있는 지혜를 가졌다는 말이 아니라 그것이 곧 심판의 근거가 된다는 말이다.

우리가 여기서 분명히 이해하고 넘어가야 할 점이 있다. 그것은 인간과 피조세계 가운데 하나님의 선하심과 아름다움이 남아 있다고 말하는 것이 아니라는 사실이다. 인간이 타락함과 동시에 자연도 더불어 완전히 타락하게 되었다. 그러므로 이 세상에는 진정한 아름다움도 남아 있지 않다.

인간들이 인간 자신과 자연을 보고 때때로 아름다움을 느끼는 것은 타락한 인간과 타락한 자연의 조화성으로 인한 것이다. 즉 하나님으로 말미암는 절대적 아름다움이 아니라는 것이다. 이에 대해서는 이와 같은 설명이 가능할 것이다: 똥개는 똥의 누런 빛깔을 아름답게 생각할 것이며 그 개의 눈에는 인간들이 싫어하는 똥이 탐스럽게 보일 것이다. 이는 똥이 아름답고 탐스러운 객관적인 본성을 가지고 있기 때문이 아니라 똥개와 똥 사이에 상호 조화로운 소통이 이루어지고 있기 때문이다.

인간이 자연을 보며 아름다움을 느끼는 것도 바로 그런 성향과 연관이 있다. 그럼에도 불구하고 웨스트민스터 신앙고백서에서는 인간과 자연 가운데는 하나님의 선하심과 지혜와 능력이 분명하게 나타나 있다고 기록하고 있다. 그렇다면 그것은 무슨 말인가? 그 진정한 의미는 인간과 피조세계 가운데는 하나님께서 제정하신 법칙이 존재하고 있다는 의미이다. 즉 인간들로 말미암지 않은 인간 자신 가운데는 삶과 죽음의 법칙이 존재하고 있으며 피조세계 가운데는 자연의 법칙이 있는데 그 가운데 하나님의 존재가 드러나고 있다. 그러므로 인간들은 결코 하나님을 모른다고 핑계할 수 없는 존재이다.

그러나 신앙고백서는 피조세계의 조명만으로는 하나님을 온전히 알 수 없음을 밝히고 있다. 즉 그런 것들을 통해서는 하나님의 존재에 대해서는 알 수 있으나 그의 거룩한 뜻을 알 수는 없다는 것이다.

② 교회에 허락된 하나님의 특별계시

하나님께서는 역사 가운데서 다양한 방법으로 창세전에 택하신 백성들에게 자신을 계시하시며 그의 뜻을 보여주셨다. 그는 기록된 성경을 주셔서 교회로 하여금 그것을 통해 진리를 알고 보존하며 전파하기를 원하셨던 것이다. 교회는 그 계시된 성경을 통해 타락한 자신과 부패한 세상을 지배하는 사탄의 세력으로부터 오는 고통을 견딜 수 있는 위로의 방편으로 삼게 되었다.

하나님께서는 자신의 몸된 교회를 인도하고 보호하시기 위해 절대적으로 필요한 기록된 계시를 허락하셨다. 그 기록된 말씀이 아니면 하나님의 자녀들은 진리에 대한 방향을 상실할 수밖에 없다. 그러므로 교회 가운데 성경이 주어진 것은 하나님의 놀라운 사랑과 은혜로 인한 것이다.

③ 특별계시의 종료

웨스트민스터 신앙고백서에서는 매우 중요한 고백이 담겨 있다. 그것은 고백서 제1장 1항에서 계시가 종결되었음을 고백적으로 선언하고 있는 내용이다. 하나님께서는 기록계시의 완성과 함께 자신의 뜻을 직접 계시해 주시던 과거의 방식들을 이제 중단하셨음을 명백히 밝히고 있다.

2 성경 혹은 기록된 하나님의 말씀은 구약과 신약의 모든 책들로 이루어졌는데 그것들은 다음과 같다.

[구약] : 창세기, 출애굽기, 레위기, 민수기, 신명기, 여호수아, 사사기, 룻기, 사무엘상, 사무엘하, 열왕기상, 열왕기하, 역대기상, 역대기하, 에스라, 느헤미야, 에스더, 욥기, 시편, 잠언, 전도서, 아가, 이사야, 예레미야, 예레미야애가, 에스겔, 다니엘, 호세아, 요엘, 아모스, 오바댜, 요나, 미가, 나훔, 하박국, 스바냐, 학개, 스가랴, 말라기

[신약] : 마태복음, 마가복음, 누가복음, 요한복음, 사도행전, 로마서, 고린도전서, 고린도후서, 갈라디아서, 에베소서, 빌립보서, 골로새서, 데살로니가전서, 데살로니가후서, 디모데전서, 디모데후서, 디도서, 빌레몬서, 히브리서, 야고보서, 베드로전서, 베드로후서, 요한일서, 요한이서, 요한삼서, 유다서, 요한계시록

이 모든 책들은 하나님의 직접적인 영감에 의해 우리에게 주어진 것으로서[7] 신앙과 삶의 유일한 법칙이 된다.

7_ 딤후 3:16; 눅 16:29,31; 엡 2:20; 계 22:18,19.

① 신구약 성경 66권

성경은 구약성경 39권과 신약성경 27권이다. 이 성경들은 구속사 가운데서 특별히 주어진 하나님의 계시이다. 즉 하나님께서 택하신 자기 백성들에게 주신 특별한 계시인 것이다. 그렇다면 그 책들이 정경임을 누가 어떻게 결정하게 되었는가?

구약성경 39권은 성막과 성전의 '제사장 모임' 에서 확인했다. 그리고

신약성경 27권은 신약시대의 성전 언약을 중심으로 사역했던 '예루살렘 공의회'에서 확증했다. 여기서 성경에 대한 확인을 하고 확증했다는 말은 사도적인 기능에 의해 그 책들이 하나님의 계시된 말씀임이 확인되었다는 의미이다. 즉 그들이 토론을 거쳐 다수결에 의해 성경을 결정했다는 의미와는 다르다.[2]

구약성경의 기록은 시내 광야시대와 사사시대에 성막 제사장들이 확증했으며 예루살렘 성전이 세워진 후에는 성전 제사장들이 확증했다. 그리고 B.C.586년 바벨론 제국에 의해 예루살렘 성전이 파괴된 후에도 여전히 남아있던 제사장들이 정경을 확증했다.[3] 나중 포로에서 귀환한 후 새로운 성전이 세워졌을 때도 여전히 제사장들이 계시된 성경의 영감성을 확증했다.

오늘날 우리가 가지고 있는 구약성경 39권이 정경이라는 사실은 예수님에 의해 다시금 확증되었다. 당시 유대인들은 그 책들을 성전에서 사용되는 정경으로 인정하고 있었다. 예수님께서 그 동일한 39권의 책들을 정경으로 인정하셨던 것이다.

신약성경은 예루살렘 공의회에서 모든 정경들을 확증했다. 복음서를 비롯한 역사서, 서신서, 계시록 등은 모두 예루살렘 공의회에서 정경 여부를 확정지었다. 그들이 계시의 영감성을 확인했던 것이다.

성경의 정경성 여부는 책의 분량이나 문체 자체가 기준이 되지 않았다. 당시에도 많은 사람들이 다양한 장르의 글들을 썼으며 책들을 집필했다. 그 가운데는 메시아에 대한 온전한 신앙을 가진 성도들의 글들도 많았을 것이다.

우리가 주의깊게 생각해야 할 바는 신앙이 좋은 성도가 쓴 감격적인

---

2) 이광호, 구약신학의 구속사적 이해, 서울: 도서출판 깔뱅, 2006, 27-32.

3) 우리는 포로기 동안 이방지역에서 활동했던 학사 겸 제사장 에스라와 같은 인물을 기억해야 한다. 예루살렘 성전이 파괴되어 더 이상 제사를 지낼 수 없는 형편이었을 때도 여전히 제사장들의 사역은 있었다.

글들이라 해서 그것이 곧 성경이 될 수 있었던 것은 아니라는 사실이다. 그리고 선지자들이나 사도들이 쓴 글이라 해서 무조건 성경이 될 수 있었던 것도 아니었다. 즉 이사야나 예레미야 선지자가 쓴 모든 책이 성경이 될 수 있다든지 사도 바울이 쓴 책이라면 무조건 전부가 성경이 될 수 있었던 것은 아니다.[4)]

기록된 글이 매우 신앙적이고 감화력이 있다고 해도 그것만으로 성경이 될 수는 없다. 즉 하나님으로부터 계시된 정경이 아니지만 문장력을 갖춘 신실한 성도들은 매우 신앙적인 훌륭한 글들을 쓸 수 있을 것이다. 그렇다고 글의 짜임새와 문장이 탁월하기 때문에 정경이 될 수 있었던 것은 아니다.

우리는 성경을 보면서 구약성경의 창세기나 이사야서처럼 긴 분량의 책들이 있는가 하면 오바댜서나 요엘서 같이 짧은 분량의 글들이 있음을 알고 있다. 이로 인해 마치 긴 글들은 권위가 매우 큰 것 같고 짧은 글들은 권위가 덜한 것처럼 생각해서는 안 된다.

신약성경에 있어서도 마찬가지다. 마태복음이나 로마서처럼 긴 글들이 있는가 하면 유다서나 빌레몬서 같이 매우 짧은 글들도 있다. 글의 길고 짧음이 정경이 되는 기준이 되는 것이 아니라 성전 제사장들과 예루살렘 공의회에서 하나님으로부터 계시된 정경인지의 영감성 여부를 확증지은 사실이 중요하다는 점을 알아야 한다.

그러므로 성경의 정경성 여부는 사도시대 이후의 기독교 종교회의에서 결정한 것이 아니다. 후대의 교회회의가 감당한 일이 있다면 구약시

4) 구약시대에는 정경 이외에 일반적인 관점에서 보아 역사적인 권위를 가진 책들이 더러 있었다. 대표적으로 열왕기하 15:6에 기록된 '유다 왕 역대지략'과 열왕기하 14:28에 기록된 '이스라엘 왕 역대지략'을 들 수 있다. 그리고 신약성경 가운데도 정경 이외에 신앙적으로 상당한 권위를 가진 문서들이 있었던 것으로 보인다. 예를 들어 골로새서 4:16에는 '라오디게아로서 오는 편지'에 관한 기록이 나온다. 만일 사도바울이 라오디게아에 보낸 편지가 있었다면 그것은 바울이 썼음에도 불구하고 하나님의 계시에 의한 정경으로 볼 수 없다.

대와 신약시대에 확증되었던 정경을 다시금 확인하는 정도의 일이었다.

② 알렉산드리아 번역본(70인역)에 관한 문제

우리가 또한 중요하게 생각해야 할 점은 알렉산드리아에서 번역된 구약성경 헬라어 번역본(70인역)에 관한 문제이다. 70인역에서는 히브리어 성경을 헬라어로 번역하면서 예루살렘 성전을 중심으로 한 히브리어 성경 목록에 제시되지 않은 외경들을 삽입했다.

그러나 알렉산드리아의 학자들이 외경을 목록에 넣었다고 해서 그것이 곧 정경이 되는 것은 아니었다. 앞에서도 언급한 것처럼 예루살렘 성전을 중심으로 한 제사장 모임이 아니면 어느 누구도 정경을 확증할 수 있는 영적 권위를 가지지 못했기 때문이다. 우리는 제사장들의 중요한 직무가 하나님께 드리는 제사와 더불어 정부정淨不淨을 분별하는 판단의 기능이었음을 기억해야 한다.

3 일반적으로 외경外經이라 불리는 책들은 하나님의 영감靈感으로 된 것이 아니므로 정경正經에 속하지 않으며, 따라서 교회에서 아무런 권위를 가지지 못한다. 그것은 인간들의 저작품일 뿐 그 이상 달리 인정받거나 사용될 수 없다.[8]

8_ 눅 24:27,44; 롬 3:2; 벧후 1:21

① 외경(外經, Apocrypha)

외경이란 정경이 아니면서 구약시대와 연관된 책들이다. 일부 신학자들은 구약성경의 경전 확정 과정에서 정경에서 제외된 책이 외경이라 생각한다. 그러나 그것은 올바른 설명이 아니다. 정경은 특별한 사람들의 토론을 거쳐 결정된 것이 아니며 외경으로 알려진 책들은 원래부터 하나님으로부터 계시된 책들이 아니었다.

구약의 외경에는 토비트, 유디스, 지혜서, 집회서, 바룩, 예레미야의 편지, 아자리아의 기도, 수잔나, 벨과 용, 마카비1서, 마카비2서, 마카비3서, 마카비4서, 에스드라1서, 에스드라2서, 므나세의 기도 등이 있다. 정통 기독교가 아닌 유사 기독교 종파들 가운데는 이러한 책들을 성경에 포함시키고 있다.

② 위경(僞經, Pseudepigrapha)

위경이란 외경과는 달리 의도적으로 성경을 위장한 책들이다. 즉 구약의 외경은 그것을 쓴 사람들이 정경에 넣기 위한 목적이 없이 기술한 것들이라면, 위경은 성경 속에 나타나는 믿음의 선배들의 이름을 사용해 펴냈던 책들이다. 그렇게 함으로써 그것을 성경의 권위가 있는 것처럼 드러내려 했던 것이다.

신약의 위경에는 야고보 원시 복음서, 에비온인 복음서, 히브리인 복음서, 이집트인 복음서, 도마 복음서, 베드로 복음서, 니고데모 복음서, 바울 묵시록, 베드로행전, 요한행전, 안드레행전, 도마행전 등이 있다.

이런 외경과 위경들은 하나님으로부터 계시된 책이 아니므로 교회 가운데서 아무런 권위를 가지지 못한다. 그런 책들은 도리어 교회를 어지럽게 할 수 있는 위험한 책들이다. 하나님의 교회에 주어진 계시의 말씀은 오로지 신구약성경 66권이 있을 따름이다.

4 우리가 성경을 믿어 그에 마땅히 순종하는 것은 성경의 권위 때문이다. 그 권위는 어떤 사람이나 교회의 증거로 인해 부여된 것이 아니라 전적으로 그 저자이시며 진리 자체이신 하나님께 달린 것이다.[9] 그러므로 우리가 성경의 권위를 받아들이는 것은 그것이 하나님의 말씀이라는 이유 때문이다.

9_ 벧후 1:19,21; 살전 2:13; 딤후 3:16; 요일 5:9

① 성경의 절대적 권위

성경의 권위는 절대적이다. 성경은 역사적 산물이 아니라 하나님께서 여러 선지자들과 사도들을 통해 직접 계시하신 거룩한 말씀이기 때문이다. 그 권위는 사람들의 해석에 의해 발생하는 것이 아니라 그 자체로서 고유한 권위를 지니고 있다. 그러므로 하나님의 자녀들은 그 권위를 순전히 받아들인다.

이는 인간들이 그 권위를 인정해야 한다는 것을 말하지 않는다. 즉 인간들이 그것을 인정하기 때문에 권위가 발생하는 것이 아니다. 죄인이 된 인간들이 그것을 인정하면 성경이 되고 인정하지 않으면 성경의 권위가 훼손되는 것이 아니다.

하나님의 계시인 성경은 그 자체로서 절대적인 권위를 가지고 있다. 하나님의 자녀들은 하나님의 은혜로 말미암아 그 권위를 깨달아 알게 된다. 하나님의 전적인 은혜가 아니고는 어느 누구도 그 놀라운 비밀을 알 수 없다.

② 경청해야 할 하나님의 말씀

인간은 성경을 해석하는 존재이기 전에 그 말씀을 통해 하나님의 음성을 들어야 할 존재이다. 인간의 이성이나 경험을 통해 성경을 해석하려는 노력은 자칫 심각한 오류에 빠지기 십상이다. 죄성으로 꽉차있는 인간이 성경 해석의 주체가 되면 진리의 말씀인 성경이 도리어 인간에 의한 해석의 대상인 객체가 되어 버리기 때문이다.

그렇지만 인간들은 성령의 도우심에 따라 성경을 겸허하게 해석함으로써 하나님의 음성을 듣게 된다. 계시된 하나님의 말씀을 올바르게 듣기 위해서는 항상 성령의 도우심을 의지해야만 하는 것이다. 진정한 성도는 하나님의 도우심과 성령의 인도하심을 통해 계시된 말씀의 의미를 깨달아가게 될 따름이다. 인간은 성경을 해석하는 독자적인 주체가 아니라 성경을 하나님의 뜻에 따라 경청해야 할 존재라는 사실을 올바르게 깨닫는 것은 매우 중요하다.

5 우리는 교회의 증거[10]에 의해 감동을 받아 성경을 고상하고 존엄하게 여기는 데 이르게 된다. 그것을 입증하는 논증들은 곧 성경에 기록된 진리의 신령함, 교리의 능력, 문체의 장엄성, 각 내용의 일치성, 하나님의 영광을 위한 전체적인 통일성, 인간 구원을 위한 유일한 길을 밝혀주는 충분한 내용 전개, 그밖의 비교할 수 없는 탁월성과 성경 전체의 완전성 등이다. 성경의 이런 속성들은 성경이 하나님의 말씀이라는 사실을 충분히 증거해 주고 있다. 그러나 성경이 오류가 없는 진리이자 신적인 권위를 가지고 있다는 사실을 우리가 확신하는 것은 무엇보다 우리의 심령heart 속에서 말씀으로 증거하시는 성령의 내적인 사역으로 말미암는다.[11]

10_ 딤전 3:15

11_ 요일 2:27; 사 59:21; 요 16:13,14; 고전 2:10-12; 요일 2:20

① 교회를 통한 상속

하나님의 말씀인 성경은 하나님께서 특별히 자신의 몸된 교회에 주신 책이다. 즉 성경은 이 세상의 일반적인 모든 인간들을 위해 주어진 책이 아니다. 그러므로 교회는 성경을 받아 보존하는 기관이며 그것을 역사 가운데 존재하는 교회들을 통해 상속해 가고 있다. 교회는 그것을 증거하고 있으며 성도들은 그 말씀을 통해 하나님의 권위와 그의 놀라운 뜻을 깨닫게 되는 것이다.

성경은 결코 인간들이 만들어낸 창의적인 언어가 아니다. 즉 성경은 역사적 산물이 아니며 인간들이 고안한 문학작품이 아니다. 나아가 인간들로 말미암는 법령이나 사학자들의 역사적 서술이 아니다. 비록 성경은 인간의 언어를 사용하고 있지만, 그것은 하나님께서 인간의 언어를 통해 교회를 향한 자신의 뜻을 계시하신 것이다. 성경은 오랜 역사 가운데 여러 사람들을 동원하여 기록되었으므로 다양한 형태의 내용과 역사적인 특별한 사건들을 보여주고 있다. 그렇지만 거기에는 분명한 일치성이 있으며 하나님의 놀라운 계획과 뜻이 드러나고 있다.

② 구원의 방편

성경은 죄악 세상에 빠져 허덕이는 하나님의 백성들에게 구원의 길을 밝혀주고 있으며 영원한 진리를 보여주고 있다. 성경이 계시하고 있는 무오한 진리와 교훈에 대한 확신은 인간들의 지혜로 말미암지 않는다. 그것은 하나님의 계시된 말씀을 통해 자기백성들에게 증거하시는 성령의 내적 사역에 의해 이루어진다.

6 하나님의 영광, 인간의 구원, 그리고 신앙과 삶에 필요한 하나님의 모든 뜻은 성경에 명백히 기록되어 있다. 그렇지 않은 것들은 선하고 적절한 논리에 의하여 성경에서 추론해 낼 수 있다. 그러므로 성경에는 그 어느 때라 하더라도 성령의 새로운 계시나 인간의 전통을 첨가할 수 없다.[12] 그럼에도 불구하고 우리가 말씀에 계시된 것을 구원받는 데 유효하도록 깨달으려면 성령의 내적 조명을 받아야만 한다.[13] 다만 하나님께 드리는 예배의 형식과 교회정치에 관해서는 인간들의 일반적인 활동이나 모임에서처럼 격식들이 있을 수 있다. 하지만 그런 경우에도 하나님의 말씀의 일반적인 법칙들에 근거한 성도의 분별력과 만물을 통해 드러나는 조명에 따라 행해져야 한다.[14]

12_ 갈 1:8,9; 살후 2:2; 딤후 3:15-17

13_ 요 6:45; 고전 2:9-12

14_ 고전 11:13,14; 14:26,40

① 인간이 가지는 지식의 한계

성도라 할지라도 범죄한 인간은 성경에 기록된 하나님의 오묘한 뜻을 다 알 수 없다. 성경에는 영원한 진리와 하나님의 자기백성들을 위한 구원 계획이 충분히 기록되어 있지만 모든 것을 완벽하게 알 수는 없는 것이다. 하나님께서는 성경을 계시하실 때 수학적이거나 과학적인 방법으로 말씀을 주신 것이 아니라 문학적인 방법을 통해 주셨다.

그러므로 우리는 성경을 읽으면서 구체적인 본문의 기록과 전체적인 맥락 가운데서 성령의 도우심에 따라 분별력 있게 하나님의 뜻을 알아가야 한다. 신구약성경 66권 자체의 완벽성에 대해서는 달리 두말할 필요가 없다. 성경만으로는 하나님을 알기에 무언가 부족하다고 할 수 없으며 그로 인해 인간의 이성이나 역사적 경험을 더하거나 뺄 수 없다.

우리가 분명히 깨달아야 할 점은 어떤 경우 어떤 형편이라 할지라도 성경 위에다 다른 내용들을 첨가할 수 없다는 사실이다. 즉 성경 이외 성령의 새로운 계시라든지 인간들의 종교적 전통에 따른 가르침을 성경에 첨가할 수 없다. 그것은 성경의 기록계시가 완성된 후에는 더이상 특별계시가 필요 없음을 말하고 있는 것이다.

② 모든 법칙의 표준인 성경

성경은 하나님의 구원계획에 의해 자기백성들에게 주어진 은혜의 방편이므로 그점을 잘 깨닫는 가운데 구원의 은총을 이해해야 한다. 그렇지만 인간들은 늘 자기중심적이며 자기주장을 고집하기 마련이다. 그러므로 교회는 말씀의 조명 가운데서 교회의 올바른 유지를 위해 필요한 정치와 규범적 법칙을 둘 수 있음을 인정하게 된다. 이는 인간들의 권익을 위한 것이 아니며 특정 집단의 종교적 우월성을 추구하기 위한 것이 아니다.

이러한 것들이 필요한 이유는 하나님을 올바르게 경배하기 위함이며 지상에 주님의 교회가 온전히 세워져 가게 하기 위함이다. 그러므로 그것을 위한 법칙이 제정될 때는 항상 하나님의 말씀을 기초로 해야만 한다. 성경의 교훈을 떠난 교회내의 정치적 모범과 규칙은 도리어 해가 될 것이기 때문이다.

7 성경에 기록된 모든 진리는 획일적으로 명백히 동일하게 표현되어 있지는 않다.[15] 그러나 우리가 믿고 지켜야 할 구원의 도리는 성경에 분명히 설명되어 나타나 있다. 그러므로 유식한 자나 무식한 자를 막론하고 평범한 지각을 온당하게 사용한다면 그 진리들을 충분히 깨달을 수 있다.[16]

15_ 벧후 3:16

16_ 시 119:105,130

① 시대를 초월한 말씀

성경은 주님의 몸된 교회에 계시된 하나님의 말씀이다. 그 말씀은 여러 시대 여러 사람들에 의해 계시되었다. 그러므로 다른 시대 다른 문화권에 살고 있는 성도들은 상이한 여건으로 인해 성경이 기록될 당시의 환경과 더불어 주어진 하나님의 말씀을 완전히 이해할 수 없다. 물론 동일한 시대 동일한 문화를 가지고 있던 사람이라 할지라도 말씀을 완벽하게 이해할 수는 없었다.

그리고 성경은 과학적이거나 수학적인 방식으로 기록되지 않았을 뿐 아니라 조직신학적으로 체계화된 방식으로 기록된 것도 아니다. 즉 하나님께서는 각각의 조항을 체계적으로 정리해서 기록하신 것이 아니라 인간의 역사 가운데 선택하신 특별한 성도들을 통해 계시를 유기적으로 허락하셨다.

그러므로 죄에 빠진 인간들이 하나님의 말씀을 완벽하게 깨닫는다는 것은 불가능하다. 그것은 성경에 문제가 있는 것이 아니라 죄에 빠진 인간들에게 심각한 문제가 있기 때문이다. 성경은 문학적 형식을 빌려 기록된 말씀이기 때문에 명료하게 해석하기 어려운 내용들이 많이 있으며 획일적으로 동일하게 받아들이기 힘든 부분들이 많이 있다.

그럼에도 불구하고 구원에 관련된 부분은 분명하게 기록되어 있다. 성경은 전체적인 하나님의 뜻을 확실하게 말씀하고 있기 때문이다. 하나님께서는 인간들이 깨달아야 할 핵심적인 진리의 내용을 성경 가운데 충분히 계시하셨던 것이다.

② 모든 사람들에게 허락된 보편적 언어

우리가 특히 유념해야 할 바는 성경은 세상의 지식을 기본적인 배경으로 삼고 있지 않다는 사실이다. 그러므로 세상적으로 탁월한 지식을 겸비한 유능한 사람이라 해서 하나님의 뜻을 더 잘 깨달을 수 있는 것이 아니다. 세상에서 형성된 경험과 지식이 성경에 기록된 복음을 깨닫기 위한 기본적인 조건이 되지 않는다.

신실한 하나님의 자녀라면 성령의 도우심으로 인해 그의 말씀을 깨닫게 된다. 기록된 하나님의 계시 앞에서 가지게 되는 성도의 겸손한 자세가 주님의 뜻을 온전히 깨달을 수 있게 하는 것이다. 그러므로 일반적인 교육정도가 높지 않고 세속적인 경험이 풍족하지 않다고 해서 하나님의 말씀을 깨닫기에 불리한 조건을 가지는 것이 아니다.

하나님의 말씀은 교회 가운데 우선적으로 주어진 말씀으로서 개인이 아니라 교회의 언어가 되어야 한다. 성도들은 유무식이나 유무능에 관계없이 교회적 언어 가운데 살아감으로써 하나님의 뜻을 올바르게 알아가게 되는 것이다. 즉 교회의 깨달음에 온전히 참여하는 성도라면 말씀에 기록된 하나님의 뜻을 충분히 이해할 수 있다.

8 히브리어(구약시대 하나님의 백성이 사용한 언어)로 기록된 구약성경과 헬라어(그 기록 당시의 모든 나라들에 일반적으로 알려진 언어)로 기록된 신약성경은 하나님에 의해 직접 영감되었으며, 하나님의 비상한 보호와 섭리에 의해 모든 시대에 걸쳐 순수하게 보전(保全)되어 왔다. 그러므로 이 책들은 권위 있고 신뢰할 만한 것이다.[17] 따라서 모든 종교적 논쟁에 있어서 교회는 성경에 근거하여 그 최종적인 결론을 내려야 한다.[18] 성경 원어를 알지 못하는 자라 할지라도 하나님의 자녀로서 성경을 읽을 권리를 가지고 있으며, 그들 역시 하나님을 경외하는 마음으로 성경을 읽고 연구하도록 명령받았다.[19] 그러므로 성경은 전수(傳受)된 모든 나라의 평범한 언어로 번역되어야 한다.[20] 그렇게 함으로써 하나님 말씀이 모든 사람들에게 풍성하게 거하게 하여,[21] 그들이 합당한 방법으로 예배할 수 있게 하며 성경이 주는 인내와 위로를 통해 소망을 가질 수 있도록 해야 한다.[22]

17_ 마 5:18

18_ 행 15:15; 사 8:20; 요 5:39,46

19_ 요 5:39

20_ 고전 14:6,9,11,12,24,27,28

21_ 골 3:16

22_ 롬 15:4

① 특별한 계시언어로서 히브리어와 헬라어

하나님의 말씀은 히브리어와 헬라어로 기록되어 있다. 성경이 히브리어와 헬라어로 기록된 것은 매우 중요한 의미를 지닌다. 구약성경이 히브리어로 기록된 것은 그 언어가 하나님께서 특별한 언약적 도구로 사용하신 이스라엘 민족의 언어였기 때문이다. 그것은 이스라엘 민족이 소유한 비밀이기도 했다.

예루살렘 성전과 제사장들이 사용하는 언어는 히브리어로 제한되었다. 이처럼 이스라엘 민족의 언어를 통해 하나님께서는 세상에 보내실 메시아를 계시하셨던 것이다. 그점에 있어서는 일반 문화마저도 유대인들의 것은 이방인들의 것과 철저하게 구별되었던 것을 통해 동일한 의미를 엿볼 수 있다.

한편 신약성경이 헬라어로 기록된 것은 복음의 개방성을 보여주고 있다. 온 세상에 흩어진 하나님의 자녀들을 교회로 불러 모으시기 위해 당시 세계적인 보편 언어로 사용되던 헬라어로 신약성경이 기록되게 하셨던 것이다. 물론 거기에는 하나님의 특별한 언약적 의미가 내포되어 있다.

즉 구약시대 이스라엘 왕국이 분열되고 예루살렘이 패망하는 과정에서 많은 유대인들이 이방국가들 가운데로 흩어지게 되었다. 그들은 가나안 땅을 벗어난 이방지역에 흩어져 살면서 회당예배를 지속했던 것이다. 그들은 이방지역에 살면서도 항상 예루살렘 성전을 향해 살면서 메시아의 오심을 고대했던 것이다. 이방의 여러 지역에 흩어져 살던 유대인들 중 다수는 헬라어를 사용하고 있었다.

신약성경이 헬라어로 기록된 의미 가운데는 하나님의 언약이 내포되어 있었다. 흩어진 유대인들에게 당시 보편언어이던 헬라어로 하나님의 말씀을 깨닫게 하신 것은 구속사적 의미를 지닌다. 이는 후에 세워지게 될 보편교회와 연관되며 자기백성을 위한 하나님의 경륜에 따른 사역이었다.

② 다양한 언어로 된 성경번역의 필요성

성경은 세상의 다양한 언어로 번역되어야 한다. 이는 모든 교회와 성도들이 성경을 자기 언어로 직접 읽고 깨달을 수 있도록 하기 위함이며 하나님을 자기 언어로 예배할 수 있게 하기 위해서이다. 예배의 중심에는 항상 기록된 하나님의 말씀이 실제적으로 존재해야 하기 때문이다.

그리고 모든 성도들은 성경을 통해 진리를 탐구하도록 명령을 받고 있다. 그것은 선택사항이 아니라 하나님의 요구사항이다. 그러므로 인간들의 부족함으로 인해 종교적 논쟁이 발생하게 될 경우 모든 성도들이 성경을 읽고 연구하며 상고하는 가운데 진리 여부를 확인할 수 있어야 한다.

즉 종교적 논쟁의 최종적 근거는 하나님의 말씀인 성경이어야 한다. 인간의 이성이나 시대적 경험이 결코 논쟁의 도구나 근거가 될 수 없다. 나아가 교회의 회의가 신학적 논쟁의 옳고 그름을 최종적으로 판정할 수 없다. 때로 교권이나 인간들의 종교적 목적이 진리를 왜곡할 우려가 있기 때문이다. 우리가 모든 신학적 논쟁의 최종적인 근거는 기록된 성경이라는 사실을 깨닫고 인정하는 것은 매우 중요하다.

교회와 성도들은 진리를 보존하고 지키기 위해 항상 하나님의 말씀을 연구하고 탐구하는 일을 게을리 하지 말아야 한다. 그것은 지식의 확충을 위한 것이 아니라 진리를 더욱 분명히 알아가기 위해서이다. 그 일을 위해서는 하나님을 진정으로 경외하는 마음이 바탕에 깔려 있어야 한다. 하나님을 경외함으로써 말씀을 탐구할 때 진정한 소망과 더불어 하늘로부터의 신령한 위로를 받게 되는 것이다.

9 성경 해석상 오류를 피할 수 있는 방법은 성경으로 성경을 해석하는 것이다. 그러므로 어떤 성경구절의 참되고 온전한 뜻(여럿이 아니고 하나뿐임)을 찾는 데 어려움이 있으면 그 뜻을 더 명백히 나타내는 다른 성경구절들을 통해 그것을 밝혀야 한다.[23]

23_ 벧후 1:20,21; 행 15:15,16

① 성경해석의 기본원칙

성경은 누가 무슨 근거로 해석할 것인가? 성경을 해석하는 기초는 성경자체이다. 세상에서 형성된 인간의 지식으로 하나님의 말씀을 해석하려 해서는 안 된다. 만일 그렇게 한다면 자유주의 신학자들처럼 성경 가운데서 많은 모순점을 찾아내려고 할지도 모른다. 그러나 성경은 그 자체로서 완벽하다. 설령 인간의 이성으로 이해가 되지 않는 부분이 있다 하더라도 그것은 타락한 인간의 문제일 뿐이며 성경기록에 문제가 있는 것이 아니라는 사실을 깨달아야 한다.

예를 들어 이성적 근거로 접근했을 때 발생하는 논리성의 결여나, 경험적 근거로 했을 때 이해할 수 없는 것으로 보이는 사건들은 무오한 성경 자체의 해석에 의존해야 한다. 즉 인간들의 경험과 이성이 아니라 기록된 하나님의 말씀 자체가 중요하다는 의미이다. 성경은 인간의 동의나 승인을 전혀 필요로 하지 않는다.

예를 들어 창세기 1장에서 태양이 나흘째 만들어진 사실이라든지 이스라엘 백성이 홍해바다를 가르고 건너 시내광야에서 사십년 동안 만나와 메추라기를 먹고 생활한 사실 등이 대표적인 예이다. 또한 예수님께서 동정녀 마리아의 몸에서 출생한 사실이라든지 십자가에 달려 죽었다가 사흘만에 부활하여 천상의 나라로 승천하신 사실은 결코 과학적으로 입증할 수 있는 내용들이 아니다. 이 모든 내용들은 성경에 기록된 그 자체가 진리이다.

② 인간이성의 배제

성경은 인간의 이성에 의한 승인을 요구하는 것이 아니라 인간이 성경자체의 증거에 따라야 함을 깨닫는 것은 중요하다. 그러므로 성경의 어려운 부분은 성경의 다른 기록과 그 교훈에 의존해야 한다. 나아가 우리가 중요하게 인식해야 할 점은 성경구절의 참되고 완전한 의미는 하나밖에 없다는 사실이다.

여기서 인간의 이성을 배제한다는 말은 이성에 절대적으로 의존하지 않는다는 의미이다. 인간은 이성을 사용할 수밖에 없는 존재이지만 이성에 절대의존하지 않고 하나님의 말씀에 온전히 의존해야 하는 자세를 가져야 한다. 기록된 말씀이 주는 근본적인 교훈은 시대와 환경을 초월하여 동일하다. 이는 획일적인 단답형 정답을 말하는 것이 아니라 단일한 의미를 지닌다는 것을 말한다.

10 최고의 재판관은 성경을 통해 말씀하시는 성령 외에는 어느 누구도 될 수 없다. 이 재판관에 의해 종교에 관한 모든 논쟁들이 결정되어야 하며, 교회 회의의 모든 신조들과, 이전 신학자들의 학설들 및 인간의 교훈들, 그리고 거짓 영들이 검토되어야 한다. 그의 판결에 대해서는 누구든지 순복해야 한다.[24]

24_ 행 28:25; 마 22:29,31; 엡 2:20

① 성경과 성령 하나님

기록된 하나님의 말씀은 그 자체로 절대적인 권위를 지닌다. 성경과 그 성경을 통해 말씀하시는 성령이 교회의 최고 재판관이다. 우리가 주의를 기울여야 할 바는 성령은 인간들이 종교적으로 상상하는 바 일반적인 영적 존재가 아니라 '성경에서 말씀하시는 하나님' 이라는 사실이다.

그러므로 역사 가운데 있었던 모든 기독교 신조들과 신학적 교훈들 역시 항상 성경과 성령 하나님의 도우심을 통해 검토되어야 한다. 성경이 과연 그렇게 말하고 있는지 확인해야 하는 것이다. 즉 교리와 신조가 우리의 신앙을 돕지만 그것 자체가 목적이 될 수 없다. 교회는 교리와 신조를 통해 이 세상의 악으로부터 보호받으면서 기록된 성경의 진리에 더욱 가까이 나아가게 되는 것이다.

② 끊임없는 해석과 적용의 필요성

우리는 이런 논의를 할 때 매우 겸손한 자세를 가져야 한다. 한 시대에 속한 성도가 단순히 역사적 과거에 속한 다른 시대를 해석하는 범주를 넘어서야 한다. 만일 성경해석에 오류가 있다면 과거의 성도들이 본문을 잘못 해석할 수밖에 없었던 정황이 무엇이었는지 밝혀야만 한다.

이 점에 있어서는 웨스트민스터 신앙고백서 역시 마찬가지다. 이 고백서는 하나님의 뜻을 잘 전달하는 고백문서이기는 하지만 이것 자체가 하나님의 말씀의 권위를 대신할 수는 없다. 16세기에 있었던 역사적 종교개혁과 그 이후 뒤따르는 17세기 당시의 세계 교회 가운데 형성되었던 영국교회의 고백을 우리는 건전한 비판정신을 가지고 살펴보아야 할 필요가 있는 것이다. 이는 결코 비난성 비판을 해야 한다는 의미가 아니라 말씀을 더욱 가까이 분별할 수 있는 건전한 비판을 의미하는 것이다.

③ 전투하는 교회

인간들의 세속적인 가치와 거짓 영들은 항상 진리를 허물고자 애쓰고 있으며 하나님의 백성들을 유혹하고 있다. 그리고 그런 사상은 교회 안으로 침투하기 위해 온갖 노력을 다하고 있다. 때로 그런 내용들이 신조와 교리라는 형식을 빌려 교회를 어지럽히기도 한다.

그러므로 교회와 성도들은 성경을 통해 혹 그런 잘못된 사상이 교회 가운데 들어와 있지는 않은지 검토해야 하며 그런 세속적인 가치와 사상이 교회를 넘보지 못하도록 눈을 부릅뜨고 살피며 견제해야 한다. 그 일을 위해서 교회는 항상 기록된 하나님의 말씀을 성령의 간섭에 따라 깨달아 가도록 최선을 다해야 하는 것이다.

성경을 통해 계시된 하나님이 아니면 참 하나님이 아니며 성경이 말하는 신앙이 아니면 참 신앙이 아니다. 그리고 성경이 요구하는 교회가 아니면 참 교회가 아니며 성경이 말하는 세상에 대한 해석이 아니면 참된 해석이 아니다. 모든 것은 성경의 눈을 통해 해석되어야만 한다.

제2장
하나님과 삼위일체

개괄적 이해 〉〉

웨스트민스터 신앙고백서에서 말하는 하나님은 성경에 계시된 하나님이다. 즉 인간의 경험과 이성에 의해 정의된 신이 아니다. 그러므로 성경의 계시를 통해 드러나는 하나님이 아니면 참 신이 아니다. 그런 신은 인간들이 조작한 신에 지나지 않는다.

기독교 신앙인들도 이에 대해 깊이 유념해야 한다. 성경을 벗어나 이성적인 신을 만들어 내려는 유혹이 생길 때 우리는 즉시 성경으로 돌아서야 한다. 그에 수수방관하여 이성과 경험에 의해 창안된 신은 우상적인 신일 뿐 진정한 하나님이 아니다.

성경은 하나님이 삼위일체 하나님임을 밝히고 있다. 이 점은 우리에게 매우 어려운 문제이다. 이는 하나님의 존재가 인간의 경험이나 판단에 근거한 것이 아니라 하나님 자신의 존재를 드러내고 있기 때문이다. 우리는 성경을 통해 삼위일체의 비밀을 밝히려 할 것이 아니라 놀라우신 하나님의 존재를 기억하며 찬양과 경배의 근거로 삼아야 한다. 즉 삼위일체에 대한 관심은 인간의 지적 판단의 대상이 아니라 경배의 방편이 되어야 하는 것이다.

제 2 장

하나님과 삼위일체

1 살아 계시고 참된 하나님[1]은 오직 한 분[2]이시다. 그는 그 존재와 속성[3]에 있어 무한하시고, 지극히 순결하신 영[4]으로서 보이지 아니하며,[5] 몸이나 지체[6]나 성정[7]이 없으시다. 그는 변치 않으며,[8] 무궁하시고,[9] 영원하셔서[10] 인간이 측량하지 못한다.[11] 그는 전능하시고,[12] 지극히 지혜로우시고,[13] 지극히 거룩하시고,[14] 지극히 자유로우시고,[15] 지극히 절대적이어서[16] 그 변치 않는 의로운 뜻에 따라[17] 모든 일들을 행하시되 자기의 영광을 위하여[18] 행하신다. 그는 사랑이 지극하시며,[19] 은혜로우시며, 자비로우시며, 오래 참으시며, 인자하심과 진실하심이 풍부하셔서 사람들의 불의와 범행과 죄를 용서하시며,[20] 부지런히 그를 찾는 자에게 보상해 주신다.[21] 동시에 그의 심판은 지극히 공의롭고 두려우며,[22] 그는 모든 죄를 미워하시므로[23] 죄를 회개치 않고 스스로 고집하여 죄 짐을 지고 있는 자들을 결단코 면죄免罪하지 않으신다.[24]

1_ 살전 1:9; 렘 10:10

2_ 신 6:4; 고전 8:4,6

3_ 욥 11:7-9; 26:14

4_ 요 4:24

5_ 딤전 1:17

6_ 신 4:15,16; 눅 24:39; 요 4:24

7_ 행 14:11,15

8_ 약 1:17; 말 3:6

9_ 왕상 8:27; 렘 23:23-24

10_ 시 90:2; 딤전 1:17

11_ 시 145:3

12_ 창 17:1; 계 4:8

13_ 롬 16:27

14_ 사 6:3; 계 4:8

15_ 시 115:3

16_ 출 3:14

17_ 엡 1:11

18_ 잠 16:4; 롬 11:36

19_ 요일 4:8,16

20_ 출 34:6,7

21_ 히 11:6

22_ 느 9:32,33

23_ 시 5:5,6

24_ 출 34:7

① 유일하신 하나님

하나님은 유일하신 분이다. 그러므로 여호와 하나님 이외에 어떠한 다른 신들이 존재하지 않는다. 이 세상에서는 거짓 영들이 하나님을 가장하는 경우들이 많이 있지만 그들은 진정한 신이 아니라 귀신들이다. 하나님은 완전하신 분으로서 인간과 같은 몸과 지체를 가지고 있지 않으며 영으로 존재하신다. 따라서 사람들이 눈으로 볼 수 있거나 손으로 만질 수 있는 분이 아니다.

그러나 우리가 유의해야 할 점은, 손으로 만질 수 있고 눈으로 볼 수 있는 존재는 실체라 인식하면서, 만지거나 볼 수 없는 영적인 존재에 대해서는 비실체로 인식할 우려가 있다는 사실이다. 그러나 그와는 반대로 보이지 않는 영적인 존재들은 영구한 실체이며 보이는 것들은 한시적인 실체일 따름이다.

그러므로 우리는 인간을 비롯한 피조세계에 대해 실체적인 것이라 간주하면서 창조주 하나님을 비롯한 영적인 존재들은 비실체적인 존재로 오해해서는 안 된다. 오히려 하나님은 완전한 실체적 존재이며 인간과 피조물은 세상이 존재하는 동안 유지되는 제한적 실체를 가진 존재에 지나지 않는다.

② 인격적인 하나님

하나님은 인간들과 같은 성정性情을 가지신 분이다. 그는 인간으로서는 도저히 측량할 수조차 없이 크고 광대하신 분으로서 상상을 초월하는 지혜와 지극히 거룩한 성품을 지니고 계신다. 그러므로 우리가 하나님의 사랑과 은혜, 긍휼, 인자하심, 진실함 등을 언급할 때 인간의 경험과 이성의 범주 안에 제한시키려는 자세를 버려야 한다. 즉 그와 관련된 우리의 언어를 초월하는 개념으로서 그 의미를 이해해야 하는 것이다.

③ 영광의 하나님

하나님께서 창세전부터 가지신 선하신 뜻과 작정에 따라 인간 역사 가운데서 구속사역을 이루어 가시는 것은 자신의 놀라운 영광 때문이다. 즉 하나님께서는 자기의 고유한 영광을 위해 창조사역을 이룩하신 분이시며 죄에 빠진 자기백성들을 구원하시고자 하는 것도 자신의 영광을 회복하기 위함이다.

그러므로 하나님은 영원한 자신의 뜻을 결코 변개하지 않으시며 창세전에 선택하신 자기자녀들에게 사랑과 은혜가 풍성하신 분으로서 구원을 완성하시고자 끝까지 참고 인내하신다. 그는 자기백성들의 모든 죄를 용서하시며 끊임없이 자신을 찾는 자들에게 생명으로 보상하신다. 범죄한 인간의 처참한 상태를 깨닫는 자들이 아니면 결단코 하나님을 간절히 찾을 수 없다.

④ 공의의 하나님

동시에 하나님은 공의롭고 두려운 분으로서 인간들의 죄를 미워하신다. 그는 결코 죄인들을 위한 상응하는 심판의 과정없이 무조건 용서하시지 않는다. 그는 예수 그리스도의 대속의 죽음이 없이는 결단코 인간들의 죄를 면하시지 않는 분이시다.

2 하나님은 모든 생명의 근원이시며,[25] 영광[26]과 선하심[27]과 복되심[28]이 그 안에 있다. 또한 모든 것이 그에게서 나오며 홀로 그 자신 안에서 스스로 만족하신다.[29] 따라서 그는 자기가 만드신 피조물의 도움을 필요로 하지 않으시며,[30] 그것들에게서 아무 영광도 얻으려 하지 않으신다. 다만 자신의 영광을 그것들 안에서 그것들로 말미암아 그것들을 상대로 그것들 위에 나타내실 뿐이다. 그분만이 모든 존재들의 유일한 근원이시며 만물이 그에게서 나오고 그로 말미암으며 그에게로 돌아간다.[31] 그는 절대적인 주권을 가지고 그것들을 다스리시되 자신의 기뻐하시는 뜻대로 하시며 그것들을 위해 일하신다.[32] 그의 앞에서는 만물이 가려지지 않고 그대로 드러나며 나타난다.[33] 따라서 그의 지식은 무한하시고 무오하시며 피조물에 전혀 의존하지 않으신다.[34] 그에게는 우연이란 것이 없으며 불확실한 것도 전혀 없다.[35] 그는 자신의 모든 계획이나 모든 행사 그리고 모든 명령에 있어서 지극히 거룩하시다.[36] 그는 천사들과 인간들과 기타 모든 피조물들로부터 그가 요구하시는 기쁜 예배와 봉사 및 순종을 받으시는 것이 마땅하다.[37]

25_ 요 5:26

26_ 행 7:2

27_ 시 11:68

28_ 롬 9:5; 딤전 6:15

29_ 행 17:24,25

30_ 욥 22:2,3

31_ 롬 11:36

32_ 단 4:25,35; 딤전 6:15; 계 4:11

33_ 히 4:13

34_ 시 147:5; 롬 11:33,34

35_ 행 15:18; 겔 11:5

36_ 시 145:17; 롬 7:12

37_ 계 5:12-14

① 홀로 영광에 자족自足하신 하나님

하나님은 홀로 자족하시는 분이시다. 그에게는 누군가 보조자가 필요하지 않다. 피조물의 도움이 필요하지 않은 것이다. 하나님은 본질적으로 스스로 모든 생명과 영광과 선과 복을 가지고 계시는 것이다.

우리는 인간의 경배행위 없이도 하나님께서 홀로 충분히 영화로우신 분이라는 사실을 깨달아야 한다. 즉 피조물들의 어떤 판단이나 행동이 있어야만 영광을 받을 수 있는 분이 아니시다. 그는 피조물들의 도움이나 영광돌림을 기본적인 배경으로 하지 않는다. 그것은 원천적으로 하나님 스스로 끊임없이 영광을 취하시는 분임을 말해주고 있다.

하나님께서는 자신의 영광을 피조물들 가운데 드러내기를 기뻐하신다. 그러므로 모든 피조물들은 그로 말미암으며 그를 위해 존재하게 된다. 그가 자신의 온전하신 뜻에 따라 천지만물을 창조하셨기 때문이다. 모든 면에서 전능하시며 완벽하신 하나님께서는 어떤 경우에도 피조물에 의존하시지 않는다. 전능하신 하나님은 스스로 모든 면에서 완전하시며 그에게는 어떠한 것도 불확실한 것이 없으시다.

그러나 피조세계는 범죄한 인간들로 말미암아 저주아래 놓이게 되어 더이상 하나님의 영광을 드러내는 일을 지속할 수 없게 되었다. 그러므로 하나님께서는 그리스도의 구속사역을 통한 재창조를 이룩하셨다. 즉 예수 그리스도의 십자가 사역을 기초로 한 자기백성들을 통해 자신의 거룩한 영광을 드러내시게 된 것이다.

② 하나님의 절대주권

하나님께서는 절대주권을 가지고 인간과 우주만물을 통치하시기를 기뻐하셨다. 이는 하나님께서 만물을 창조하신 분이기 때문이다. 그러나 사탄에 의해 죄에 빠지게 된 인간들은 하나님의 통치를 강하게 거부하고 말았다. 이와 더불어 자연만물도 인간과 더불어 저주의 자리에 놓이게 되었다.

사탄은 하나님의 형상을 따라 지음받은 처음 사람 아담과 하와를 죄 가운데로 유혹했다. 그렇게 함으로써 인간으로 하여금 하나님의 통치를 받지 못하도록 했던 것이다. 그렇지만 하나님께서는 자기자녀들을 타락한 세계에 그대로 두시기를 원하지 않으셨다. 그러므로 하나님은 예수 그리스도로 인해 만물 가운데 자신을 드러내시며 특별계시를 통해 자기백성들을 다스리시기를 기뻐하신다.

③ 인간 존재에 대한 깨달음

인간은 본질적으로 하나님을 영화롭게 하려고 노력하고 애씀으로써 그 목적을 달성할 수 있는 존재가 아니다. 도리어 계시된 말씀과 교회를 통해 드러나는 하나님의 영광을 온전히 깨달아 그 가운데 살아가는 자들이다. 하나님의 성도들은 종교적 행위를 통해 하나님을 경배하는 것이 아니라 교회를 통해 드러나는 그의 영광을 올바르게 알아감으로써 영원한 은혜에 참여하게 된다.

하나님은 전지전능하시며 완벽하신 분으로서 그리스도의 사역을 통해 우주만물과 자기백성들로부터 경배를 받으시는 분이다. 그 일을 위해 하나님께서 친히 인간의 몸을 입고 이 세상에 오셨다. 그는 사탄으로 말미암아 저주 아래 놓인 만유를 독생자 예수 그리스도를 통해 회복하시기를 기뻐하셨던 것이다.

3 하나님의 본체本體는 하나이시며 동시에 삼위三位이시다. 즉 본체와 능력과 영원성에 있어서 동일한 삼위가 단일한 신격 안에 계신다. 이들은 성부 하나님, 성자 하나님, 성령 하나님이시다.[38] 성부께서는 아무에게도 기원하지 않으시고 출생된 바 없으시며 나오시지도 않는다. 성자께서는 아버지로 말미암아 영원히 나신 바 되시고,[39] 성령께서는 아버지와 아들에게서 영원히 나오신다.[40]

38_ 마 3:16; 요일 5:7

39_ 요 1:18; 요 1:14

40_ 요 15:26; 갈 4:6

① 삼위일체 하나님

성경은 하나님께서 삼위일체이심을 분명히 드러내 보여주고 있다. 즉 본체는 하나이면서 동시에 삼위라는 것이다. 성부와 성자와 성령은 세 하나님이 아니라 하나의 본체를 가지고 계신다. 즉 삼위가 단일한 신격 안에 존재하고 있다는 것이다.

삼위일체 교리는 성부는 아무에게도 기원하지 않고 나신 것도 아니라고 하며, 성자는 성부로부터 영원히 나셨으며, 성령은 성부와 성자로부터 영원히 나오심을 말하고 있다.

우리는 이 설명에 대해 매우 조심스런 자세를 가져야 한다. 여기서 '영원히' 라는 말은 시공간적 개념을 초월하는 의미를 지닌다. 그러면서 동시에 자기백성을 구원하시고자 하는 하나님의 구속사적 사역 가운데서 설명되고 있다. 이는 영원히 삼위일체로 존재하는 하나님께서 자기백성을 구원하시면서 인간의 역사 가운데 삼위 하나님의 모습을 계시하셨던 것이다.

초대교회의 교부들은 삼위일체 하나님을 설명하면서 흔히 '페리코레시스perichoresis'라는 용어를 사용했다. 그 말은 셋이서 손을 붙잡고 춤을 추는 윤무輪舞의 의미가 들어있다. 그러나 그것은 개체적 윤무 이상으로서 위격들의 상호교류, 상호내재, 상호점유 등의 의미를 동시에 가진다. 이는 또한 한 분 하나님의 내적분리라고 이해하기도 하는데 성부 성자 성령 하나님은 상호 별개로 분리되지 않으면서 구별된다는 것을 의미한다.

② 삼위일체 교리가 교회에 주는 깨달음

우리가 지극히 유의해야 할 점은 삼위일체의 의미를 단순한 신학적 교리에 머물게 해서는 안 된다는 사실이다. 즉 지극히 제한된 지혜를 가진 인간들이 하나님을 설명하기 위해 억지로 만들어낸 교리 정도로 생각해서는 안 된다. 우리는 삼위일체 하나님을 완전하게 다 이해할 수 없다. 피조물인 인간이 하나님의 존재양태를 안다는 것은 불가능하며 그것을 완전히 알려고 하는 것은 오만함에 빠진 것이다.

기독교 역사 가운데는 삼위일체에 관한 문제로 인해 이단에 빠졌던 사람들이 많이 있었다. 그들 가운데 대다수는 삼위일체에 대해 자기 지식을 배경으로 하여 신학적 답변을 내리고자 한 자들이었다. 그들은 인간의 지식과 지혜로써 하나님을 어느 정도 규정할 수 있을 것으로 오해했던 것이다. 즉 그들은 삼위일체에 관해 인간적인 이성과 지식을 통해 규정된 답변을 내리고자 했다.

우리가 여기서 깨달아야 할 바는 삼위일체에 관한 하나님의 계시가 하나님을 찬양하기 위한 방편이 된다는 사실이다. 삼위일체 하나님의 존재 양태는 인간의 지식과 지혜로는 쉽게 깨달을 수 없다. 그럼에도 불구하고 하나님께서는 계시된 말씀을 통해 그것을 보여주셨다. 이는 극한 한계를 지닌 인간이 하나님의 존재양식을 다 알게 하기 위함이 아니라 그 계시를 통해 제한된 인간의 나약함을 깨달아 광대하신 하나님을 찬양케 하기 위함이라는 사실을 잊어서는 안 된다.

제3장
하나님의 영원한 작정

개괄적 이해 〉〉

창세전에 이루어졌던 하나님의 작정은 하나님의 영광과 직접 연관된다. 하나님께서는 우주만물과 자신의 형상을 닮은 인간을 거룩한 작정과 뜻에 따라 창조하셨다. 즉 하나님께서 우주만물과 그 안에 있는 인간을 창조하신 것은 창세전에 작정된 그의 영원한 뜻에 따른 것이다. 거기에는 천사들과 인간을 비롯한 다른 어떠한 피조물과의 타협도 있지 않았다.

그러므로 하나님의 자녀들은 하나님의 영원한 작정에 대한 분명한 이해를 해야만 한다. 그것은 인간의 이성적 상상력이 아니라 계시된 하나님의 말씀을 통해 알아갈 수 있는 것이다. 우리는 성경의 기록을 통해 드러난 그의 영원한 작정을 깨닫게 됨으로써 인간과 우주의 진정한 존재 의미를 알 수 있게 된다.

제 3 장
하나님의 영원한 작정

1 하나님께서는 영원 전부터 장차 있을 모든 일들을 작정하셨는데,[1] 이는 그의 뜻에 가장 지혜롭고 거룩한 계획대로 하셨으며, 자유롭고 변치 않게 하셨다. 그러나 그는 죄의 조성자가 아닐 뿐만 아니라,[2] 피조물들의 의지를 억압하지도 않으셨다. 또한 그는 제2원인들의 자유나 우연성을 제거하지 않으시며 오히려 확립하신다.[3]

1_ 엡 1:11; 롬 9:15,18; 11:33; 히 6:17

2_ 약 1:13,17; 요일 1:5

3_ 행 4:28; 마 17:12; 요 19:11; 행 2:23

① 하나님의 절대적인 작정

우주 가운데 일어나는 법칙들은 우연에 의한 것이 아니다. 모든 것은 전체적으로 보아 하나님으로 말미암는 것이다. 하나님께서는 영원 전부터 미리 뜻하신 바를 자신의 거룩하고 완벽한 계획에 따라 작정해 놓으셨던 것이다.

그러나 이는 이 세상에서 발생하는 모든 사건들 하나하나를 두고 하는 말이 아니며 그의 섭리와 관계되는 것들을 말하고 있다. 인간의 역사 가운데 일어난 다양한 일들과 사건 가운데는 하나님으로 말미암지 않고 인간들의 악한 생각과 판단에 의해 발생한 것들이 무수히 많이 있다.

② 하나님은 죄의 조성자가 아님

하나님은 죄의 원인자나 조성자가 아니시다. 죄의 원인자와 조성자는 사탄이며 그의 지배를 받고 있는 인간들은 자기의 의지에 따라 그 죄의 구성에 적극적으로 참여하게 된다. 범죄한 인간들은 사탄에게 속하게 됨으로써 끊임없이 죄를 발생시키게 되는 것이다.

③ 하나님은 제2원인들의 자유나 우발성을 제거하시지 않음

여기서 말하는 제2원인이란 무엇인가? 하나님께서는 원래부터 우주 만물의 유지를 위해 허락하셨던 제2원인을 인간이 타락한 후에도 거두지 않으셨다. 그러므로 죄에 빠진 인간들과 타락한 세상에서 자생하는 원인들이 그대로 존재하게 되었다. 사람들은 흔히 이것을 자연법칙이라 말한다. 하나님께서는 자연 가운데 존재하는 법칙들과 인간의 의지를 침해하지 않으신다.

따라서 하나님은 범죄에 대한 제2원인들로 말미암는 자유를 제거하지 않으시며 그 우발성을 제거시키지도 않으셨다. 오히려 그는 그것들을 확립해 나가신다. 그렇게 함으로써 인간의 악한 죄악에 대비된 하나님의 의로움이 더욱 분명히 드러나게 되며 죄악에 빠진 자기백성들을 구원하시고자 하는 그의 놀라운 사랑이 확실하게 드러나게 된다.

2 하나님께서는 모든 예상되는 조건들에 근거하여 장차 무슨 일들이 일어날지 알고 계신다.[4] 그러나 그가 예지豫知하시는 그 지식을 따라 일들을 예정하신 것이 아니다.[5]

4_ 행 15:18; 삼상 23:11-12; 마 11:21,23

5_ 롬 9:11,13,16

① 하나님의 예지

하나님은 전지전능한 분이시다. 그러므로 하나님께서는 앞으로 일어나게 될 모든 일들에 대해 미리 알고 계신다. 그는 미래에 있게 될 예상되는 조건들에 근거하여 장차 무슨 일이 일어날지 알고 계시는 것이다.

② 하나님의 예지와 발생하는 사건의 관계

우리는 미리 알고 계시는 하나님의 예지로 인해 어떤 사건이 발생하는 것이 아님을 깨달아야 한다. 나아가 미래에 일어날 일을 하나님께서 미리 알고 계셨기 때문에 그 어떤 것을 작정하신 것이 아니다. 하나님께서는 사탄의 유혹에 의해 범죄하게 된 인간들이 어떤 범죄성향과 조건들을 가졌는지 알고 계셨으며 그들을 통해 발생하게 될 모든 일들을 알고 계셨던 것이다.

3 하나님께서는 자신의 영광을 위한 작정에 따라 어떤 사람들과 천사들은 영원한 생명을 얻도록 예정하셨으며[6] 또 다른 어떤 자들은 영원한 사망에 이르도록 예정하셨다.[7]

6_ 마 25:41; 딤전 5:21

7_ 잠 16:4; 롬 9:22,23; 엡 1:5,6

① 영원한 구원에 대한 예정

창세전부터 있었던 하나님의 작정은 자신의 영광을 드러내기 위함이었다. 하나님께서는 어떤 사람과 천사들은 영원한 생명에 이르도록 예정하셨다. 그러나 그것은 본질적으로 구원을 받아 영원한 생명을 소유하게 될 인간들과 천사들을 위해서가 아니었다. 도리어 그것은 하나님 자신의 영광을 위한 것이었다.

② 영원한 사망에 대한 예정

그렇지만 다른 어떤 사람들과 천사들은 영원한 사망에 이르도록 예정하셨다. 우리는 여기서 주의깊은 생각을 해 보아야 한다. 그것은 하나님께서 유기할 자들을 창세전에 따로 예정하셨는가 하는 점이다. 하나님께서는 유기할 자들을 미리 예정하신 것은 아니지만 미래에 범죄한 아담의 형상만으로 출생하게 될 자들을 알고 계셨다.

③ 생명과 사망의 예정에 관하여

하나님께서는 창세전에 유기할 인간들과 천사들을 창세전에 구원받을 인간들과 천사들로부터 마치 일렬로 세우듯이 획일적으로 양분하여 구분한 것은 아니었다. 만일 그런 논리를 세우게 되면 자칫 하나님을 죄의 원인자와 제공자로 만들 우려가 있다. 그러나 하나님께서는 결코 죄의 원인자가 될 수 없다. 그는 절대적으로 의로운 분이시기 때문이다.

그렇다면 하나님의 창세전 선택과 유기를 어떻게 이해해야 할 것인가?[5] 하나님께서는 창세전에 이미 영원토록 구원받을 자기 자녀들을 선택하셨음은 분명하다. 하지만 하나님께서는 달리 유기할 자들을 창세전에 따로 택정해 두셨던 것은 아니다.

하나님께서는 유기할 자들을 창세전에 따로 분리 선택하신 것이 아니라 인간들이 범죄한 후 제2원인들(제13장 1항, 참조)에 의해 구원과 무관한 인간들이 출생하게 될 사실을 미리 알고 계셨다. 그것은 하나님의 완벽한 예지로 인한 것이다.

그러므로 하나님께서 유기할 자들을 창세전에 따로 분리 택정하신 것이 아니지만 범죄한 인간들로 말미암아 출생한 창세전 선택과 무관한 인간들은 저절로 유기된 자들의 자리에 놓이게 될 수밖에 없다. 즉 하나님께서는 창세전에 선택과 유기를 위해 인간들을 분리하신 것이 아니라

5) 이광호, 구약신학의 구속사적 이해, 서울: 도서출판 깔뱅, 2006, pp.40-71.

자기백성들을 선택하셨을 따름이다. 그러나 하나님께서는 자기백성이 아닌 자들이 이 세상에 많이 태어나리라는 사실을 완벽한 예지에 따라 알고 계셨던 것이다.

4 이 천사들과 사람들에 대한 예정은 개별적으로 완벽하게 그리고 변치않게 계획되어 있다. 그러므로 그들의 수효는 확실하고 확정적이므로 거기에 더하거나 뺄 수가 없다.[8]

8_ 딤후 2:19; 요 13:18

① 절대예정

영원한 하나님의 구원에 참여하게 될 천사들과 사람들은 창세전에 예정되어 있었으므로 인간들이 어떻게 관여할 수 있는 영역이 아니다. 인간들이 열심을 다해 전도한다고 해서 단 한 사람이라도 더 구원에 이르도록 할 수 없으며, 인간들이 온갖 저주를 퍼붓는다고 해서 단 한 사람이라도 구원의 반열에서 떨어지게 할 수 없다.

하나님께서 선택하신 성도의 수효는 확실하게 확정되어 있다. 그 수가 이미 창세전에 이미 완벽하게 확정되어 있었던 것이다. 그러므로 인간들이 그 수효에서 단 한 사람이라도 더하거나 뺄 수 없다. 우리가 전도하며 선교하는 것은 결코 구원받을 자들의 수효를 늘리기 위한 방편이 아니다.

② 현대교회의 전도(선교)에 대한 오해

기독교의 전도(선교)는 다른 종교들의 포교와는 다르다. 교회가 세상을 향한 전도와 선교에 힘쓰는 것은 선택받은 성도들의 수효를 채우기 위한 방편이다. 이는 하나님께서 창세전에 예정하시고 선택하신 그 바탕위에서 이루어지게 된다. 그것은 사탄의 지배 가운데 신음하며 살아가고 있는 성도들을 교회안으로 불러들임으로써 구원을 선포함과 동시에 교회 바깥을 향해 하나님의 심판을 선언하는 것이다.

③ 이 세상에 존재하게 될 인간들의 수數에 관한 문제

웨스트민스터 신앙고백서에는 영원한 구원에 참여할 인간들의 수가 창세전에 이미 확정되었음을 명확히 기록하고 있다. 그렇다면 이 세상에 살아가게 될 전체 인간의 수가 창세전에 결정되어 있었던가? 그것은 그렇지 않다. 인간들은 하나님의 창세전 예정 및 선택과 무관하게 스스로 인간들을 번성케 할 수 있는 존재이다. 즉 인간들은 스스로 후손을 생산할 능력을 갖추고 있는 것이다.

인간들은 혼인이나 성관계를 통해 끊임없이 자손을 생산할 수 있다. 거기에 하나님의 뜻으로 말미암는 특별한 제한이 있는 것은 아니다. 이것은 제2원인으로 말미암는 자발성에 기인한다. 또한 현대과학의 뒷받침을 받고 있는 기술은 시험관 아기를 생산하고 있다. 원리적인 측면에서 본다면 인간들이 마음만 먹는다면 무제한적으로 인간을 생산할 수 있다.

나아가 복제인간 문제 역시 마찬가지다. 복제양이나 복제소 등을 생산하는 인간의 과학기술은 체세포를 이용한 생물학적인 인간들을 얼마든지 복제할 수 있다. 물론 복제인간들 역시 영혼을 지닌 보통 인간들과 다르지 않은 인간들로 성장할 수 있을 것이다.[6] 이는 이 세상에 살아가게 될 인간들의 총수가 정해져 있지 않음을 말해주고 있다. 하나님께서

6) 필자는 복제인간이 출현한다면 보통 인간들처럼 영혼을 가지게 될 것이라 생각한다. 그들이 영혼을 가지게 될 것이 분명한 것은 복제동물들이 여전히 동물의 감정을 가지고 살아가는 것을 보면 쉽게 알 수 있다. 그리고 복제인간 역시 아담으로부터 출생한 아담의 형상을 지닌 존재로 보기 때문이다. 물론 복제인간의 경우 인간의 성관계나 여성의 자궁을 통해 생성되고 출생하는 것이 아니지만 여전히 인간의 체세포를 통해 이 세상에 태어나게 된다.

예정하신 인간들의 숫자가 창세전에 확정된 데 반해 전체적인 보통 인간들의 총수는 확정되지 않았다고 보아야 한다.

5 하나님께서는 영생을 얻도록 예정된 자들을 창세전에 선택하셨다.[9] 이 선택은 하나님께서 자신의 영원불변한 목적과 그 기쁘신 뜻, 그리고 오묘한 계획에 따라 이루어졌으며 그리스도 안에서 그들로 하여금 영원한 영광을 얻도록 하기 위한 것이었다. 이는 전적으로 그의 거저 주시는 은혜와 사랑으로 말미암은 것일 뿐 장래에 있을 그들의 신앙과 선행에 대한 하나님의 예지와는 아무런 상관이 없다.[10] 그러므로 우리는 하나님의 선택을 기억하며 그의 영화로우신 은혜를 찬송하게 될 따름이다.[11]

9_ 엡 1:4,9,11; 롬 8:30; 살전 5:9; 딤후 1:9

10_ 롬 9:11,13,16; 엡 1:4,9

11_ 엡 1:6,12

① 자기자녀들에 대한 예정과 선택의 기준

하나님께서는 창세전에 자기자녀들을 영원한 생명에 이르도록 예정하셨다. 그것은 하나님의 영원하고 변함없는 목적 때문에 작정된 일이었다. 하나님은 그 일을 위해 인간들이 도저히 알 수 없는 오묘한 계획과 그의 선하시고 기쁘신 뜻에 따라 그것을 작정하셨다.

하나님께서 그렇게 하신 근본적인 목적은 자신의 영원한 영광과 밀접하게 연관되어 있다. 하나님이 우주만물과 그 안에 거하는 인간을 창조하신 것은 자신의 영광 때문이었다. 이에 대해서는 우리가 쉽게 이해할 수 있다. 모든 창조의 원리는 창조자를 위해 이루어진다. 즉 피조물 자체를 위해서 무언가 창조하는 것이 아니라 창조자 자신을 위해 피조물들을 만들게 되는 것이다. 하나님께서도 천지만물을 창조하실 때 피조물들을 위해 창조사역을 하셨던 것이 아니라 창조주 자신을 위해 그 놀라운 사역을 행하셨던 것이다.

그리고 우리는 하나님께서 창세전부터 그리스도 안에서 자기자녀들을 선택하셨다는 사실을 잘 기억해야 한다. 이는 매우 중요한 개념을 지니고 있다. 원래부터 하나님의 형상을 닮은 인간들은 성자 하나님과 연관된 상태에서 영광의 자리를 약속받았던 것이다.

② 인간들의 어떠한 행위도 구원을 위한 효력이 없음

하나님의 예정과 선택은 인간들의 요청이나 특별한 행동 때문에 발생한 일이 아니었다. 하나님께서 자기백성들을 예정하실 때는 아직 인간들뿐 아니라 우주만물이 존재하지 않을 때였다. 그러므로 인간들의 생각이나 행동이 있을 수 없던 형편이었던 것이다.

따라서 인간의 특별한 생각이나 행동 여부가 하나님의 구원 여부에 어떤 영향을 끼치지는 않는다. 그것은 전적으로 하나님의 뜻과 작정에 의한 것이다. 인간들의 구원에 관한 문제는 하나님께서 계획하신 뜻에 따라 창세전에 완벽하게 작정되어 있었던 것이다.

그러므로 인간들의 열성적인 기도나 감동적인 행동이 자신과 타인의 구원에 아무런 영향을 끼치지 못한다. 나아가 인간들의 부지런한 전도나 선교활동도 자신과 타인의 구원에 어떤 영향을 끼치지 않는다.

자기백성을 위한 하나님의 구원은 전적으로 그의 값없는 은혜와 사랑에 기인한다. 하나님의 자녀들이 기뻐하고 감사해야 하는 것은 그의 놀라운 구원사역 때문이다. 그것으로 인해 하나님의 은혜에 감사하고 그의 성호를 찬양하게 되는 것이다.

즉 인간들의 기도나 종교적 선행으로 인해 자신의 구원 여부를 결정짓는 것이 아니라 하나님의 구원사역으로 인해 하나님의 뜻 가운데 살고자 하는 마음을 하나님으로부터 선물로 받게 되는 것이다. 그것을 통해 성도들은 하나님의 영광에 참여케 되며 그의 이름을 영원히 찬송하게 된다.

6 하나님께서는 택한 자들을 영광에 이르도록 작정하신 것처럼, 그의 영원하고 지극히 자유로운 뜻에 따라 구원사역을 위한 모든 성취 방법들을 미리 정하셨다.[12] 그러므로 선택받은 자들은 아담 안에서 타락했으나 그리스도로 말미암아[13] 구원을 얻으며 때를 따라 역사하시는 성령을 통해 그리스도 안에서 유효한 부르심을 받아 믿음에 이르러 의롭다 함을 받아 양자되고 성화되며[14] 믿음으로 말미암아 구원이 완성되기까지 하나님의 능력으로 보호받게 된다.[15] 하지만 선택받은 자 외에는 어느 누구에게도 이와 같은 일이 발생하지 않는다.[16]

12_ 엡 1:4,5; 2:10; 살후 2:13; 벧전 1:2

13_ 살전 5:9,10; 딛 2:14

14_ 롬 8:30; 엡 1:5; 살후 2:13

15_ 벧전 1:5

16_ 요 6:64,65; 8:47; 10:26; 17:9; 요일 2:19; 롬 8:28

① 인간의 타락과 하나님의 구원계획

하나님의 선택을 받은 성도들은 그의 영원한 영광에 참여할 수 있도록 구별된 자들이다. 그것은 전적으로 하나님 홀로 작정하신 일이다. 하나님께서는 어느 누구와도 의논하지 않고 홀로 그 구체적인 모든 방법들을 창세전에 작정하셨다. 여기서 말하는 방법들이란 그의 모든 구속사역과 경륜에 연관되는 것이다. 하나님의 영원하신 작정은 그것 자체로서 절대적인 효력을 지닌다.

그러므로 사탄으로 말미암아 타락한 인간들이 하나님의 구원계획에 어떤 식으로든 영향을 끼칠 수 없다. 아담이 범죄함으로써 그와 더불어 모든 인간들이 타락할 수밖에 없었으나 하나님의 선택을 받은 성도들은 예수 그리스도 안에서 구속救贖을 받게 되었다. 이는 인간의 역사 가운데서 때에 따라 진행되는 하나님의 성령의 사역에 의존하게 된다.

즉 인간들의 계획이나 순종 여부에 하나님의 구원계획이 달려 있는 것이 아니라 그것은 전적인 하나님의 작정에 달려 있는 것이다. 따라서 구원에 관련된 성도들의 궁극적인 모든 삶은 오로지 성령 하나님의 인도하심에 따르게 된다. 이는 인간의 구원이 전적으로 하나님의 뜻에 달려 있음을 보여주고 있다. 하나님의 구원 사역에 타락한 인간들이 관여할 수 있는 부분은 아무것도 없다.

② 구원받은 성도들에게 주어지는 은총

예수 그리스도 안에서 유효하게 부르심을 받은 성도는 하나님의 선물인 믿음을 소유하여 그의 뜻에 이르게 된다. 아담이 하나님을 떠남으로 인해 모든 인간들이 죄에 빠지게 되었지만 창세전에 택함을 받은 성도들은 의로운 인간으로 칭함을 받게 되었다. 그것은 전적으로 예수 그리스도의 십자가 사역으로 말미암는 은혜이다.

그리스도의 십자가 사역으로 말미암아 의로운 자로 인정받은 성도들은 하나님의 양자가 되어 거룩하신 하나님을 항상 아버지라 부를 수 있는 자리에 놓이게 된다. 피조물이자 사악한 죄인이었던 인간이 감히 하나님을 아버지라 호칭할 수 있다는 사실은 그것 자체로서 엄청난 일이 아닐 수 없다.

하나님께 속한 성도들이 이 세상에서 맛볼 수 있는 가장 큰 영광 가운데 하나는 하나님을 공적으로 '아버지'라 부를 수 있는 자리에 서게 되었다는 사실이다. 이 놀라운 은총은 예수 그리스도로 말미암아 유효하게 부르심을 받아 그의 구원에 참여한 성도들에게만 주어지는 것으로서 그 어떤 것에도 비견될 수 없는 특별한 선물이다. 하나님의 선택받은 백성 이외에는 어느 누구도 하나님의 영원한 은총에 참여할 수 없다.

③ 성도의 성화

하나님께서 자기자녀들에게 허락하시는 성화sanctification 역시 하나님의 은혜에 속한다. 우리는 구원에 관련된 여러 가지 의미들 가운데 특히 성화에 대한 올바른 이해를 해야만 한다. 자칫 잘못하면 성화를 일반 윤리적인 관점에서 이해하려는 오류에 빠지기 십상이기 때문이다. 즉 우리는 복음을 깨달은 성도들이 윤리적으로 점차 더 훌륭한 사람으로 변화되어 가는 것을 두고 성화라 말하지 않는다.

타락한 아담의 형상을 입은 인간들은 누구나 죄에 대해서 자유롭지 못하며 항상 범죄할 수밖에 없는 존재이다. 하나님의 자녀들이라 해도 이 세상에 살아 존재하는 한 다른 사람들과 크게 다를 바 없다. 만일 윤리적 관점에서 생각하게 된다면 다른 이방종교에 심취한 자들이 기독교인들보다 훨씬 더 윤리적인 인간들로 발전해 갈 수도 있는 것이다. 그러나 그것 자체가 종교적으로 값어치 있는 것은 아니다.

성경이 말하는 성화란 결코 그런 의미가 아니다. 진정한 성화는 하나님을 가까이 알아갈수록 자신을 포함한 모든 인간들이 얼마나 사악한 죄인인가 하는 점을 더욱 선명하게 깨달아 가는 것을 의미한다. 하나님을 떠난 인간들이 얼마나 처참한 존재가 되었는가 하는 점을 깨닫는 가운데, 하나님의 선택을 받은 인간들이 얼마나 큰 은혜와 더불어 살아가고 있는가 하는 사실을 말씀을 통해 더욱 분명하게 깨달아 가는 것이 곧 성화의 길이다. 물론 진정한 성화가 있을 때 외적으로 보아 윤리적인 삶을 어느 정도 동반하게 된다는 사실은 부차적인 문제이다.

④ 성도의 견인

성도의 견인은 하나님의 절대적인 은혜에 기인한다. 이는 하나님의 창세전 선택에 직접 연관되는 것이다. 하나님께서는 인간들의 종교적 사고나 행동 여부를 보고 그들을 구원하지 않으셨듯이 창세전에 선택한 자기백성에 대해서는 다른 요구와 관계없이 무조건 구원하신다. 그리고 그 구원의 영역에 들어온 성도들은 결단코 다시 버리지 않으시며 그들에게 궁극적인 구원을 베푸신다.

이는 거룩한 하나님의 형상과 직접 연관되는 것이며 예수 그리스도를 통해 하나님을 아버지라 부를 수 있는 자리에 놓이게 됨으로써 그것이 확증된다. 하나님께서는 거룩한 자기 형상을 따라 창조한 백성들과 타락한 아담의 형상만을 지닌 인간들 사이를 구분하셨다.[7] 하지만 아담이 범죄함으로써, 하나님의 형상을 지닌 인간들 역시 타락한 아담의 형상을 따라 죄의 자리에 놓이게 되어 항상 하나님을 떠나 살아가는 존재가 되어버렸다.

그러므로 구원받은 인간이라 할지라도 이 세상에 살아가는 동안은 타락한 아담의 형상에서 자유롭지 못하다. 따라서 타락한 아담의 형상이 가진 죄성은 항상 하나님의 백성을 타락의 자리로 내몰아가려 하고 있다. 그러나 하나님께서는 설령 자기백성이 그런 유혹의 자리에 깊숙이 빠진다 할지라도 영원히 그 자리에 방치해 두지 않고 다시금 구원의 자리로 인도하신다. 모든 선택받은 성도들은 궁극적으로 하나님께서 베푸시는 구원의 자리에 참여하게 되는 것이다. 이것이 곧 자기백성을 향해 변함없이 전개되는 놀라운 하나님의 사랑이다.

7 하나님의 자녀로 선택받은 자들 이외의 나머지 인간들에 대해서는 하나님께서 그들을 내버려두어 저들의 죄로 인해 치욕적인 형벌과 하나님의 진노를 당하도록 작정하셨다. 이는 그의 영광스러운 공의를 찬미케 하시기 위함이다. 그가 이렇게 하신 것은 은혜를 베풀 수도 있고

7) 이광호, 구약신학의 구속사적 이해, 서울: 도서출판 깔뱅, 2006, pp.40-71("창세전 선택과 하나님의 형상에 관한 소고"), 참조.

베풀지 않을 수도 있는 측량할 수 없는 그의 계획에 따라 하신 것으로서 그것은 피조물들 위에 행하시는 자신의 주권적인 능력의 영광을 나타내시기 위한 것이다.[17]

17_ 마 11:25,26; 롬 9:17,18; 21,22; 딤후 2:19,20; 벧전 2:8; 유 1:4

① 하나님의 영광을 위한 구원

하나님께서는 주권적인 능력과 자신의 영광을 위하여 모든 피조물들을 통치하시기를 기뻐하신다. 그러므로 하나님은 자신의 뜻에 따라 긍휼을 베푸신다. 그것은 결코 임기응변적인 것이 아니라 창세전에 이미 정해진 그의 작정에 따른 것이다.

하나님은 자기가 택하신 친 백성들에게 아무런 조건 없는 구원의 은총을 베푸셨다. 그것은 타락한 인간에 대한 보편적인 긍휼에 앞서 하나님 자신의 영광을 위한 것이 그 일차적인 목적이다. 그러므로 하나님께서는 창세전에 선택하신 자녀들을 불러내어 자신의 영광을 위해 계획하고 계시는 영원한 구원에 참여시키기를 기뻐하셨던 것이다.

② 하나님의 영광을 위한 심판

하나님께서 선택하신 백성을 구원하시고자 하는 목적이 자신의 영광을 위한 것과 마찬가지로 자기와 무관한 인간들을 심판하시는 목적 역시 자신의 영광과 연관된다. 하나님께서 타락한 아담으로 말미암아 생성된 인간들을 심판하시고자 하는 것 역시 측량할 수 없는 하나님의 섭리에 따른 것이다.

하나님께서는 창세전에 유기할 자들을 일일이 택정함으로써 미리 예정하신 것이 아니지만 하나님과 무관하게, 범죄한 아담으로 말미암은 인간들은 영원한 형벌을 받게 될 것을 미리 예지하고 계셨다. 즉 하나님께서는 유기에 대한 선택적 예정을 하지 않았으나 영원한 심판의 대상이 되는 인간들에 대해 미리 알고 계셨다.

하나님께서 그런 놀라운 작정을 계획하고 계셨던 것은 자신이 공의의 하나님이심을 분명하게 드러내고자 하셨기 때문이다. 즉 예수 그리스도로 말미암아 의인이 된 자기백성들을 구원하시고자 하여, 하나님과 무관한 상태로 타락한 아담을 통해 생성된 인간들을 심판하심으로써 자신의 영광스런 공의를 찬미케 하시고자 했던 것이다.

8 지극히 신비로운 이 예정교리는 특별히 신중하고 주의깊게 다루어져야 한다.[18] 이는 성경에 계시된 하나님의 뜻을 지켜 순종하는 사람들로 하여금 그 자신들이 효과적으로 부르심을 받은 사실과 영생을 얻게 된 사실을 확신케 해 준다.[19] 그렇게 됨으로써 이 교리가 하나님을 향하여 찬송과 경의와 존귀함을 돌리게 하며,[20] 진정으로 복음에 순종하는 자들은 이 교리로 말미암아 겸손과 근면한 자세와 더불어 풍성한 위로를 받게 된다.[21]

18_ 롬 9:20,11:33; 신 29:29

19_ 벧후 1:10

20_ 엡 1:6; 롬 11:33

21_ 눅 10:20; 롬 8:33; 11:5,6,20; 벧후 1:10

① 예정교리의 은총

성경에 기록된 예정교리에 관한 모든 내용을 인간들이 속속들이 알 수는 없다. 그러므로 그에 대한 교리는 매우 신중하고 조심스럽게 접근해야 한다. 즉 하나님의 말씀에 계시된 그의 거룩한 뜻에 유의하여 예정교리에 관해 살펴야 된다. 인간의 경험과 이성에 의해 그 의미를 추정해 가려 해서는 안 된다.

성도들은 하나님의 말씀에 명시된 창세전 예정과 선택에 관한 가르침을 통해 하나님의 유효한 부르심에 대한 깨달음을 가져야 한다. 그것을 통해 영원한 구원은 인간 자신에게 달려 있는 것이 아니라 전적으로 하나님께 달려있음을 알게 된다. 그것으로써 타락한 인간들의 부패한 속성과 무능한 존재를 깨닫게 되며 하나님의 놀라운 은혜에 온전히 감격하게 되는 것이다.

② 예정교리는 성도들을 위한 은혜의 방편

하나님의 예정교리에 대한 진정한 깨달음은 단순히 지적인 확신에 머물게 하지 않는다. 그것은 성도들의 삶 가운데 구체적으로 드러나게 된다. 참된 성도들은 창세전에 이미 이루어진 선택과 예정에 대한 깨달음을 통해 하나님의 복음에 온전히 순종함으로써 참여하게 된다. 이 교리를 통해 성도들은 하나님께 진정으로 감사하며 그의 이름을 높여 찬양하게 되는 것이다.

나아가 예정교리는 이 세상에 살아가고 있는 성도들로 하여금 자신의 삶을 항상 되돌아보게 하며 근면하고 겸손한 삶을 살아가게 해 준다. 그러므로 하나님의 예정은 지적인 확신을 제공함과 동시에 성도들의 실제적인 삶을 위한 구체적인 은혜의 방편이 된다. 그것은 곧 하나님으로부터 성도들에게 주어지는 신령한 위로가 되며, 험난한 세상 가운데 살아가는 성도들로 하여금 풍성하게 넘치는 영적인 삶을 체험하게 한다.

제4장
창조

개괄적 이해 〉〉

하나님께서 우주만물을 창조하신 목적은 하나님 자신의 영광을 위한 것이었다. 하나님께서 엿새 동안 천지만물을 창조하신 후 마지막 제 칠 일 날 안식하셨던 것은 직접적인 하나님의 영광을 의미한다. 하나님께서 엿새 동안 천지만물을 창조하시면서 피곤을 느끼셨기 때문에 마지막 날 쉬셨던 것은 아니다. 그의 안식은 곧 모든 피조세계를 보시며 만족해 하시는 것을 의미한다.

여기서 우리가 유념해야 할 바는 하나님께서 만족해 하신 것은 그 대상이 전적으로 하나님 자신으로 말미암는 것이었기 때문이다. 즉 하나님께서는 자신이 창조하신 세계를 보시며 스스로 기뻐하셨던 것이다. 이는 우주만물이 창조된 본질적인 목적과 의미가 무엇인지 잘 말해주고 있다.

제 4 장

창 조

1 태초에 삼위일체 하나님께서는[1] 그의 영원하신 능력과 지혜와 선하신 영광을 나타내시기 위해[2] 엿새 동안 무無에서부터 세계와 그 가운데 있는 보이는 것들과 보이지 않는 것들을 선하게 창조하신 후 그 모든 세계를 보시며 심히 만족해 하셨다.[3]

1_ 요 1:3; 창 1:2; 욥 26:13; 33:4; 히 1:2

2_ 시 33:5,6; 104:24; 렘 10:12; 롬 1:20

3_ 행 17:24; 골 1:16; 히 11:3

① 하나님의 창조목적

하나님께서 천지만물을 창조하신 목적은 하나님 자신의 영광을 위한 것이었으며 인간이나 다른 피조물들을 위한 것이 아니었다. 하나님은 기존의 어떤 물질이나 그 무엇을 배경으로 하여 천지를 창조하신 것이 아니라 아무 것도 있지 않은 무無에서부터 우주만물을 창조하셨다. 우주만물은 전적인 하나님의 작품이었던 것이다.

그러므로 하나님께서 창조를 완성하셨을 때 그 세계를 보시고 심히 만족해 하셨다. 우주만물뿐 아니라 인간 역시 그러했다. 하나님의 형상을 닮은 인간이 범죄하기 전에는 하나님의 최고의 기쁨의 대상이었던 것이다. 그것은 곧 하나님께서 인간을 비롯한 만물을 통해 영광을 받고 계심을 의미한다.

② 창조의 방편

그런데 하나님의 창조 범위는 눈으로 볼 수 있는 것뿐 아니라 인간들의 손으로 만질 수 없는 영적인 부분까지 포함하고 있다. 그것은 영적인 분야들과 더불어 인간들의 정신세계까지 포함하고 있는 것이다.

이는 우리시대의 진화론을 정면으로 부정하고 있다. 하나님께서는 기존의 유무형의 어떤 물질을 기초로 하여 다음의 것들을 창조하지 않으셨다. 이는 인간의 타락이후까지 허락된 제2원인으로 인해 자연적으로 발생하는 다양한 결과들과 다른 개념이다. 범죄한 인간세계와 우주만물 가운데서 자연적으로 생성되는 모든 것들은 하나님의 직접적인 창조사역과는 구별되는 것들이다.

③ 창조기간의 의미

하나님께서는 엿새 동안 천지만물을 창조하셨다. 왜 하나님께서는 일순간에 모든 것을 창조하시지 않고 굳이 엿새 동안 창조하셨을까? 혹은 열흘 동안이나 일년 간 우주만물을 위한 창조사역 기간으로 삼지 않으셨을까?

그것은 하나님께서 하루 만에 모든 것을 창조하실 능력이 없기 때문이 아니었다. 하나님께서는 일순간에 모든 것들을 창조하실 수도 있었을 것이다. 그런데 하나님은 엿새 동안에 걸쳐 천지만물과 자신의 형상을 닮은 인간을 창조하셨다. 여기에는 하나님의 놀라운 언약적 의미가 담겨 있다.

또한 하나님께서 엿새 동안 천지를 창조하신 것은 하나님의 작정에 의해 우주만물이 지어졌음을 보여주고 있다. 즉 아무런 계획 없이 이루어진 임기응변적 결과가 아니었던 것이다. 하나님은 엿새 동안 사전에 작정된 자신의 계획에 의해 각 종류대로 질서있게 천지를 창조하셨다. 여기서 우리가 알 수 있는 것은 하나님의 창조목적과 피조세계에 대한 하나님의 관심과 사랑이다.

2 하나님께서 다른 모든 피조물들을 창조하신 후 인간을 남자와 여자로 지으셨는데,[4] 이성을 가진 불멸의 영혼들로 지으셨다.[5] 그들에게는 하나님의 형상을 따라[6] 지식과 의와 참된 거룩함이 주어졌으며 그 심령에[7] 새겨진 하나님의 율법을 실행할 능력도 부여되었다.[8] 그런데, 그들은 변할 수 있는 자유의지에 의해 범죄의 가능성 아래 있었다.[9] 그들은 자신의 심령에 새겨진 율법 외에 선악을 알게 하는 나무의 열매를 따먹지 말라[10]는 명령을 받았는데, 그들이 그것을 지키는 동안에는 하나님과 교통하는 축복을 누렸으며, 또한 피조물들을 다스렸다.[11]

4_ 창 1:27

5_ 창 2:7; 전 12:7; 마 10:28; 눅 23:43

6_ 창 1:26; 엡 4:24; 골 3:10

7_ 롬 2:14,15

8_ 전 7:29

9_ 창 3:6; 전 7:29

10_ 창 2:17; 3:8-11,23

11_ 창 1:26,28

① 인간의 창조

하나님께서 모든 우주만물들을 창조하신 후 자신의 형상을 닮은 인간을 창조하셨다. 모든 것을 창조하신 마지막에 인간을 창조하신 의도는 무엇일까? 그것은 하나님께서 인간에게 모든 세계를 선물로 주시기 위함이었다. 즉 모든 피조세계는 인간들에게 주어진 하나님의 선물로 이해할 수 있는 것이다.

하나님께서 인간을 지으시면서 자신의 형상에 따라 창조하신 것은 하나님의 형상을 닮은 인간들에게 우주만물에 대한 대리통치를 맡기시기 위해서였다. 하나님께서는 인간을 창조하시면서 남자와 여자를 서로 차이나는 모습으로 지으셨다. 이는 나중 이루어지게 될 인간의 번성과 연관되는 그의 놀라운 작정과 섭리에 따른 것이었다.

그리고 다른 피조물들과 달리 특별한 지음을 받은 인간은 이성적이고 불멸의 영혼을 지닌 존재였다. 인간이라는 존재는 자기의 생명을 스스로 주관할 수 없다. 즉 살고 싶다고 해서 언제까지든 살 수 있는 것도 아니며 죽고 싶다고 해서 자기 생명을 마음대로 포기할 수 있는 것도 아니다. 인간은 처음부터 불멸의 영혼을 지닌 존재였던 것이다.

② 율법에 순종해야 할 인간의 의무

인간은 원래부터 자기의 욕망에 따라 살아가는 존재가 아니었다. 하나님께서 처음부터 그들의 심령에 율법을 주신 사실은 자기 마음대로 살지 못하도록 하는 방침을 주셨다는 것을 의미한다. 그것은 인간들에 대한 제약이 아니라 하나님의 은혜라는 사실을 깨닫는 것은 매우 중요하다.

인간들은 창조주 하나님의 통치를 떠나 제 맘대로 살려고 시도하는 순간 멸망에 빠지게 된다. 하나님이 없는 인간이란 아무런 의미가 없을 뿐 아니라 더이상 하나님께서 원하셨던 참 인간이 아니기 때문이다. 즉 그런 자는 인간의 모습을 가지고 있다 할지라도 하나님의 영광과는 아무런 상관이 없는 처참한 인간에 지나지 않는 것이다.

하나님으로 말미암은 참된 인간은 하나님으로부터 주어진 율법에 따라 그의 말씀을 올바르게 순종하며 피조세계를 다스리는 역할을 감당할 때 진정한 복을 누릴 수 있었다. 인간의 참된 복은 인간 자신에게 달려 있는 것이 아니라 하나님의 말씀에 순종함으로써 유지될 수 있는 것이었다. 그러므로 인간이 하나님과 온전한 교제를 나누며 그의 율법에 순종하는 것은 소중한 의무에 속한다.

③ 첫 율법과 더불어 주어진 구체적인 내용

모든 피조세계에 대한 통치를 인간에게 맡기신 하나님께서는 그들의 심령에 새겨진 율법 이외에 에덴동산 중앙에 있는 선악과만은 따먹지 말라는 특별한 명령을 내리셨다. 그것은 인간에 대한 하나님의 진정한 사랑의 표현이었다. 만일 부모가 자녀를 데리고 휴가를 보내기 위해 바닷가로 휴가를 떠났다고 생각해 보자. 부모가 자녀에게 위험한 물 속으로 들어가지 말라고 요구했다면 그것은 사랑의 표현이다. 그런 제약을 가하는 부모에게 왜 사랑하는 자식을 데리고 바닷가로 휴가를 갔느냐고 나무랄 수는 없는 것이다.

인간이 하나님의 명령을 거부하고 선악과를 따먹게 되면 선악을 알게 된다는 사실을 미리 알려주셨다. 이는 사탄으로 말미암는 악惡에 대한 경고의 메시지와 같다. 즉 여기서 선악을 알게 된다고 하는 말은 인간들이 하나님을 떠나 사탄이 제공한 악과 연관된 자기 판단력을 소유하게 된다는 의미이다.

그러므로 선악을 알게 되는 인간은 스스로 자기의 삶을 위한 판단과 행동을 취하게 된다. 그것은 욕망의 발생을 의미하며 마침내 인간을 파멸로 몰아가게 된다. 인간이 거룩한 하나님을 의지하지 않고 악을 알게 된 자신의 판단력에 의존하여 삶을 누리고자 하는 것은 결국 패망의 길일 수밖에 없다.

④ 처음부터 예견된 인간의 범죄 가능성

하나님께서는 인간이 타락하게 될 가능성이 있다는 사실을 미리 알고 계셨다. 그것은 그의 완벽한 예지로 인한 것이었다. 인간이 범죄하게 될 가능성이 있었던 까닭은 그가 하나님의 형상을 닮은 존재였기 때문이다.

사탄은 인간이 창조되기 전부터 있었으면서 하나님을 배신한 악한 존재였다. 그는 하나님을 적극적으로 욕되게 하고자 꾀하는 자였다. 그러나 더러운 사탄이 감히 하나님을 직접 공격할 수 있는 방법은 없었다. 그러므로 사탄은 하나님을 직접 공격하는 대신 하나님의 형상을 닮은 인간을 유혹함으로써 하나님을 욕되게 하려 했던 것이다.

하나님께서는 악한 사탄의 그런 계획을 미리 알고 계셨다. 하나님의 형상을 닮은 인간을 사탄이 결코 가만히 두지 않으리라는 사실을 잘 알고 계셨던 것이다. 그러므로 하나님께서는 인간들로 하여금 율법 아래 살면서 자신을 떠나지 말 것을 요구하셨다. 그것은 하나님의 형상을 닮은 인간에 대한 그의 놀라운 사랑과 은혜로 말미암은 것이었다.

제5장
섭리

개괄적 이해 〉〉

하나님의 구원계획은 전적으로 하나님으로 말미암는 것이다. 거기에는 인간의 주도적인 어떠한 조력이 필요하지 않다. 하나님의 섭리란 세상 가운데 역사하시는 그의 거룩한 의지를 일컫는다.

하나님께서는 창세전에 계획하신 그 목적을 이룩하시기 위해 필요한 모든 일에 직접 관여하신다. 타락한 천사인 사탄이 방해를 꾀하고 어리석은 인간들이 그에 동조한다 할지라도 하나님께서는 자신의 거룩한 목적을 필히 이루어 가신다. 하나님께서는 그 목적을 위해 세상 가운데 섭리적 사역을 진행해 가시는 것이다.

그러나 그것은 숙명론이나 결정론을 말하는 것이 아니다. 인간들의 모든 생각과 활동이 하나님에 의해 사전에 결정되지는 않았다. 만일 그런 논리를 주장하게 되면 인간은 인격적인 존재가 아니라 움직이는 기계에 지나지 않는다.

제 5 장

섭 리

1 만물의 위대한 창조주이신 하나님께서는 모든 피조물들과 그들의 언행심사들[1]을 크건 작건 간에[2] 자신의 가장 지혜롭고 거룩하신 섭리[3]에 따라 보존하시며[4] 감독하시고 처리하시며 다스리신다. 그는 이처럼 섭리하시되 자신의 무오한 예지[5]와 자유롭고 불변하는 뜻과[6] 계획에 따라 행하신다. 이로써 그의 지혜와 능력과 공의와 선하심 그리고 자비의 영광을 찬미케 하신다.[7]

1_ 시 135:6; 욥 38-41장; 단 4:34,35; 행 17:25,26,28

2_ 마 10:29-31; 느 9:6

3_ 잠 15:3; 시 104:24

4_ 골 1:17

5_ 시 94:9,10,11; 행 15:15-18

6_ 엡 1:11; 시 33:10,11

7_ 시 145:7; 창 45:7; 사 63:14; 롬 9:17; 엡 3:10

① 완벽하게 섭리하시는 하나님

하나님은 본질적으로 모든 면에서 완벽하신 분이시다. 그는 창세전에 계획하신 자신의 뜻을 이룩하시기 위해 모든 사역을 친히 감당하신다. 이를 위해 전체 피조물들과 그 가운데 살고 있는 인간들의 언행심사를 감독하시며 돌보신다. 천지만물을 창조하신 하나님께서는 피조물에 대한 보존과 통치를 계속하시는 것이다.

즉 하나님은 타락한 세상이라 할지라도 그것을 그냥 내버려두지 않으신다. 사탄과 타락한 인간들이 자신의 더러운 욕망에 따라 판단하고 행동하는 것을 그냥 방치하지 않으시는 것이다. 그렇게 함으로써 하나님의 놀라운 섭리에 의해 이 세상이 보존되고 있다.

이것은 비록 어떤 사건에만 관련되는 것이 아니라 그 본질에 있어서도 마찬가지이다. 하나님은 피조물인 인간들이 상상조차 할 수 없는 가장 지혜로운 방법으로 자신의 뜻을 이루어 가시기 위해 모든 피조세계를 간섭하신다. 그것은 창세전부터 존재했던 그의 무오한 예지에 의한 것이며 불변하는 그의 계획에 따른 것이다.

② 하나님 자신의 영광을 위한 섭리

우주만물의 모든 피조세계는 원칙적으로 하나님의 영광을 드러내고 있어야만 한다. 그러나 인간이 범죄한 후 다른 피조세계도 함께 죄로 완전히 오염되었다. 그럼에도 불구하고 우리는 자연이 하나님을 찬양하는 것으로 표현하고 있다. 과연 그 의미는 무엇일까? 하늘의 별들과 산천초목이 지금도 하나님의 영광을 어느 정도 드러내고 있음이 분명하다. 하지만 그것은 그 자체의 아름다움으로써 하나님을 찬양하는 것은 아니다.

우주만물이 하나님의 영광을 드러내고 있는 것은 여전히 오묘한 질서를 유지하고 있는 자연과 광대한 우주만물로 인한 것이다. 즉 모든 피조세계가 인간의 죄로 말미암아 오염되었음에도 불구하고 그것은 여전히 하나님의 놀라운 능력을 보여주고 있다. 이는 하나님께서 그의 무오하신 예지와 불변하는 뜻과 결정에 의해 이 세상을 통치하며 그것을 보존하시기 때문에 가능한 일이다. 따라서 하나님의 놀라운 섭리에 의해 우주만물은 여전히 하나님의 영광을 드러내고 있는 것이다.

2 제1원인이 되시는 하나님의 예지와 작정에 따라 모든 일들이 변동 없이[8] 이루어져 간다. 그러나 그것들의 되어 가는 방편은 제2원인의 성질에 따라[9] 필연적인 것, 임의적인 것, 혹은 우연적인 것으로 구성된다. 그렇게 되어가는 것 역시 하나님의 섭리에 속한다.

8_ 행 2:23

9_ 렘 31:35; 창 8:22; 출 21:13; 신 19:5; 왕상 22:28,34; 사 10:6,7

① 제1원인 되시는 하나님

우주만물은 제1원인이 되는 하나님의 창조사역에 의한 것이다. 하나님께서는 창세전 자신의 예지와 작정에 따라 유기적인 피조세계를 창조하셨다. 그러므로 우주와 그 안에 있는 모든 만물들은 하나님의 섭리 가운데 존재한다.

우리는 여기서 제1원인이라는 용어와 제2원인이라는 말의 의미를 올바르게 이해해야 한다. 하나님께서는 제1원인자로서 자신이 창조하신 우주만물을 자신의 뜻을 이루어 가기 위해 활용하신다. 원래 처음부터 허락되었던 제2원인은 선한 의도로 사용될 수 있었다. 그러므로 인간이 타락하기 전에는 제2원인으로 인해 선한 결과들만 발생했다.

물론 하나님께서는 지금도 그것을 선하게 사용하기를 원하신다. 비단 인간이 타락함으로써 하나님의 영광이 방해를 받았지만 하나님께서는 그것의 회복을 위해 선하게 일하고 계시는 것이다. 그러나 범죄한 인간들과 타락한 세계는 저들에게 허락된 제2원인을 더이상 하나님의 선한 방편으로 용납하지 않는다.

② 제2원인으로 인한 발생發生

하나님께서는 제1원인과 함께 피조세계에 제2원인들을 허락하셨다.

그것은 하나님의 섭리에 의해 세계가 지속적으로 운행되도록 섭리하셨다는 의미이다. 하늘의 천체가 운행되고 생명을 포함한 모든 자연이 섭리에 따라 움직이는 것은 하나님께서 허락하신 제2원인에 의한 것이다.

하나님께서는 자신의 형상을 닮은 인간들을 창조하시고 그에게 만물에 대한 대리 통치를 맡기셨다. 그리고 하나님은 인간에게 자유의지를 허락하셨다. 즉 세상을 기계적으로 돌아가게 창조하신 것이 아니라 아담의 대리 통치로 인한 유기적 질서를 허락하셨다. 그러므로 제2원인들로 인해 모든 일들이 필연적으로 일어나게 하셨을 뿐 아니라 자유롭게 또는 우발적으로 일어나도록 작정해 두셨던 것이다.

그렇지만 인간의 타락으로 말미암아 제2원인에 문제가 발생하게 된다. 즉 제2원인을 통해 하나님께서 계획하신 선한 일들만 일어나는 것이 아니라 사탄으로 말미암는 악한 문제들이 발생하게 되었다. 인간이 범죄하고 피조세계가 가시와 엉겅퀴를 내며 타락하게 됨으로써 제2원인들로 인해 발생하는 것들 가운데는 더럽고 추한 것들이 포함된 것이다. 이 세상의 악하고 역겨운 모든 것들은 타락한 피조세계에 존재하는 제2원인들에 의한 것이다.

③ 타락한 세계에서 제2원인으로 발생한 예들

신앙이 어린 성도들이 흔히 더럽고 징그러운 해충이나 벌레들을 하나님께서 창조하셨는가 하는 질문을 하는 것을 본다. 이를테면 더러운 구더기나 징그러운 바퀴벌레 같은 것도 하나님이 창조하셨는지 궁금해 하는 것이다.

우리가 분명히 말할 수 있는 것은 하나님께서 그런 더럽고 징그러운 미물들을 직접 창조하지 않으셨다는 사실이다. 그런 것들은 하나님께서 직접 창조하신 것이 아니라 타락한 세계에서 발생하는 제2원인들에 의해 생겨난 생명체들이다. 나아가 지구에 존재하는 많은 동, 식물들과 자연적으로 발생하는 각종 재해들 중 다수의 경우는 타락한 세상에서 발생하는 제2원인으로 말미암는 것이다.

3 하나님께서는 그의 보통 섭리에서 일반적인 여러 수단들을 사용하신다.[10] 그러나 그는 그 수단들 없이 자유롭게 역사하시거나[11] 그 수단들을 초월하기도 하시며,[12] 역행하여[13] 자신의 기쁘신 뜻대로 역사하시기도 한다.

10_ 호 2:21; 사 55:10; 행 27:31,44

11_ 호 1:7; 욥 34:10; 마 4:4

12_ 롬 4:19-21

13_ 왕하 6:6; 단 3:27

① 다양한 수단을 통한 섭리

하나님께서는 일반적 섭리 가운데서 다양한 수단들을 사용하신다. 이는 그가 목적하시는 바를 이룩하시기 위해 인간의 역사에 구체적으로 관여하고 계심을 의미한다. 그 가운데는 하나님의 직접적인 관여가 있는가 하면 제2원인에 의한 자연적인 관여도 있다.

하나님은 그 모든 섭리들 가운데서 자신의 궁극적인 뜻을 이루어 가신다. 사탄은 하나님의 일을 방해하고 타락한 인간들은 하나님께 저항하고 있지만 하나님께서는 우주만물의 역사에 친히 섭리에 따라 관여하심으로써 자신의 거룩한 뜻을 이루어 가고 계시는 것이다. 이는 모든 것이 하나님의 사랑과 은혜에 기인함을 보여준다.

② 수단을 초월한 섭리

하나님의 섭리는 인간들의 이성 및 경험에 얽매이지 않는다. 하나님께서는 인간의 역사에 직접 관여하시지만 인간들의 상식선에 머물지 않으시는 것이다. 그는 때로 초월적이며 자연법칙을 역행하는 방법을 사용하시기도 하면서 자신의 뜻을 이루어 가신다.

그러므로 우리는 하나님의 놀라운 섭리에 대한 깊은 깨달음을 가져야 한다. 하나님의 계시된 말씀을 통해 그의 섭리를 기억해야 한다. 창세전에 작정하신 영원한 목적을 이땅에 이루시기 위해 자신의 기쁘신 뜻대로 자유롭게 역사하시는 하나님을 알아 가야만 하는 것이다. 그래야만 우리가 그의 놀라운 은혜에 감사하며 그를 진정으로 찬양할 수 있을 것이기 때문이다.

4 하나님의 전능하신 능력과 측량할 수 없는 지혜, 그리고 무한한 선하심이 그의 섭리 가운데 잘 나타나 있다. 아담의 타락을 비롯한 천사들과 인간들의 모든 죄[14]까지도 하나님의 섭리의 관할에 포함되어 있다. 죄에 대한 하나님의 섭리는 단순히 그것을 허용하신 것으로 끝내신 것이 아니라[15] 지극히 크신 지혜와 능력으로 제한하고 계신다.[16] 그리고 죄에 대해서 다양한 방법으로 명하시며 통제하심으로써 자신의 거룩하신 뜻이 온전히 이루어져 가도록 하신다.[17] 그러나 죄는 오직 피조물들에게서 난 것이며 하나님으로부터 난 것이 아니다. 하나님은 지극히 거룩하고 의로우시므로 그 자신이 죄의 조성자나 승인자가 아니며[18] 결코 그렇게 될 수도 없다.

14_ 행 4:27,28; 창 45:4,5; 삼하 16:10,24:1; 왕상 22:23; 대상 10:4,13; 행 2:23; 롬 11:32-34

15_ 행 14:16

16_ 시 76:10

17_ 창 50:20; 사 10:6,7,12

18_ 요일 2:16; 시 50:21; 약 1:13,14,17

① 하나님의 섭리의 범위

인간은 하나님의 섭리 가운데서 살아간다. 진화론자들이 주장하는 것처럼 인간들은 어쩌다 태어나 적당히 살다가 죽게 되는 그런 존재가 아니다. 나아가 인간들이 스스로 계획을 세워 무언가 이룩해 가며 스스로 살아가는 존재도 아니다. 인간은 창조주 하나님께서 뜻하신 섭리 가운데 살아가는 존재인 것이다.

하나님의 섭리는 자연세계의 모든 영역뿐 아니라 천사의 배신과 아담의 타락까지도 포함한다. 그렇다고 하나님께서 악한 천사들과 인간의 범죄를 계획하신 것은 아니다. 나아가 하나님께서 그것을 단순히 허용하신 것도 아니다. 오히려 하나님께서는 그것을 막고자 원하셨으나 하나님을 배신한 사탄으로 말미암아 모든 문제가 발생하게 된 것이다.

죄가 하나님의 허용에 의한 생겨난 것이 아니라는 사실을 깨닫는 것은 매우 중요하다. 만일 하나님께서 죄를 허용하셨다고 하면 자칫 하나님을 죄의 조성자나 승인자로 오해할 소지가 생겨나게 된다. 하나님은 죄를 있게 하신 분이 아니라 더러운 사탄이 하나님의 형상을 닮은 인간을 가만히 놔두지 않으리라는 사실을 미리 알고 계셨다. 사탄에 의해 이 세상이 죄에 빠지게 되었을 때 하나님께서는 역사를 관여하시는 가운데 자신의 거룩한 뜻을 이루어 가셨던 것이다.

② 섭리와 제2원인

인간은 하나님의 작정에 따라 지음받은 존재이다. 그러므로 인간이 조물주이신 하나님의 모든 지혜를 다 알 수 없다. 피조물인 인간은 하나님의 계시된 말씀에 따라 부분적으로 그의 놀라운 섭리를 알아갈 수 있음 따름이다.

우리가 분명히 기억해야 할 바는 모든 현상적인 죄악성이 피조물에게서 나온다는 사실이다. 타락한 세상과 인간들이 죄를 유발하는 제2원인자로서 기능하게 된 것이다. 그러므로 죄는 하나님으로부터 나오지 않으며 거룩하신 하나님은 결코 죄의 원인자나 조성자가 아니다. 나아가 하나님은 어떤 경우에도 죄의 승인자가 될 수 없다.

하나님께서는 그런 모든 상황 가운데서 자신의 거룩한 뜻을 이루어 가신다. 하나님의 놀라운 경륜을 통해 창세전에 작정하셨던 목적을 성취해 가시는 것이다. 하나님께서 이룩하시고자 하는 거룩한 뜻은 하나님의 영원한 영광과 연관되며 하나님의 형상을 닮은 백성들이 그 궁극적인 영광에 참여하게 되는 것이다. 하나님께서는 그 놀라운 일을 위해 예수 그리스도를 통한 구속사역을 계획하시고 구체적으로 이루어 가셨다.

5 지극히 지혜롭고 의로우며 은혜로우신 하나님께서는, 때로 자신의 자녀들이 갖가지 유혹에 빠지고 저들이 가진 마음의 부패성에 따라 행하도록 내버려두신다. 하나님께서 그렇게 하시는 것은, 전에 지은 저들의 죄에 대한 징계의 의미와 저들 속에 잠재해 있는 부패성의 힘이 얼마나 큰가를 발견케 하려는 것, 그리고 저들로 하여금 심령의 거짓됨을 깨닫게 하여 겸손케 하려는 것이다.[19] 또한 그들이 하나님의 도우심을 받기 위해 하나님께 가까이 나아감으로써 더욱 굳건히 그를 의존하게 하시기 위함이다. 그리고 그것을 통해 저들로 하여금 깨어 경성하여 미래의 범죄를 방지케 하고자 하신다. 이는 결국 다양하게 표현되는 그의 의롭고 거룩한 목적을 이룩하기 위한 것이다.[20]

19_ 삼하 24:1; 대하 32:25,26,31

20_ 고후 12:7; 시 73편; 77:1,10,12; 막 14:66-72; 요 21:15-17

① 하나님의 자녀들이 받는 유혹

자기백성에 대한 하나님의 사랑은 매우 특별한 방법으로 진행된다.

하나님께서는 자기자녀들이 각종 유혹에 빠지고 부패한 마음대로 행할 때 그냥 내버려두신다. 이는 그것을 통해 인간들 자신의 사악한 모습을 깨닫게 되기 때문이다.

하나님의 자녀가 된 인간들이라도 범죄함으로 인해 자신이 얼마나 부패하고 간사한 존재인가 하는 것을 깨달아야 한다. 인간의 죄성에 대한 잠재된 능력을 깨달음으로서 하나님 앞에 더욱 겸손해지게 된다. 만일 하나님의 자녀들이 이 세상에 살고 있는 동안 죄성에 대한 분명한 깨달음이 없다면 자신의 교만한 모습을 감히 하나님 앞에서 드러내려고 하는 오만함에 빠지게 될지도 모른다.

죄에 대한 올바른 인식이 없는 자들은 하나님 앞에 자긍하며 교만한 자세를 가지게 된다. 아직 신앙이 어리거나 어리석은 교인들 가운데는 나중 천국에서 하나님으로부터 받게 될 많은 상을 기대하는 자들이 있는 것을 종종 보게 된다. 그러나 그것은 인간의 교만한 마음에서 표출되는 전형적인 잘못에 해당된다. 인간은 결코 하나님으로부터 상을 받을 만한 존재가 되지 못한다. 그럼에도 불구하고 하나님께서 어떤 상을 준비하고 계신다면 그것은 전적인 하나님의 은혜로 말미암는 것이다.

② 진정한 하나님의 사랑과 은혜

하나님께서는 자기자녀로 하여금 죄를 경험하도록 내버려두시는 것은 그들을 사랑하시기 때문이다. 참된 인간들은 죄를 통해 하나님을 의지하지 않을 수 없는 자신을 발견하게 된다. 그렇게 함으로써 하나님께 더욱 가까이 나아가게 되며 더욱 견실한 자세로 하나님께 의존하게 되는 것이다.

그리고 그것을 통해 성도들로 하여금 악한 세상을 견제할 수 있는 능력을 배양하신다. 세상은 항상 하나님의 자녀들을 유혹하고자 애쓰고 있다. 사탄은 호시탐탐 성도들을 노려 하나님의 반대편에서 살아가도록 미혹하는 것이다. 그러므로 성도들은 성숙하게 자라감으로써 그에 대한 분명한 깨달음을 가져야 한다.

하나님께서 자기자녀들이 범죄의 유혹에 빠지는 것을 내버려두시는 까닭은 악한 세상 가운데서 더욱 강하게 연단되도록 하기 위해서이다. 그리고 그런 경험을 한 후에는 세상이 얼마나 악하고 위험한 공간인지 깨달아 더욱 깨어 각성하도록 하기 위함이다. 그것은 자기자녀들에 대한 하나님의 전적인 사랑에 기인한다. 하나님께서는 성도들이 그것을 통해 죄에 대한 깨달음을 더욱 분명히 갖도록 하시며 하나님 앞에서 더욱 겸손하게 살아가도록 인도하신다.

6 의로운 재판장이신 하나님께서는 악하고 불경건한 자들에 대해서는 처음 인간이 지은 죄로 인하여 그들의 눈을 어둡게 하시며 마음을 강퍅케 하신다.[21] 그들에게는 하나님의 뜻을 밝히 깨달아 심령이 새로워지는 은혜를 주시지 않으며,[22] 경우에 따라서는 그들이 일시적으로 가졌던 은사들마저 빼앗으시며,[23] 그들의 부패성이 좇고 있는 범죄할 기회에 그대로 내버려두신다.[24] 그와 동시에 그들을 저들의 욕망과 세상의 유혹에 넘겨주며 사탄의 권세에 내어주신다.[25] 하나님께서 자기자녀들의 마음을 부드럽게 하기 위해서 사용하시는 수단들로 말미암아 저들의 마음은 스스로 강퍅하게 되는 것이다.[26]

21_ 롬 1:24,26,28; 11:8

22_ 신 29:4

23_ 마 13:12; 25:29

24_ 신 2:30; 왕하 8:12,13

25_ 시 81:12; 살후 2:10-12

26_ 출 7:3; 8:15,32; 사6:9,10; 8:14; 행 28:26,27; 고후 2:15,16; 벧전 2:7,8

① 불신자들에게 주어지는 심판

하나님을 알게 되는 것은 결코 인간들의 이성과 지혜로 말미암지 않는다. 인간들은 아담의 범죄로 인해 눈이 완전히 먼 존재들이다. 하나님께서는 자기백성이 아닌 자들의 눈을 어둡게 하시고 그 마음을 강퍅케 하신다. 하나님께서 그렇게 하시는 것은 그가 의로운 재판장이시기 때문이다. 그는 결코 죄에 대한 완전한 심판없이 인간들의 죄를 그냥 용서하시는 분이 아니시다.

불신자들은 이 세상의 유혹과 욕망 가운데 살도록 사탄의 권세에 넘겨진 자들이다. 그들은 죄악 세상 가운데 살면서 그 안의 것들을 향유하기 위해 안간힘을 쏟고 있다. 열심히 살고자 노력하며 자신과 가족을 애써 돌보는 것 역시 그와 연관된다. 결국은 이 세상에서 한평생 잘 살아보자는 것이 욕망에 차 있는 죄인들의 심산인 것이다.

② 기독교 내부에 들어온 불신자들

기독교 내부에는 항상 불신자들이 상당수 들어와 있다. 그것은 세상 가운데 존재하는 교회가 겪어야 할 현상이다. 교회 안의 불신자들은 참된 성도들과 함께 종교적 외양을 그대로 따라 익힌다. 많은 경우에는 거짓 교인들이 참 성도들보다 오히려 더 세련된 종교적 모습을 보인다. 그러므로 하나님의 뜻 안에서 여간 성숙하지 않으면 그것을 분별해 낼 재간이 없다.

그들은 기독교의 찬송가를 배워 목청을 높여 열심히 노래 부를 것이며, 기도를 배워 큰소리로 하나님을 외쳐 부르기도 한다. 그들은 또한 많은 액수의 연보를 하기도 하고 나름대로 헌신적인 봉사를 하기도 한다. 그들은 그런 종교행위를 통해 스스로 만족스러워하며 종교생활을 즐긴다. 물론 주변의 어리석은 사람들은 그들의 종교적 신앙을 보고 부러워하며 칭찬하기도 한다.

그러나 교회 안의 불신자들은 입으로 여호와 하나님의 이름을 떠올리고 큰소리로 찬송가를 부르면서 자기를 위한 기도에 열중할지 모르지만 그것은 결국 세속적 탐욕을 위한 것에 지나지 않는다. 그들은 결코 죄악 세상을 등지려 하지 않으며 그런 종교적인 방편들을 통해 자신의 욕망을 표출하기에 급급할 따름이다.

그러므로 하나님께서는 그들이 종교적 외양을 익혀 세련된 기독교인의 행세를 할지라도 결코 진정한 은혜를 허락하지 않으신다. 오히려 그것이 더욱 엄격한 하나님의 심판이라는 사실을 우리는 깨달을 수 있어야 한다. 그럼에도 불구하고 하나님께서 교회 가운데 그런 무리들의 진입을 허용하시는 것은 자기백성들을 위해서이다. 하나님께서는 그런 환경을 통해 성도들로 하여금 항상 깨어있게 하시며 진정으로 겸손한 자세를 유지할 수 있도록 은혜를 베푸시는 것이다.

7 하나님의 섭리는 일반적으로 모든 피조물에게 미친다. 그러나 하나님은 무엇보다도 자신의 교회를 특별한 방식과 섭리에 따라 보호하신다. 이와 같은 방식으로 하나님은 모든 일들이 합력하여 선을 이루게 함으로써 자신의 교회에 유익이 되도록 섭리하시는 것이다.[27]

27_ 롬 8:28; 사 43:3-5; 13,14; 암 9:8,9; 딤전 4:10

① 보편적 섭리

하나님의 일반적인 섭리는 모든 피조물들에게 미치게 된다. 하나님의 섭리를 벗어난 경우는 없다. 하늘의 태양은 모든 인간들에게 빛을 제공하며 밤하늘의 달과 별은 모든 사람들과 연관된다. 또한 신불신자를 막론하고 누구나 사계절을 느끼며 밤에는 자고 낮에는 일한다. 우주적인 모든 것들은 하나님께서 친히 허락하신 섭리 가운데 존재하는 것이다.

따라서 인간의 모든 역사도 하나님의 그 섭리 가운데서 진행된다. 하나님의 섭리를 떠난 인간의 역사란 상상할 수 없다. 하나님께서는 영원한 섭리 가운데서 우주만물과 인간들을 통치하시며 그에 대한 심판과 구원사역을 이루어 가시는 것이다.

② 교회를 위한 특별한 섭리

하나님께서는 우주만물을 섭리에 따라 통치하시듯이 자신의 교회를 그 가운데서 특별히 인도해 가신다. 즉 하나님은 자기가 친히 피로 값주고 사신 교회를 섭리로 돌보시며 인도해 가시는 것이다. 그것은 범죄하여 타락한 세상을 통치하시는 방식과는 다른 특별한 섭리에 따른다.

그러므로 하나님의 백성들에게는 하나님의 특별한 섭리에 대한 깨달음이 있어야 한다. 그것은 이 세상에서 배우고 익힌 이성과 경험에 따른 것이 아니다. 범죄한 인간들이 보고 느끼며 경험하는 제2원인들에 의한 섭리와 하나님께서 자기자녀들을 구원하시기 위해 베푸시는 특별한 섭리에 대한 이해를 해야만 한다.

만일 누군가 교회 가운데서 일반적인 섭리만을 주장한다면 자연주의자가 되고 만다. 그런 자들은 하나님의 말씀에 대한 깨달음보다 인간의 이성과 경험에 의존하게 된다. 그것이 고착화하게 되면 하나님의 놀라우신 은혜가 아니라 우주와 인간 자체에만 관심을 가지게 되는 것이다.

그것은 결국 하나님께 순종하는 것이 아니라 도리어 하나님을 욕되게 하는 자리에 서게 만든다. 이는 인간의 종교적 욕망을 주님의 몸된 교회 가운데서 표출하고자 하는 것에 지나지 않는다. 따라서 우리는 하나님의 모든 섭리가 교회에 속한 자기백성들에게 유익을 주시기 위한 것임을 깨달아야만 한다. 이러한 특별한 섭리를 통해 우리는 자기자녀들을 위해 일하시는 하나님의 놀라운 사랑을 알고 그에 감격하게 된다.

제6장
인간의 타락, 범죄 그리고 그에 대한 형벌

개괄적 이해 〉〉

인간의 죄란 하나님의 영광을 파괴한 것을 의미한다. 그러므로 하나님께서는 범죄한 인간을 더이상 의롭게 보시지 않는다. 하나님께서 자기 형상을 닮은 인간을 창조하신 목적은 자신의 영광을 위해서이다. 그러나 인간은 사탄의 유혹을 받아 하나님을 배반하고 그를 떠났다. 그로 인해 인간은 더러운 죄에 빠지게 되었으며 무서운 형벌을 받을 수밖에 없는 존재가 되어버렸다.

제 6 장
인간의 타락, 범죄 그리고 그에 대한 형벌

1 인간들의 시조始祖 아담과 하와는 사탄의 간계와 유혹을 받아 금지된 열매를 따먹음으로써[1] 범죄하게 되었다. 그들의 죄에 대하여 하나님께서는 자신의 지혜롭고 거룩한 뜻에 따라 기꺼이 허용하셨다. 이는 그것을 다스려 자신의 영광을 드러내시기로 작정하고[2] 계셨기 때문이다.

1_ 창 3:13; 고후 11:3

2_ 롬 11:32

① 사탄의 유혹

사탄이 아담과 하와를 유혹한 것은 인간이 하나님의 형상을 입은 존재였기 때문이다. 즉 사탄은 감히 전능하신 하나님을 직접 괴롭히거나 공격할 수 없다. 그러므로 하나님 대신 하나님의 형상을 닮은 인간을 유혹함으로써 하나님을 간접적으로 공격하여 욕을 보이려 했던 것이다.

하나님께서 에덴동산 중앙에 선악과나무를 두었던 것은 인간을 위한 사랑의 표현이었다. 선악과나무가 눈에 가장 잘 띄는 동산 중앙에 심겨져 있음으로 인해 아담과 하와는 동산 안을 오가며 항상 그 나무를 볼 수 있었다.

그들은 그것을 통해 우주만물을 창조하시고 그 모든 것을 자신의 형상을 닮은 인간들에게 허락하신 하나님의 놀라운 은혜를 기억할 수 있었다. 아담과 하와는 선악과나무를 통해 하나님의 통치와 율법 아래 살고 있는 자신들을 확인할 수 있었던 것이다. 그러므로 선악과나무는 자신의 형상을 닮은 인간들에게 주신 하나님의 놀라운 은혜의 방편이었다.

사탄은 많은 경우 하나님 앞에서 심하게 반응하지 않는다. 그는 감히 그렇게 할 수 있는 존재가 되지 못한다. 예를 들어 욥기에 보면 사탄이 하나님께 다정하게 대화를 나누고 있는 것처럼 기록되어 있다. 그리고 더러운 귀신이 예수님을 만났을 때도 "다윗의 자손이여 나와 무슨 상관이 있나이까?"라고 말하며 위선적인 나약함으로 대응했다. 그런 사탄이 하나님의 자녀들을 악의 구렁텅이에 빠뜨림으로서 하나님을 욕되게 하려 했던 것이다.

이는 마치 어떤 사악한 사람이 막강한 힘을 가진 사람을 궁지에 몰아넣기 위해 그의 사랑하는 아들을 유혹하는 것과 유사하다. 그 강한 자의 아들을 달콤한 사탕발림으로 유혹하여 죽음에 빠뜨림으로써 대리 보복을 하려는 것과 같은 이치이다. 이처럼 사탄은 하나님을 욕보이기 위해 하나님 대신 하나님의 형상을 닮은 인간을 유혹해 무서운 죽음에 빠뜨리게 되었던 것이다.

② 훼손되지 않는 하나님의 영광과 그의 영원한 계획

하나님께서는 아담의 범죄를 기꺼이 허용하셨다고 말하는데 이는 적극적으로 막지 않으셨다는 의미이다. 그것은 우리가 다 알 수 없는 하나님의 놀라운 계획과 작정 속에 들어 있다.

우리가 여기서 분명히 깨달아야 할 점은 그 모든 것은 하나님의 영광을 드러내는 과정에 놓여 있다는 사실이다. 즉 하나님께서는 죄를 허용하셨지만 그것은 여전히 그의 선하신 뜻 가운데 포함된다. 하나님께서는 타락한 자기백성을 용서함으로써 영원한 사랑을 보여주셨다. 즉 죄와 용서의 개념이 포함된 사랑을 보여주심으로써 그의 사랑이 확증되고 있다.

아담과 하와는 타락과 용서의 과정이 있기 전 에덴동산에 살면서 하나님의 놀라운 사랑과 은혜를 오늘날 우리만큼 깨닫지 못했던 것으로 보인다. 즉 에덴동산의 아담과 하와는 하나님의 은혜를 깊이 자각하지 못한 상태에서 하나님의 사랑을 누리며 살아갔던 것이다. 그러므로 하나님께서는 그 타락으로 인한 저주의 상태와 용서로 말미암는 은혜의 과정을 통해 영원한 사랑과 함께 자신의 영광을 드러내고자 하셨다.

2 이 죄로 말미암아 그들은 본래의 의義를 상실하게 되었으며, 하나님과의 교제가 단절되었다.[3] 그리하여 인간들은 죄의 결과로 사망에 이르게 되었고,[4] 그들의 영과 육의 모든 부분과 모든 기능들이 전적으로 더럽혀졌다.[5]

3_ 창 3:6-8; 전 7:29; 롬 3:23

4_ 엡 2:1; 창 2:17; 3:19; 겔 18:4

5_ 렘 17:9; 롬 3:10-19; 딛 1:15

① 하나님과의 교제단절

아담과 하와는 범죄함으로써 즉시 하나님과의 교제가 단절되었다. 사탄의 유혹으로 인해 범죄한 인간은 불의한 존재가 되고 만 것이다. 그러므로 더러운 인간은 의로운 하나님과 더이상 교제할 수 없게 되었다. 하나님과 더불어 삶을 누리도록 창조된 인간이 하나님으로부터 단절된 것은 영원한 멸망에 빠진 존재가 되었음을 말한다.

범죄로 인해 하나님의 형상을 닮게 창조된 인간은 영과 육의 모든 기관들이 원래의 기능을 할 수 없게 되었다. 원래 인간은 하나님을 찬양하며 그 가운데서 기뻐하도록 창조되었으나 범죄한 인간들은 더이상 하나님을 경배하며 기뻐할 수 없는 존재가 되었다.

그러므로 하나님과의 교제를 회복하기 위해서는 단절의 원인이 되는 죄의 문제를 해결할 때만 가능하다. 그것은 전적으로 하나님으로 말미암는다. 하나님께서는 그 일을 위해 친히 인간의 몸을 입고 이 세상에 오시기로 작정하셨다. 하나님께서 인간의 몸을 입고 '임마누엘' 하나님으로 오셔서 영원한 구속사역을 완성하신 것은 우리에게 참으로 놀라운 은혜가 아닐 수 없다.

오늘날 우리가 예수님의 이름으로 하나님께 기도하는 것은 바로 그 놀라운 사역에 기초하고 있다. 이는 일반적인 기도뿐 아니라 하나님을 찬양하며 경배할 때 예수 그리스도의 이름으로 모든 것이 이루어져야 함을 의미한다.

② 인간의 죽음

아담의 범죄로 인해 인간은 영원한 죽음에 처하게 되었다. 사탄의 유혹으로 말미암아 인간이 불의의 자리에 놓인 것은 범죄한 인간들에게 주어진 형벌이며 저주이다. 그것은 곧 죽음 자체를 의미한다. 여기서 말하는 죽음이란 일반적인 생물학적 사망만을 의미하지 않는다. 물론 그 의미 가운데는 일반적인 죽음을 포함하고 있지만 본질적으로 영원한 죽음의 세계를 의미하고 있다. 그것은 하나님께서 작정하신 구원을 벗어나 영원한 저주에 빠지는 죽음을 말한다.

3 그들은 모든 인류의 시조이기 때문에 그들이 범한 죄의 책임은 모든 후손들에게 전가轉嫁되었다.[6] 죄로 인한 그 동일한 죽음과 부패한 성품이 대대로 유전되어 내려온 것이다. 이는 그 후손들이 통상적인 방

법으로 출생함으로써 조상들의 모든 것을 유전 받았기 때문이다.[7]

6_ 고전 15:22; 창 1:27,28; 2:16,17; 행 7:26; 롬 5:12-19; 고전 15:45,49

7_ 시 51:5; 창 5:3; 욥 14:4; 15:14

① 아담의 대표성

아담은 하나님으로부터 지음 받아 이 세상에 처음 존재했던 인간이다. 그러므로 모든 인간들은 그로 말미암아 출생한 자들이다. 모든 인간들의 조상인 그가 사탄의 유혹에 빠짐으로 말미암아 세상에 죄를 끌어들였다. 그의 아내 하와가 먼저 사탄에게 유혹되어 하나님을 떠나게 되었으며 뒤이어 남편인 아담도 하와의 길에 들어섰다. 그것은 인간을 대표하는 아담의 범죄이다. 결국 한 몸을 이루었던 부부가 함께 범죄에 빠지게 된 것이다.

그러므로 아담과 하와의 범죄는 모든 인간들에 대해 대표성을 띤다. 즉 직접 범죄한 아담과 하와에게만 죄에 대한 책임이 있었던 것이 아니라 그 죄 가운데 존재하는 모든 인간들에게도 동일한 책임이 주어졌다.

② 죄는 과연 유전遺傳되는 것인가?

신앙고백서에서는 아담으로 인한 인간의 사망과 부패한 성품이 통상적인 출생법에 의해 유전되는 것으로 설명하고 있다. 그러나 우리가 조심스럽게 생각해 보아야 할 점은 죄가 단순히 유전되는 것이 아니라는 사실이다. 아담의 죄는 결코 통상적인 출생법에 의해 모든 인간들에게 유전되어 왔던 것이 아니다.

도리어 아담의 범죄로 인해 모든 피조물들이 일순간에 불의한 존재가 되어버렸다. 즉 인간뿐 아니라 하나님께서 인간들에게 대리통치를 맡기셨던 대상인 모든 피조세계가 아담으로 말미암아 죄의 굴레에 갇히게 된 것이다. 이는 아직 태어나거나 생성되지 않은 모든 존재들을 포함한다. 죄악 세상 가운데 존재하게 되는 모든 것들은 그 자체로서 이미 죄에 빠져있는 것이다.

죄가 단순히 아담으로부터 시작되는 일반적인 출생법에 의해 유전되지 않는 것은 다른 피조물들은 인간의 출생법과 상관이 없기 때문이다. 모든 피조물이 죄에 빠졌다는 사실은 인간들의 출생 방법과는 무관하게 죄가 온 세상을 뒤덮고 있음을 말해 주고 있다. 인간이 타락했을 때 땅이 가시와 엉겅퀴를 내고 모든 동물과 식물을 비롯한 땅덩어리 전체가 죄의 굴레에 빠져 버린 사실이 그것을 보여준다.

이 세상의 모든 피조물들은 아담의 죄로 말미암아 일순간에 하나님 보시기에 의로운 존재가 아니라 심판과 저주의 대상이 되어버렸다. 이는 죄가 단순히 유전되는 것이 아니라 죄로 인해 저주의 상태에 놓이게 된 세상 가운데서 태어나고 존재하는 모든 것들은 죄 가운데 놓이게 됨을 말해 주고 있는 것이다.

4 이 최초의 부패로 말미암아 인간에게는 선善한 마음이 전혀 없을 뿐더러 그것을 행할 능력도 없게 되었다.[8] 그대신 전적으로 악을 행하는 성향만 남아 있다.[9] 이는 근본적인 죄로 말미암는 것이며 거기서부터 인간들의 모든 실제적인 죄들이 발생하게 되었다.[10]

8_ 롬 5:6; 7:18; 8:7; 골 1:21

9_ 창 6:5; 8:21; 롬 3:10-12

10_ 마 15:19; 엡 2:2,3; 약 1:14,15

① 원죄原罪

아담의 범죄로 말미암아 모든 인간들은 전적으로 부패한 존재가 되었다. 이는 인간에게 부패하지 않은 부분이 전혀 남아 있지 않다는 의미이다. 죽은 동물을 예로 들자면 동물이 죽었으면 죽은 것이지 그 가운데 생명과 관련된 그 어느 것도 남아있지 않은 것과 같다. 그리고 완전히 썩고 부패했다면 그 가운데 그렇지 않은 부분은 전혀 없다.

완전히 부패한 인간은 선을 행하고자 하는 어떤 마음도 가질 수 없다. 따라서 그것을 행할 능력이 없음은 지극히 당연하다. 이는 타락한 인간들에게는 악한 마음과 악을 행하려는 성향만 남아 있을 뿐이기 때문이다. 기독교인이라 할지라도 인간 자체로서는 선을 행할 수 있는 기본적인 요소나 능력이 전혀 남아 있지 않다. 그럼에도 불구하고 자신의 능력으로 어떤 선을 행하려 한다면 그것은 인간이 가진 죄성의 결과일 뿐이다.

우리가 여기서 잘 이해해야 할 점은 신앙고백서에서 말하고 있는 선과 악에 대한 진정한 의미이다. 여기서 말하는 선과 악은 일반 윤리를 기준으로 말하는 것이 아니다. 즉 일반적인 인간의 윤리적 기준으로 구분할 수 있는 선과 악을 말하지 않는다. 여기서 말하는 선과 악이란 하나님과 연관된 개념이다. 하나님의 거룩한 성품은 의로운 반면 본질적으로 부패한 인간들의 모든 성품은 악한 것이다.

그러므로 인간들의 일반적인 선행과 악행은 여기서 말하는 것과 전혀 다르다. 인간들의 눈에는 선한 것으로 보일지 모르지만 하나님 보시기에는 여전히 악하다. 인간들이 생각하는 일반적인 악행뿐 아니라 하나님을 알지 못하는 인간들이 생각하고 행하는 모든 행위들은 악한 것들이다.

그러므로 진정한 선은 예수 그리스도의 사역과 성령의 도움으로 말미암는 성도의 삶을 통해서 드러나게 된다. 예수 그리스도의 십자가 사역과 그의 보혈을 통하지 않고는 선하다고 인정받을 만한 것이 세상에는 아무것도 없다.

② 자범죄自犯罪와 죄의 사회성

자연적인 인간은 그 자체로서 죄에 빠져있는 존재이다. 흔히 일반 철

학자들은 인간의 성선설性善說, 성악설性惡說을 주장하는데 둘 다 틀렸다. 인간의 성품은 출생 때부터 선하지 않다. 그리고 인간은 원래부터 악하기 때문에 성장해가면서 점차 선을 익혀 가야하는 존재도 아니다.

인간은 원래부터 악하므로 항상 죄를 뿜어내는 존재일 수밖에 없다. 따라서 실제적인 자범죄는 아담에 기인하는 인간의 악한 성향에서 발생하게 된다. 인간은 그 자체로서 악한 존재이기 때문에 항상 죄를 발산할 수밖에 없는 존재인 것이다. 그것이 곧 다양한 형태의 죄악들을 끊임없이 양산해 내고 있다.

우리가 여기서 주의깊게 생각해야 할 점은 그것이 개인의 죄에만 국한되지 않는다는 사실이다. 그것은 인간들의 집단사회 가운데 형성되는 자연 사회성 범죄를 포함하고 있다. 이는 개인의 죄가 직접 개입하지 않고도 인간사회에는 집단적 죄성이 다양하게 드러나게 된다는 의미이다.

5 이러한 본성의 부패는 이 세상을 살아가는 거듭난 성도들 가운데도 여전히 남아 있다.[11] 비록 그 부패성이 그리스도를 통하여 용서받고 억제되고 있다 할지라도 부패한 본성 자체와 그로부터 나오는 모든 행동들은 완전히 죄악된 것이다.[12]

11_ 전 7:20; 잠 20:9; 롬 7:14,17,18,23; 약 3:2; 요일 1:8,10

12_ 롬 7:5,7,8,25; 갈 5:17

① 성도와 죄성

아담으로 말미암아 부패한 인간들은 인간 세상에 사는 동안 죄의 속성을 탈피할 수 없다. 그것은 하나님의 자녀라 할지라도 그로부터 완전히 자유롭지 못하다. 예수 그리스도의 십자가 사역으로 인해 모든 것을 용서받은 성도들 역시 이 세상에서는 여전히 죄악된 성향을 지니고 있으며 주님께서 재림하실 때까지 그 상태는 계속된다.

② 죄의 억제와 싸움

하나님의 자녀가 된 성도들 역시 부패한 죄성을 가지고 있을 수밖에 없다고 해서 하나님을 알지 못하는 다른 사람들처럼 살 수는 없다. 불신자들은 죄를 향유하면서 살아갈지라도 하나님의 자녀들은 그에 맞서 투쟁하며 살아가야 한다. 성령의 은혜로 말미암아 죄가 어느 정도 억제된다고 할지라도 그것이 인간의 죄성을 감소시키는 것은 아니다.

그러므로 성도들은 이 세상에 살면서 항상 죄와 싸워야 할 존재이며 그것을 통해 하나님의 은혜를 깨닫기도 하며 인간의 연약함을 깨닫기도 한다. 그것으로 말미암아 우리는 하나님의 은혜를 더욱 풍성히 알아가며 하나님께 더욱 감사하게 되는 것이다.

하나님께서 구원받은 자기백성이 이 세상을 살아갈 때 그런 힘든 삶을 살아가도록 하시는 까닭은 무엇일까? 그것은 성도들에게 매우 벅차고 힘든 일임에 틀림없다. 하지만 우리는 그것이 자기자녀들을 위한 하나님의 은혜이자 섭리인 것으로 이해해야 한다. 하나님께서는 그런 과정을 통해 자기자녀들을 하나씩 불러 모으시며 작정하신 지상사역을 이루어 가시는 것이다.

6 원죄와 자범죄 등 모든 죄들은 하나님의 의로운 율법에 대한 범행이며 위반이다.[13] 또한 죄인인 인간들은 자체의 성질로 인해 죄책을 가지게 된다.[14] 그리하여 인간은 하나님의 진노[15]와 율법의 저주[16] 아래 결박되어 죽을 수밖에 없으며[17] 영적으로나[18] 육적으로[19] 그리고 영원토록[20] 비참한 상태에서 벗어날 수 없다.

13_ 요일 3:4

14_ 롬 2:15; 3:9,19

15_ 엡 2:3

16_ 갈 3:10

17_ 롬 6:23

18_ 엡 4:18

19_ 애 3:39; 롬 8:20

20_마25:41; 살후1:9

① 하나님의 율법과 인간의 모든 죄

아담의 범죄는 의로우신 하나님의 요구를 저버린 결과로 인한 것이었다. 인간은 처음부터 자기 취향과 판단대로 살아가는 존재가 아니라 하나님의 요구조건 가운데 살아가야 할 존재였다. 그러나 인간은 사탄의 유혹에 빠져 하나님의 요구에 순종하지 않고 그를 배반하게 되었다.

아담이 지은 원죄와 그의 후손들이 범하게 되는 모든 죄들은 하나님의 의로운 율법에 대한 저항이자 위반이다. 인간은 그 조상 아담이 하나님의 기본적인 명령을 거부함으로써 참된 인간이 가져야 할 삶의 본분에서 완전히 벗어나게 된 것이다.

② 인간의 책임

죄에 대한 모든 책임은 아담과 그의 후손인 인간들이 져야 한다. 모든 인간들의 조상인 아담이 사탄의 유혹을 받아 하나님을 배신했기 때문이다. 그로 말미암아 모든 인간들은 처참한 저주 아래 놓이게 되었다. 그것은 하나님의 진노와 저주로 인한 영적, 육적 사망을 전부 포함한다.

하나님의 특별한 은혜와 사랑이 없다면 인간은 영원한 멸망의 굴레를 빠져나올 수 없다. 그러나 하나님께서는 창세전에 택하신 자기백성들을 위한 구속의 역사를 진행하셨다. 이는 자기 형상을 따라 인간을 지으신 하나님이 신실하신 분이시기 때문이다. 하나님께서는 아담이 범죄하기 전에 이미 자기백성들로 하여금 영원한 세계에서 삶을 누리도록 작정하고 계셨다. 그것으로 인해 하나님은 '여자의 후손'(창 3:15)을 통한 구원계획을 세워두셨다. 그것이 곧 자기자녀들에게 주어진 하나님의 가장 큰 은혜요 사랑이다.

제7장
하나님의 언약

개괄적 이해 〉〉

언약이란 무엇인가? 성경에서 말하는 언약이란, 하나님께서 창세전에 택하신 자기자녀들에게 허락하신 일방적인 성격을 지닌다. 언약과 유사한 용어로는 약속, 계약 등이 있다. 이것들은 인간들 사이에 이루어지게 되지만 그 성격은 다르다. 약속이 도덕적 체결이라고 한다면 계약은 법적인 체결이다. 따라서 약속을 어기게 되면 인격을 의심받게 되지만 계약을 위반하게 되면 법적인 책임을 져야 한다.

그러므로 하나님의 언약에는 인간들이 그 자체에 직접 참여한 적이 없다. 이는 그 언약에 응답하는 것과 다르다. 하나님의 자녀들은 하나님께서 허락하신 언약을 깨달아 그에 참여하게 되지만 체결 주체로서 당사자가 되는 것은 아니다. 하나님께서 자기자녀들에게 언약을 주신 것은 전적인 그의 사랑에 기인한다.

제 7 장

하나님의 언약

1 하나님과 피조물 사이의 간격은 너무나 크다. 그러므로 이성적인 존재로 창조된 인간들은 마땅히 하나님을 창조주로 여기고 그에게 순종해야만 한다. 하지만 인간들이 마땅히 행해야 할 의무를 행함으로써 하나님의 축복이나 상급을 받을 수 있는 것이 아니라 오직 하나님께서 친히 베풀어 주시는 은혜로만 가능하다. 그것을 하나님께서는 언약의 수단[1]으로 나타내시기를 기뻐하셨다.

1_ 삼상 2:35; 욥 9:32,33; 22:2,3; 35:7,8; 시 100:2,3; 113:5,6; 사 40:13-17; 눅 17:10; 행 17:24,25

① 창조주와 피조물

창조주와 피조물 사이에는 본질적인 차이가 있다. 하나님과 피조물의 간격은 인간의 이성으로는 가늠조차 할 수 없다. 그러므로 창조주와 피조물 사이에는 거래를 위한 어떠한 조건도 성립될 수 없다.

인간이 아닌 다른 피조물들은 창조주 하나님께 인격적으로 순종해야 할 존재가 아니다. 하나님께서 언약의 대상으로 삼으신 존재는 자신의 형상을 닮은 인간이다. 따라서 하늘의 천체들이나 땅의 모든 동물들과 식물들은 하나님께 순종해야 할 인격적 존재는 아니다.

자연이 하나님께 순종하면서 그를 찬양하는 내용과 더불어 우주만물이 인간과 함께 타락한 내용이 성경에 기록되어 있는 것은 인격적인 순종과 타락을 말하는 것이 아니다. 그것은 인간의 범죄로 인해 모든 피조 세계가 함께 오염된 상태에 갇혀 버린 것을 의미한다. 그러나 하나님의 형상을 닮은 인간은 여전히 창조주 하나님께 인격적으로 순종해야 할 의무를 가진다.

② 인간의 의무이행과 하나님의 은혜

죄에 빠진 인간은 하나님의 요구에 온전히 순종할 수 있는가? 그것은 불가능하다. 인간은 마땅히 하나님의 말씀을 순종해야 할 존재이지만 자신이 지은 죄로 말미암아 더이상 하나님의 요구에 순종할 수 없다.

그러므로 인간이 스스로 감당하게 되는 의무이행이 축복이나 상급을 받을 수 있는 조건이 되지 못한다. 의무이행이나 순종을 통해 축복이나 상급을 받고자 한다면 그것은 도리어 오만한 자세이며 죄의 결과이다. 그런 것들은 인간이 하나님에 대한 의무를 다함으로써 주어지는 것이 아니라 전적인 하나님의 은혜로 주어질 수 있을 따름이다.

하나님의 자녀들은 은혜로 말미암아 그의 언약을 깨달아 알게 된다. 사탄의 유혹에 의한 범죄에도 불구하고 하나님께서는 인간들에게 언약의 방편을 제공하심으로써 영원한 약속을 주셨다. 그것은 결코 인간의 선행이나 노력에 의한 것이 아니라 인간의 몸을 입고 이 세상에 오시기까지 낮아지신 예수 그리스도의 사랑과 은혜로 말미암는 것이다.

2 인간과 맺은 하나님의 첫 언약은 행위언약Covenant of Works이다.[2] 하나님께서는 그 행위언약 안에서 아담과 그의 후손들에게[3] 생명을 약속하셨다. 그 언약의 조건은 그들의 완전하고도 개별적인 순종이다.[4]

2_ 갈 3:12

3_ 롬 5:12-20; 10:5

4_ 창 2:17; 갈 3:10

① 행위언약

하나님께서는 인간을 창조하신 후 에덴동산에 거하게 하시면서 곧바로 인간과 언약을 맺으셨다. 물론 그 언약은 하나님으로부터 일방적으로 제시된 언약으로서 인간은 하나님의 은혜로 그에 참여하게 되었다. 이는 다른 어떤 피조물들과도 언약이 맺어지지 않은 사실과 더불어 생각해야 한다.

이 언약은 에덴동산의 중앙에 있는 특정 실과에 대한 금지령과 연관되어 있다. 그런데 그 언약은 다른 동물이나 식물 등 피조물들에게는 요구되지 않았다. 하나님께서는 자기 형상을 닮은 인간에게만 그 언약을 주셨던 것이다. 하나님의 형상을 닮은 아담은 그 언약을 통해 자신과 후손의 생명을 약속받고 있었다.

그러므로 인간은 그 실과를 따먹지 말아야 했다. 하지만 사탄은 인간을 멸망에 빠뜨릴 목적으로 그들을 유혹했다. 인간들에게 금지된 실과를 따먹게 한 사탄의 유혹은 하나님으로부터 주어진 그 행위언약의 파기를 유도하기 위한 것이었다.

② 언약의 조건

하나님께서는 아담에게 순종의 행위를 요구하면서 완전한 요구를 하셨으며 개별적인 요구를 하셨다. 즉 아담은 동산 중앙에 있는 과실을 절대 따먹으면 안 된다. 그것에는 부분적인 순종이 있을 수 없다. 우리는 그것을 완전한 요구라고 한다.

그리고 하나님께서는 개별적인 순종을 요구하셨다. 순종의 행위에 대한 의무이행은 개별적인 것이다. 즉 인간의 구체적이며 개별적인 행동을 통해 순종해야만 했던 것이다.

여기서 우리가 주의 깊게 생각해 보아야 할 점은 하나님께서 완전하고 개별적인 순종의 행위를 요구하셨지만, 그것은 능동적이며 적극적인 것이 아니라 수동적이며 소극적인 행동을 말하고 있다는 사실이다. 하나님께서는 아담과 하와에게 적극적인 행동을 명하셨던 것이 아니라 소극적인 순종의 행동을 요구하셨던 것이다.

그들의 순종의 행위는 나중 태어나게 될 모든 하나님의 자녀들에게 직접 관련되어 있었다. 범죄하기 전 아담과 하와에게 요구된 행위언약은 하나님의 형상을 지닌 모든 인간들에게 연관된 언약이었다. 우리는 여기서 인간이 범죄한 이후 하나님의 형상과 무관한 타락한 '아담의 형상' 만을 지닌 인간 존재에 대한 사실을 기억해야 한다. 그들에게까지 하나님의 생명이 약속되었던 것은 아니다.

3 인간의 타락으로 인해 행위언약으로는 생명에 이를 수 없게 되었다. 그러므로 하나님께서는 두 번째 언약을 맺고자 하셨다.[5] 그것은 일반적으로 은혜언약Covenant of Grace이라 불린다. 하나님은 그 언약에 의해 죄인들에게 예수 그리스도로 말미암은 영생과 구원을 값없이 주셨다. 하지만 그들은 이 구원을 이루어가기 위해 그리스도를 믿는 신앙을 가져야 하며[6] 영생을 얻기로 예정된 자들에게는 성령의 도우심을 통해 그들로 하여금 기꺼이 믿을 수 있게 하실 것을 약속하셨다.[7]

5_ 창 3:15; 사 42:6; 롬 3:20,21; 8:3; 갈 3:21

6_ 갈 3:11; 막 16:15,16; 요 3:16; 롬 10:6,9

7_ 요 6:44,45; 겔 36:26,27

① 행위언약의 파기

아담은 사탄의 유혹을 받아 선악과를 따먹음으로써 하나님께서 요구하신 행위언약을 파기했다. 그것은 하나님의 요구와는 상관없이 자기 마음대로 인생을 살겠다는 선언적 의미를 지닌다. 그로 말미암아 아담에게 찾아온 것은 사망과 파멸이었다.

아담이 행위언약을 파기함으로써 타락하게 되자 인간에게는 진정한 생명이 상실되었다. 인간 스스로 피조세계 내부에서의 자기 욕망을 추구하다가 사망에 이르게 된 것이다. 이는 행위 당사자였던 아담과 하와의 문제였을 뿐 아니라 그의 모든 후손들에게까지 동일하게 적용되는 형벌이다.

하나님을 배반한 인간은 완전히 부패하고 무능한 존재가 되었다. 그 영향으로 인해 인간은 자신을 지으신 하나님 자체를 잊어버렸다. 그리고 하나님께서 요구하신 행위언약을 파기했다는 사실조차 알지 못하는 무지한 인간으로 전락하게 되었다. 그것은 죽음과 파멸을 의미하는 것이다.

② 은혜언약이 맺어짐

인간이 사망과 저주에 빠졌을 때 하나님께서는 두 번째 언약을 허락하셨다. 그것은 전적인 하나님의 은혜로 말미암는 것이었다. 그 언약은 완전히 타락하여 무능하게 된 인간들에게 제시된 것이 아니라 도리어 인간을 저주에 빠뜨린 사탄을 향한 심판선언으로 드러났다. 물론 그로 말미암는 은혜는 하나님의 형상을 닮은 인간들만 누리게 되는 은혜이다.

하나님의 그 두 번째 언약은 창세기 3장 15절에 약속된 '여자의 후손' 이다. 이를 일반적으로 은혜언약이라 하는데 그것을 통해 하나님께서는 창세전에 택하신 자기자녀들에게 영원한 구원의 생명을 허락하셨다. 그 언약은 전적으로 하나님의 자녀들만을 위한 것이다. 그러므로 하나님의 자녀들은 그의 은혜를 통해 그리스도에 대한 온전한 신앙을 가지게 된다. 그것은 인간이 저지른 범죄의 처참함에 대한 깨달음과 더불어 주어지는 성령을 통한 은혜의 선물이다.

4 이 은혜언약은 하나님의 약속과 연관되어 성경에 되풀이하여 나타나고 있다. 거기에는 언약의 주관자이신 예수 그리스도의 죽으심과 영원한 상속, 그리고 그 상속된 유업과 그에 관련된 모든 것들이 포함되어 있다.[8]

8_ 눅 22:20; 고전 11:25; 히 7:22; 9:15-17

① 은혜언약의 특별계시

인간이 타락한 후 구약시대와 신약시대는 공히 은혜언약이 진행되는 시기였다. 하지만 구약시대와 신약시대를 율법 시대와 복음은혜 시대로 구분하면서 자칫 언약마저 그런 식으로 구분할 우려가 있다. 즉 구약시대를 행위언약 시대로, 신약시대를 은혜언약 시대로 오해할 수 있는 것이다. 그러나 우리가 분명히 이해해야 할 바는 구약시대와 신약시대에 전체적으로 하나님의 은혜언약이 제시되고 있다는 사실이다.

하나님께서 아담이 범죄한 직후 '여자의 후손'(창 3:15)에 대한 언약을 주실 때 인간은 이미 전적으로 무능하고 완전히 부패한 존재였다. 하나님은 기록된 말씀으로써 자기자녀들을 위한 그 은혜언약을 구약과 신약 가운데 특별히 계시하셨다. 하나님의 자녀들은 그 말씀을 통해 놀라운 은혜언약의 의미와 구체적인 진행과정을 알아가게 된다.

② 은혜언약의 상속

하나님의 은혜언약은 성경에 되풀이하여 나타나고 있다. 그 언약이 특별히 선택하신 자기백성들을 통해 역사 가운데 유업으로 상속되어 왔던 것이다. 인간이 범죄함으로써 행위언약을 파기한 이후 두 번째 주어진 하나님의 은혜언약은 예수 그리스도의 십자가 사역으로 인해 완성된다.

하나님의 아들이 친히 인간의 몸을 입고 이 세상에 오셔서 하나님의 형상을 입은 자기백성들이 짊어진 인간의 모든 죄를 체휼하셨다. 그는 죄없는 분으로서 십자가 형틀에 달려 죽으셨다가 장사된 지 사흘만에 다시 살아나셨다. 그것을 통해 하나님께서 창세전에 계획하신 영원한 약속을 성취하신 것이다.

5 이 은혜언약은 율법시대와 복음시대에[9] 각기 다른 형태로 이행되었다. 율법시대에 유대민족 가운데 이행된 것은 약속, 예언, 제물, 할례, 유월절 양, 기타 모형들과 규례들이다. 이 모든 것들은 장차 오실 그리스도에 대한 예표로서[10] 성령의 역사에 의하여 그 시대의 선민을 약속된 메시아 신앙으로 양육하시기에 충분히 유효했다. 그 시대에는 약속된 메시아로 말미암아[11] 선택받은 성도들이 완전한 죄사함과 영원한 구원을 얻었는데 이것을 구약이라 부른다.[12]

9_ 고후 3:6-9

10_ 고전 5:7; 롬 4:11; 골 2:11-12; 히 8-10장

11_ 요 8:56; 고전 10:1-4; 히 11:13

12_ 갈 3:7-9,14

① 율법시대의 은혜언약

하나님의 언약은 예수 그리스도께서 오시기 전의 구약시대와 그가 오신 후 신약시대에 각기 다르게 이행되었다. 그것은 놀라운 작정을 통해 구체적으로 이루어져 가는 하나님의 경륜을 보여주고 있다. 구약시대에는 예수 그리스도의 오심과 그의 사역에 대한 예표들을 언약과 율법을 통해 보여주심으로써 앞으로 오시게 될 그리스도에 대해 확증해 나갔다.

구약의 율법, 예언, 제물, 할례, 유월절 양, 그리고 다양한 모형들과 모든 의식들은 장차 오시게 될 메시아를 예표하고 있었다. 구약시대의 모든 성도들은 그런 하나님의 사역을 통해 메시아의 도래를 소망했다. 그들은 오직 그 은혜의 사역을 통해 영원한 생명을 회복하게 될 것이라는 사실을 굳게 믿고 있었다.

② 이스라엘 민족과 구약시대의 그리스도인들

하나님께서는 은혜를 베풀기 위한 방편으로 특별히 이스라엘 민족을 선택하셨다. 그 민족은 하나님의 거룩한 뜻을 이루기 위해 친히 설정한 민족이었다. 그들은 하나님께서 역사 가운데 사용하신 언약적 도구였으며 그 민족을 통해 메시아가 강림하시게 된다.

그들 가운데는 하나님의 선택받은 자녀들이 있었으며, 그들은 오실 메시아를 진정으로 소망하는 자들이었다. 구약성경에 기록된 모든 내용들은 당시의 성도들을 주님께로 부르는 데 충분한 효력이 있었다. 구약시대의 성도들 역시 메시아를 소망하는 선택받은 온전한 '그리스도인들' 이었던 것이다.

6 실체[13]이신 그리스도께서 오신 복음시대에는 그 언약이 말씀선포와 세례 및 성찬으로 이루어진 성례를 통해 시행되었다.[14] 이 절차들은 수적數的으로 보아서는 몇 되지 않아 매우 단조롭고 외적인 화려함이 없게 시행되는 것 같지만, 그것들은 유대인과 이방인 즉 모든 민족에게[15] 있어서 더욱 충만할 뿐만 아니라 명확하고도 영적인 효과를[16] 나타낸다. 이것을 신약이라고 부른다.[17] 이처럼 두 시대의 계시 형태가 서로 다르지만 그 언약들은 실질적으로 하나이며 동일한 것이다.[18]

13_ 골 2:17

14_ 마 28:20; 고전 11:23-25

15_ 마 29:19; 엡 2:7,15-19

16_ 히 12:24

17_ 눅 22:20

18_ 히 13:8; 시 32:1; 행 15:11; 롬 3:21-23,30; 4:3,6,16,17,23,24; 갈 3:14,16

① 복음시대의 은혜언약

구약의 율법시대와 마찬가지로 신약의 복음시대에도 하나님의 은혜언약이 여전히 존재한다. 성자 하나님께서 구약의 언약에 따라 인간의 몸을 입고 친히 이 세상에 강림하셨다. 구약의 그림자가 신약의 실체로 드러난 것이다. 이는 구약의 은혜언약이 역사 가운데 성취되었음을 말한다.

예수 그리스도의 십자가 사역으로 인해 하나님께서 피로 값주고 사신 교회가 이땅에 세워졌다. 십자가는 구원받은 성도들이 세상으로부터 분리되는 실체적 기준이 된다. 주님의 십자가 사역이 완성된 후 오순절 성령께서 강림하심으로써 교회는 그의 온전한 간섭아래 놓이게 되었다. 이 세상에 존재하는 모든 참된 교회들은 성령 하나님의 보호와 통치아래 존재하게 된 것이다.

② 교회를 통한 은혜언약의 드러남

구약과 신약은 본질적인 면에서 완전히 동일한 언약이다. 다양한 시대에 걸쳐 계시적 점진성을 보이지만 그것은 서로 상이한 것이 아니다. 구약의 모든 언약 가운데는 메시아가 존재하며 신약 가운데도 하나님의 언약이 존재한다.

구약의 은혜언약이 역사적 과정을 거쳐 이스라엘 민족을 통해 성취되어 간 데 반해, 신약의 은혜언약은 주님의 몸된 교회를 통해 드러나고 있다. 지상의 모든 참된 교회들은 하나님의 말씀선포와 세례, 그리고 주님의 피와 살을 상징하는 성찬의식을 통해 이땅의 교회들에 대한 상속을 이어가게 된다.

그러므로 교회의 공예배의 중심에는 항상 하나님의 말씀선포와 거룩한 성례가 존재한다. 그것은 은혜언약의 핵심을 이루고 있다. 하나님을 경배하는 교회적 임무는 결코 사람들의 판단이나 지혜에 기초하지 않는다. 교회에 속한 참된 성도들은 오직 하나님께서 원하시는 뜻 가운데서 하나님을 예배해야 한다.

따라서 교회의 공예배는 단조로운 가운데 외적인 화려함이 없이 집행되어야 한다. 인간들이 그에 대해 복잡하고 화려한 분위기를 조장하려는 것은 그들의 죄성에 기인한다. 하나님은 인간들의 기호에 맞춘 예배를 받으시는 것이 아니라 하나님의 뜻에 순종하는 예배를 원하신다. 그러므로 선택받은 성도들은 하나님께서 요구하시는 대로 시행되는 말씀선포와 성례를 통해 하나님의 가시적인 은혜와 더불어 영적인 효과를 누리게 된다.

제8장
중보자 그리스도

개괄적 이해 〉〉

중보자란 인격적 존재들 사이를 잇는 인격적 존재이다. 인간은 원래 하나님의 형상을 닮게 창조되었다. 그러나 하나님의 형상과는 아무런 상관이 없을 뿐더러 하나님을 배반한 사탄이 인간을 유혹함으로써 죄에 빠졌다. 죄로 말미암아 하나님과 인간 사이의 관계가 철저히 파괴되어 버린 것이다.

그로 인해 하나님과 인간 사이에는 틈이 생겨 서로 완전히 분리되었다. 이는 인간의 파멸을 의미한다. 중보자 그리스도는 하나님과 인간 사이의 파괴된 관계를 잇는 역할을 하게 된다. 완벽한 하나님의 형상을 지닌 그리스도께서 하나님과 그의 형상을 닮게 지어진 인간 사이를 회복케 하는 교량역할을 하게 되는 것이다.

제 8 장
중보자 그리스도

1 하나님께서는 자신의 영원하신 목적에 따라 그의 독생자 주 예수 그리스도를 택하여 하나님과 사람 사이의 중보자,[1] 선지자,[2] 제사장,[3] 왕,[4] 교회의 머리와 구주,[5] 만유의 후사,[6] 세상의 심판자[7]로 택정하시고 임명하시기를 기뻐하셨다. 하나님께서는 영원 전에 자신의 독생자에게 한 백성을 주셔서 그의 씨seed가 되게 하셨다.[8] 기약한 때가 되어 그 백성은 그로 말미암아 구속받고 부르심을 받아 의로운 자로 칭함을 받고 성화되어 영화롭게 되도록 하셨다.[9]

1_ 딤전 2:5; 사 42:1; 요 3:16; 벧전 1:19,20

2_ 행 3:22

3_ 히 5:5,6

4_ 눅 1:33; 시 2:6

5_ 엡 5:23

6_ 히 1:2

7_ 행 17:31

8_ 사 53:10; 시 22:30; 요 17:6

9_ 딤전 2:6; 사 55:4,5; 고전 1:30

① 중보자 예수 그리스도

하나님께서는 창세전에 자기백성들을 위한 중보자를 세우시기로 계획하셨다. 그것은 하나님의 영원한 뜻이었다. 하나님은 죄로 말미암아 파괴된 하나님과 인간 사이의 화해를 위한 중보자가 되도록 독생자 예수 그리스도를 이땅에 보내셨다.

하나님과 인간 사이의 중보자가 되시는 예수 그리스도는 인간의 몸을 입고 이 세상에 오셔서 선지자, 제사장, 왕, 교회의 머리와 구주, 만유의 후사, 세상의 심판자의 역할을 담당하셨다. 그는 창세전에 택하신 하나님의 백성을 위한 구원자이시며 동시에 다른 인간들에 대해서는 영원한 심판자가 되셨다.

② 창세전에 예비된 한 백성

하나님께서 창세전에 그의 독생자를 메시아로 택정하신 것은 죄 아래서 신음하는 자기백성들을 위해서였다. 하나님의 예지와 전지전능하심이 창세전에 이미 그것을 작정할 수 있게 했다. 작정한 때가 되어 예수 그리스도가 이땅에 오셔서 십자가 사역을 완성함으로써 그의 백성들은 영원한 구원을 받게 되었다.

하나님께서는 그리스도를 통해 창세전에 선택하신 자기백성을 찾아 부르셨다. 그리고 그의 사역을 통해 의롭다고 칭하셨다. 이로써 하나님의 자녀가 된 성도들은 자기의 죄를 깨달아 그리스도께 나아감으로 성화되어 영화의 자리에 앉게 되었다. 이땅에서는 예수 그리스도를 통해 하나님을 아버지라 부를 수 있는 그 사실이 하나님의 자녀들이 누릴 수 있는 최대의 영화로움이다.

2 삼위 중에 제2위이신 성자께서는 참되시고 영원하신 하나님이시며 성부와 동일한 본체이시다. 때가 차매 그가 오셔서 인성[10]을 취하시되, 인간의 모든 본질적 속성과 공통적인 연약성을 그대로 받으셨다. 그러나 성령의 능력으로 말미암아 죄성 없이[11] 동정녀 마리아의 몸에 그

의 체질로 잉태되어 출생하셨다.[12] 그 결과 완전하며 구별된 신성과 인성이 나뉘지 않고 한 인격 안에 결합되었다. 그것은 각각 성품이 전환된 것이 아니며 혼합이나 혼동이 일어난 것도 아니다.[13] 그 인격은 참 하나님이시자 참 사람으로서 한 분 그리스도이시며 하나님과 사람 사이의 유일한 중보자이시다.[14]

10_ 요 1:14; 갈 4:4; 빌 2:6; 요일 5:20

11_ 히 2:14,16,17; 4:15

12_ 갈 4:4; 눅 1:27,31,35

13_ 골 2:9; 눅 1:35; 롬 9:5; 딤전 3:16; 벧전 3:18

14_ 딤전 2:5; 롬 1:3,4

① 하나님으로서 중보자이신 예수 그리스도

성자 하나님은 영원 전부터 존재하시던 분이다. 그는 창조된 분이 아니며 하나님 자신이다. 그러므로 그는 태초부터 말씀으로 존재하셨으며 우주만물은 그로 말미암아 지어졌다. 또한 지금까지 존재하는 모든 피조물들은 그로 인해 유지되고 있다.

하나님의 아들이신 예수 그리스도는 완벽한 하나님이시다. 여기서 아들이라 함은 아버지와 동일 본성을 가지고 있음을 의미한다. 그러므로 성부와 성자는 상호 불가분의 관계 안에 존재하고 있다. 그는 성부 하나님과 한 본체이며 그와 동등한 분이시다.

② 인간의 몸을 입으신 성자 하나님

성자 하나님께서 인간의 몸을 입으신 것은 중보자의 역할을 감당하시기 위해서였다. 성자 하나님은 성령 하나님의 능력에 의해 동정녀 마리아의 몸에 잉태되셨다. 우주만물의 창조주이신 전능하신 하나님께서 피조물인 조그만 여인의 자궁 속에 스스로 갇히게 된 것이다. 그것은 자기백성을 위한 하나님의 놀라운 사랑을 보여준다.

여기서 우리는 중요한 문제에 부딪히게 된다. 성자 하나님은 인간의 몸에서 출생함으로써 완벽한 인간이 된다. 그가 죄없는 인간의 본성을 취하게 되신 것이다. 그러나 그에게는 죄가 전혀 없다. 이는 인간의 몸에서 출생했지만 그가 죄인인 인간의 것을 상속하지 않았기 때문이다.

하지만 웨스트민스터 신앙고백서에서는 예수님께서 동정녀 마리아의 피와 살을 이어받은 것으로 묘사하고 있다. 그러나 우리는 이에 대해 조심스런 접근을 해 보아야 한다. 거룩하신 하나님께서 과연 죄로 인해 타락한 아담의 피와 살을 이어받았는가 하는 문제 때문이다. 만일 예수 그리스도께서 마리아의 피와 살을 이어받았다면 그것은 범죄한 아담의 피와 살을 이어받았다는 말과 같다.

그러나 결코 그럴 수는 없다. 예수님은 아담의 피와 살과는 무관한 분이다. 그러므로 마리아의 피와 살과도 무관하다. 예수님께서는 그의 자궁을 빌렸을 뿐 그의 피와 살을 이어받은 것은 아니다.

예수 그리스도가 동정녀 마리아의 몸에서 태어남으로서 완벽한 신성과 인성을 가지신 것은 그녀의 피와 살을 이어받았기 때문이 아니라 그녀의 몸에서 출생했기 때문이다. 그는 마리아의 몸에서 태어남으로써 완벽한 하나님이자 완벽한 인간이 되신 것이다. 그러므로 그는 한 인격 안에서 참 하나님과 참 인간이시기 때문에 거룩하신 하나님과 더러운 인간 사이에 중보자가 될 수 있었던 것이다.

3 신성과 결합된 인성을 소유하신 주 예수님은 성별聖別되셨으며 성령을 한량없이 받으셨다.[15] 그와 동시에 그에게는 지혜와 지식의[16] 모든 영적 보화가 있고 성부 하나님의 기뻐하신 뜻에 따라 모든 은혜가 충만하셨다.[17] 이는 그가 거룩하고 악이 없고 더러움이 없으며 은혜와 진리에 충만하여[18] 중보와 보증의 직무[19]를 수행하는 데 부족함이 없게 하

기 위해서였다. 그 직분은 그가 스스로 취하신 것이 아니라 성부께서 그를 불러 맡기신 것이다.[20] 성부 하나님께서는 모든 권세와 심판을 그의 손에 맡기시고 그로 하여금 그것을 수행하도록 요청하셨던 것이다.[21]

15_ 요 3:34; 시 45:7

16_ 골 2:3

17_ 골 1:19

18_ 요 1:14; 히 7:26

19_ 행 10:38; 히 7:22; 12:24

20_ 히 5:4

21_ 마 28:18; 요 5:22,27; 행 2:36

① 한 몸 안에서 완벽한 하나님, 완벽한 인간

하나님의 아들이 인간의 몸을 입고 이 세상에 태어난 것은 그가 완벽한 하나님이면서 동시에 완벽한 인간임을 말해 준다. 인간의 몸을 입은 주님은 하나님편에서는 완벽한 하나님이시므로 그와 온전히 교통하신다. 그는 비록 인간의 몸을 입고 있었지만 전지전능하신 하나님이셨던 것이다.

그리고 주님께서는 인간편에서는 완벽한 인간이었기 때문에 인간의 것을 완벽하게 취하시며 인간과 교제하신다. 그러므로 인간의 몸을 입으신 주님은 인간들처럼 감정을 가지고 고통을 느끼셨으며 즐거움과 괴로운 마음을 가지시기도 했다. 또한 인간들처럼 성장하셨으며 인간들처럼 배고픔을 겪고 피곤해 하시기도 했다.

이렇듯이 주님께서는 완전한 인간이었으므로 인간들과 교제할 수 있었다. 그러나 그 교제는 하나님의 형상을 지닌 선택받은 백성들과만 원활하게 소통될 수 있었다. 즉 하나님의 형상이 없는 유기된 인간들과는 아무런 교제가 이루어질 수 없었다. 그러므로 하나님의 자녀가 아닌 자들은 주님을 참 하나님으로 알아보지 못하고 자기들과 동일한 인간으로만 알아보았던 것이다.

② 하나님의 모든 것들이 인간의 몸을 입으신 예수님 안에 존재함

성부 하나님께서는 성령을 통해 성자 예수님께 모든 것을 제공하고 맡기셨다. 인간의 몸을 입은 성자 예수님께는 하나님의 모든 지혜와 지식의 보화가 있었으며 성부 하나님께서는 친히 그 안에 거하시기를 기뻐하셨다. 그러므로 그에게는 어떠한 죄와 악이 존재하지 않았으며 거룩하고 의로운 것만 존재했다. 그는 오직 은혜와 진리에 충만하신 분으로서 창세전에 계획하신 하나님의 구원사역을 이룩하시는 데 아무런 부족함이 없었다.

인간의 몸을 입으신 예수님께서는 하나님과 인간 사이에 중보자적 직분을 감당하셨으며 그것은 인성을 가진 존재의 편에서 스스로 취한 것이 아니라, 신성을 가진 그리스도께서 성부 하나님으로부터 부여받은 것이다. 그러므로 예수님께서는 성부 하나님께서 맡기신 모든 권세와 심판을 세상 가운데서 행하심으로써 택하신 자기백성들을 죄로부터 분리해 내셨던 것이다.

4 예수님께서는 이 직분을 자원하는 마음으로 받으셨으며,[22] 그 직분을 감당하시기 위해 율법 아래 계셨고[23] 그 율법을 온전히 성취하셨다.[24] 그는 친히 자신의 영혼의 극심한 고뇌를 견디셨으며,[25] 그의 몸으로는 극도의 고통을 당하신 후[26] 십자가에 못박혀 죽으셨다.[27] 그는 장사 지낸 바 되어 사망의 권세 아래 머물렀지만 결코 썩지 않으셨다.[28] 사흘만에 죽은 자 가운데서 부활하셨는데,[29] 고난 당하셨던 동일한 몸으로 일어나 같은 몸으로[30] 승천하셨다. 그후 성부 하나님의 우편에 앉아 계시면서,[31] 거기서 우리를 위해 간구하신다.[32] 그리고 결국 그

는 세상 끝날에 인간들과 악한 천사들을 심판하시기 위해 다시 오시게 된다.[33]

22_ 요 10:18; 시 40:7,8; 빌 2:8; 히 10:5-10

23_ 갈 4:4

24_ 마 3:15; 5:17

25_ 마 26:37,38; 눅 22:44; 27:46

26_ 마 26:57-27:49; 막 14:53-15:36; 눅 22:54-23:45; 요18:12-19:28

27_ 빌 2:8

28_ 행 2:23,24,27; 13:37; 롬 6:9

29_ 고전 15:4

30_ 요 20:25,27

31_ 막 16:19

32_ 롬 8:34; 히 7:25; 9:24

33_ 마 13:40-42; 행 1:11; 10:42; 롬 14:9,10; 벧후 2:4; 유 1:6

① 고통의 직분을 친히 당당하신 성자 하나님

하나님께서는 친히 인간의 몸을 입고 이 세상에 오셨다. 우리가 예수 그리스도를 사랑의 주님이라 할 때 이 점이 가장 중요한 사실이다. 성자 하나님께서는 자기백성들을 구원하시기 위해 자청하여 친히 피조물인 인간의 몸을 입으셨다. 그는 율법아래 태어나셨던 것이다.

그가 율법 아래 태어나신 것은 죄 없는 완벽한 인간으로서 그 율법을 온전히 성취하시기 위해서였다. 하나님께서는 언약의 백성들에게 율법을 허락하시면서 죄인인 인간들로서는 결코 그것을 성취할 수 없다는 사실과 그 결과는 심판과 죽임이라는 사실을 알려 주셨다. 그러므로 하나님의 자녀들은 율법을 통해 비참한 죄의 속성과 더불어 결코 용납될 수 없는 자신의 모습을 깨닫게 되었던 것이다.

그러나 죄없는 인간의 몸을 입으신 성자 하나님께서는 그 모든 것을 일시에 해결하셨다. 그는 인간의 모든 것을 체휼하셨으며 육체뿐 아니라 그의 영혼마저도 최악의 고통을 감내하셨다. 급기야는 하나님을 배반한 죄인들의 손에 의해 십자가에 처형됨으로써 자기자녀들에 대한 죄의 문제를 완벽하게 해결하셨다.

예수 그리스도는 참혹한 죽음을 이기고 다시 살아나셨으며 지상에서의 모든 사역을 성취하신 후 천상의 나라로 승천하셨다. 그는 십자가에 달리셨던 그 몸으로 승천하셨으며 마지막 심판날이 되면 그 몸으로 다시금 재림하시게 된다.

② 하나님의 영광의 보좌에서 재림하실 예수님

십자가 사역을 마치고 부활 승천하신 예수님께서는 지금 가장 영광스런 천상의 나라에서 하나님 우편에 앉아 계신다. 그는 거기서 이 세상에 살아가고 있는 자기백성들을 위해 친히 간구하고 계신다.

우리는 천상의 왕이신 예수님께서 다시 재림하실 것을 믿으며 그날을 간절히 소망하고 있다. 세상 끝날이 되면 하나님께서 친히 이 세상에 강림하셔서 인간들과 천사들을 심판하시게 된다. 하나님의 창조의사를 방해하고 그의 영광을 파괴하고자 했던 존재들과 그로 말미암아 생성된 모든 것들을 심판하시는 것이다. 그것은 곧 하나님의 창조사역에 대한 궁극적인 완성의 의미와 더불어 이해되어야 한다.

5 주 예수님께서는 영원하신 성령을 통하여 그의 완전한 순종을 하나님께 드렸으며, 자신을 단번에 희생제물로 바치셨다. 그는 이렇게 하심으로 성부의 공의를 충분히 만족시키셨던 것이다.[34] 또한 하나님과 그가 자기에게 맡겨주신[35] 백성들을 위한 화목뿐 아니라 영원한 천국의 기업을 값주고 사셨다.

34_ 롬 3:25; 5:19; 엡 5:2; 히 9:14,16; 10:14

35_ 골 1:20; 단 9:24,26; 요 17:2; 엡 1:11,14; 히 9:12,15

① 예수님의 완전한 순종

예수님은 하나님의 아들로서 하나님 자신이시다. 그는 원래부터 천상의 영화로움 가운데 계셨던 분이다. 그런데 그 하나님이 천상의 영광을 뒤로 하고 인간의 몸을 입으셨으며 저주의 십자가를 지셨다. 그것은 하나님의 공의를 이루기 위한 하나님 자신의 작정과 요청에 의해 이루어졌다. 하나님께서 인간의 몸을 입으시고 인간의 모든 고통을 체휼하시며 십자가를 지신 것은 그의 완전한 순종을 보여준다.

그것은 전적인 하나님의 사랑과 은혜에 기인한다. 하나님께서 그 고통의 길을 택하신 것은 죄에 빠진 자기백성들을 구원하시기 위해서였다. 예수 그리스도의 놀라운 사랑이 하나님의 뜻에 완전히 순종하도록 하신 것이다.

② 완벽한 화목제물

예수님께서는 십자가에 달리심으로써 범죄하여 멸망에 빠진 자기백성들을 위한 영원한 제물이 되셨다. 그것으로 말미암아 인간들의 죄 문제를 완전히 해결하셨다. 하나님께서는 십자가에 달리신 예수 그리스도를 완벽한 제물로 받으시고 단번에 공의를 만족시키셨던 것이다.

이는 아담이 저지른 범죄의 사실을 단번에 해결하셨다는 의미이다. 이로써 성부 하나님께서는 창세전에 그에게 주신 백성들과 완전히 화목하셨다. 뿐만 아니라 천상의 영원한 기업을 값주고 사셔서 그들에게 영원한 나라로 주시기로 작정하셨다.

6 구속 사역은 그리스도께서 성육신하신 후에야 구체적으로 성취되었다. 그러나 그 사역의 공덕과 효능 및 혜택은 창세 이래 모든 시대에 살던 선택받은 백성들에게 계속적으로 상속되어 내려왔다. 그리스도의 성육신 전에는 그를 상징하는 약속들과 예표들과 희생제물들이 그 방편이 되어 그리스도께서 곧 뱀의 머리를 상하게 할 '그 여자의 후손'이자 창세로부터 죽임이 되신 어린양이라는 사실이 계시되었다. 그러므로 그는 어제나 오늘이나 영원토록 동일한 분이시다.[36]

36_ 히 13:8; 창 3:15; 갈 4:4,5; 계 13:8

① 예수 그리스도께서 성육신하신 의미

창세전부터 하나님께서 예정하신 구속사역은 예수 그리스도께서 인간의 몸을 입고 성육신하신 후 구체적으로 성취되었다. 아담이 범죄한 다음 하나님께서 '여자의 후손'을 보내 하나님의 자녀들을 멸망에 빠뜨린 사탄을 심판하시겠다고 선언하신 그 언약의 말씀이 이루어진 것이다.

하나님께서 친히 인간의 몸을 입고 이 세상에 오시게 된 것은 하나님의 공의를 충족시키시기 위한 희생제물이 되기 위해서였다. 동시에 그는 하나님의 백성들을 사망의 구렁텅이로 빠트린 사탄을 심판하시기 위해 오셨다. 처음 사람 아담을 유혹하여 멸망에 빠뜨린 사탄의 머리를 부수기 위해 그리스도께서 인간의 몸을 입으셨던 것이다. 즉 사탄은 하나님의 형상대로 지음 받은 아담을 사망에 빠뜨렸지만, 완벽한 하나님의 형상이신 두 번째 아담인 예수 그리스도에 의해 심판받게 된 것이다.

② 예수 그리스도의 사역의 효능

예수님께서는 인간의 역사가 진행되는 중간에 이 세상에 오셨다. 그러나 창세 이후 이 세상에 살게 되는 모든 하나님의 자녀들이 그의 은혜를 누리게 된다. 즉 그리스도께서 지상에 강림하시기 전에 살았던 구약시대의 하나님의 백성들도 미래에 있게 될 예수 그리스도의 사역으로 말미암는 효능을 완벽하게 누렸던 것이다.

예수님께서는 창세부터 이미 죽임당할 어린양으로 계시되었다. 구약성경에는 그리스도를 상징하는 많은 약속과 예표들이 있다. 그것은 미래에 있을 그리스도와 그의 사역을 예언하는 것들이었다. 또한 구약시대의 성도들은 하나님께 드리는 희생제사를 통해 메시아를 갈망했는데 그것은 그리스도의 죽음을 예표했다.

예수 그리스도를 통한 하나님의 모든 사역은 특정 시대에 국한되는 것이 아니었다. 구약시대든 신약시대든 그리스도의 사역은 시간을 초월하여 항상 효력이 있었던 것이다. 하나님은 어제나 오늘이나 내일이나 항상 변함없이 동일하신 분이시다.

7 그리스도는 그 중보 사역에 있어서 그의 두 성품 곧 신성과 인성으로 행하시되 각 본성은 그 고유한 기능으로 행하신다.[37] 그러나 때로는 성경에 그의 두 본성 중 한 본성이 다른 한 본성에[38] 귀속되어 표현된다. 이는 그리스도의 인격적 통일성으로 인해 두 번성이 한 위격으로 존재하시기 때문이다.

37_ 히 9:14; 벧전 3:18

38_ 행 20:28; 요 3:13; 요일 3:16

① 그리스도의 두 본성

신성과 인성을 가지신 그리스도의 두 본성은 서로 분리되면서 동시에 완벽한 하나이다. 예수님께서는 하나님의 성품과 인간의 성품을 완벽하게 동시에 소유하셨다. 그것은 하나님과 인간의 끊어진 관계를 회복하시고자 하는 하나님의 섭리에 의한 것이다.

그러므로 인간의 몸을 입으신 예수 그리스도는 이 세상에 계시는 동안 신성과 인성을 동시에 행하셨다. 그가 여러 가지 이적을 행하신 것은 그의 신성에 기초한 것이다. 그리고 그가 인간들의 모든 삶을 체휼하신 것은 완벽한 인성에 기초한 것이었다. 하나님과 인간 사이에 화목제물로서 이룩하신 중보사역은 그의 완벽한 신성과 인성에 따른 것이다.

② 그리스도의 인격의 통일성

예수 그리스도는 완벽한 신성과 인성을 가지신 분이지만 인격적 통일성을 가지신 한 분이시다. 그는 신성과 인성을 별도로 가지셨던 것이 아니라 하나의 인격을 가지셨다. 인간의 몸을 입으신 그는 원래 한 본성을 가지신 하나님께 속해 있으면서 동시에 인간의 본성을 취하셨던 것이다.

그러므로 성경에는 예수님이 성자 하나님으로 불리고 있으며 동시에 완벽한 하나님의 형상을 지닌 인간으로 불려지고 있다. 이는 삼위일체 하나님의 다른 위격으로 호칭되고 있음을 의미한다. 즉 신성과 인성을 함께 가지고 있는 그리스도의 본성은 삼위일체 하나님의 한 본성에 속해 있는 것이다.

8 그리스도는 값을 치르고 구속하신 모든 성도들에게 그 구속의 은혜를 확실하고 효과적으로 적용하시며 전달하신다.[39] 그 사역은 하나님 우편에서 행해지는 그의 기도와[40] 말씀 안에서 말씀에 의한 구원의 비밀들의 계시,[41] 그리고 성령에 의하여 효과적으로 설득하여 성도들로 하여금 믿어 순종케 하시는 사역이다. 또한 그들의 심령을 말씀 및 성령으로 다스리는 일과[42] 그의 전능하신 능력 및 지혜로 그들의 모든 원수들을 물리치시는 일이다. 이는 그의 오묘하시고 측량할 수 없는 섭리와 가장 잘 조화되는 방법으로 이루어진다.[43]

39_ 요 6:37; 10:15,16

40_ 롬 8:34; 요일 2:1,2

41_ 엡 1:8; 요 15:13,15; 17:6

42_ 요 14:16; 17:17; 롬 5:8; 8:9,14; 15:19; 고후 4:13; 히 12:2

43_ 골 2:15; 시 110:1; 말 4:2,3; 고전 15:25,26

① 그리스도의 사역을 통한 구원

예수님은 십자가를 지심으로써 자신의 몸과 피를 하나님께 온전히 바치셨다. 거룩하신 자신의 몸을 자기백성들을 구원하기 위한 완벽한 속전贖錢으로 드리신 것이다. 그로 인해 창세전에 구속하기로 작정한 모든 백성들에게 그 효력이 즉시 발생하게 되었다.

주님의 십자가 사역은 성도들에게 하나님의 말씀으로 인한 구원의 비밀이 드러나게 하였으며, 성령 하나님의 도우심을 통해 성도들의 삶이 예수 그리스도 안으로 들어오게 했다. 그것은 믿음과 순종을 동반하게 됨으로써 실제적인 삶에 적용된다.

② 심판을 선언하는 그리스도의 사역

예수님의 십자가 사역은 자기백성들을 구원하기 위한 은혜의 방편이었던 동시에 세상을 향한 심판의 선언이었다. 하나님께서는 주님의 사역을 통해 원수들의 모든 세력을 물리치셨다. 그것은 아담의 타락으로 말미암아 죄에 빠진 이 세상을 향한 심판의 적용이었다.

하나님께서 원수들을 물리치신 것은 오묘하고 측량할 수 없는 하나님의 섭리에 의해 이루어졌다. 그것은 인간들의 이성과 경험으로 판단할 수 있는 영역이 아니다. 예수 그리스도는 자신의 십자가 사역을 통해 하나님의 공의를 만족시킬 수 있었다. 이는 거룩하신 하나님의 영역을 불법으로 침투한 악한 자들에 대한 궁극적인 심판의 시작이었다.

제9장
자유의지

개괄적 이해 〉〉

인간의 자유의지란 일반적인 판단과 자의적인 결단을 의미하지 않는다. 이는 하나님의 창조와 연관되며 타락과 직접 연관되는 것으로 이해해야 한다. 하나님께서는 아담을 창조하실 때 자신의 형상을 따라 지으셨으므로 다른 피조물들이 가지지 않은 특별한 자유의지를 그에게 주셨다.

창세기 1장 28절에는 하나님께서 인간에게 허락하신 대리통치의 의미가 드러나고 있다. 하나님께서는 자기의 형상을 닮은 인간들에게 창조질서 가운데 피조세계를 다스릴 수 있는 특권을 허락하셨다. 그것은 인간의 원천적인 자유와 연관된 하나님의 놀라운 섭리적 은혜였다. 그것을 우리는 하나님께서 인간들에게 허락하신 자유의지라 한다. 하지만 인간은 그 자유의지를 악용해 사탄의 유혹을 받아들였으며 결국 하나님을 떠나 자신의 세계를 구축하고자 했던 것이다.

제 9 장

자유의지

1 하나님께서는 인간의 의지에 원천적인 자유를 허락하셨다. 그러므로 그 의지는 선이나 악을 행하도록 외적으로 강요당하지 않으며, 혹은 내적으로 절대적인 어떤 필연으로 인해 선악을 행하도록 결정되어 있었던 것도 아니다.[1]

1_ 신 30:19; 마 17:12; 약 1:14.

① 인간에게 주어진 원천적인 자유

우리는 자유의지를 이야기할 때 타락한 인간의 이성과 경험에 따른 일반적인 경우가 아니라 범죄하기 전의 아담을 중심으로 하여 생각해야 한다. 하나님께서는 인간을 창조하실 때 기계적으로 사고하며 활동하도록 창조하시지 않았다. 인간은 처음부터 인격적인 존재로 지음 받았다. 즉 하나님은 인간을 창조하시면서 선이나 악 가운데 하나를 행하도록 강요하지 않으셨다. 인간의 행동은 사전의 필연적인 조건에 의해 결정되지 않았던 것이다.

인간은 원래 하나님의 창조계획과 그 목적을 아는 존재였다. 그러므로 그의 뜻에 따라 자유롭게 판단하는 가운데 살아가며 활동할 수 있었다. 이는 하나님의 형상대로 지음 받은 인간에게 주어진 특권이었다. 인간은 창조와 더불어 하나님으로부터 원천적인 자유를 부여받고 있었던 것이다.

② 자유에 대한 오해

죄 가운데 태어나서 살아온 우리는 자유에 대해 오해를 할 수밖에 없다. 인간은 자유라 하면 자기 마음대로 살아가는 것을 자유라고 생각한다. 즉 그것을 인간에게 주어진 권리라고 여기는 것이다. 하지만 그런 성질의 자유는 도리어 자신을 죽이며 영원히 속박하는 역할을 하게 된다.

성경이 말하는 진정한 자유란 하나님의 뜻 가운데 하나님을 섬기며 살 수 있는 자유를 말한다. 이는 인간이 자기 마음대로 살지 않고 하나님의 뜻에 온전히 따르는 것을 의미한다. 그 자유는 인간이 스스로 획득한 것이 아니며 인간사회에서 특별히 규정된 의미가 아니다.

따라서 진정한 자유는 처음 인간에게 원천적으로 제공된 하나님의 은혜로서 자유이다. 인간들에게 처음부터 죄와 무관한 자유의지의 범주 안에 살 수 있는 은혜가 허락되었던 것이다. 거기에서 벗어나게 되면 범죄하여 이기적인 방종으로 흐르게 되며, 결국 진정한 자유에 대한 의미를 훼손하게 된다. 하나님께서 허락하신 진정한 자유는 전적으로 하나님의 사랑으로 말미암는다.

2 인간은 타락 이전의 무죄 상태에서는 하나님께서 보시기에 기뻐하시는 선을 추구하며 그것을 행할 자유와 능력을 소유하고 있었다.[2] 그러나 당시는 가변적이어서 그의 원래 상태에서 타락할 가능성을 지니고 있었다.[3]

2_ 전 7:29; 창 1:26

3_ 창 2:16,17; 3:6

① 타락 이전의 자유와 능력

타락하기 전의 인간은 하나님 보시기에 아름답고 선한 존재였다. 그러므로 인간은 하나님께서 기뻐하시는 것을 추구하며 그의 뜻에 온전히 순종할 수 있었다. 하나님과 인간 사이에 완벽한 교통이 이루어질 수 있었던 것이다. 이는 인간이 하나님을 기쁘시게 할 수 있는 자체적인 능력을 부여받고 있었기 때문이다.

② 가변성과 타락의 가능성

인간은 하나님의 형상을 닮은 존재이기는 했지만 하나님과 구분되지 않는 것은 아니었다. 인간은 항상 하나님을 찬양하는 가운데 살아야 했으며 하나님의 요구에 순종하며 살아야 했다. 그것이 곧 하나님께서 아담과 하와에게 허락하셨던 행위언약이다.

하나님께서는 처음부터 인간에게 에덴동산 중앙에 있는 '선악과'를 따먹지 말라는 언약적 요구를 하셨다. 이처럼 인간은 원래 자기 마음대로 살아가는 존재가 아니었다. 하나님의 형상을 닮게 창조된 인간은 근본적으로 '하나님의 율법'이라는 큰 틀 안에 살아가야 할 존재였다.

3 인간이 타락한 후에는 구원에 이르는 영적인 선을 행하고자 하는 모든 의지력을 완전히 상실당했다.[4] 그러므로 중생하지 못한 상태의 그 자손들은 영적인 선을 전적으로 싫어하여[5] 죄로 인해 죽은 자가 되었으며,[6] 그 자신의 능력으로는 회개하거나 회개를 위한 준비조차 할 수 없게 되었다.[7]

4_ 요 15:5; 롬 5:6; 8:7

5_ 롬 3:10,12

6_ 엡 2:1,5; 골 2:13

7_ 요 6:44,65; 고전 2:14; 엡 2:2-5; 딛 3:3-5

① 인간의 타락

인간은 사탄의 유혹에 의해 타락함으로써 죄의 상태에 놓이게 되었다. 이는 하나님 앞에서 선을 행할 수 있는 모든 의지력을 상실했음을 말하고 있다. 즉 인간은 하나님을 자신의 자유의지에 따라 섬길 수 있는 은혜를 스스로 버렸던 것이다. 그러므로 인간이 타락한 것은 하나님과의 교제가 완전히 단절된 것을 의미한다.

② 죽음에 빠진 인간

인간이 타락함으로써 하나님으로부터 단절된 것은 죽음을 의미한다. 진정한 생명은 하나님께 달려있으며 원래 인간은 하나님의 은혜로 인해 그 생명에 연결되어 있었다. 그러나 인간은 사탄의 유혹으로 말미암아 범죄함으로 생명줄에서 끊겨지게 되었으며 결국은 죽음에 빠지게 되었다.

완전한 사망에 빠진 인간은 자신이 저주 아래 버려졌다는 사실에 대한 인식마저 없어졌다. 그러므로 그가 스스로 회개하지 않는 까닭은 회개해야만 하는 이유나 필요성을 알지 못하게 되었기 때문이다. 즉 범죄한 인간은 죽음에 빠져 있으면서도 그 처참한 사실을 전혀 감지하지 못하고 있는 것이다. 그런 인간들이 진정한 회개의 자리에 앉을 리 없다. 그것이 인간들에게 주어진 저주의 한 증거이다.

4 하나님께서 죄인을 회개시켜 은혜의 상태로 옮기실 때, 그가 당하고 있는 죄의 속박으로부터 그를 해방시키신다.[8] 그리고 오직 은혜로만 그가 영적인 선을 추구하며 행할 수 있게 하신다.[9] 그렇지만 인간은 자기에게 남아 있는 부패성으로 인해 선한 것만 전적으로 추구하는 것이 아니라 악한 것을 추구하기도 한다.[10]

8_ 요 8:34,36; 골 1:13

9_ 빌 2:13; 롬 6:18,22

10_ 롬 7:15,18,19,21,23; 갈 5:17

① 구원의 은혜

죄에 빠진 인간에 대한 구원은 전적으로 하나님께 달려 있다. 하나님을 배반한 죄인이 하나님의 은혜로 말미암아 회개의 자리에 서게 된다. 회개를 하기 위한 전제 조건은 자기가 회개할 이유에 대한 깨달음이다. 진정한 회개에 대한 깨달음 없이 참된 회개를 할 수 없다.

② 자유의지의 회복

하나님께서는 회개한 죄인에게 특별한 은혜를 베푸신다. 그것은 자유의지의 회복이다. 아담의 범죄를 깨닫고 회개한 성도는 하나님의 선한 것들에 대해 자유롭게 결심하며 행할 수 있는 의지를 회복하게 된다. 물론 그것은 인간의 자의적 판단에 따른 것이 아니라 그리스도의 은혜에 온전히 참여함으로 발생하게 된다.

③ 여전히 죄인인 인간

하나님의 구원을 받았다 할지라도 이 세상에 살고 있는 인간은 여전히 죄의 속성을 버리지 못한다. 아담의 범죄로 인한 저주와 하나님의 놀라운 구원의 은혜를 알고 있지만 여전히 죄악 가운데 살고 있는 것이다. 이 세상에 살아있는 동안은 어느 누구도 그것을 피할 수 없다.

하나님의 자녀들은 예수 그리스도를 통해 하나님을 온전히 섬길 수 있는 자유의지를 회복한 상태가 되었음에도 불구하고 여전히 악한 것을 결심하고 되풀이하여 행하게 된다. 성숙한 성도들은 이를 통해 죄를 더욱 깊이 자각함과 동시에 하나님의 놀라우신 은혜와 사랑을 깊이 깨달아 가는 것이다.

5 인간의 의지가 아무런 흔들림 없이 자유롭게 선善만을 행하게 되는 것은[11] 그가 장차 영광의 상태에 이르게 될 때라야 가능하다.

11_ 히 12:23; 엡 4:13; 요일 3:2; 유 1:24

① 인간의 의지

범죄한 인간들이 가지는 의지는 자기의 욕망을 배경으로 하고 있다. 그러나 하나님의 구원의 반열에 이른 성도들은 그 욕망의 의지가 가지는 의미를 파악하게 된다. 물론 일상 가운데 살아가는 인간들은 성도라 할지라도 죄된 욕망에서 완전히 벗어날 수 없다.

타락한 아담의 형상을 지니고 있는 인간인 이상 욕망의 굴레를 벗어날 수 없는 것이다. 그러므로 하나님의 자녀가 된 성도들은 그점을 올바르게 깨닫는 것이 매우 중요하다. 그런 깨달음이 인간의 한계를 깨닫게 하며 예수 그리스도를 통한 진정한 의지를 확인할 수 있기 때문이다.

② 하나님의 선을 행할 수 있는 인간의 의지

성도들은 예수 그리스도를 통해 하나님을 섬기는 의지를 가지게 된다. 그것은 전적인 하나님의 은혜에 의해서만 가능하다. 오늘날 우리는 인간의 의지로써 하나님을 온전히 섬길 수 있는가? 타락한 인간 자체로서는 그것이 불가능하다. 그러나 예수 그리스도와 그의 사역을 통해서는 부분적으로 가능하다.

물론 이것은 범죄한 인간의 자연적인 의지에 따른 것이 아니라 완벽한 하나님이자 인간이신 예수 그리스도의 의지에 참여함으로써 가능하다. 즉 하나님의 자녀는 예수 그리스도의 의지에 온전히 맡겨진 자들로서 자유의지의 회복을 어느 정도 맛보고 있는 것이다.

③ 영광의 상태에 이른 성도들의 완벽한 자유의지의 실현

예수 그리스도의 재림과 더불어 하나님의 창조계획이 완성된다. 택함 받은 인간들은 그리스도를 통해 영원한 나라에 들어가 하나님의 영광과 더불어 온전한 기쁨을 누리게 된다. 하나님께서 인간을 창조하신 목적이 완벽하게 드러나게 되는 것이다.

우리의 궁극적인 소망은 거기에 있다. 성도들은 하나님의 창조계획과 구원계획이 완성된 그 나라에서 하나님을 영원히 찬송하며 기뻐하는 삶을 누리게 된다. 그때는 이땅의 고통 가운데서 누리게 되던 성도의 회복된 자유의지가 흠없이 완벽하게 실현되는 것이다.

제10장
효과적인 부르심

개괄적 이해 〉〉

인간은 스스로 하나님께 나아온 것이 아니다. 즉 누구든지 예수를 그리스도로 믿게 된 것은 자기의 판단에 의한 것이 아니다. 만일 자기 판단에 의해 예수를 믿는 사람이 있다면 그것은 유효한 믿음이 아니다. 인간의 판단과 선택은 항상 가변적이기 때문이다.

진정한 하나님의 자녀에 대해서는 하나님께서 경륜 가운데서 직접 부르신다. 그것은 하나님의 형상과 연관되는 문제이다. 완벽한 하나님의 형상이신 예수 그리스도께서, 완전히 망가져 그 기능을 상실했지만 여전히 하나님의 형상을 잠재적으로 보유하고 있는 하나님의 자녀를 친히 부르시는 것이다.

제 10 장

효과적인 부르심

1 하나님께서는 생명에 이르도록 예정하신 사람들만을 그의 기쁘신 뜻에 따라 정하신 적당한 때에 효과적으로 부르신다.[1] 이는 그의 말씀과 성령을 통한 것으로서[2] 그들이 나면서부터 처해 있는 죄와 죽음의 상태에서 건져내어 예수 그리스도로 말미암는 은혜와 구원에 이르게 하는 것이다.[3] 또한 그들의 마음을 영적으로 깨우쳐 구원에 관한 하나님의 사역들을 깨닫게 하시며,[4] 돌과 같이 굳은 그들의 마음을 제하시고 살과 같이 부드러운 마음을 주신다.[5] 그리고 그들의 의지를 새롭게 하여 전능하신 능력으로 그들로 하여금 선한 것을 추구하게 하시며,[6] 그들을 효과적으로 이끌어 예수 그리스도께 나아오게 하신다.[7] 그들은 하나님의 은혜로 말미암아 지극히 자유롭게 자발적으로 그리스도께 나아오게 된다.[8]

1_ 롬 8:30; 11:7; 엡 1:10,11

2_ 살후 2:13; 고후 3:3,6

3_ 딤후 1:9; 롬 8:2; 엡 2:1-5

4_ 고전 2:10,12; 행 26:18; 엡 1:17,18

5_ 겔 36:26

6_ 빌 2:13; 신 30:6; 겔 11:19; 36:27

7_ 요 6:44,45; 엡 1:19

8_ 시 110:3; 아 1:4; 요 6:37; 롬 6:16-18.

① 하나님의 선택과 예정에 의한 부르심

하나님의 부르심은 창세전부터 있어왔던 하나님의 선택과 예정에 근거한다. 하나님께서는 선하신 예정 가운데서 자기자녀를 정하신 때에 말씀과 성령을 통해 부르신다. 아담의 범죄로 인해 처음부터 죄와 사망의 노예로 있던 백성들을 예수 그리스도로 인한 구원의 자리로 불러내시게 되는 것이다.

② 새로운 삶에 대한 깨달음

하나님으로부터 부르심을 입은 성도들은 새로운 삶에 대한 깨달음을 가지게 된다. 하나님의 자녀가 된 자들은 하나님의 일을 이해하게 되며 하나님을 떠났던 굳은 마음이 부드러워지게 된다. 그것으로 인해 새로운 의지를 가져 하나님의 뜻에 따라 살고자 하는 결심을 하게 된다. 물론 그들이 예수 그리스도께 자유롭게 나아오게 되는 것은 전적으로 하나님의 은혜로 말미암는 것이다.

2 이 효과적인 부르심은 값없이 베푸시는 하나님의 특별한 은혜로만 이루어진다. 그것은 하나님께서 사람 안에 있는 어떤 조건을 미리 보고 하시는 것이 결코 아니다.[9] 인간은 성령으로 말미암아[10] 소생하여 새롭게 된 후에는 그 부르심에 응답하게 되며,[11] 그 전달된 은혜를 받아들일 수 있게 된다. 이 점에 있어서 인간은 전적으로 수동적일 따름이다.

9_ 딤후 1:9; 롬 9:11; 엡 2:4,5,8,9, 딛 3:4,5

10_ 고전 2:14; 롬 8:7; 엡 2:5

11_ 겔 36:27; 요5:25; 6:37

① 하나님의 전적인 은혜

효과적인 부르심은 전적으로 하나님의 특별한 은혜에 근거한다. 인간의 염원이나 노력은 그에 대한 어떠한 영향력도 행사하지 못한다. 죄에 빠진 인간은 하나님의 부르심을 받기 위해 어떤 준비도 할 수 없다. 그것은 전적으로 하나님 홀로 결정하시는 일이다.

우리가 잘 생각해야 하는 것은 하나님께서는 개별 인간들의 내부에 있는 어떤 것을 살핌으로써 부르시는 것이 아니라는 사실이다. 즉 하나님께서는 각 개인이 가지고 있는 선한 성품이나 믿기 전에 가지고 있던 하나님에 대한 겸허한 자세 등을 전혀 참조하시지 않는다. 하나님의 부르심은 인간들이 아직 생겨나기도 전인 창세전에 있었던 그의 영원한 선택에 의한 것이다.

② 부르심에 대한 응답

하나님의 부르심에 대한 인간의 입장은 전적으로 수동적이다. 인간이 자발적으로 하나님의 부르심을 유도하거나 적극적으로 그에 따를 수 없다. 그러므로 하나님으로부터 부르심을 받은 성도들은 단지 성령의 도우심에 따라 응답할 수 있을 따름이다. 창세전에 선택받은 백성들은 성령의 도우심을 통해 하나님께서 제공하시는 영원한 은혜를 받아들일 수 있게 되는 것이다.

3 선택받은 성도가 영아기에 죽을 경우, 그리스도로 말미암아 성령에 의해 중생하여 구원을 받게 된다.[12] 이런 경우 성령께서는 자기가 기뻐하시는 때와 장소와 방법에 따라 임의로 역사하신다.[13] 또한 선택을 받기는 했지만 말씀의 전파에 의한[14] 외적인 부르심을 받아들일 능력이 없는 자들의 경우도 이와 마찬가지다.

12_ 눅 18:16; 요 3:3,5; 행 2:28,39; 롬 8:9; 요일 5:12

13_ 요 3:8

14_ 행 4:12

① 태중에서나 영아기에 죽은 아이들

태중에서 죽은 아이들과 영아기에 죽은 아이들 가운데도 창세전 선택의 의미가 유효하게 적용된다. 이땅에서 얼마나 오래 사느냐 하는 것이 문제가 아니라 창세전에 선택받은 여부가 중요한 것이다. 출생하지 못한 아이들과 영아들은 죄를 짓지 않았으니 지옥에 갈 이유가 없다는 생각은 잘못되었다.

하나님께서는 태중에서 죽은 아이들과 영아들 역시 하나님의 때와 장소와 방법에 따라 부르신다. 그들 역시 하나님의 부르심에 의해 죄악 세상에서 벗어나 구원의 반열에 서게 되는 것이다. 이는 죄를 지을 능력이 없는 영아들은 모두 구원받게 된다고 주장하는 소위 '영아구원설'과는 전혀 다른 개념이다.

② 정신지체 장애인을 비롯한 사고능력 결핍자들

일반적으로 판단능력을 가지지 못한 사람들 역시 창세전 선택에 따라 저들의 구원이 결정된다. 정신지체를 가진 장애인들 가운데 하나님의 선택을 받은 자녀들은 영아기에 죽은 성도들과 마찬가지로 작정된 경륜에 따라 하나님께서 친히 부르시게 된다.

4 선택받지 못한 자들은 비록 말씀선포에 의해 형식적인 부름을 받아[15] 성령의 어떤 일반적인 역사를 체험한다 할지라도[16] 진정으로 그리스도께 나아오지는 않는다. 그러므로 그들은 구원을 받을 수 없다.[17] 기독교 신앙을 고백하지 않는 자들은 그 어떤 방법으로도 구원을 받지 못한다. 설령 그들이 일반계시로 인한 지혜와 그들이 신봉하는 종교적인 계율에 따라 열성을 다한다 하더라도 그들은 구원을 받을 수 없다.[18] 그런 자들도 구원받을 수 있다고 단언하며 주장하는 것은 매우 악하며 가증한 일이다.[19]

15_ 마 22:14

16_ 마 7:22; 13:20,21; 히 6:4,5

17_ 요 6:64; 8:24

18_ 요 4:22; 14:6; 17:3; 행 4:12; 엡 2:12

19_ 고전 16:22; 갈 1:6-8; 요이 1:9,11

① 교회 안의 불신자들

택함을 받지 못한 자들이 종교적인 전도를 통해 교회에 가입하는 경우가 있다. 그들은 교회에 들어와 상당한 종교적인 체험을 할 수 있다. 그들은 선택받은 다른 성도들처럼 성경을 읽고 찬송가를 따라 부를 수 있다. 그들은 종교적인 봉사활동을 하며 연보를 함으로써 나름대로 신앙 활동을 할 수 있다. 나아가 그들은 기도와 전도를 통해 기독교의 종교적인 체험을 할 수 있다. 그러나 그런 자들은 일반 사람들이 다양한 종교들 중 하나를 선택하듯이 기독교를 택했을 따름이다. 그들은 기독교 내부에서 발생하는 종교적 체험을 하게 되지만 하나님의 궁극적인 구원과 무관한 자들이다. 그들이 아무리 열심히 기독교인들과 같은 종교 활동을 한다고 하더라도 하나님의 구원에 미치지 못한다.

② 기독교 신앙의 배타성

우리시대 기독교 내부에서 생겨나는 종교다원주의자들과 종교포용주의자들의 발흥은 심각한 문제이다. 그들은 기독교를 열심히 성실하게 신봉하면 그것 자체로서 구원을 받게 되는 것인 양 가르치고 있다. 그러나 그런 주장은 교회에 해악을 끼칠 뿐 아니라 매우 가증한 일이다.

그들은 교회 안에서 기독교 인본주의를 내세움으로써 신자와 불신자를 구분하지 못하게 한다. 결국은 그로 인해 하나님의 자녀가 아닌 불신자들이 교회 가운데 득세하여 하나님의 교회를 좌지우지하게 된다. 그것은 하나님의 교회를 어지럽게 하는 매우 위험한 현상이다.

제11장
칭의

개괄적 이해 〉〉

칭의란 인간이 불의한 존재라는 사실을 전제하고 있다. 불의하다는 것은 저주 아래 놓여있는 인간의 처참한 상태를 의미한다. 그러므로 사악한 인간은 의로우신 하나님과 결코 교제할 수 없는 존재이다. 하나님을 떠난 인간은 저주 아래 놓여 처참한 죽음에 빠져있을 따름이다.

하나님께서 인간을 의롭다고 보시는 것은 인간에게 의로운 요소가 있기 때문이 아니다. 타락한 인간은 더럽고 불의할 뿐이다. 하나님께서 인간을 의롭게 보시는 것은 전적으로 예수 그리스도로 말미암는 것이다. 그리스도가 아니고는 의롭다 칭함을 받을 수 없다. 그것은 하나님의 자녀들에게 주어진 특권이자 놀라운 은혜이다.

제 11 장

칭 의

1 하나님께서는 효과적으로 부르신 자들에 대하여 값없이 의롭다고 칭하신다.[1] 이러한 의롭다고 칭하시는 것은 그들 속에 의를 주입해 줌으로써가 아니라 그들의 죄를 용서하시고 그들의 인격을 의로운 것으로 간주하여 용납해 주심으로써 이루어진다. 하나님께서는 그들 안에 무엇이 이루어졌거나 그들이 무엇을 성취했기 때문이 아니라 오직 그리스도로 인해 그렇게 하셨다. 믿음 자체나 믿는 행위 또는 기타 복음적인 순종을 그들의 의로 인정해 주시는 것이 아니라 다만 그리스도의 순종을 통해 성취하신 의와 그의 충분한 속상贖償을 그들에게 전가시킴으로써 의롭게 보시는 것이다.[2] 이 점에 있어서 부르심을 입은 성도들은 그리스도와 그의 의를 믿음으로 받아들이고 그를 의지할 때 의롭다함을 받는다. 그 믿음은 저들 자신에게서 난 것이 아니라 하나님의 선물이다.[3]

1_ 롬 3:24; 8:30

2_ 렘 23:6; 롬 3:22,24,25,27,28; 4:5,6,8; 5:17-19; 고전 1:30,31; 고후 5:19,21; 엡 1:7; 딛 3:5,7

3_ 엡 2:8; 행 10:44; 13:38,39,갈 2:16; 빌 3:9

① 하나님의 자녀들에게 주어진 칭의

하나님께서는 창세전에 택하신 자기백성을 불러 의롭다고 인정해 주신다. 그 의는 아무에게나 주어지는 것이 아니며 임기응변적으로 주어지지 않는다. 하나님은 그리스도를 통해 창세전에 택하신 자기백성들에게 특별히 칭의를 베푸신다.

하나님께서 자기자녀들을 의롭다고 인정하신 것은 내면적인 어떤 조건이나 외부적인 종교 행위 때문이 아니다. 그리고 그것을 위해 인간들에게 특별한 요구를 하시지도 않는다. 하나님께서는 아무런 조건이나 요구 없이 자기백성을 위한 전적인 은혜로 칭의를 베푸셨다.

② 칭의는 인간에게 의를 주입해 주는 것이 아님

칭의에는 어떤 물질적 개념이 존재하지 않는다. 즉 하나님께서 의와 연관된 무엇인가를 인간에게 주입해 줌으로써 의롭게 되는 것이 아니다. 이와는 반대로 칭의는 상태적 의미를 지닌다. 전혀 의롭지 않은 불의한 존재인 인간을 의롭다고 간주해 주는 것이다.

③ 여전히 죄인인 지상의 성도들

하나님께서는 친히 부르신 자기백성들을 의롭다고 칭하셨다. 죄로 물든 인간은 그 자체로서 부정한 존재이지만 예수 그리스도 안에 있는 자들은 의로운 존재로 인정받게 된 것이다. 지상의 인간은 어떤 경우라 할지라도 스스로 의로워질 수 없다. 타락한 아담의 속성을 지닌 인간은 그 자체로서 죄인이다. 하나님을 떠나 죄인이 된 아담의 형상을 완전히 벗어버리기까지는 여전히 죄인일 수밖에 없다.

그럼에도 불구하고 하나님께서는 자기자녀들을 의로운 존재로 인정하셨다. 이는 인간을 의로운 존재로 만드는 것이 아니라, 불의한 자들을 그리스도를 통해 의로운 존재로 간주해 주시는 것이다. 하나님께서 자기백성을 그리스도의 사역으로 인해 의롭다고 인정하신 것은 그들 가운데 의로운 어떤 행위나 심적 변화가 있기 때문이 아니다. 즉 칭의는 인간들이 가지는 믿는 마음이나 신앙 행위, 혹은 종교적인 순종으로 인해 주어지는 것이 아니다.

④ 그리스도의 사역을 통한 칭의

하나님의 자녀들은 오로지 그리스도의 사역을 통해 의롭다고 인정받게 된다. 그것은 하나님께서 예수 그리스도의 순종과 속량을 자기백성에게 돌림으로써 의롭다고 칭함을 받게 되는 것이다.

이는 십자가에 달리신 하나님의 아들이 거룩한 제물로 바쳐짐으로써 그것이 자기백성에게 적용되는 것과 연관된다. 즉 예수 그리스도의 십자가 사역이 자기백성에게 전가되는 것이다. 그 모든 것들은 인간들의 심성이나 종교행위에서 나오는 것이 아니라 전적으로 하나님의 은혜로 말미암는 귀한 선물이다.

2 이처럼 믿음은 그리스도와 그의 의를 받아들여 그를 의지하게 하는 칭의의 유일한 방편이다.[4] 그렇지만 그 믿음은 의롭다 칭함을 받은 성도 안에 단독적으로 존재하는 것이 아니라 항상 다른 모든 구원의 은사들을 수반하고 있다. 그것은 죽은 믿음이 아니라 사랑으로 역사하는 살아있는 믿음이다.[5]

4_ 요 1:12; 롬 3:28; 5:1

5_ 갈 5:6; 약 2:17,22,26

① 칭의의 유일한 방편

예수 그리스도로 말미암는 칭의는 믿음으로 인한 것이다. 즉 칭의는 인간의 종교적인 행위로 인해 발생하지 않는다. 나아가 여기서 말하는 믿음이란 인간들이 가지는 심리적인 신앙 작용을 말하지 않는다. 그 믿음은 하나님의 선물로써 그것을 통해 그리스도와 그의 의를 받아들이게 되며 그것을 통해 의롭다 칭함을 받게 되는 것이다.

② 다양한 구원의 은사들을 수반하는 믿음

믿음은 칭의의 유일한 방편이다. 신앙적인 행위는 물론 어떤 종교적 결단이 칭의를 유발하지 않는다. 인간들의 종교적인 노력을 통해 하나님의 의가 인간들에게 허용될 수 있는 방법은 없다. 또한 칭의를 위한 그 믿음은 단독으로 발생하는 것이 아니라 전체적인 구원의 은사들을 수반하게 된다. 즉 다른 구원의 은사들을 도외시된 채 믿음만 독립적으로 존재할 수 없는 것이다.

그러므로 진정한 믿음은 성도들의 삶이나 사고 가운데 독단적으로 존재하지 않으며 구원을 위한 여러 은사들과 더불어 존재한다. 그것은 하나님의 은혜로서 성도들의 삶 가운데 구체적으로 역사하게 된다. 진정한 믿음은 결코 사변적이지 않으며 하나님의 사랑 가운데 실체로 드러나게 된다.

3 그리스도는 자신의 순종과 죽으심을 통해 의롭다함을 받는 모든 자들의 죄값을 완전히 지불하셨다. 그 결과 그들을 위해 성부 하나님의 공의를 충족시키기 위한 합당하고 참되며 충분한 속상을 드리셨다.[6] 성부께서는 그리스도를 은혜로 그들에게 보내주셨으며[7] 그들 대신으로 그리스도의 순종과 속상을 은혜로 받아들이셨다.[8] 이것은 인간들 안에 있는 그 무엇 때문이 아니라 값없이 주신 하나님의 은혜로 말미암는다.[9] 이로써 하나님의 엄정한 공의와 그의 풍성한 은혜[10]가 죄인들을 의롭다 하시는 칭의 가운데 나타나도록 하셨다.

6_ 사 53:4-6; 10-12; 단 9:24,26; 롬 5:8-10,19; 딤전 2:5,6; 히 10:10,14

7_ 롬 8:32

8_ 고후 5:21; 마 3:17; 엡 5:2

9_ 롬 3:24; 엡 1:7

10_ 롬 3:26; 엡 2:7

① 하나님께 빚진 자로서의 인간

모든 인간은 하나님께 진 빚이 있다. 이는 갚아야 할 것이 있다는 의미이다. 인간은 범죄함으로 인해 하나님께 그에 대한 책임을 져야만 한다. 인간이 저주받은 증거 가운데 하나는 하나님께 빚을 지고 있으면서도 그 사실을 전혀 인식조차 하지 못하고 있다는 사실이다. 빚을 지고도 빚을 진 것이 없다고 생각하는 것 자체가 죄가 된다.

하나님께서는 인간들에게 그 빚을 갚도록 요구하는 분이시다. 그 빚에 대한 청산없이 하나님과 인간 사이에 화해가 이루어질 수 없다. 공의로운 하나님께서는 그 빚의 청산을 요구하는 분이시며 인간은 그에 대한 마땅한 책임을 져야 한다.

② 하나님의 공의를 채움

하나님께서는 예수 그리스도의 십자가 사역을 통해 자기백성들의 죄값을 완전히 갚아주셨다. 예수님께서는 자신의 몸을 거룩한 제물로 드림으로써 성부 하나님의 심판에 대한 공의를 완벽하게 채우셨다. 이는 하나님과 인간 사이에 이루어지는 화목을 의미한다. 예수 그리스도께서 인간의 몸을 입고 이 세상에 보냄을 받은 것은 바로 그 일을 감당하시기 위해서였다.

③ 오직 그리스도의 사역을 통한 칭의

하나님의 백성의 죄가 사해지고 성도들이 의롭다 칭함을 받은 것은 그들 안에 그럴 만한 특별한 요소가 있었기 때문이 아니다. 도리어 인간들에게는 그럴 만한 아무것도 존재하지 않았다. 그렇지만 오직 그리스도의 은혜로 말미암아 칭의의 은혜가 베풀어졌다. 그리스도께서 십자가에 달려 돌아가심으로써 하나님의 공의를 완벽하게 채우셨으며 그것을 통해 죄인들이 의롭다고 인정받은 것이다.

4 하나님께서는 영원 전부터 선택받은 모든 사람들을 의롭다 하시기로 작정하셨다.[11] 그리고 그리스도는 때가 차매 저들의 죄를 위하여 죽으셨다가 저들에게 의로움을 베푸시기 위해 다시 살아나셨다.[12] 그렇지만 그들이 의롭다 함을 받게 되는 것은 성령께서 적당한 때에 그리스도를 실제로 저들에게 적용시키실 때 비로소 실현된다.[13]

11_ 롬 8:30; 갈 3:8; 벧전 1:2; 19,20

12_ 롬 4:25; 갈 4:4; 딤전 2:6

13_ 딛 3:6,7; 갈 2:16; 골 1:21,22

① 하나님의 창세전 작정에 의한 칭의

하나님께서는 범죄한 인간들을 결코 의롭게 보지 않으신다. 아담에게 속한 모든 인간들은 한결같이 심판의 대상이었다. 그러나 창세전에 택하신 자기백성들에 대해서는 그리스도를 통해 의롭다고 인정하기로 작정하셨다.

하나님께서 처음 자신의 형상을 닮은 인간을 창조하셨을 때는 아직 죄가 세상에 들어오지 않았다. 하나님께서는 인간을 창조하시기 전에 자기와 연관된 자들을 영원한 자녀로 미리 택정해 두셨다. 하나님은 사탄의 유혹에 의해 죄에 빠진 자기백성들에게 칭의의 은혜를 베풀기로 작정하셨던 것이다.

② 하나님의 경륜에 따른 성취

칭의는 인간의 요구나 특별한 조건에 따라 이루어진 것이 아니다. 그것은 하나님의 섭리와 경륜에 따른 것이었다. 이는 전적인 하나님의 작정과 성취에 의해 칭의가 이루어졌음을 의미한다. 하나님께서는 그 일을 이루시기 위해 때를 따라 친히 역사하심으로써 자기백성을 의의 자리로 옮기는 놀라운 사역을 감당하셨다.

③ 성령께서 그리스도를 성도들의 삶에 적용시키심

성도들이 의롭게 되는 것은 예수 그리스도의 사역으로 말미암는다. 원천적으로 의로운 존재로서 완벽한 인간은 예수님 한 분밖에 없다. 그가 인간의 몸을 입고 이 세상에 오셔서 고통을 당하시고 십자가에 달려 돌아가신 것은 죄에 빠진 자기백성들을 의로운 존재로 인정하여 구원하시기 위해서였다.

예수 그리스도의 모든 사역은 택하신 백성들에게 그대로 적용된다. 그러나 그것이 그리스도의 사역에 대한 인간들의 자발적인 인정에 기인하지 않는다. 단지 성령 하나님께서 그리스도의 십자가 사역을 성도들에게 적용시킴으로써 예수 그리스도의 의가 성도들에게 적용되며 비로소 칭의가 발생하게 된다.

5 하나님께서는 의롭다 함을 받은 자들의 죄를 지속적으로 용서하신다.[14] 비록 그들이 범죄한다 할지라도 칭의의 상태에서 떨어지게 되지는 않지만,[15] 그 범죄로 인해 하나님의 부성적父性的 진노를 사게 된다. 그때 그들이 자신을 낮추어 죄를 자백하고 용서를 빌며 믿음과 회개를 새롭게 하기 전에는[16] 저들을 향한 하나님의 진노가 풀리지 않는다.

14_ 마 6:12; 요일 1:7,9; 2:1,2

15_ 히 10:14; 시 89:31; 눅 22:32; 요 10:28

16_ 시 32:5; 51:7-12; 89:32,33; 마 26:75; 눅 1:20; 고전 11:30,32

① 단번의 성취와 지속적인 영향

하나님으로부터 의로운 자로 인정받은 성도들은 모든 죄를 용서받았다. 하나님께서 그들의 죄를 기억조차 하지 않으시는 것이다. 이는 인간의 행위에 의해 이루어진 것이 아니라 하나님의 은혜로 말미암는 것이다. 그러므로 한번 의로운 자로 인정받은 하나님의 자녀들은 결코 궁극적인 죄의 자리로 되돌아 갈 수 없다.

② 끝까지 지키심

하나님께서는 한번 의롭다고 인정하신 자들을 버리시지 않는다. 칭의가 만일 인간의 노력으로 말미암은 것이라면 인간 스스로 그것을 지켜나감으로써 보존해야 한다고 말하게 될지 모른다. 하지만 그것은 전적인 하나님의 은혜로 말미암은 것이므로 처음부터 그것은 하나님의 일이었다. 따라서 인간의 판단이나 행위로 말미암아 칭의에 관한 적용이 변질되는 것이 아니다. 칭의를 받은 인간이라 할지라도 그는 원래부터 부패하고 악한 자였음을 기억해야 한다.

③ 여전히 죄 가운데 거하는 성도들

성도들은 의롭다함을 받았다 할지라도 이 세상에 살아가는 동안 죄악 가운데 그대로 노출되어 있다. 따라서 그들은 여전히 죄를 범하게 되며 그로 인해 하나님의 진노를 사게 된다. 그러므로 그들은 항상 자신들의 모습을 돌아보며 죄를 자백하며 하나님의 자비를 구해야만 한다.

하나님의 자녀들은 그런 과정을 통해 새롭게 된 자신의 삶을 확인하며 주어진 은혜를 굳건히 누리게 된다. 하나님께서는 자기자녀들의 죄를 깨닫는 것을 통해 진노를 푸시게 되며 자기백성들을 여전히 의로운 자리에 보존하시는 것이다.

6 구약시대의 성도들의 칭의는 신약시대의 성도들의 칭의와 모든 면에서 동일하다.[17]

17_ 히 13:8; 롬 4:22-24; 갈 3:9,13,14

① 구약시대 성도들의 칭의

구약시대이건 신약시대이건 하나님의 자녀들은 항상 하나님의 은혜로 의롭다함을 받을 수 있었다. 예수 그리스도께서 인간의 몸을 입고 이 세상에 오셔서 십자가를 지시기 전에도 하나님의 자녀들은 오시게 될 그리스도를 통해 의롭다함을 받았던 것이다.

구약의 모든 율법과 제사의례를 비롯한 절기와 규범 등은 메시아를 예표하고 있다. 구약시대의 성도들은 그런 은혜의 방편을 통해 그리스도를 소망할 수 있었다. 그들이 의롭다고 인정받은 것은 그들의 종교적 행위 때문이 아니라 하나님께서 베푸시는 은혜로 말미암는 것이었다. 하나님의 은혜가 아니면 어느 누구도 칭의의 은혜를 받을 수 없다.

② 신약시대 성도들의 칭의

성도의 칭의는 어느 시대를 막론하고 동일하게 적용된다. 구약시대와 마찬가지로 신약시대의 성도들 역시 예수 그리스도로 말미암아 의롭다 칭함을 받는 은혜를 누리게 되었다. 구약성경에 약속된 메시아가 친히 이 세상에 오셔서 십자가에 달려 돌아가심으로써 신약의 성도들은 그 실체를 통해 그의 의로움에 참여하게 된 것이다.

제12장
양자됨

개괄적 이해 〉〉

우리는 예수 그리스도로 인해 믿음의 조상 아브라함의 집안에 입양된 자들이다. 그에 대한 본질적인 의미는 인간의 초기 단계에서부터 시작하여 지금에까지 이르고 있다. 가인이 아벨을 죽이고 난 후 하나님께서 셋Seth을 허락하셨다. 우리는, 창세기 5장의 셋으로부터 노아와 셈에 이르는 계보와 창세기 11장의 셈으로부터 아브라함에 이르는 계보, 그리고 마태복음 1장의 아브라함으로부터 예수 그리스도에까지 이르는 계보를 이해해야 한다.

오늘날 하나님의 자녀가 된 성도들은 예수 그리스도로 인해 구약과 신약에 기록된 그 구속사적 계보에 입양된 것이다.

제 12 장
양자됨

1 하나님께서는 독생자 예수 그리스도 안에서 의롭다 함을 받은 모든 자들로 하여금 그를 위하여 양자가 되는 은혜[1]에 참여케 해 주셨다. 따라서 그들은 이 은혜를 통하여 하나님의 자녀의 수효에 들게 되어[2] 자녀로서의 자유와 특권을 누리게 된다. 또한 그들 위에 하나님의 이름이 기록되어[3] 양자의 영을 받아[4] 담대히 은혜의 보좌에 나아가[5] 하나님을 '아바 아버지'라 부를 수 있게 되었다.[6] 불쌍히 여김을 받아[7] 보호를 받으며[8] 필요한 것들을 공급받게 되고[9] 육신의 아버지에게 징계를 받는 것과 같이 하나님 아버지의 징계를 받지만,[10] 결코 버림을 받지 않는다.[11] 그들은 오히려 구속의 날까지 인印치심을 받아[12] 약속을 기업으로 누리되[13] 영원한 구원의 상속자로서의 지위를 누린다.[14]

1_ 엡 1:5; 갈 4:4,5

2_ 롬 8:17; 요 1:12

3_ 계 3:12; 렘 14:9; 고후 6:18

4_ 롬 8:15

5_ 엡 3:12; 롬 5:2

6_ 갈 4:6

7_ 시 103:13

8_ 잠 14:26

9_ 마 6:30,32; 벧전 5:7

10_ 히 12:6

11_ 애 3:31

12_ 엡 4:30

13_ 히 6:13

14_ 벧전1:4; 히1:14

① 양자됨의 은혜

하나님께서는 의롭다고 칭하신 모든 사람들에게 예수 그리스도 안에서 하나님의 자녀의 신분을 가지도록 하셨다. 하나님은 의롭지 않고 죄로 더러워진 상태의 인간을 그대로는 받아들이시지 않는다. 그들을 예수 그리스도의 보혈로 정결하게 하신 후 자녀로 받아들이시는 것이다.

따라서 모든 성도들은 하나님의 자녀가 되어 사탄의 지배 역영으로부터 벗어나 영원한 구원에 참여하게 된다. 이제 그들은 하나님의 양자의 영을 받아 종이 아닌 상속자가 되는 은혜를 허락받게 되었다. 그러므로 그들은 하나님으로 말미암는 놀라운 양자의 특권을 누리게 되는 것이다.

② 하나님의 자녀의 수효

하나님께서는 자기백성의 수효를 이미 창세전에 확정해 두셨다.[8] 이 세상에 태어나는 모든 하나님의 자녀들은 그의 은혜로 말미암아 부르심을 받고 예수 그리스도의 사역을 통해 의롭다는 인정을 받아 하나님의 자녀의 수에 들어오게 된다.

하나님의 양자가 되는 성도의 수는 인간이 결정하는 것이 아니며 인간들의 종교적인 노력에 의해 그 수를 늘릴 수도 없다. 그에 대한 모든 작정과 예정은 전적으로 하나님께 달려 있다. 하나님의 자녀들은 전적

8) 웨스트민스터신앙고백서 제3장 4항.

인 하나님의 섭리와 은혜에 따라 거룩하신 하나님의 양자가 될 수 있는 것이다.

③ 양자의 특권

하나님의 자녀가 된 성도들은 이 세상의 다른 인간들이 가지지 못하는 특권을 누리게 된다. 그들은 그리스도로 인해 담대히 하나님의 보좌로 나아가게 된다. 예수 그리스도의 보혈이 아니면 인간은 감히 하나님께 나아갈 수 없다. 죄인인 상태에 놓여있는 인간이 하나님께 나아간다는 것은 곧 죽음을 의미할 뿐이다.

그렇지만 하나님의 자녀로 입양된 성도들은 하나님을 아버지라 부를 수 있는 놀라운 특권을 부여받게 된다. 피조물이자 죄에 물들었던 인간이 감히 전능하고 거룩하신 하나님을 향해 아버지라 부를 수 있게 된 것이다. 이는 하나님의 보좌에 나아가 하나님과 자유로운 교제를 나누는 새로운 은혜의 자리에 놓이게 되었음을 말해준다.

그러므로 그들은 하나님으로부터 긍휼을 입어 보호를 받으며 온전한 삶을 공급받는다. 그러나 때로 상당한 징계를 받기도 하는데 그렇더라도 결코 버림을 받지는 않는다. 이는 성도의 견인을 말하고 있다. 언약에 신실하신 하나님께서는 창세전에 선택하시고 예수 그리스도의 피로 값주고 사신 자기자녀들을 징계하시되 결코 버리시지는 않는다.

그들은 하나님의 창세전 작정에 따라 그의 자녀가 된 자들이기 때문이다. 그러므로 모든 성도들은 예수 그리스도의 재림을 통한 구속이 완성되는 날까지 자녀로 인치심을 받아 하나님의 약속을 기업으로 받는 영원한 구원의 상속자의 자리에 있게 된다.

제13장
성화

개괄적 이해 〉〉

성화는 윤리적인 것을 말하는 것이 아니라 진리와 연관되는 것이다. 즉 예수를 믿고 세월이 흘러가게 되면 윤리적인 성품의 변화가 필수적으로 일어난다는 것이 아니다. 그런 차원이라면 이방종교의 독실한 종교인들도 세월을 거듭하면서 인격적으로 상당한 수양이 되어가는 것을 볼 수 있다.

우리가 말하는 성화란 그런 것이 아니다. 진정한 성화란 신앙이 성장할수록 오히려 자신의 죄된 모습을 더욱 분명히 깨닫게 되는 것이다. 인격적인 수양은 동반될 수도 있고 그렇지 않을 수도 있지만 자신의 죄된 모습을 더욱 분명히 보게 된다는 사실은 동일하다.

물론 그 과정에서 윤리적인 성품과는 다른 인격적인 변화가 수반된다. 이는 자신의 처참한 죄를 깨닫고 거룩한 하나님을 더욱 가까이 알아가게 됨으로써 발생한다. 하지만 그것이 일반적인 견지에서 말하는 수양의 결과는 아니다.

하나님의 자녀들은 성화되어 가면서 예수 그리스도가 없는 인간의 처참한 형편을 깨달아감과 동시에 하나님의 은혜에 대해 더욱 구체적으로 감격하게 된다. 이처럼 우리가 말하는 성화란 윤리적 성화를 일컫는 것이 아니라 죄와 연관된 자신과 인간에 대한 성찰적 성화를 의미한다.

제 13 장

성 화

1 효과적인 부르심을 받고 중생한 자들은 그들 안에 창조된 새 마음과 새 영을 소유하게 된다. 이들은 그리스도의 죽음과 부활의 공로를 통하여,[1] 그의 말씀과 그들 안에 내주하시는 성령으로 말미암아 실제적이고 또한 인격적으로 더욱 성화되어 간다.[2] 성화의 과정에 있는 성도들은 그들의 몸 전체를 지배하던 죄의 권세가 파괴되고[3] 죄의 몸에서 나오는 다양한 욕망들이 점차 약화되어 가는 동시에[4] 구원에 이르게 하는 모든 은혜 가운데 활기와 힘을 얻어[5] 점차 거룩한 삶에 참여하게 된다. 이러한 거룩한 삶에 동참함이 없이는 아무도 주님을 볼 수 없다.[6]

1_ 행 20:32; 롬 6:5,6; 고전 6:11; 빌 3:10

2_ 요 17:17; 엡 5:26; 살후 2:13

3_ 롬 6:6,14

4_ 롬 8:13; 갈 5:24

5_ 엡 3:16-19; 골 1:11

6_ 히 12:14; 고후 7:1

① 성화의 의미

성경이 말하는 성화란 중생한 성도의 성품이 점점 거룩하게 변해간다는 의미가 아니다. 그런 의미의 성화라면 존재하지 않는다고 보는 것이 옳다. 성화는 존재하되 우리가 일반적으로 생각하는 유형의 성화는 아니라는 사실을 깨달아야 한다. 즉 하나님을 믿는 성도들이 이땅에 살아가는 동안 유무형의 종교적인 행위를 통해 생각이나 행동자체가 거룩해져 가는 것은 아니다.

그럼에도 불구하고 진정한 성화는 존재한다. 중생한 성도는 말씀과 성령의 도우심을 통해 하나님의 은혜를 더욱 선명하게 깨달아감으로써 성화를 수반하게 된다. 이는 이 세상의 모든 것을 포기해야 한다는 사실과 그것으로 인해 부여받게 되는 진정한 가치의 의미를 알게 되는 것이다. 그것은 인간의 결단이나 의도에 의한 것이 아니라 전적인 하나님의 은혜로 말미암는다.

② 거룩하게 자라감

하나님의 은혜로 인해 중생한 성도는 점차 성화되어 가는 것이 원칙이다. 거룩하신 하나님을 더욱 깊이 알아가고 더러운 인간 존재를 더욱 실제적으로 알아감으로써 자연스럽게 발생하게 된다. 하나님께서는 여전히 자기백성을 주관하려는 죄의 권세를 말씀을 통해 파괴하시기를 꾀하신다. 이로써 하나님의 자녀들이 가지고 있던 이 세상의 욕망들이 점차 약화되어 간다. 이는 재물에 대한 욕심이나 성욕을 비롯한 일반적인 욕구만을 말하는 것이 아니라 세상에 대한 전반적인 탐심을 의미한다.

성숙한 하나님의 자녀들은 이 세상에 존재하는 모든 것들이 무가치하고 허망한 것들이라는 사실을 깨달아 알게 된다. 그러므로 참된 성도들은 진정한 신앙을 가지고 하나님의 말씀과 그의 뜻을 알아감으로써 거룩한 나라를 소망하며 추구하게 되는 것이다. 이는 인간의 몸이나 생활자체의 점차적인 성화를 말하는 것이 아니라 인간의 더럽고 추악함을 깨달음으로 말미암아 발생하는 영적인 변화의 개념이다.

③ 거룩한 삶

하나님의 자녀들은 거룩한 삶을 추구하게 된다. 이는 그 삶 자체가 거룩하게 된다는 말과 다르다. 도리어 거룩하신 하나님 앞에 존재하는 자신의 더럽고 추한 모습을 더욱 선명하게 직시함으로 말미암아 거룩한 삶으로 나아가게 된다. 즉 여기서 말하는 성도의 거룩한 삶이란 도덕적이며 윤리적인 생활 형태를 말하지 않는다. 우리는 하나님을 알지 못하는 이방종교인들 중에서도 도덕적이며 수준 높은 윤리성을 갖춘 사람들이 많이 있음을 기억해야 한다. 우리는 그들의 삶을 거룩하다거나 성화되었다고 말하지 않는다.

이처럼 기독교인이면서 그런 윤리성을 가진 생활을 한다고 해서 그것이 성화된 삶의 증거가 되는 것은 아니다. 성화의 조건은 하나님의 거룩함과 인간의 더러움을 말씀을 통해 실제적으로 깨달아갈 때 성령의 인도하심에 따라 발생하는 것이다.

2 이 성화는 전인격을 통하여 이루어지는 것이지만[7] 이땅에서는 아직 불완전하다. 하나님의 자녀라 할지라도 인간의 모든 영역에는 얼마간의 부패한 잔재들이 여전히 남아 있다.[8] 이로 인해 지속적이고 화해될 수 없는 심각한 갈등war이 일어나며 육체의 욕망은 성령을 거스리고 성령은 육체를 거스려 싸운다.[9]

7_ 살전 5:23

8_ 빌 3:12; 롬 7:18,23; 요일 1:10

9_ 벧전 2:11; 갈 5:17

① 불완전한 성화

이땅에 살아가는 성도의 성화는 결코 완전하지 않다. 즉 성도의 성화는 지극히 제한적이다. 중생한 자들의 성화는 전인격을 통해 일어나지만 불완전할 수밖에 없다. 타락한 아담의 형상을 덧입은 채 세상을 살아가는 인간들에게는 부패한 죄의 속성이 그대로 남아있기 마련이다.

그러므로 성도들은 일반적으로 성화의 과정 중에 있지만 항상 불완전한 상태에 놓여있다. 참된 성화의 의미를 알고 있는 자들은 이에 대한 이해가 분명하다. 하나님의 은혜가 아니면 이 세상에서 살아가는 인간은 비록 성도라 할지라도 자기 몸 하나 가눌 수 없는 연약한 존재라는 사실을 잠시도 잊지 않는다.

② 갈등하는 삶으로서의 성화

중생한 성도들은 성령께서 원하시는 일과 자신이 가지고 있는 욕망 사이에서 끊임없이 갈등하며 싸우게 된다. 따라서 하나님을 아는 성도들의 삶 가운데는 일반적인 평온함이 아니라 도리어 괴롭고 힘든 삶이 연속적으로 일어난다. 그러므로 성도의 삶이 일반적인 관점에서 항상 평온하고 즐겁다는 것은 오히려 문제가 있는 것이다.

참된 성도들은 이 세상에서의 삶을 결코 평온하거나 만족스러운 자세로 살아가지 않는다. 물론 성도들이 진정으로 누리게 되는 평화는 이 세상과 자기의 삶으로부터 발생하는 것이 아니라 천상으로부터 선물로 주어진다. 하지만 성도들이 천상으로부터 오는 평안과 영원한 만족을 누릴지라도 이 세상에서는 자신으로부터 발생하는 소욕들로 말미암아 갈등하며 투쟁하며 살아갈 수밖에 없다. 그것이 곧 성화의 삶을 살아가는 성도들의 피할 수 없는 갈등이다.

3 그 남아 있는 부패성은 그 갈등에서 일시적으로 상당한 승세勝勢를 보일 수 있다.[10] 하지만 거듭난 생명은 성화시켜 가시는 성령으로부터 공급받는 능력을 통해 그것을 극복해 나간다.[11] 그리하여 성도들은 은혜 안에서 자라나며,[12] 하나님을 경외하는 가운데 거룩함을 온전히 이루어 가게 된다.[13]

10_ 롬 7:19,23

11_ 롬 6:14; 엡 4:15,16; 요일 5:4

12_ 벧후 3:18; 고후 3:18

13_ 고후 7:1

① 궁극적인 승리

성도들의 삶은 성령의 지배를 받게 되지만 여전히 사탄은 하나님의 백성을 가만 두지 않는다. 그런데 중생한 성도라 할지라도 자기 가운데 존재하는 부패한 성품이 강하게 작용한다. 즉 성도는 지상에서 아무런 갈등없이 완전히 승리하는 삶을 살 수 없는 것이다.

그러므로 성도의 삶은 육신의 정욕과 싸우는 생활의 연속이다. 하지만 성도의 삶이 내적인 전투로 인해 상해있을지라도 그것이 궁극적인 결말이 될 수 없다. 즉 인간의 부패한 속성이 성도들의 삶을 공격할지라도 성령의 능력이 결국 승리를 가져온다. 그것을 통해 성도들은 하나님의 은혜 안에서 자라나게 된다.

② 성도의 성장

하나님의 성도들은 죄와 부딪쳐 싸우는 가운데 점차 성장해 간다. 그것이 곧 성화이다. 거듭 강조하거니와 여기서 말하는 성화란 윤리적이며 도덕적인 것이 아니라 죄와 욕망덩어리인 자신을 더욱 분명히 깨달아 죄된 자신에게 저항하며 살아가는 것을 의미한다. 그것을 통해 성도들은 하나님의 은혜 가운데 거룩한 나라를 추구하며 살아가고자 하는 선한 마음을 가지게 되는 것이다.

③ 하나님을 경외함

중생하여 성화되어 가는 성도들은 하나님을 진정으로 경외하게 된다. 거룩하신 하나님과 더러운 죄악에 물든 자신의 존재를 깨닫게 되면 하나님을 경외하지 않을 수 없다. 하나님을 경외한다는 말은 막연한 두려움에 빠진다는 의미가 아니다.

이는 하나님 앞에서 인간의 욕망에 따라 살지 않으려는 신앙적 자세를 가지게 됨을 뜻한다. 즉 하나님을 섬기고 하나님을 찬양하며 하나님께 기도함에 있어서 자기 취향에 따라 종교적 행위를 하는 것이 아니라 말씀과 성령의 도우심을 따라 경외함으로써 하나님의 자녀로서의 삶을 살게 되는 것이다. 이러한 신앙적인 삶이 더욱 굳건히 되어 가는 성도의 삶을 두고 우리는 성화라 일컫는다.

제14장
구원에 이르는 믿음

개괄적 이해 〉〉

구원은 온전한 믿음으로 말미암는다. 구원받고자 하는 인간의 의지가 구원의 조건이 되지 않는다. 구원은 전적으로 하나님의 선물로 주어진 믿음으로 인한 것이다. 물론 여기서 말하는 믿음이란 인간의 정신적 신앙작용을 배경으로 하는 믿는 행위를 말하는 것이 아니다. 이 믿음은 하나님께서 자기자녀들에게만 제한적으로 허락하시는 온전한 은혜이다.

제 14 장

구원에 이르는 믿음

1 믿음의 은혜는 선택받은 자들로 하여금 그들의 영혼이 믿어 구원에 이르도록 해 주는 것이다.[1] 이는 그들의 심령 속에 임하는 그리스도의 영의 역사이다.[2] 통상적으로는 말씀의 선포를 통해서 역사하는데,[3] 그 말씀의 선포와 성례의 집행, 그리고 기도로 말미암아 믿음의 은혜는 증가되며 강화된다.[4]

1_ 히 10:39

2_ 고후4:13; 엡 1:17-19; 2:8

3_ 롬 10:14,17

4_ 행 20:32; 눅 17:5; 롬 1:16,17; 4:11; 벧전 2:2

① 구원의 근원

인간의 구원은 인간 자신에게 달려 있는 것이 아니라 하나님께 달려 있다. 창세전에 택함을 받은 자들이 하나님께서 허락하신 믿음으로 인해 구원을 받게 된다. 그 믿음은 결코 인간들이 스스로 가질 수 없다. 즉 믿음은 인간의 종교적인 열정이나 신앙과 연관된 정신작용에 의해 발생하지 않는다.

② 구원의 적용

성도의 구체적인 구원은 하나님의 사역에 의해 이루어진다. 통상적으로는 기록된 말씀의 증거에 의해 그 구원이 적용된다. 여기서 통상적이라 함은 교회 가운데 신앙적인 사고능력을 갖춘 성도들을 염두에 둔 말이다. 즉 나이 어린 아이들과 정신연령이 현저히 낮은 사람들은 기록된 말씀에 대한 구체적인 이해 때문이 아니라 교회에 베풀어진 하나님의 은혜로 말미암아 구원의 능력에 참여하게 된다.

그러므로 구원은 하나님의 선물인 믿음과, 성령께서 역사하신 은혜의 결과로서 말씀의 증거를 통해 선택받은 모든 자녀들에게 적용되는 것이다. 이는 구원의 적용이 인간들의 종교적인 행위나 개별적인 노력에 의해 이루어지는 것이 아님을 말하고 있다.

③ 믿음의 은혜가 증가되며 강화됨

구원을 위한 믿음은 증가되고 강화된다. 그러나 그것은 개인 성도들의 종교심에 의존하지 않는다. 나아가 인간들의 열정적인 종교 활동과 성실한 노력에 의해 그렇게 되는 것도 아니다.

즉 어떤 성도가 열심히 기도하고 끊임없이 찬송가를 부르거나 흥얼거린다고 해서 구원에 대한 믿음이 증가되지 않는다. 부흥회나 기독교 집회에 열심히 참여하는 것이 진정한 믿음을 증가시키는 것이 아니다. 뿐만 아니라 종교적 봉사활동에 참여하고 전도나 선교를 열심히 함으로써 믿음이 강화되지도 않는다.

진정한 믿음의 은혜는 선포되는 말씀과 성례 그리고 기도에 의해 강화된다. 공예배 가운데 이루어지는 말씀선포와 성례집행, 기도는 은혜의 방편으로서 사적인 것이 아니라 공적인 것을 의미한다. 그것을 통해 그 예배에 참여하는 모든 성도들이 하나님의 구원에 대한 믿음의 은혜가 증가되고 강화되는 것이다. 이는 구원에 대한 믿음의 은혜가 공적임을 말해주고 있다.

2 구원에 이르는 믿음을 소유한 성도는 하나님의 말씀에 계시된 모든 내용들을 참된 것으로 믿는다. 이는 하나님께서 그 말씀을 자신의 권위로 계시하셨기 때문이다.[5] 그러므로 성도는 계시된 말씀의 각 구절에 포함된 내용에 따라 행동하되 명령의 말씀에는 순종하고[6] 경고의 말씀에는 두려워하며[7] 현세와 내세에 대한 하나님의 약속의 말씀은 기꺼이 받아들인다.[8] 이러한 구원에 이르는 믿음을 소유한 성도의 중요한 자세는 은혜언약에 따라 칭의, 성화, 영생을 위하여 그리스도만을 받아들여 영접하고 의존하는 것이다.[9]

5_ 살전 2:13; 요 4:42; 행 24:14; 요일 5:10

6_ 롬 16:26

7_ 사 66:2

8_ 딤전 4:8; 히 11:13

9_ 요 1:12; 행 15:11; 16:31; 갈 2:20

① 말씀 안에 계시된 진리

하나님의 자녀들이 성도의 삶을 살게 되는 것은 참된 믿음으로 인한 것이다. 그 믿음으로 말미암아 하나님의 말씀을 믿으며 그 말씀에 순종하려는 신앙의 자세를 가지게 된다. 구원에 관련된 모든 것은 하나님의 말씀 안에 풍부하게 계시되어 있다.

참된 진리는 인간들의 종교적인 심성이나 감정에 달려 있지 않다. 하나님께서는 개별적인 인간들에게 직접 말씀하시는 것이 아니라 스스로 계시하신 성경을 통해 그 모든 것을 말씀하고 계신다. 그러므로 기록된 말씀을 벗어나 인간의 이성과 경험을 통해 구성하는 모든 종교적 이론들은 헛된 공론에 지나지 않는다.

② 성도들의 삶에 적용되는 말씀

성도는 하나님의 말씀을 삶속에 구체적으로 받아들임으로써 구원에 대한 신앙이 자라가게 된다. 성경에 계시된 하나님의 모든 명령에 순종하고자 하는 마음을 가지는 것은 성도의 기본적인 도리이다. 즉 기록된 말씀을 자신의 삶에 받아들임으로써 진정한 구원의 소망을 가지게 된다.

이는 이땅에서 뿐 아니라 다가올 미래의 영원한 세계를 포함하고 있다. 그러므로 성도들은 기록된 하나님의 말씀에 따라 사고하며 행동해야 한다. 그것이 성도들의 신앙적인 삶을 위한 구체적인 지침이 된다.

③ 은혜언약에 근거한 구원에 이르는 신앙

우리가 주의하여야 할 점은 구원에 이르는 신앙은 은혜언약에 근거한다는 사실이다. 그것을 근거로 하여 칭의, 성화, 영생이 발생하게 되며, 그리스도만을 영접하여 그를 의존하게 된다. 여기서 그리스도만을 영접한다는 것은 배타적 의미를 지니고 있다. 즉 그리스도 이외에 달리 의존할 존재가 이 세상에 없다는 것이다.

성도의 구원은 자신의 종교적인 행위가 아니라 은혜언약에 달려 있다. 타락한 인간은 하나님 앞에서 구원을 받을 만한 어떤 행위를 할 수 있는 존재가 아니다. 단지 하나님께서 베풀어주신 은혜언약에 따라 구원에 이르는 신앙을 가지게 되는 것이다.

3 구원에 이르는 믿음에는 정도의 차이가 있어서 약한 경우도 있고 강한 경우도 있으며[10] 자주 그리고 여러 면에서 부딪혀 약해지기도 하지만 궁극적으로는 승리를 얻는다.[11] 이 믿음이 여러 면으로 자라나 온전한 확신에 이르게 되는 것은[12] 그리스도께서 믿음의 창시자이자 그것을 온전케 하는 분이시기 때문이다.[13]

10_ 마 6:30; 8:10; 롬 4:19,20; 히 5:3,14

11_ 눅 22:31,32; 엡 6:16; 요일 5:4,5

12_ 골 2:2; 히 6:11,12; 10:22

13_ 히 12:2

① 믿음의 분량

하나님의 선물인 믿음은 동일하지만 그것을 소유한 성도들은 제각기 받아들이고 느끼는 바가 다르다. 나아가 장성한 성도들은 그것을 굳게 의지하지만 아직 어린 성도들은 세상의 가치로 인해 흔들리기도 한다. 하지만 믿음 자체가 커졌다가 작아졌다가 하지는 않는다.

하나님께서 선물로 허락하신 믿음은 동일하다. 그렇지만 그 믿음에 대한 확신은 각 성도들이 처한 환경에 따라 강해지기도 하고 약해지기도 한다. 분명한 것은 하나님의 택함을 받아 믿음을 소유한 자들은 구원에 대한 궁극적인 승리를 얻게 된다는 사실이다.

② 전체적인 온전한 확신

성도들은 여러 모양으로 자라나서 예수 그리스도를 통하여 온전한 확신에 이르게 된다. 그것은 자기백성들에게 믿음을 허락하고 그들을 구원의 길로 온전히 인도하시는 예수 그리스도로 말미암는다. 여기서 여러 모양으로 자라게 된다는 말은 획일화된 성장을 의미하지 않음을 말한다.

믿음이란 용어로 형성되는 종교적 쇠뇌는 도리어 위험하다. 진정한 믿음이 아닌 상태에서 스스로 믿는다고 확신하면서 그것을 마치 믿음인 양 오해하는 수가 있다. 예수님 당시의 많은 바리새인들과 서기관들이 그러했다. 우리는 온전한 믿음이 오로지 하나님으로부터 말미암게 된다는 사실을 말씀을 통해 깨달을 수 있어야 한다.

③ 그리스도를 통한 은혜

성도들의 믿음은 전적으로 예수 그리스도께 기초한다. 그리고 그 믿음은 그리스도를 통해 자라가며 완성된다. 즉 진정한 믿음은 그리스도로 말미암아 주어져서 그리스도를 통해 성장하며 그리스도에 의해 온전케 되는 것이다.

하나님의 자녀들이 소유한 믿음은 하나님께서 허락하신 은혜의 선물이다. 그 믿음은 결코 인간의 종교심에 의해 발생하지 않으며 기독교의 분위기나 주변 사람들의 조력에 의해 생성되는 것도 아니다. 그렇게 해서 생겨나는 종교적인 믿음이라면 진정한 믿음이라 할 수 없다.

제15장
생명에 이르는 회개

개괄적 이해 〉〉

신앙이 어린 성도들은 회개에 관한 본질적인 속성을 오해하고 있다. 그들은 진정으로 회개해야 할 것은 회개하지 않고 굳이 복잡한 언어로 회개하지 않아도 저절로 회개하게 되는 부분에 대해서는 필요이상의 강조를 더하여 회개한다. 어리석은 자들은 그것을 자기 의로 여기게 되는 것이다. 그러나 회개가 결코 자기의 종교적 만족을 얻기 위한 방편이 되어서는 안 된다.

진정한 회개는 하나님의 뜻을 저버리는 인간의 사악함에서 시작된다. 하나님의 구원을 받은 성도들 역시 타락한 아담의 형상을 지니고 있는 한 그 죄의 습성을 버리지 못하고 있다. 그러므로 성도는 항상 회개하는 삶을 살게 된다. 하지만 그 회개는 성령 하나님의 도우심을 통해 이루어지며 인간의 이성적 판단에 의존하지 않는다.

제 15 장

생명에 이르는 회개

1 생명에 이르는 회개는 복음으로 말미암는 은혜이다.[1] 이 회개의 교리는 그리스도 신앙의 교리와 마찬가지로 복음의 사역자들에 의해 선포되어야 한다.[2]

1_ 행 11:18; 슥 12:10

2_ 행 20:21; 막 1:15; 눅 24:27

① 진정한 회개는 하나님으로 말미암는 은혜

회개는 인간의 자의적 판단에 따른 것이 아니다. 생명에 이르는 진정한 회개는 하나님의 복음으로 말미암는 은혜이다. 따라서 자의적 회개란 일반적인 윤리에 근거하는 것일 뿐 성경이 말하는 진정한 회개와는 거리가 멀다.

그런 식의 회개는 스스로 자기에게 면죄부를 제공하는 기능을 하게 될 우려가 있다. 즉 하나님 앞에서 회개를 했으므로 이제 용서를 받게 되었다고 생각하게 되는 것이다. 그것은 결국 회개를 통해 그에 상응하는 신앙적인 책임을 다했다는 종교적 결론에 다다르게 한다. 그렇지만 진정한 회개는 종교심에 의한 자의적 판단에 의한 것이 아니라 하나님의 복음으로 말미암는 놀라운 은혜이다.

② 말씀 사역자를 통해 선포되어 할 참된 회개

진정한 회개는 개인적인 독백으로 끝나지 않는다. 즉 혼자 회개를 하고 스스로 마무리하는 성질의 것이 아니다. 진정한 회개는 말씀사역자를 통해 선포되는 본질적인 의미가 동반되어야 한다.

이는 공적으로 선포되는 말씀을 통해 자신의 죄인됨을 확인함으로써 하나님 앞에 낮아지는 것을 의미한다. 그것은 개인의 독백식의 회개로 인해 종교적 자기만족을 얻는 것과는 상당한 차이가 난다.

그러므로 성도들은 공예배 중에 선포되는 하나님의 말씀을 통해 거룩한 하나님 앞에 선 자신의 죄악된 모습을 자각하며 직시해야만 한다. 그것은 곧 말씀 사역자들에 의해 회개의 교리가 선포되는 것과 연관된다. 이를 통해 하나님의 자녀들은 인간의 나약하고 사악함을 교회적으로 고백하게 되는 것이다.

2 죄인은 생명에 이르는 회개로 말미암아 자신의 죄가 위험할 뿐 아니라 더럽고 추악하여 하나님의 거룩하신 성품과 의로운 율법에 위배됨을 깨닫게 된다. 또한 그리스도 안에서 회개하는 자들에게 베푸시는 하나님의 긍휼을 깨닫게 된다. 따라서 자신의 죄를 비통하게 여겨 그 죄를 미워하게 되며 모든 죄에서 떠나 하나님께로 향하게 된다.[3] 이로써 성도는 하나님의 모든 계명들을 좇아 그와 동행하게 되는 것이다.[4]

3_ 겔 18:30,31; 36:31; 시 51:4; 119:128; 사 30:22; 렘 31:18,19; 욜 2:12,13; 암 5:15; 고후 7:11

4_ 왕하 23:25; 시 119:6,59,106; 눅 1:6

① 회개를 통해 자신의 죄를 깨닫는 유익

인간들은 자신의 죄가 얼마나 위험한지 제대로 인식하지 못하고 있다. 하나님을 알지 못하는 자들은 지상에 살아가는 인간이라면 당연히 그럴 수밖에 없다고 생각하며 도리어 자신의 죄를 합리화시키게 된다. 나아가 신앙이 어린 성도들 역시 자신의 죄가 하나님 앞에서 얼마나 추악한 것인가에 대한 인식이 부족하다. 그들은 죄인인 인간이 죄를 짓는 것은 당연한 것이라 생각한다.

그러므로 그런 자들은 죄인이 죄악된 세상에 살면서 죄를 짓는 것은 일상적인 과정일 뿐 어쩔 수 없는 것이라 생각하며 스스로 위로받게 된다. 그것은 결국 자신의 죄에 대한 감정을 무디게 할 따름이다. 그러나 죄는 인간들에게서 발생하는 단순한 현상일 뿐 아니라 하나님의 영광을 방해하는 공격성을 띠게 된다.

인간의 죄는 하나님을 공격하는 속성을 지닌다는 사실을 깨닫는 것은 매우 중요하다. 따라서 성숙한 성도들은 자기에게서 발생하는 더러운 죄가 하나님의 거룩한 성품과 의로운 율법에 정면으로 반대될 뿐 아니라 그것이 하나님을 저항하는 속성임을 깨닫게 된다. 그들은 그 죄악으로 인해 심한 갈등을 겪게 됨으로써 그리스도를 통해 용서를 베푸시는 사랑의 하나님께 의지하게 되는 것이다. 그것은 죄에 대한 위험성을 깨달음으로서 따라오는 회개를 동반하게 되며 은혜의 하나님께 더욱 가까이 나아가게 한다.

② 회개를 통해 하나님의 긍휼하심을 깨닫게 됨

하나님의 백성이 자신의 죄된 모습을 보게 되면 회개는 저절로 따르게 된다. 비록 의도하지 않아도 회개는 동반되는 것이다. 즉 그것은 인위적인 종교적 결단이기에 앞서 성령께서 행하시는 사역이다. 그것을 통해 성도들은 하나님의 긍휼하심을 깨닫게 된다.

인간은 자기의 죄악된 모습을 깨닫지 못한 상태에서는 하나님의 진정한 긍휼을 깨달을 수 없다. 피할 수 없는 죄악으로 인해 성도들은 자신의 처참한 모습을 보게 되며 그것을 회개함으로써 하나님의 진정한 은혜를 깨닫게 되는 것이다. 도저히 용서받지 못할 인간이 그리스도를 통해 하나님으로부터 용서받게 되는 것이 하나님의 긍휼이다. 참 성도가 하나님의 놀라운 긍휼을 깨닫게 되면 자신의 죄를 비통하게 여기며 그것을 미워하게 된다. 이로써 하나님의 자녀는 자기를 진정으로 부인하는 자리에 도달하게 된다.

③ 자신의 죄를 미워하고 하나님을 향하는 은혜를 누리게 됨

진정한 회개가 없으면 인간들은 자신이 죄인이라는 사실을 망각하게 될 우려가 있다. 성숙한 성도들은 항상 자기의 죄된 모습을 민감하게 발견하게 되며 항상 회개의 자리에 놓이게 된다. 어린 성도들은 자신의 죄악을 보지 못하지만 성숙한 성도들은 죄에 민감함으로써 그것을 선명하게 본다. 그러므로 성숙한 성도들은 회개를 통해 자신의 죄를 미워하고 하나님을 향하는 은혜를 누리게 된다. 그들은 자신의 범죄 사실들을 형식상 회개함으로써 후련한 종교적 감정을 느끼는 것으로 만족해하지 않는다. 도리어 그들은 회개를 통해 하나님의 은혜를 더욱 깊이 깨닫게 되며 계명을 좇아 그와 더불어 살기로 작정한다.

3 회개가 죄에 대한 속상贖償의 근거가 될 수 없으며 죄인이 용서받는 근본적인 원인이 될 수 없다.[5] 죄의 용서는 그리스도 안에서 값없이 주시는 하나님의 은혜의 행위이다.[6] 그렇지만 회개 없이는 어느 누구도 죄의 용서를 기대할 수 없으므로 회개는 모든 죄인들에게 필요불가결한 요소이다.[7]

5_ 겔 16:61-63; 36:31,32

6_ 엡 1:7; 호 14:2,4; 롬 3:24

7_ 렘 17:30,31; 눅 13:3,5

① 회개가 죄용서의 조건이나 원인이 될 수 없음

회개를 통해 자신의 죄를 용서받는 것은 아니다. 즉 회개가 결코 죄용서를 위한 어떤 조건이나 원인이 되지는 않는다. 죄의 용서는 인간의 회개를 통해 이루어지는 것이 아니라 예수 그리스도의 십자가 사역을 통해 이루어진다. 그것은 전적인 하나님의 은혜로 말미암는 것이다.

만일 인간의 회개로 말미암아 죄를 용서받을 수 있다고 말하게 되면 그것은 마치 인간의 종교적인 행위와 노력에 의해 용서를 받는 것처럼 되어버린다. 하지만 회개는 하나님의 자녀들 가운데서 행하시는 성령의 사역이다. 그러므로 우리는 회개조차도 하나님의 전적인 은혜로 말미암아 발생하게 되는 것임을 깨달아야만 한다.

② 회개는 모든 성도들에게 요구되는 필요불가결한 요소

회개가 죄를 용서받는 조건이 되는 것은 아니지만 하나님의 자녀들에게는 회개가 자연적으로 동반된다. 성도에게 있어서 회개는 필요불가결한 요소이다. 그러므로 진정한 회개 없이는 죄 사함을 기대할 수 없다. 회개는 구원의 조건이 아니면서도 성도들에게 필수적으로 따르게 된다.

우리는 여기서 회개에 관한 매우 중요한 것을 생각할 수 있어야 한다. 그것은 곧 교회적 회개이다. 교회적 회개란 각 개인 성도들의 모든 회개가 교회 공동체 가운데 흡수됨을 의미한다. 즉 개별 성도들의 회개는 개인을 위한 종교적 행위에 그치는 것이 아니라 교회적 고백이 되는 것이다.

교회에 속한 성도들 가운데는 정신연령이나 지적 판단력의 차이로 인해 올바르게 회개할 수 없는 자들이 많이 있다. 영아나 유아를 비롯한 어린아이들은 올바른 회개를 할 수 없다. 정신지체를 가진 성도들과 지적 판단력이 현저히 떨어지는 형제들 역시 마찬가지다. 그런 성도들은 개별적인 온전한 회개를 할 수 없다 할지라도 교회적 회개에 참여함으로써 자연스럽게 회개의 자리에 서게 된다. 그러므로 회개는 모든 성도들에게 주어지는 필요불가결한 요소라 말할 수 있다.

4 아무리 사소하고 작은 죄라 할지라도 그것이 정죄를 면케 해 주는 것이 아니다.[8] 이와 마찬가지로 아무리 중하고 큰 죄라 할지라도 그것을 진정으로 회개하는 자에게 정죄를 가져오지 못한다.[9]

8_ 마 12:36; 롬 5:12; 6:23

9_ 사 1:16,18; 55:7; 롬 8:1

① 회개에 있어서 죄의 경중이 있는 것이 아님

사람들은 죄 가운데 크고 작은 죄가 따로 있는 것으로 생각한다. 윤리적인 측면에서는 다른 사람들을 해치는 정도에 따라 죄의 정도가 당연히 다르다. 그렇지만 하나님 앞에서는 모든 죄가 동일하다. 이는 크든 작든 죄를 지은 인간은 하나님 앞에서 차별없는 죄인이라는 측면에서 그렇다는 의미이다. 즉 아무리 사소한 죄라 할지라도 그 죄를 가진 인간은 하나님 앞에 악하고 더러운 존재일 수밖에 없다.

그러므로 성도가 회개할 때 큰 죄만 회개하면 되고 작은 죄는 대충 넘어가도 괜찮다고 생각해서는 안 된다. 즉 어떤 죄는 크기 때문에 반드시 회개해야 하지만 어떤 죄는 보잘것없이 작기 때문에 용납할 만하다고 할 수 없다. 거룩한 하나님 앞에서는 모든 죄가 악하고 더러울 따름이다. 그러므로 윤리적인 관점에서 죄의 경중을 따져 회개 여부를 결정지으려 하는 것은 매우 위험한 행위이다.

② 모든 죄는 회개의 대상

성도들은 자신이 저지른 모든 죄를 하나도 남김없이 회개해야만 한다. 하지만 자기가 범한 모든 죄를 기억할 수 있는 인간은 이 세상에 아무도 없다. 죄의 정도가 크든 작든, 그것을 기억하든 기억하지 못하든 모든 죄는 하나님 앞에 불의한 것이다. 그런데 문제는 인간들은 항상 자신의 죄에 대해 관용함으로써 스스로 오해할 가능성을 지니고 있다는 사실이다.

하나님을 떠나 배도하는 자리에 있으면서 더러운 죄악을 범하면서도 인간들은 그것이 무서운 죄인 줄 알지 못하는 것이 일반적이다. 그러므로 그들은 죄악을 저지르고 있으면서도 도리어 그것을 통해 하나님으로부터 칭찬을 듣고자 하기도 한다. 따라서 성숙한 성도들은 회개할 때 성령 하나님의 도우심을 의지해야 한다. 즉 자기의 판단이 아니라 성령의 도우심에 따라 자신의 죄된 모습을 올바르게 직시할 수 있어야만 하는 것이다.

하나님은 자기자녀들에 대해서 한없이 자비로우신 분이다. 하나님의 백성이 용서받지 못할 죄는 아무 것도 없다. 따라서 성도들이 이 세상을 살아가면서 범하게 되는 모든 죄들은 교회적 회개를 통해 하나님 앞에 그대로 드러나야 한다. 죄의 정도가 크고 작은 것이 문제가 아니라 타락한 아담의 형상을 지닌 모든 인간은 불의한 존재라는 사실을 올바르게 깨닫는 것이 중요하다.

5 사람들은 통상적인 방법으로 회개하는 것으로 만족해서는 안 된다. 자기가 지은 죄들을 낱낱이 구체적으로 힘써 회개하는 것이 모든 성도들의 의무이다.[10]

10_ 눅 19:8; 시 19:13; 딤전 1:13,15

① 일반적인 회개로 만족해서는 안 됨

우리는 구체적인 죄악들에 대한 회개가 아니라 형식적인 자기 반성을 통해 만족하려 해서는 안 된다. 즉 두리뭉실하게 종교적으로 반성하면서 자신이 부족한 인간임을 되풀이하는 것만으로 충분하지 않다. 그러나 죄는 하나님으로부터 용서받아야 할 심각한 문제이며 인간 스스로 회개를 통해 용서받을 수 있는 성질의 것이 아니다. 우리는 자신이 죄인이라는 사실은 인정하면서도 실제적인 문제들의 죄악성에 대해서는 인정하지 않으려는 경향이 있다.

인간들은 일반적으로 스스로 자신의 사고와 행동에 대한 판단자가 되기를 좋아한다. 즉 자신이 행한 유무형의 죄성에 대해 스스로 옳고 그름을 판정내리는 것을 자연스럽게 생각한다. 그들은 결국 자신의 이성적 판단에 따라 특정사안을 죄로 판단하거나 무죄로 인정하게 되는 것이다.

그러나 인간들은 회개의 과정을 통해 스스로 자신의 죄를 용서하려고 해서는 안 된다. 도리어 자기가 죄라고 인식하지 못하고 인정하지 않는 것들 가운데 정말 무서운 죄가 존재하고 있음을 깨달아야 한다. 그렇지 않으면 정말 회개해야 할 바를 알지 못하고 간과하는 어리석음에 빠지게 된다.

② 구체적인 죄들을 낱낱이 고백해야 함

우리는 할 수 있는 대로 자신의 죄를 낱낱이 구체적으로 인식해야 한다. 나아가 그에 대해 민감하게 반응할 수 있어야 한다. 그것은 인간의 이성에 의한 판단이 아니라 하나님의 말씀과 성령에 의한 것이어야 한다.

계시된 말씀과 성령의 도우심 없이는 죄를 제대로 깨달을 수 없다. 그러므로 성도들은 자신이 저지른 진정한 죄에 대한 인식을 분명히 해야만 한다. 그것을 통해 신앙이 성숙해지며 자신의 죄된 모습을 더욱 실제적으로 깨달을 수 있다. 성도들은 그렇게 해서 드러난 자기의 죄를 하나님 앞에서 낱낱이 고백할 수 있는 자세를 가져야만 한다.

6 모든 사람은 자신의 죄를 사적私的으로 하나님께 고백하면서 그에 대한 용서를 간구해야 한다.[11] 그렇게 하면서 죄들을 버릴 때 하나님의 긍휼을 입게 된다.[12] 그러므로 누구든지 형제에게 상처를 주었거나 교회에 해악을 끼쳤을 경우 사적인 문제에 대해서는 개인적으로 자기의 잘못을 고백하고 하나님께 회개한 모습을 보여주어야 하며, 교회 공동체와 연관된 문제에 대해서는 공적으로 죄를 자백한 후 회개를 선포해야 한다.[13] 그것을 통해 상처를 받았던 당사자는 그 회개한 자와 화해하여 그를 사랑으로 용납해야 한다.[14]

11_ 시 32:5,6; 51:4,5,7,9,14

12_ 잠 28:13; 요일 1:9

13_ 약 5:16; 수 7:19; 시 51:2; 눅 17:3,4

14_ 고후 2:8

① 하나님 앞에서 개별적인 고백의 필요성

하나님의 자녀들은 자기가 지은 죄를 개별적으로 하나님 앞에서 고백하며 회개해야 한다. 성도들은 개별적인 회개를 통해 하나님의 용서를 구하게 되는 것이다. 자기의 죄를 깨닫지 못하고 있다는 사실과 그것을 회개하지 않는다는 사실은 하나님으로부터 오는 용서의 필요성을 인식하지 못하고 있는 것과 같다.

성도가 자신의 죄를 깨닫게 되면 자연스럽게 회개를 동반하게 된다. 그것은 결코 형식적인 회개가 아니라 진정으로 통회하는 회개이다. 그냥 입술로 자기의 잘못을 형식적으로 뉘우치며 지나간 과거를 후회하는 것 이상을 의미한다.

그러므로 하나님의 자녀들은 회개의 과정을 통해 자신의 더러운 죄를 버리게 된다. 그것은 거룩한 하나님과 더러운 죄인 사이에 이루어지는 화해의 의미를 지닌다. 하나님의 자녀들은 그렇게 함으로써 하나님의 긍휼을 덧입게 되는 것이다.

② 형제와 교회 앞에서의 고백의 필요성

회개는 개별적인 회개뿐 아니라 교회적인 회개를 요구한다. 이는 권징사역과 밀접하게 연관되어 있다. 형제나 교회에 대해 상처를 입힌 사람은 자기의 죄를 기꺼이 자백해야만 한다. 개별적인 관계에서 일어난 문제라면 당사자간에 자백과 용서가 이루어져야 하며 교회 공동체와 연관된 문제일 경우 공적인 고백과 회개가 있어야 한다. 그래야만 잘못된 죄에 대해 통회 자복할 수 있으며, 손상을 입은 당사자에게 하나님께 회개한 자신의 모습을 보여줄 수 있다.

물론 이는 자의적인 결단에 의한 공적 회개를 말하지 않는다. 즉 자기가 공개적인 회개를 하고 싶다고 해서 언제나 자유롭게 그렇게 할 수 있는 것이 아니다. 만일 그렇게 한다면 예기치 못한 의외의 문제가 발생할 수 있으며 교회와 다른 형제들에게 또 다른 상처를 줄 수 있다.

예를 들어 성性적인 문제와 연관되었을 경우 여간 지혜롭게 접근하지 않으면 더욱 심각한 문제가 발생할 수 있다. 범죄한 당사자는 진정으로 회개한다면서 교회 앞에 자기의 죄를 고백하며 회개하는 기회를 가지게 될지 모르지만 다른 많은 사람들이 심각한 상처를 입을 수 있는 것이다.

그러므로 교회 앞에서의 공적인 회개는 항상 장로회 즉 당회의 검토를 거쳐야 한다. 당회에 자신의 죄를 고백하며 회개할 때 당회가 권면하거나 징계의 정도를 결정하게 된다. 그때 당회가 교회 앞에서의 공적인 고백과 회개를 요구한다면 당사자는 정해진 범위 안에서 죄를 고백하며 회개해야 한다.

③ 고백을 통한 회복의 요구

참된 회개는 하나님 앞에서 이루어지는 고백이어야 하며 원칙적으로 볼 때 쉽게 재발되지 말아야 한다. 날마다 회개하면서 동일한 죄를 되풀이하는 것을 예사로 생각한다면 그것은 진정한 회개라 할 수 없다. 입으로 회개를 하면서 동일한 행동을 되풀이 한다면 그것은 진정한 회개가 아니다. 그것은 개인이든 기독교 단체이든 마찬가지다.

그리고 진정한 회개는 교회와 성도들 사이의 관계 회복을 전제로 한다. 즉 참으로 회개했다면 그에 대한 분명한 결과가 있어야 한다. 입으로 뉘우치고 그것을 다른 형제나 교회에 말한다고 해서 그것 자체가 회개일 수 없다. 참된 회개를 했다면 이미 과거에 일어난 과거의 범죄에 대한 후회가 아니라 하나님 앞에서 진정한 뉘우침이 뒤따라야 한다. 그리고 교회와 형제에게 상처를 주는 동일한 악행을 되풀이 하지 말아야 한다.

④ 진정한 고백이 없는 회개는 종교적 위선

역사 가운데는 교회가 공적으로 회개해야 할 일들이 종종 있어 왔다. 교회적 결정이 진리를 떠났을 때나 교회가 집단적으로 하나님의 말씀을 어겼을 경우가 그렇다. 그러므로 교회는 항상 역사적 과오를 기억하며 공적인 회개를 함으로써 현실에 처한 자신의 모습을 돌아볼 수 있어야 한다.

하지만 이때 중요한 것은 현재 하나님을 경외하는 모습에 대한 분명한 인식이 있을 경우에만 과거에 대한 교회적 회개가 가능하다는 것이다. 즉 현재의 잘못된 죄악에 대해 지극히 무딘 상태에서 지나간 역사적 사실에 대한 회개를 외친다면 그것은 영적 위선에 지나지 않는다. 그것은 하나님 앞에서 이루어지는 진정한 회개가 아니다.

배도한 상태에 머물고 있는 기독교 집단이나 개별 교인은 진정한 회개를 할 수 없다. 그런 형태의 회개는 현재 죄악 가운데 처한 기독교 종교집단이나 개인의 형편을 숨기기 위한 위선에 지나지 않는다. 위장된 회개는 그에 대한 구체적인 의도 여부와 상관없이 악행이다. 그것은 교회를 더욱 악하게 속이는 행위가 될 수 있으며 '회개'를 인본적인 종교적 목적을 추구하기 위해 악용하는 것에 지나지 않는다.

제16장
선행

개괄적 이해〉〉

하나님을 떠난 인간은 전적으로 부패하게 되었다. 죄에 빠진 인간은 그 자체로서 진정한 선을 행할 수 있는 존재가 되지 못한다. 우리가 인간의 윤리와 도덕을 기준으로 하여 선이라고 인정하는 행위들은 하나님 보시기에 진정한 선이 아니다. 하지만 인간들은 항상 윤리적 경험과 이성을 통해 선악을 구분하고자 한다.

우리가 유념해야 할 바는 교회 바깥에는 성경이 말하는 참된 선행이 존재하지 않는다는 사실이다. 비록 선행으로 비쳐지는 것들이 있다 할지라도 그것은 인간들의 도덕과 윤리에 의한 것일 뿐 하나님의 요구와 명령에 의한 응답이 아니다. 외견상 동일하게 보이는 선한 행동일지라도 하나님의 요구에 의한 순종적 행동과 인간들로 말미암는 행동 사이에는 엄청난 차이가 난다. 진정한 선행은 십자가에 달리신 예수 그리스도의 사역과 연관될 때만 가능한 것이다.

제 16 장
선 행

1 선행이란 오직 하나님께서 거룩하신 말씀 가운데 명령하신 것들만 가리킨다.[1] 따라서 성경 말씀의 보증 없이 인간들의 맹목적인 열성에 의하여 선행이 이루어질 수 없으며, 선의를 포장하여 인간들에 의해 고안된 행위들은 선행이 아니다.[2]

1_ 미 6:8; 롬 12:2; 히 13:21

2_ 요 16:2; 삼상 15:21-23; 사 29:13; 마 15:9; 롬 10:2; 벧전 1:18

① 성경이 말하는 선행

성경이 말하는 선행은 일반 윤리적 관점에서 말하는 선행과 본질적으로 다르다. 진정한 선은 오직 하나님으로 말미암으며 예수 그리스도의 사역과 직접 연관된다. 하나님의 거룩한 말씀을 통해 드러나는 것만 선행이라 할 수 있는 것이다. 따라서 진정한 선행은 교회와 연관된 선행을 의미하게 된다.

그러므로 예수 그리스도의 십자가 사역과 연관될 때 비로소 하나님의 교회와 개별 성도로부터 선이 발생하게 된다. 물론 그것은 성경의 구체적인 보증을 동반해야만 한다. 기록된 하나님의 말씀과 예수 그리스도를 통하지 않은 선은 진정한 선이라 할 수 없으며 하나님의 뜻과 무관한 선행은 진정한 선행이 아니다.

② 일반 윤리적 선행

인간사회에 존재하는 일반적인 윤리는 인간의 이성과 경험에 근거를 두고 있다. 그런 것들은 사람들에 의해 고안된 것이며 역사적 산물에 지나지 않는다. 인간사회에 형성되는 도덕적인 규범들 역시 마찬가지다. 윤리와 도덕성을 띤 그런 것들은 윤리적인 선을 가장하여 나타나게 된다.

많은 사람들이 그것을 선행이라 칭하게 되지만 실상은 진정한 하나님의 뜻을 가리는 역할을 하게 될 뿐이다. 그런 것들은 악한 인간들에 의한 윤리적 산물에 지나지 않는다. 이는 그것이 죄인인 인간들의 행동에 선의善意를 포장하여 발생한 것이기 때문이다. 하나님의 말씀을 통해 보증된 선이 아니라 윤리적 개념을 배경으로 하여 발생한 선행은 도리어 위험성을 띠고 있음을 깨달아야 한다.

2 하나님의 계명에 순종함으로써 이루어지는 선행은 참되고 살아 있는 믿음의 열매이며 증표이다.[3] 성도들은 그 선행을 통해 감사를 나타내며[4] 분명한 믿음을 견고케 하고[5] 형제들 가운데서 덕을 세우게 된다.[6] 그리고 복음에 대한 신앙고백을 돋보이게 하며[7] 대적자들의 입을 막고[8] 하나님께 영광을 돌리게 한다.[9] 성도들은 하나님께서 창조하신 자들로서 그리스도 예수 안에서 선한 일을 이룩하기 위해 지음을 받았다.[10] 그들은 궁극적으로 거룩한 열매를 맺음으로써 영생을 얻게 된다.[11]

3_ 약 2:18,22

4_ 시 116:12,13; 벧전 2:9

5_ 벧후 1:5-10; 요일 2:3,5

6_ 마 5:16; 고후 9:2

7_ 딤전 6:1; 딛 2:5,9-12

8_ 벧전 2:15

9_ 요 15:8; 빌 1:11; 벧전 2:12

10_ 엡 2:10

11_ 롬 6:22

① 진정한 선행

선행은 하나님의 말씀에 순종함으로써 나타나게 된다. 그것은 인간들의 연민이나 열정에 의해 생겨나지 않는다. 진정한 선행은 하나님의 말씀인 계명에 기초한다. 그 계명에 비추어 보아야만 참 선행인지 아닌지 구별이 가능한 것이다.

따라서 진정한 선행은 참되고 살아있는 믿음이 맺게 되는 자연스런 열매이다. 그것은 인간적인 의도와 결단에 의해서가 아니라 성령의 사역에 의해 열리게 된다. 그러므로 참된 선행은 진정한 믿음을 증거한다. 즉 선행의 열매를 통해 참된 믿음을 알게 되는 것이다. 하나님께서 요구하시는 진정한 선행이 따르지 않는 믿음은 살아있는 믿음이라 할 수 없다.

② 진정한 선행의 효력

성도들은 하나님께서 선물로 허락하시는 선행을 통해 감사한 마음을 표하게 된다. 하나님의 말씀에 순종함으로써 드러나는 선행이 감사의 배경이 되는 것이다. 그것은 또한 하나님에 대한 신앙을 더욱 견고케 한다. 하나님과 더불어 살아가는 성도의 삶이 그것을 통해 확인되기 때문이다. 이는 결국 주님의 교회를 위한 덕을 세우게 하며 성도들의 신앙고백을 외부적으로 돋보이게 한다.

③ 대적자들의 입을 막음

하나님의 자녀들이 선행을 행하는 것은 대적자들의 요구에 순응하지 않음을 말한다. 범죄한 인간들은 원래부터 사탄의 통치 가운데 살아갈 수밖에 없었다. 그것은 곧 하나님께서 원하는 선행에 대해 알지 못하고 있음을 뜻한다.

그러나 예수 그리스도를 통해 하나님의 자녀가 된 자들은 더이상 사탄의 요구에 순응하지 않는다. 도리어 하나님의 말씀에 순종함으로써 사탄의 요구를 거부하고 그리스도 안에서 이루어지는 진정한 선행을 행하게 된다. 그것은 사탄과 그를 따르는 대적자들의 입을 막는 역할을 하게 된다.

④ 선행을 통해 하나님께 영광을 돌림

여기서 말하는 선행이 일반 윤리적 선행을 의미하는 것이 아님은 지극히 당연하다. 하나님의 말씀에 순종함으로써 행하게 되는 성도의 선행은 하나님께 영광이 된다. 그것은 예수 그리스도 안에서만 가능한 선행이다.

하나님의 자녀들은 예수 그리스도 안에서 선행을 이루어가도록 창조된 존재이다. 그러므로 성도들의 선행은 하나님의 거룩함에 이르는 열매가 되며 영생으로 인도하게 된다. 이는 결코 인간의 행위를 통한 구원을 말하는 것이 아니다. 소위 행위 구원의 논리와는 전혀 다르다. 이는 하나님의 구원을 받은 성도들은 당연히 그리스도 안에서 선한 삶을 살게 되는 원칙을 말하고 있다.

3 선을 행할 수 있는 성도들의 능력은 결코 그들 자신에게서 나오는 것이 아니라 전적으로 그리스도의 성령으로 말미암는다.[12] 그러므로, 그들이 선을 행하기 위해서는 그들이 이미 값없이 받은 은혜 외에

그들 안에서 역사하여 자기의 기쁘신 뜻을 위해 그들로 하여금 소원을 두고 행하게 하시는 성령의 실제적인 감화가 필요하다. 그 감화에 의하여 그들은 하나님의 기쁘신 뜻을 추구하며 실천하게 된다.[13] 그렇다고 해서 성령의 특별한 감동이 없으면 아무런 의무를 실천하지 않아도 되는 듯이 오해하며 나태해져서는 안 된다. 도리어 그들 안에 있는 하나님의 은혜를 불일듯이 일으켜 힘써 선을 행해야 한다.[14]

12_ 겔 36:26,27; 요 15:4-6

13_ 고후 3:5; 빌 2:12; 4:13

14_ 딤후 1:6; 사 64:7; 행 26:6,7; 빌 2:12; 히 6:11,12; 벧후 1:3,5,10,11; 유 1:20,21

① 참된 선행의 출처

죄인인 인간들은 선을 행할 수 있는 아무런 능력이 없다. 모든 인간은 전적으로 부패했기 때문이다. 따라서 거듭나지 않은 자연인은 어떤 선행을 행할 수 없다. 나아가 하나님을 믿는 성도들 역시 인간 자신에게서 진정한 선행이 나오지 않는다.

하나님께서 기뻐하시는 참된 선행은 오로지 하나님으로부터 말미암는다. 예수 그리스도의 영으로부터 선행이 이루어지게 되는 것이다. 이는 하나님의 성도가 그리스도 안에 온전히 거하게 될 때 그로부터 선한 행위가 발생하게 됨을 의미한다. 물론 그것은 인간의 의도가 아니라 하나님의 전적인 은혜에 기인한다.

② 성령 하나님의 감화에 의한 선행

인간의 마음에 참된 선을 행하고자 하는 마음이 생기는 것은 성령께서 주시는 은혜의 선물이다. 하나님께서 허락하지 않으면 인간은 진정한 선을 추구하고자 하는 마음을 가지거나 어떤 선을 행할 수 없다. 그러므로 진정한 선행은 성령 하나님의 실제적인 감화에 의해 일어난다.

성령의 감화없는 인간들의 선행은 윤리적인 행동일 뿐 성경이 말하는 선행이 아니다. 진정한 선행은 일반적인 눈에는 선행으로 보이지 않을 수도 있다. 하나님을 알지 못하는 자들과 성도들이 이해하는 선행의 기준은 전혀 다르기 때문이다. 그러므로 우리는 예수 그리스도의 사역과 성령의 감화에 의해 이루어지는 선행만이 진정한 선행임을 깨달아 알 수 있어야 한다.

③ 선행의 불이행을 하나님께 핑계대서는 안 됨

선행을 행하도록 하시는 분은 하나님이기 때문에 인간들에게는 자발적으로 선행을 행할 아무런 의무가 없다고 말해서는 안 된다. 하나님의 자녀로서 순종하는 삶을 살게 되면 선행은 자연스럽게 뒤따르게 된다. 참 하나님의 성도들은 항상 하나님의 뜻을 적극적으로 따를 준비를 해야만 한다.

그러나 하나님의 자녀라고 하면서 불순종하여 선행이 뒤따르지 않는다면 그것은 인간에게 문제가 있는 것이다. 악한 자들은 항상 자기에게 잘못이 없다는 것을 입증하려는 듯 핑계거리를 찾기에 몰두하는 것을 보게 된다.

4 하나님께 순종함으로써 이 세상에서 가능한 최고 수준의 선행을 실천하는 성도들이라 할지라도 자기의 의무 이상의 선행을 행하거나 하나님의 요구를 능가하는 선을 실천할 수는 없다. 왜냐하면 인간들은 마땅히 행해야 할 선행의 의무조차 다 행할 수 없는 존재에 지나지 않기 때문이다.[15]

15_ 눅 17:10; 느 13:22; 욥 9:2,3; 갈 5:17

① 선행이 공로가 될 수 없음

인간이 실천하는 어떠한 선행도 하나님 앞에서 공로가 될 수 없다. 설령 모든 사람들이 입을 모아 대단한 윤리적 선을 행한다고 칭찬할지라도 하나님께서는 그것을 저들의 공로로 받아들이지 않는다. 이는 인간이 아무리 선행을 실천한다고 할지라도 하나님 앞에서는 그것이 아무것도 아님을 말해주고 있는 것이다.

나아가 흔히 종교적 선행이라 여겨지는 것들도 성도들이 쌓을 수 있는 공적이 되지 못한다. 연보를 많이 한다거나 교회당을 짓는 데 공헌이 크다거나 종교적인 봉사를 많이 행하는 것이 하나님 앞에서 공적이 될 수 없다. 결코 그것들을 통해 하나님으로부터 더 많은 상급을 받을 수 있는 것이 아니다. 단지 하나님의 요구에 올바르게 순종하는 삶이 진정한 성도의 자세일 따름이다.

② 인간은 하나님께서 요구하시는 선행을 다 행할 수 없는 존재

범죄한 인간은 근본적으로 진정한 선을 행할 수 없다. 인간 스스로에게서 나오는 것은 타락한 인간의 욕망뿐이다. 인간들은 그것을 상대적으로 비교하면서 마치 선한 것인 양 생각하게 된다. 그러므로 죄에 빠진 인간들은 결코 하나님의 기준에 도달할 수 없다.

우리가 깨달아야 할 바는 인간은 하나님께서 요구하시는 가장 기본적인 선행마저 행할 수 없는 존재라는 사실이다. 그런 상태에서 하나님께서 만족하실 만한 선을 행한다는 것은 불가능하다. 죄에 빠진 인간이 실천할 수 있는 최고 수준의 선행이라 할지라도 그것은 전혀 하나님께서 만족할 만한 선행이 되지 못하는 것이다,

5 우리가 행하는 최선의 선행이라 할지라도 하나님께서 베푸시는 죄 사함이나 영생을 얻을 만한 공로가 될 수 없다. 그 이유는 인간의 선

행과 장차 있을 영광 사이에는 너무나 큰 차이가 있으며, 우리와 하나님 사이에는 무한한 간격이 존재하기 때문이다. 그러므로 인간의 선행으로 하나님의 유익을 위해 보탤 것이 없으며, 그것으로써 인간이 범한 죄의 빚을 갚을 수도 없다.[16] 설령 우리가 할 수 있는 모든 것을 다 행했다 할지라도 그것은 우리의 의무를 이행한 것일 뿐 여전히 무익한 종에 지나지 않는다.[17] 그러므로 우리를 통해 진정한 선행이 드러난다면 그것은 성령의 은혜로 말미암는 것이며,[18] 우리 자신의 선한 심성에서 나오는 것이 아니다. 인간들에게서 발생하는 선행들은 많은 약점과 결점이 뒤섞여 오염되어 있어서 하나님의 엄중한 심판을 견뎌낼 수 없다.[19]

16_ 욥 22:2,3; 35:7,8; 시 16:2; 롬 3:20; 4:2,6; 8:18; 엡 2:8,9; 딛 3:5-7

17_ 눅 17:10

18_ 갈 5:22,23

19_ 사 64:6; 시 130:3; 143:2; 롬 7:15,18; 갈 5:17

① 인간의 선행을 통해 영생에 이를 수 없음

인간은 최선의 선행을 행한다고 할지라도 그것을 통해 죄를 용서받거나 구원을 받을 수 없다. 설령 성도로서 행할 수 있는 진정한 선행을 실천한다 해도 그것으로써 하나님을 만족시킬 수는 없다. 인간의 선행은 하나님 앞에서 아무런 공로가 될 수 없는 것이다.

범죄한 인간의 선행이란 하나님의 공의로움 앞에서는 여전히 죄와 연결되어 있을 따름이다. 그러므로 죄인인 인간이 자기의 선행을 통해 하나님께 나아가려는 것은 불가능하다. 도리어 그렇게 하려고 노력하는 것은 거룩한 하나님의 성품과 그의 사역을 깨닫지 못한 죄의 결과이다.

② 인간의 선행이 하나님의 사역에 도움이 되지 않음

인간은 자기의 선행이 하나님께 어떤 보탬이 될 수 있다는 생각을 해서는 안 된다. 전지전능하신 하나님은 죄인들의 조력을 전혀 필요로 하지 않는다. 도리어 그런 생각은 인간을 교만하게 만들 뿐이다.

하나님의 백성들이 자기의 힘을 보탬으로써 하나님의 유익을 추구하려 한다면 그것은 전적으로 인간의 오만함에 기인한다. 그것은 인간들의 조급한 마음에서 발생하는 것이며 진정한 하나님을 알지 못하기 때문에 나오는 생각이다. 인간들의 선행이 어떤 방식으로든 하나님께 유익이 되고 그것이 곧 자기의 공로가 될 수 있다고 생각하는 것은 죄성의 표출일 따름이다.

③ 진정한 선을 행한다 해도 여전히 무익한 종인 인간

성도가 하나님께서 원하시는 진정한 선을 행한다 할지라도 그것은 결코 자랑거리가 되지 못한다. 그것은 마땅히 행할 바를 행한 것이며 그나마 의무를 이행했을 따름이다. 나아가 그것은 자신의 개별적인 능력이나 노력에 의해 행해진 것이 아니라 하나님의 성령으로 말미암은 것이다.

성령의 도우심이 없이는 결코 진정한 선을 행할 수 없는 것이 인간이다. 성숙한 하나님의 자녀들 역시 마찬가지다. 인간들이 행하는 선행은 항상 연약하고 불완전하여 오염되어 있기 때문에 하나님의 심판을 피할 수 없다. 하나님으로 말미암은 선행이 아니라면 진정한 선행이 될 수 없기 때문이다.

6 그럼에도 불구하고 성도들의 삶이 그리스도로 말미암아 하나님께 용납된 이상 그들의 선행 또한 그리스도 안에서 용납된다.[20] 이는 세상에서 행해지는 그들의 선행이 하나님 보시기에 전혀 흠이 없거나 책망할 것이 없다는 의미가 아니다.[21] 다만 그들의 선행에 온전치 못한 요소가 많음에도 불구하고 하나님께서는 그 아들 안에 있는 저들을 보시

기 때문에 성실하게 행한 것에 대해서는 용납하시고 갚아 주시기를 기뻐하신다.[22]

20_ 창 4:4; 출 28:38; 엡 1:6; 히 11:4; 벧전 2:5

21_ 욥 9:20; 시 143:2

22_ 마 25:21,23; 고후 8:12; 히 6:10; 13:20,21

① 그리스도 안에서 용납되는 성도의 선행

모든 진정한 선행은 예수 그리스도 안에서만 가능하다. 그리고 그리스도 안에 존재하는 성도이기에 선을 행할 수 있다. 참된 선행은 전적으로 하나님으로 말미암기 때문이다. 예수 그리스도를 통하지 않은 진정한 선행은 존재하지 않으며 그 어떤 것이라 할지라도 하나님께서 기쁘게 받으시지 않는다.

그러므로 예수 그리스도 안에서 행해진 성도의 선행은 하나님께 용납된다. 그것은 선행을 행하는 인간 때문이 아니라 순전히 그리스도 때문이다. 이는 성도가 흠이 없기 때문에 하나님께서 그들의 선행을 받아들이시는 것이 아님을 말하고 있다. 따라서 하나님의 모든 자녀들은 성자 하나님 안에 온전히 존재해야만 한다.

② 그리스도 안에 존재하는 하나님의 자녀들

모든 인간들은 죄인일 뿐 아니라 항상 불완전한 존재들이다. 이에 대해서는 구원받은 하나님의 자녀들 역시 마찬가지다. 성도들이라 할지라도 이 세상에 살아가는 동안은 범죄한 아담의 형상을 그대로 지니고 있기 때문이다. 그러므로 하나님의 백성들 역시 예수 그리스도 안에 존재할 때 그 가치가 드러난다. 이는 성도들의 존재 자체에 대한 영적인 의미를 말한다.

성도들이 하나님으로부터 의롭다고 인정받는 것은 그들의 선행 때문이 아니라 그리스도 안에 존재하기 때문이다. 하나님께서는 완벽한 하나님의 형상을 지닌 그리스도로 인해 그 안에 존재하는 자기백성들의 선행을 용납하시며 그로 인해 보상해 주시기를 기뻐하신다.

7 중생하지 못한 사람들의 어떤 행위가 그 자체로서는 하나님의 명령에 부합하여 자신뿐 아니라 다른 사람들에게 유익이 될 수 있다.[23] 그러나 그것은 믿음에 의해 청결케 된 마음에서 난 것이 아니며[24] 그 행위가 하나님의 말씀을 좇아서 올바르게 행해진 것이 아닐 뿐더러,[25] 그 목적도 하나님의 영광을 위해서 한 것이 아니다.[26] 그러므로 그것은 죄악되고 하나님을 기쁘시게 하지 못하며 하나님의 은혜를 받기에 합당하게 할 수 없다.[27] 하지만, 그들이 그와 같은 행위마저 행하지 않으면 더욱 죄가 되며 하나님을 노엽게 하게 된다.[28]

23_ 왕상 21:27,29; 왕하 10:30,31; 빌 1:15,16,18

24_ 창 4:5; 히 11:4,6

25_ 사 1:12; 고전 13:3

26_ 마 6:2,5,16

27_ 호 1:4; 암 5:21,22; 학 2:14; 롬 9:16; 딛 1:15; 3:5

28_ 욥 21:14,15, 시 14:4; 36:3; 마 23:3; 25:41-43,45

① 중생하지 못한 자들의 선행

하나님을 알지 못하는 불신자들의 윤리적 행위는 진정한 선행이 될 수 없다. 설령 하나님께서 요구하고 명령하신 것들과 부합한다 할지라도 그것은 진정한 선행이 아니다. 이에 대해서는 기독교 내부에 있는 중생하지 못한 자들의 경우에 있어서도 역시 마찬가지다.

기독교적 활동을 하는 사람들의 선행이라 해서 무조건 하나님 보시기에 선한 것은 아니다. 중생하지 못한 교인들의 행동은 그것이 하나님께서 명령하신 내용일지라도 여전히 죄가 된다. 비록 하나님께서 요구하시고 명령하신 유익한 것들이긴 하지만 진정한 믿음에 의한 것이 아닐 뿐더러 하나님의 영광을 위한 목적이 아니기 때문이다. 즉 그런 선행은 자기를 위한 것일 뿐 진정으로 하나님으로 말미암은 것이 아니다. 하나님께서는 자기자녀들의 선행을 그리스도 안에서 용납하신다는 사실을 잘 깨달아야 한다.

② 기독교 내부의 중생하지 못한 자들의 선행의 의미

교회 가운데서는 중생하지 못한 자들의 선행이라 할지라도 있는 것이 유익하다. 그것은 다른 성도들이 선행을 배우는 일에 유익이 되며 악을 멀리 하는 일에 어느 정도 도움이 될 것이기 때문이다.

이는 진정한 선행은 개별적인 것일 뿐 아니라 교회적 선행과 연관되어야 함을 의미하고 있다. 교회 안에는 선행을 실천할 만한 능력이 온전히 갖추어지지 못한 성도들이 많이 있다. 태아나 영아, 유아들이 그러하며 정신지체 장애를 가진 성도들이 그렇다. 그리고 병약하거나 고통 중에 있는 성도들 역시 그와 동일한 범주에 속해 있을 수 있다.

따라서 교회적 선행을 통해 어린 성도들이나 특별한 선을 행할 수 없는 성도들에게 그 의미가 나누어지게 된다. 교회 안의 중생하지 못한 자들이 선행을 행하는 것은, 그들 자신에게는 여전히 죄악이며 아무런 의미가 없지만 다른 성도들에게는 상당한 유익을 끼치게 되는 것이다.

제17장
성도의 견인堅忍 : 성도의 궁극적 신앙

개괄적 이해 〉〉

성도의 견인이란 하나님께서 택하신 자기자녀를 끝까지 버리시지 않는다는 것을 말한다. 하나님은 창세전에 선택하신 자기백성 중 마지막 한 사람까지 모두 구원하신다. 그 놀라운 일을 위해 성자 예수께서 친히 십자가에 달려 돌아가셨다.

인간은 하나님의 자녀라 할지라도 범죄한 아담의 형상을 입은 존재이므로 거듭난 후에도 일시 동안 타락한 생활에 빠질 수 있다. 그러나 하나님께서는 자기자녀를 영원토록 그 악한 자리에 머물게 하시지 않는다. 인간의 타락에도 불구하고 하나님은 끝까지 인내하시면서 이 세상의 모든 자기자녀들을 영원한 천상의 나라로 부르시는 것이다. 성도의 견인은 하나님의 전적인 사랑과 은혜에 기인한다.

제 17 장

성도의 견인堅忍 : 성도의 궁극적 신앙

1 하나님께서 그 사랑하시는 독생자 안에서 용납하여 그의 성령으로써 효과적으로 불러 거룩하게 하신 자들은 은혜의 상태를 떠나 다시 완전히 타락할 수 없다. 그들은 하나님의 오래 참으심으로 인해 마지막 날까지 은혜의 자리에 머물게 되며 영원한 구원을 받게 된다.[1]

1_ 빌1:6; 요 10:28,29; 벧전 1:9; 벧후 1:10; 요일 3:9

① 하나님께서는 자기자녀를 독생자 예수 그리스도 안에서 용납하심

하나님께서는 예수 그리스도를 통해 창세전에 택하신 백성들을 용납하신다. 하나님께서 타락에 빠진 인간들을 용납하시는 것은 결코 그들의 윤리적 선행 때문이 아니다. 나아가 그들의 성실한 노력이나 공적 때문도 아니다.

선택하신 자기백성들에 대한 하나님의 용납은 오직 독생자 예수 그리스도 안에서만 이루어진다. 하나님은 그리스도를 통해 죄에 빠진 자기백성들을 영원히 구원코자 하셨다. 이는 창세전 작정과 연관된 삼위일체 하나님의 놀라우신 사역에 기초한다.

② 영원한 구원을 위한 성령의 사역

자기백성에 대한 하나님의 용서는 예수 그리스도 안에서 이루어진다.

그리고 그것은 성령의 사역을 통해 구체적으로 실행된다. 이는 하나님께서 그리스도의 구속사역과 성령의 역사하심 없이 감상적인 용서를 베푸시지 않는다는 의미이다.

예수 그리스도의 사역에 의해 죄를 용서받고 성령에 의해 부르심을 받은 성도들은 하나님의 자녀로서 특별한 관계가 회복된 자들이다. 그들은 성령으로 말미암아 영원히 거듭난 자들이다. 따라서 하나님의 성도가 된 자들은 성령 하나님의 도우심과 간섭 아래 살아가야만 한다.

③ 자기자녀를 끝까지 버리지 않으심

하나님의 구원은 인간의 노력이 아니라 전적인 하나님의 은혜에 의한 것이다. 그러므로 하나님께서는 한번 구원하신 자기자녀들을 결코 다시 버리시지 않는다. 설령 그들 가운데 도중에 낙심하여 타락한 인생을 사는 것처럼 보이는 자가 있다고 하더라도 하나님께서는 여전히 그를 자기자녀로 인정하고 계신다.

중생한 성도이면서 일시적으로 타락한 자들이 잠시 하나님을 잊고 살아간다고 해서 저들이 다시금 사탄의 손에 넘겨지지는 않는다. 하나님께서는 그들이 자기품으로 돌아올 때까지 끝까지 참고 인내하신다. 하나님은 결코 그들을 버리시지 않고 궁극적으로 구원하시는 것이다.

2 성도의 견인은 인간의 자유의지에 달려있지 않다. 그것은 하나님 아버지의 영원한 사랑에서 나오는 선택에 대한 작정의 불변성,[2] 예수 그리스도의 공로와 중보의 효력,[3] 성령의 내주와 그들 안에 있는 하나님의 씨,[4] 그리고 은혜언약의 본질에 달려있다.[5] 이와 같은 모든 것들로부터 성도의 견인의 확실성과 무오성이 보장된다.[6]

2_ 렘 31:3; 딤후 2:18,19

3_ 눅 22:32; 요 17:11,24; 롬 8:33-39; 히 7:25; 9:12-15; 10:10,14 ;13:20,21

4_ 요 14:16,17; 요일 2:27; 3:9

5_ 렘 32:40

6_ 요 10:28; 살후 3:3; 요일 2:19

① 강권적인 견인

하나님의 자녀들에게 적용되는 견인은 인간적인 판단이나 결단에 달린 것이 아니다. 그것은 전적으로 하나님의 불변하시는 사랑에 달려 있다. 이는 창세전에 선택하기로 작정하신 성부 하나님의 영원한 사랑이다.

그러므로 어떤 사람이 구원에 대한 열망이 있다고 해서 그가 구원을 받을 수 있는 것이 아니며 설령 그런 마음이 없다고 해서 버림을 받는 것도 아니다. 물론 진정으로 구원받은 성도들은 궁극적으로 하나님의 영원하신 은혜를 깨닫게 된다. 그것은 인간의 의지가 아니라 하나님께서 베푸신 은혜에 근거한다.

② 선택의 작정의 불변성

영원한 구원을 위한 하나님의 작정은 결코 변하지 않는다. 하나님은 자신의 언약에 신실하신 분이다. 그러므로 창세전에 선택하신 자기자녀들에 대한 하나님의 영원한 구원계획은 절대 불변하는 것이다.

만일 어떤 사람이 하나님은 전능하신 분이므로 마음만 먹으면 예정이나 선택과 관계없이 누구든지 불러 자기백성으로 삼을 수 있다고 말하는 것은 옳지 않다. 하나님의 예정과 작정은 절대 불변하는 것이며 하나님께서는 창세전에 선택하신 자기백성만 구원하시기를 기뻐하신다.

③ 그리스도의 공로와 중보의 효력

하나님의 자녀들이 궁극적인 구원에 참여하게 되는 것은 인간적인 종교성이나 공로 때문이 아니다. 종교적으로 아무리 훌륭한 인간이 있다고 할지라도 그것이 구원의 조건이 될 수 없다. 그런 것은 파멸에 빠진 인간의 구원을 위해 아무런 효력을 발생하지 않는다.

하나님의 구원은 전적으로 인간의 몸을 입으신 성자 예수 그리스도의 십자가 사역에 의한 것이다. 그러므로 성도의 견인은 예수 그리스도의 공로와 중보의 효력에 근거한다. 이로 말미암아 창세전에 작정하신 하나님의 궁극적인 구원이 확증된 것이다.

④ 하나님의 씨와 성령의 내주하심

우리가 중요하게 깨달아야 할 점은 성도의 견인이 그들 안에 있는 '하나님의 씨' 로 말미암는다는 사실이다. 이는 하나님의 자녀들에게는 원래부터 하나님의 씨가 존재하고 있었음을 말해준다. 선택받은 성도로서 타락한 인간들에게는 그 안에 하나님의 씨가 잠재적으로 존재한다. 그것은 그리스도를 증거하시는 성령의 사역을 통해 드러나게 된다. 이는 본질적인 하나님의 은혜언약에 속하는 것이다.

그러므로 하나님을 알지 못하는 자들에게는 원래부터 '하나님의 씨' 가 존재하지 않는다. 그 속에 하나님의 씨가 없는 자들은 결코 하나님께서 원하시는 열매를 맺을 수 없다. 따라서 인간들의 종교적인 삶의 자세나 특별한 행동에 의해 구원이 결정되는 것이 아니다.

⑤ '하나님의 형상' 에 관하여

여기서 말하는 성도들 안에 원래부터 존재하고 있던 하나님의 씨는 과연 무엇인가? 그것은 하나님의 형상과 연관되어 있다. 즉 하나님의 형상의 존재 여부가 하나님의 씨의 존재 여부를 확증짓는 것이다.

그러므로 완벽한 하나님의 형상이신 예수 그리스도가 오셨을 때 그 속에 하나님의 씨 곧 하나님의 형상을 잠재적으로 지니고 있던 자들은 주님을 알고 그를 따르게 된다. 즉 창세전에 예정된 하나님의 자녀들이 하나님을 알게 되는 것은 그 안에 하나님의 씨가 존재하기 때문이다. 따라서 성령의 사역에 의해 거듭난 성도들 안에는 항상 하나님의 성령께서 내주하시게 된다.

3 그렇지만 성도들은 사탄과 세상의 시험을 받게 되며, 그들 안에 남아 있는 부패성이 힘을 얻어 그들을 보존해 주는 은혜의 방편들을 무시함으로써 중한 죄에 빠질 수 있다.[7] 그러므로 그들은 얼마 동안 그 죄 가운데 거하기도 한다.[8] 그로 말미암아 그들은 하나님의 분노를 사며[9] 성령을 근심케 하고[10] 그들이 받은 은혜와 위로의 일부를 상실 당하게 된다.[11] 그리고 그들의 마음이 강퍅해져[12] 양심은 상처를 받고[13] 남을 해치거나 중상하여[14] 일시적인 심판을 자초하게 된다.[15]

7_ 마 26:70,72,74

8_ 시 51:14

9_ 삼하 11:27; 시 64:5,7,9

10_ 엡 4:30

11_ 시 51:8,10,12; 아 5:2-4; 계 2:4

12_ 사 63:17; 막 6:52

13_ 시 32:3,4; 51:8

14_ 삼하 12:14

15_ 고전 11:32; 시 89:31,32

① 타락한 아담의 형상을 지닌 인간들의 한계

하나님의 씨를 소유하고 있으면서 예수 그리스도의 사역에 의해 구원을 받은 성도들 역시 죄악이 가득한 이 세상에 살아가고 있다. 하나님의 백성이라 할지라도 세상에서 살아가는 동안은 여전히 죄성을 지니고 죄를 지으면서 살아가게 된다. 범죄한 아담의 형상을 지닌 인간으로서 피할 수 없는 길이다.

그러므로 성도들도 이 세상을 살아가고 있는 한 항상 세상의 강한 유혹에 직면해 있다. 세상에서 돌아섰음에도 불구하고 타고난 죄성으로 인해 부패한 속성을 드러내며 세상을 탐하게 되는 것이다.

② 일시적인 하나님의 진노

세상의 가치관에 다시금 빠져 들어가는 것은 하나님의 진노를 유발하는 조건이 된다. 따라서 하나님의 일시적인 채찍 아래 놓이기도 하며 세상 가운데 갈등하며 살기도 한다. 그로 인해 마음이 강퍅해지며, 죄를 누리고 있는 동안에는 하나님의 은혜와 위로를 누리지 못하게 된다.

그런 자들은 하나님께서 허락하신 천상의 기쁨과 감사를 누리는 것이 아니라 이 세상의 욕망에 따라 살려고 하기 때문에 하나님의 은혜와 위로를 일시적으로 상실당하게 된다. 이는 하나님의 말씀을 떠난 이기적인 삶의 결과로서 성령을 근심하게 만든다. 또한 그런 삶은 다른 성도들에게 아무런 유익을 끼치지 못하게 된다. 그러나 하나님의 오래 참으심으로 인해 궁극적인 구원을 빼앗기지는 않는다.

③ 기독교 내부의 불신자

기독교 단체에 부지런히 출입하며 종교적인 활동을 열심히 하는 자들이라 할지라도 그 안에 하나님의 씨가 없는 자들은 하나님의 자녀가 될 수 없다. 그런 자들은 종교생활로 인해 나름대로 만족을 얻게 될지 모르지만 진정한 하나님의 은혜를 깨닫지 못한다. 그들은 아담의 범죄가 지닌 처참한 상태의 의미를 제대로 알지 못하는 것이다.

하나님의 씨가 없이 범죄한 아담의 형상만 지닌 자들은 기독교 내부에서조차 타락한 아담의 속성을 드러낸다. 그들이 설령 교회 안에서 종교적인 많은 활동을 한다고 해도 마찬가지다. 이는 가룟 유다가 3년 동안 예수님을 따라 다니며 제자 행세를 하면서 훌륭한 종교인의 모습을 보였지만 결국 주님을 버리고 자기가 속한 사탄의 길을 따라 간 것과도 같다.

제18장
은혜와 구원의 확신

개괄적 이해 〉〉

구원의 확신은 인간의 자기 판단이나 종교적 신념에 의한 것이 아니다. 이단에 속한 자들과 불신자들을 보면 쉽게 알 수 있다. 그들 가운데는 저들의 종교적 신념에 따라 낙원이나 극락에 다다를 수 있다고 확신하는 자들이 많이 있다. 그러나 그들이 갈 곳은 이미 정해져 있다.

이처럼 우리가 말하는 구원의 확신이란 그런 것이 아니다. 그것은 인간들의 종교적 신념에 달린 것이 아니라 전적으로 하나님의 작정과 언약에 달려있다. 성도들이 영원한 구원을 확신할 수 있는 것은 성경에 기록된 하나님의 언약과 성령의 사역으로 인한 교회의 보증 때문이다.

제 18 장

은혜와 구원의 확신

1 위선자들과 중생하지 못한 자들은, 하나님의 은혜와 구원을 소유한 듯[1] 거짓된 소망과 육적인 억측으로 헛되게 자신을 속일 수 있으나 그들이 가지고 있는 소망은 사라지게 될 것이다.[2] 그러나 하나님 앞에서 선한 양심으로 행하며 신실한 마음으로 주 예수를 믿고 사랑하는 자들은 자신이 구원의 자리에 있다는 사실을 확신할 수 있으며[3] 장차 누리게 될 하나님의 영광에 대한 소망으로 인해 즐거워할 수 있다. 그 소망은 결코 그들을 부끄럽게 하지 않는다.[4]

1_ 요 8:41; 신 29:9; 욥 8:13,14; 미 3:11

2_ 마 7:22,23

3_ 요일 2:3; 3:14,18,19,21,24; 5:13

4_ 롬 5:2,5

① 중생하지 못한 자들의 거짓 믿음

지상의 교회들 가운데는 하나님을 알지 못하는 불신자들이 많이 들어와 있다. 이는 예수님께서 '알곡과 쭉정이 비유'를 말씀하신 것과 조화되는 내용이다. 그런데 놀라운 것은 불신자들도 교회에 들어와 하나님께서 교회에 베푸신 은총을 어느 정도 느끼며 누릴 수 있다는 사실이다. 그들도 참 성도들처럼 기도를 배우기도 하고 찬송가를 부르며 연보를 하면서 교회생활을 한다.

그리고 교회 안팎에서 봉사활동을 하기도 하며 기독교적 활동을 하면서 즐거운 종교생활을 하기도 한다. 하지만 그들이 그런 기독교적 종교생활을 익힌다고 해서 참 성도가 되는 것은 아니다. 그들은 종교로 인해 스스로 자기에게 속고 있는 것이며 결국은 멸망에 빠지게 된다. 그들이 가진 믿음도 참된 것이 아니라 거짓 믿음일 따름이기 때문이다.

② 참된 성도들이 가지는 구원의 확신

하나님을 참으로 믿는 백성들은 주님의 은혜를 통해 자신이 구원받은 자의 상태에 놓여 있음을 깨달아 알게 된다. 그들이 누리는 진정한 즐거움은 자신의 종교적 활동이나 세상에서 일어나는 것들로 말미암지 않는다. 도리어 하나님의 영광을 진정으로 소망함으로써 천국의 의미를 미리 누리게 되는 것이다. 그들이 가지게 되는 하나님으로 인한 소망은 영원토록 소멸되지 않는다.

하나님께서는 자기백성들의 구원을 영원히 보증하신다. 하나님의 자녀들은 그의 은혜로서 진정한 구원을 확신하게 된다. 그것은 단순한 종교적 세뇌나 학습에 의한 것이 아니라 하나님의 언약에 따른 것이다. 그러므로 하나님의 자녀들은 언약을 통한 구원의 확신에 의해 영원한 천국에 소망을 두고 살아간다.

2 이 확실성은 허황된 소망에 따라 느껴지는 그럴듯한 추측에 의한 확신이 아니다.[5] 이는 진정한 신앙에서 오는 무오無誤한 확신이다. 이 확신은 구원의 약속을 내용으로 한 하나님의 진리[6]와 구원의 약속을 받은 자들 안에 내재하는 은혜들의 증거,[7] 그리고 우리가 하나님의 자녀임을 입증하시는 성령의 증거[8]에 기초하고 있다. 성령은 우리의 기업에 대한 영원한 보증이며 그로 말미암아 구속의 날까지 인印치심을 받게 되었다.[9]

5_ 히 6:11,19

6_ 히 6:17,18

7_ 요일 2:3; 3:14; 고후 1:12; 벧후 1:4,5,10,11

8_ 롬 8:15,16

9_ 고후 1:21,22; 엡 1:13,14; 4:30

① 잘못된 확신과 진정한 확신

진정한 구원의 확신은 종교적 결단이나 세뇌와 다르다. '확신을 가지라' 는 누군가의 권면에 의해 가지게 되는 종교적 신념과는 다른 것이다. 사실이 아닌 것을 사실인 것으로 생각하며 확신한다고 해서 그것이 사실로 변하는 것은 아니다. 만일 그런 식의 요구에 의해 구원의 확신을 가진다면 진정한 확신이 될 수 없다.

그러므로 우리는 허망한 개인적 확신을 조심해야 한다. 그것은 인간적인 결단이나 종교적 세뇌에 의한 것일 수 있기 때문이다. 진정한 확신은 하나님의 진리에 근거해야 한다. 즉 자기의 판단이 아니라 하나님의 말씀에 의한 것이어야 한다.

② 성령의 증거와 보증

진정한 성도들은 하나님의 구원에 대한 내적인 확증을 가지게 된다. 그것은 성령의 증거에 의해 발생한다. 이는 하나님의 인치심이며 완전한 구속이 이루어질 때까지 소중한 보증이 된다. 그러므로 그것이 우리가 하나님의 자녀임을 보증하며 주님께서 재림하시는 그날까지 하나님의 보호를 받게 되는 증거가 되는 것이다.

물론 그것은 교회적 확신과 더불어 이해되어야 한다. 진정한 교회 공동체를 통한 구원의 확신이 있어야만 보증이 될 수 있다. 그런 확신은 구원에 대한 다른 성도들의 신앙과 밀접하게 연결되어 있다. 그러므로 태아를 비롯한 영아 및 유아들과 정신지체 장애를 가진 성도들 등 신앙적 사고능력이 없는 성도들 역시 그 확신에 자연스럽게 동참하게 되는 것이다.

3 흔들림 없는 이 확신은 믿음의 본질에 속한 것이 아니다. 그러므로 참된 성도라 할지라도 구원의 확신을 소유하기까지 오랜 시간이 걸릴 수 있으며 상당한 난관들에 부딪칠 수 있다.[10] 하지만 성도는 값없이 주신 그 선물들을 성령을 통해 알 수 있기 때문에 특별한 다른 계시를 필요로 하지 않는다. 그는 통상적인 은혜의 방편들을 올바르게 사용함으로써 그 확신을 소유할 수 있다.[11] 그러므로 모든 성도들은 자신의 부르심과 택함받은 사실의 확신을 위해 최선을 다할 의무가 있다.[12] 그렇게 함으로써 그의 심령은 성령께서 주시는 화평과 기쁨이 넘치게 되고 하나님께 대한 사랑과 감사로 부요해지며, 힘을 다해 자발적으로 순종의 의무를 감당하게 된다.[13] 이 같은 것들은 확신으로 말미암는 당연한 열매들이다. 따라서 이 확신을 갖게 되면 성도들은 결코 방탕한 삶을 지속할 수 없다.[14]

10_ 시 77:1-12; 88편; 사 50:10; 막 9:24; 요일 5:13

11_ 고전 2:12; 엡 3:17,19; 히 6:11,12; 요일 4:13

12_ 벧후 1:10

13_ 시 4:6,7; 119:32; 롬 5:1,2,5,14,17; 15:13; 엡 1:3,4

14_ 시130:4; 롬 6:1,2; 8:1,12, 고후 7:1; 딛 2:11,12,14; 요일 1:6,7; 2:1,2; 3:2,3

① 확신을 가지게 되는 과정

구원에 대한 확신은 그것 자체가 믿음의 본질에 속하는 것이 아니다. 즉 자기가 그렇게 믿는다고 해서 하나님의 은혜가 주어지는 것이 아니며 영원한 구원에 이를 수 있게 되는 것이 아니다. 진정한 구원의 확신은 하나님으로 말미암는 참된 믿음을 가진 성도들에게 주어지는 하나님의 은혜이다.

그리고 진정한 믿음은 상당한 갈등을 동반한 채 숱한 난관들에 부딪치기도 한다. 대개는 그런 과정을 거친 후에야 참된 구원의 확신을 가지게 된다. 이는 하나님을 믿음으로 말미암아 발생하게 되는 세상에 대한 갈등을 의미하며 그런 과정을 통해 진정한 확신을 가지게 한다. 이는 성숙한 성도로서 마땅히 가져야 할 신앙의 성장을 동반한다.

② 특별한 계시를 요구하지 않음

값없이 주어지는 하나님의 구원에 대한 확신은 성령을 통해 깨닫게 된다. 그것은 말씀과 언약을 기초로 한 깨달음이다. 하나님께서 기록된 말씀으로 보여주신 언약을 통해 성도들은 구원의 확신을 가지게 되는 것이다.

그러므로 구원의 확신을 가지기 위해 기록된 성경말씀 이외의 별도의 특별한 계시가 필요하지 않다. 우리시대에는 특별계시에 의해 자신의 구원을 확인할 수 있는 것이 아니다. 하나님의 자녀들은 말씀을 깨달아 가는 통상적인 방편에 의해 진정한 구원의 확신에 도달하게 된다.

③ 확신에 따른 열매

하나님의 자녀들은 구원의 확신으로 인해 성령 안에서 세상에 존재하지 않는 진정한 화평과 기쁨을 누리게 된다. 하나님에 대한 사랑과 감사한 마음으로 하나님을 섬기며 그에게 순종하는 삶을 살게 되는 것이다. 그것은 성도들에게 이 세상을 능히 이길 수 있는 힘을 제공하며 어려움 가운데서도 항상 기쁘게 살아가는 데 도움을 준다. 이 모든 것들은 진정한 구원의 확신으로 말미암는 열매들이다.

그러므로 구원의 확신을 가지게 되면 결코 이 세상의 방탕한 생활에 안주하지 않는다. 여기서 언급하는 방탕이란 일반적인 의미를 말하는 것이 아니다. 즉 그것은 술을 과음하며 허랑방탕한 생활을 의미하는 것이 아니라 그보다 훨씬 광범위한 뜻을 지닌다. 즉 여기서 말하는 방탕한 삶이란 이 세상을 탐하는 마음과 세상의 안락한 삶을 누려보려는 세속적인 욕망의 결과를 의미한다.

4 참된 성도라 할지라도 여러 가지 원인으로 인해 구원의 확신이 흔들리며 약해지거나 일시적으로 중단될 수 있다. 그에 대한 원인들은, 그 확신을 보존하는 노력을 소홀히 한 경우, 양심을 상하게 하고 성령을 근심케 하는 죄를 범한 경우, 어떤 급작스럽고 강렬한 시험에 빠진 경우, 하나님께서 그의 얼굴빛을 거두시고 그 빛의 혜택을 누리지 못하게 하실 경우[15] 등이다. 하지만 그렇다고 해서 그들이 하나님의 씨를 완전히 상실한 것이 아니며, 믿음의 삶, 그리스도와 형제에 대한 사랑, 성도의 의무에 대한 진정한 마음과 양심이 완전히 사라진 것이 아니다. 따라서 성령의 역사로 말미암아 적당한 때에 구원의 확신이 저들 가운데 소생하게 된다.[16] 그들은 그런 심각한 절망 중에서도 성령의 역사로 인해 버텨낼 수 있는 것이다.[17]

15_ 시 31:22; 51:8,12,14; 77:1-10; 88:1-18; 아 5:2,3,6; 사 50:10; 마 26:69-72; 엡 4:31

16_ 눅 22:32; 욥 13:15; 시 51:8,12; 78:15; 사 50:10; 요일 3:9

17_ 미 7:7-9

① 흔들릴 수 있는 구원의 확신

참 신자라 할지라도 구원의 확신에서 흔들릴 수 있다. 뿐만 아니라 일시적으로 그것이 중단되기도 한다. 그러나 그 흔들림이 구원의 본질적인 효과에 어떤 영향을 끼치는 것은 전혀 아니다. 하나님의 자녀들 역시 이 세상을 살아가면서 다양한 모습으로 흔들릴 수 있다. 이런 현상은 신앙이 어릴 때는 도리어 자연스러울 수도 있다.

이는 저들의 신앙이 살아있다는 증거가 되기도 한다. 그것은 저들의 신앙이 맹목적이지 않음을 보여주고 있기 때문이다. 우리는 하나님의 자녀라 할지라도 항상 특별한 죄에 빠지거나 갑작스런 유혹에 빠질 때 혹은 하나님의 역사하심에 따라 흑암 중에 놓일 수 있음을 기억해야 한다.

② 때가 되면 소생하는 확신

일시적으로 구원의 확신이 약해지거나 중단된다 할지라도 그 안에 '하나님의 씨' 를 가지고 있는 성도들의 구원에 대한 약속은 완전히 사라지지 않는다. '하나님의 씨' 가 존재하는 자들은 그것으로 말미암아 다시 소생하게 되는 것이다.

그러므로 중생한 하나님의 자녀들은 설령 심각한 신앙의 갈등과 어려움을 겪는다 해도 완전히 하나님을 떠나게 되지 않는다. 하나님의 은혜는 그럴 때조차도 저들과 함께 한다. 그들에게 약속된 궁극적인 구원은 절대로 파기될 수 없는 것이다. 성령의 역사하심이 하나님의 자녀들을 끝까지 지켜주기 때문이다.

제19장
하나님의 율법

개괄적 이해 〉〉

일반적으로 법은 국가國家와 연관되는 개념이다. 국가 이외의 다른 어떤 단체나 모임도 절대적 공권력을 행사할 수 있는 법을 제정하거나 가지지 못한다. 그러므로 법은 국가의 근간을 이룬다. 국가는 법을 통해 백성들을 보호하며 이기적인 자기의 욕망에 따라 마음대로 행동하는 것을 허용하지 않는다. 국가는 법을 통해 그것을 적절히 통제하며 다스리는 기능을 한다. 법은 국가 안에 살고 있는 백성들의 객관적인 판단의 잣대 역할을 하게 되는 것이다.

그렇다면 성경이 말하는 율법이란 무엇인가? 그 율법은 하나님의 왕국을 이루기 위한 기준이 된다. 이는 이스라엘 민족에게 특별히 주어진 하나님의 법을 의미한다. 그러므로 이스라엘 백성은 자기 의사대로 살 수 있는 것이 아니라 하나님의 뜻에 따라 살아야 한다. 그에서 벗어나면 범법자가 되며 하나님께 죄를 범하는 것이 된다. 하지만 하나님의 율법을 완전히 지킬 수 있는 자는 아무도 없다. 그러므로 하나님의 율법은 인간들이 하나님 앞에서 죄인임을 깨닫게 한다.

제 19 장

하나님의 율법

1 하나님께서는 아담에게 율법을 주셨는데, 그것을 행위언약의 의미로 주셨다. 이 언약은 아담뿐 아니라 그의 모든 후손들에게 개별적이며, 온전하고, 엄밀하고, 영구한 순종을 요구하는 것이었다. 하나님께서는 아담이 이 율법을 준수하면 영생을 주시겠다고 약속하신 반면 그것을 어기는 경우에는 사망의 벌을 받게 될 것이라 경고하셨다. 또한 하나님께서는 아담에게 그것을 지킬 수 있는 힘과 능력을 부여해 주셨다.[1]

1_ 창 1:26,27; 2:17; 전 7:29; 욥 28:28; 롬 2:14,15; 5:12,19; 10:5; 갈 3:10,12.

① 아담에게 주신 행위언약

하나님께서는 에덴동산에 있는 아담에게 선악과를 따먹지 말도록 명하셨다. 에덴동산에 선악과를 두신 것은 아담을 위한 하나님의 은혜로 말미암은 것이다. 눈으로 볼 수 없는 하나님께서 동산 중앙에 선악과나무를 두시고 그것을 따먹지 말도록 요구하심으로써 아담으로 하여금 항상 하나님과의 관계를 기억하도록 하셨다.

그것은 하나님께서 제공하신 행위언약이었다. 하나님께서는 그 행위언약을 통해 아담에게 생명을 약속하셨다. 아담이 하나님을 떠나 자기 마음대로 사는 것을 허락지 않으셨던 것이다. 그것은 구체적인 행동을 동반하는 순종을 요구한 행위언약이었다. 하나님께서는 그것을 통해 아담의 생명이 하나님 자신에게 달려 있음을 알려 주셨다.

② 행위언약의 의미

하나님께서 처음부터 행위언약으로 율법을 주신 것은 곧 인간이 하나님의 명령에 순종하도록 요구하신 것이다. 즉 인간은 자기 판단에 따른 삶을 포기하고 하나님의 율법에 따라 살아야만 할 존재이다. 그렇게 해야만 아담은 영원한 생명을 얻게 된다. 하나님의 요구에 따라 살게 되면 인간에게 생명이 보장되지만 자기 욕망에 따라 살면 사망에 이르게 되는 것이다.

하나님께서 인간에게 율법을 행위언약으로 주신 것은 그의 영원한 사랑에 기인한다. 즉 아담에게 주신 행위언약은 인간을 규제하기 위한 것이 목적이 아니라 생명을 허락하시기 위한 것이다. 처음 하나님께서 요구하신 행위언약은 인간이 생명을 얻게 되는 방편이었다. 하나님께서는 처음부터 인간에게 생명을 허락하시기 위한 방편으로 행위언약을 주셨던 것이다.

③ 하나님께서는 인간이 그에 순종할 수 있는 힘과 능력을 주심

신앙이 어린 사람들은 마치 아담과 하와가 무기력해서 선악과를 따먹게 된 것처럼 오해하는 경향이 있다. 그러나 하나님께서는 인간을 창조하신 후 에덴동산에 두시면서부터 그들이 행위언약에 순종할 수 있도록 힘을 허락하셨다. 즉 아담과 하와는 행위언약에 따라 선악과를 따먹지 않을 수 있는 힘과 능력을 가지고 있었던 것이다.

하지만 인간은 사탄의 유혹을 받아 선악과를 따먹음으로써 하나님과의 관계를 단절하게 되었다. 하나님의 행위언약을 어긴 행위는 하나님에 대한 인간의 배신행위였다. 우리가 분명히 기억해야 할 바는 인간들이 행위언약을 지킬 수 있는 능력을 가지고 있었음에도 불구하고 하나님을 배반했다는 사실이다.

2 이 율법은 아담이 타락한 후에도 의義에 대한 완전한 규범으로 존속하게 되었다. 그후 하나님께서는 그것을 시내산에서 의의 규칙으로서 기록된 형태의 계명으로 주셨다. 그것은 하나님께서 두 돌판에 새겨 주신 십계명인데,[2] 처음 네 계명은 하나님께 대한 우리의 본분을 담고 있으며 나머지 여섯 계명은 인간에 대한 우리의 본분에 관한 내용을 담고 있다.[3]

2_ 출 34:1; 신 5:32; 10:4; 롬 13:8,9; 약 1:25; 2:5,10-12

3_ 마 22:37-40

① 항상 존속하는 율법

하나님의 율법은 인간 역사상 항상 존재한다. 타락하기 전의 아담에게 율법이 있었듯이 인간이 타락한 후에도 율법은 완전한 규칙으로 존속했다. 하나님께서 인간들에게 율법을 주셨던 것은 그들에게 하나님을 기준으로 한 삶을 살도록 요구하는 것이다.

하나님께서는 범죄한 인간들에게 율법을 존속케 하심으로써 그의 은혜를 보여주셨다. 이는 하나님과 성도들 사이에 왕과 백성의 관계가 성립되어 있음을 말하고 있는 것이다. 따라서 하나님의 나라에 속한 백성은 항상 하나님의 율법에 순종해야만 한다.

② 아담에게 허락된 행위언약의 의미 존속

아담과 하와에게 주어진 하나님의 행위언약은 모든 시대에 지속적으로 그 의미를 표출하고 있다. 인간이 타락한 후에도 그 의미는 모든 성도들의 삶 가운데 그대로 존속하고 있는 것이다. 즉 아담과 하와가 선악과를 따먹음으로써 하나님을 떠나게 된 역사적 사실이 오늘날 우리에게 그대로 의미화 되어 남아 있다.

인간들은 사탄의 유혹을 받아 하나님께 범죄하게 되었으며 그로 말미암아 모든 피조세계가 타락할 수밖에 없었다. 인간이 타락한 후 은혜언약이 주어진 후에도 하나님의 자녀들은 항상 아담에게 주어졌던 행위언약을 기억하며 살아가야 한다. 즉 아담과 하와에게 주어졌던 선악과를 따먹지 말라는 하나님의 행위언약이 모든 성도들의 언약적 삶과 사고 속에 그대로 생동하고 있는 것이다.

이는 매우 중요한 의미를 지닌다. 왜냐하면 이 행위언약을 통해 아담의 범죄로 말미암아 처하게 된 인간의 처참한 상태에 대한 진정한 깨달음이 가능하기 때문이다. 아담에게 주어진 행위언약과 그에 대한 인간의 배신행위는 인간을 끔찍한 죽음으로 몰아넣게 되었다. 모든 인간들이 태생적으로 죽음의 상태에 놓이게 되는 것은 아담이 저지른 행위언약의 파기와 직접 연관되는 것이다.

③ 모세를 통해 주어진 십계명의 의미

모세가 시내산에서 계시 받은 십계명은 아담에게 주어진 행위언약과 연관된다. 즉 에덴동산에서 허락되었던 행위언약이 십계명의 형식으로 특별히 택하신 이스라엘 백성에게 주어졌던 것이다. 이는 십계명이 하나님의 궁극적인 회복에 대한 선언적 역할을 하게 됨을 의미한다.

하나님께서는 이스라엘 백성들을 통해 언약의 왕국을 세우시고자 했다. 그리고 그 왕국을 통해 메시아를 보내시고자 작정하고 계셨다. 그것을 위해 율법이 필요했는데 모세의 십계명이 모든 율법의 중심을 이루고 있다. 그것이 곧 아담에게 허락하신 행위언약의 결집형태로 드러나고 있는 것이다.

④ 십계명의 내용

하나님께서는 모세를 통해 이스라엘 백성들에게 두 돌판에 기록된 십계명을 주셨다. 하나님 앞에서 살아야 할 언약의 백성들에게 구체적인 규범을 보여주신 것이다. 십계명 가운데 앞의 네 계명은 하나님에 대한 인간의 본분에 관한 율법이며 나중 여섯 계명은 인간들이 어떤 자세로 살아야 할지 보여주는 규범이다.

성도들은 하나님 앞에서의 삶과 인간들 사이에 가져야 할 기본적인 자세가 있다. 이는 하나님에 대한 성도의 본분과 인간에 대한 본분을 보여준다. 하나님께서는 이스라엘 백성들에게 주어진 십계명을 통해 하나님의 율법에 대한 전체의 의미를 드러내고 계신다. 이는 오늘날 우리에게 있어서도 그 언약적 의미가 그대로 존속하고 있다.

3 일반적으로 도덕법이라고 불려지는 율법 외에도 하나님께서는 아직 미숙한 교회였던 이스라엘 백성에게 의식법儀式法을 주셨다. 거기에는 몇 가지 모형적인 의례들이 포함되어 있다. 예배에 관한 것으로서 그것들은 그리스도와 그를 통해서 베풀어질 은혜, 그가 행하실 사역들, 그가 받으실 고난들, 그리고 그의 공로로 주어질 유익들을 예표하고 있다.[4] 또한 부분적으로는 도덕적인 의무들에 관한 여러 가지 교훈들[5]이 제시되어 있다. 그런데 이 모든 의식법들은 지금 신약시대에는 폐기되었다.[6]

4_ 갈 4:1-3; 골 2:17; 히 9:1-29; 10:1

5_ 고전 5:7; 고후 6:17; 유 1:23

6_ 단 9:27; 엡 2:15,16; 골 2:14,16,17

① 특별히 요구된 도덕법

하나님께서 요구하시는 바대로 살아야 하는 일상적인 삶에 관련된 법을 도덕법이라 한다. 하나님께서는 성도들의 삶을 위해 특별한 도덕법을 주셨다. 이를 통해 하나님의 백성들은 진정한 인간됨을 깨닫게 된다.

모세를 통해 허락된 도덕법은 인간들이 일반 양심에 의해 가지게 되는 윤리적인 도덕법칙과는 본질적인 차이가 난다. 설령 외견상 유사하게 보인다 할지라도 하나님으로 말미암는 율법과 인간으로 말미암는 법은 서로 다르다. 인간으로부터 발생한 도덕법칙들은 시대와 지역에 따라 변할 수 있으나 하나님으로부터 요구된 도덕법은 영원한 의미를 지닌다.

② 모세를 통해 주어진 의식법

하나님께서는 율법을 통해 택하신 자녀들이 자기를 온전히 섬기는 구체적인 방법을 알려 주셨다. 그것을 의식법이라고 한다. 그 의식법은 예수 그리스도가 이 세상에 오실 때까지 지켜졌으며 그가 오신 후에는 구약의 모든 의식법들이 폐기되었다.

죄인인 인간은 자기의 판단이나 방법에 따라 하나님께 제사를 드리며 섬기려 해서는 안 된다. 인간들이 창안한 방법에 의한 제사 행위는 자기의 종교적 만족을 얻을 수 있을지 모르지만 하나님께는 도리어 욕된 행위이다. 그것은 진정한 섬김이 아니라 우상숭배의 한 형태에 지나지 않는다. 그러므로 하나님의 의식법에 따라 하나님을 섬기는 것은 매우 중요하다.

③ 그리스도를 예표하는 의식법

모든 율법은 앞으로 오시게 될 그리스도에게 초점이 맞추어져 있다. 이는 구약시대의 이스라엘 백성이 율법을 지키는 자체가 주된 목적이 아니라 그것을 통해 메시아의 오심을 소망하는 것이 원래 목적임을 알려주고 있다.

독특한 성격을 지닌 의식법은 더욱 분명하게 그에 대한 의미를 드러내고 있다. 예루살렘 성전에서 규례에 따라 이루어진 제사장들의 모든 제사행위는 주님의 오심에 대한 그림자 역할을 한다. 그러므로 참된 이스라엘 백성들은 의식법을 통해 약속된 그리스도를 간절히 소망하며 기다렸던 것이다.

④ 신약시대에는 완성된 의식법

예수 그리스도가 이땅에 오심으로 인해 구약의 모든 율법은 완성되었다. 그 가운데 의식법은 완전히 폐기되었으며 도덕법은 여전히 그 의미를 가지고 있다. 그러므로 신약시대의 성도들 역시 구약시대의 의식법을 통한 완성과 더불어 도덕법을 통한 신앙적인 삶을 누리게 된다.

한국교회에서 강조하고 있는 각양 종교 의례들은 구약의 율법을 지키는 방편과는 전혀 다르다. 신약시대의 성도들은 더이상 구약의 의식법과 같은 형태의 의례들을 지킬 필요가 없다. 하지만 그 본질적인 정신은 그대로 계승되고 있다. 물론 구약성경의 정신을 상속받고 있다고 할지라도 그것이 곧 율법인 것은 아니다.

4 하나님께서는 정치적 왕국을 구성하고 있는 이스라엘 백성들에게 여러 가지 재판에 관한 율법들을 주셨다. 그러나 그 재판법은 이스라엘 왕국의 의미가 완성됨과 동시에 그 시효가 만료되었다. 따라서 그것의 일반적인 원리는 적용될 수 있겠으나, 지금은 다른 아무에게도 구속력이 없다.[7]

7_ 창 49:10; 출 21장; 22:1-29; 마 5:17,38,39; 고전 9:8-10; 벧전 2:13,14

① 이스라엘 왕국과 재판법

여기서 말하는 정치적 왕국이란 통치권을 갖춘 언약의 나라를 의미한다. 하나님께서는 이스라엘 왕국에 특별한 율법을 주심으로써 재판의 지침을 삼으셨다. 일반적인 재판이라면 인간과 인간 사이에 발생하는 문제들이 그 중심이 되겠지만 이스라엘 민족에게 있어서는 그 재판이 하나님과 연관된다.

이스라엘 왕국에 재판법이 있었던 까닭은 옳고 그름을 판단하기 위해서이다. 이는 인간과 인간 사이의 문제뿐 아니라 하나님과 인간 사이의 관계, 그리고 하나님과 연관된 인간들 사이에 일어나는 문제들을 포함하고 있다. 이것은 이스라엘 왕국이 하나님 앞에서 올바르게 서야함을 의미한다.

② 왕국의 의미완성과 더불어 시효가 만료된 재판법

이스라엘 왕국에 주어진 재판법은 시효가 있는 한시법이었다. 왕국의 존재목적이 성취된 이후에는 그 법의 효력도 함께 끝나게 된다. 구약에서 언약하신 예수 그리스도가 오신 후에는 모든 재판법의 효력이 종료된 것이다.

우리가 유념해야 할 바는 정치적 이스라엘 왕국이 패망한 후에도 그 법은 여전히 유효했다는 사실이다. 왕국이 패망한 후 이스라엘 민족이 이방지역으로 끌려갔을 때도 그들은 이방 국가법이 아니라 하나님의 율법을 중심으로 살았다. 즉 이스라엘 왕국이 B.C.586년 바벨론 제국에 의해 패망한 후에도 백성들에게는 그 재판법이 유효했던 것이다.

③ 율법의 원리 존속과 법조항의 구속력 상실

구약시대의 재판법은 이스라엘 민족에게 특별히 주어진 규례였다. 그러므로 이스라엘 민족의 역할이 끝난 후에는 그 법의 효력도 당연히 소멸되었다. 하지만 그 법의 원리와 정신마저 완전히 사라진 것은 아니다.

그 재판법의 원리와 정신은 신약시대에도 여전히 적용된다. 그러므로 우리는 구약의 재판법을 중요하게 받아들이고 있다. 우리는 진리와 관련된 옳고 그름에 대한 판단이 중요함을 그 원리를 통해 배우게 되는 것이다. 하지만 구약의 재판법이 신약시대의 성도들에게 율법적 구속력을 가지지는 않는다.

5 도덕법은 성도들뿐 아니라 불신자들을 포함한 모든 사람들에게 영원토록 순종을 요구하는 구속력을 가진다.[8] 그것은 거기에 포함된 내용 때문만이 아니라 그 율법을 주신 창조주 하나님의 권위 때문이다.[9] 그리스도는 구약의 도덕법을 순종해야 할 우리의 의무를 어떤 방법으로든지 폐기하지 않고 도리어 강화시키신다.[10]

8_ 롬 13:8-10; 엡 6:2; 요일 2:3,4,7,8

9_ 약 2:10,11

10_ 마 5:17-19; 롬 3:31; 약2:8

① 도덕법의 효력

구약성경의 도덕법은 모든 인간들에게 효력을 지닌다. 모든 인간은 성경에 기록된 도덕법을 지켜야 할 의무를 가지고 있다. 이는 인간의 본분은 하나님의 법을 순종하는 데 있음을 말해 준다. 즉 그 법을 제대로 지키지 않는 한 하나님 앞에서 죄인이 될 수밖에 없음을 의미한다.

그러나 인간들 가운데 하나님께서 제시하신 도덕법을 온전히 지킬 수 있는 자는 아무도 없다. 모든 인간은 악한 죄인일 수밖에 없으며 하나님 앞에서 죄가 없다고 주장할 수 있는 자는 단 한 사람도 없는 것이다. 우리에게 그리스도의 사역이 요구되는 것은 바로 그 이유 때문이다.

② 신약시대에 더욱 강화된 구약의 도덕법

우리가 유념해야 할 바는 구약성경에 기록된 도덕법이 폐기되지 않았다는 사실이다. 이는 구약의 제사와 연관된 의식법이 폐기된 것과 대비된다. 의식법은 그리스도께서 이 세상에 오심으로써 완전히 폐기되었지만 도덕법은 더욱 강화되었다.

예수님께서는 제자들에게 그점에 대해 명확하게 말씀하셨다. 실제적인 성범죄를 저지른 자들뿐 아니라 여인을 보고 음욕을 품는 자마다 이미 간음한 것이라고 하셨으며, 실제로 사람을 살해하지 않았어도 형제를 미워하는 자는 벌써 살인한 것과 마찬가지라고 말씀하셨다. 우리는 이 말씀들을 통해 예수님께서 구약의 도덕법을 더욱 강화시키셨음을 알 수 있다.

6 참된 성도는 행위언약의 율법 아래 속하지 않았으므로 그것으로 말미암아 의롭다 함을 받거나 영원한 정죄를 받지 않는다.[11] 그렇지만 행위언약으로서의 율법은 참 성도들에게는 물론 불신자들에게도 매우 유용하게 사용된다. 이는 그 율법이 생활의 지침으로서 인간들에게 하나님의 뜻이 무엇이며 그들의 책임이 무엇인지 알게 해 주며 그들을 지도하고 강제하며 그것에 따라 행하게 하기 때문이다.[12] 또한 그것은 그들로 하여금 그들의 본성과 심령 및 삶이 죄악으로 더러워진 사실을 발견케 하며[13] 율법에 의하여 자신을 점검함으로써 더욱 죄책을 느껴 겸손하게 하고 죄에 대한 증오감憎惡感을 가지게 한다.[14] 따라서 그리스도와 그의 온전하신 순종이 그들에게 절실히 필요함을 깨달아 그것을 의義로 받아들이게 된다.[15] 그리고 거듭난 자들인 참 성도들에게 행위언약의 율법은 유효하다. 이는 죄에 대한 율법의 금령들이 성도들로 하여금 옛 성품의 욕망을 견제하는 데 유용하기 때문이다.[16] 불순종에 대한 율법의 경고들이 성도들에게 그들의 죄값을 보여주며 그들이 죄 때문에 이 세상에서 어떤 고난을 받아야 할지를 보여준다. 그들은 참 성도들로서 율법의 저주, 곧 영원한 멸망의 저주에서는 해방되었다.[17] 하지만 율법의 약속들이 보여주는 것은 하나님께서 그 순종하는 자를 기뻐하신다는 사실과 순종의 결과로 어떤 축복이 주어지는가 하는 것이다.[18] 그러나

그것은 행위언약의 원칙에 의한 것이 아니다.[19] 율법의 사역이 선을 장려하고 악을 억제 억제시키지만 그것이 결코 율법 아래 있고 은혜 아래 있지 않다는 증거가 되는 것은 아니다.[20]

11_ 행 13:26; 롬 6:14; 8:1; 갈 2:16; 3:13; 4:4,5

12_ 고전 7:19; 시 119:4-6; 롬 7:12,22,25; 갈 5:14,16,18-23

13_ 롬 3:20; 7:7

14_ 롬 7:9,14,24; 약 1:23-25

15_ 갈 3:24; 롬 7:24,25; 8:3,4

16_ 시 119:101,104,128; 약 2:11

17_ 스 9:13,14; 시 89:30-34

18_ 레 26:1,10,14; 시 19:1; 37:11; 마 5:5; 고후 6:16; 엡 6:2,3

19_ 눅 17:10; 갈 2:16

20_ 시 34:12-16; 롬 6:12,14; 히 12:28,29; 벧전 3:8-12

① 행위언약의 효력

모든 사람들은 행위언약과 연관된 율법을 통해 자신이 죄인이라는 사실을 깨닫게 된다. 인간이 자신이 죄인이라 깨달을 수 있는 것은 양심에 의한 것이 아니라 하나님의 율법에 따른 것이다. 인간은 하나님께서 요구하신 행위언약으로서의 율법을 어김으로써 하나님 앞에서 죄인이 된 것이다.

따라서 하나님의 자녀는 더이상 구약의 율법을 지킴으로써 의롭다함을 받는 것이 아니다. 나아가 그 율법을 지키지 않음으로 인해 궁극적인 정죄를 받는 것도 아니다. 인간의 정죄는 근본적으로 아담의 범죄에 기인하며, 성도의 구원은 예수 그리스도의 사역에 의한 것이다. 즉 인간이 구약성경에 기록된 율법을 지키거나 어기는 행동 자체가 궁극적인 영원한 구원과 심판의 기준이 되지 않는다.

② 그리스도에 대한 필요성을 깨닫게 하는 율법

아담이 선악과를 따먹음으로써 하나님께서 요구하신 행위언약을 어기게 되어 모든 인간들은 멸망에 빠졌다. 그러나 죄에 빠진 인간들이 다시 행위언약을 지킴으로써 의롭게 될 수는 없다. 하나님의 자녀들은 인간이 지키는 행위에 따라 의롭게 되거나 정죄를 받는 것이 아니다. 그 언약은 우리에게 죄를 깨닫게 할 뿐이다.

구약성경에 기록된 행위언약이 가지는 의미는 우리시대에도 여전히 유용하다. 구약의 율법을 통해 성도들은 인간이 죄인이라는 사실을 깨닫게 되고 죄에 빠진 자신의 처참한 모습을 보게 된다. 그로 인해 예수 그리스도의 사역이 절대적으로 필요하다는 사실을 깨닫게 되는 것이다.

③ 중생한 자들에게 효력을 발생하는 율법

하나님의 자녀가 된 성도들은 그 율법을 통해 죄의 더러움을 깨달아 알고 그것을 억제함으로써 하나님께 순종하는 자세를 가진다. 나아가 그 율법을 통해 하나님의 심판의 대상이 되는 죄인의 상태와, 기쁨의 대상이 되는 성도의 변화된 원리에 대해 진정한 깨달음을 가지게 된다.

따라서 율법은 하나님으로부터 나오는 선을 장려하고 세상으로 인한 죄악을 억제하는 기능을 한다. 하나님의 자녀들은 구원을 받았지만 율법을 통해 하나님께서 원하시는 것과 싫어하시는 것이 무엇인지 알게 된다. 신약시대에도 율법이 여전히 효력이 있는 것은 바로 그 이유 때문이다. 그렇지만 율법이 효력이 있다고 해서 신약시대의 성도들이 구약의 율법아래 그것을 지키며 살아가는 것은 아니다. 우리시대의 성도들은 하나님께서 예수 그리스도로 말미암아 성취하신 십자가 사역을 통해 베푸시는 은혜 가운데 살아가고 있다.

④ 하나님의 궁극적인 축복과 율법을 통한 약속

하나님께서는 구약의 율법을 통해 자기백성들에게 거룩한 자신의 뜻을 보여주셨다. 율법은 하나님께서 원하시는 것이 무엇인지 분명히 보여준다. 율법 없이 인간은 하나님께서 원하시는 바를 알 길이 없다. 그러므로 하나님께서 자기백성들에게 율법을 허락하신 것은 그의 놀라운 사랑과 은혜에 기인한다.

우리는 율법을 통해 하나님께 온전히 순종하는 삶의 의미를 알게 된다. 예수 그리스도의 지상사역이 하나님의 모든 율법적인 요구를 충족하셨다. 하나님의 어린양으로 오신 그리스도께서 완벽한 제물이 되어 자신을 바침으로써 자기백성들에게 영원한 축복이 허락된 것이다. 하나님의 자녀들은 십자가에 달리신 그리스도의 은혜 가운데 살면서 율법의 기능을 통해 하나님의 뜻을 더욱 분명히 알게 된다.

7 위에 언급된 율법의 용도는 복음의 은혜와 상충되지 않으며 도리어 서로간 잘 조화된다.[21] 다시 말해, 그리스도의 성령께서 율법을 통해 인간의 의지를 억제함으로써 성도로 하여금 은혜 가운데 하나님께 순종하도록 인도하신다. 그렇게 된 성도는 율법에 계시된 하나님의 뜻을 자유롭고 기쁜 마음으로 따르게 되는 것이다.[22]

21_ 갈 3:21

22_ 렘 31:33; 겔 39:27; 히 8:10

① 율법과 은혜의 관계

구약시대의 율법과 신약시대의 복음은 서로 충돌하는 개념이 아니라 완벽하게 조화된다. 율법은 신약시대에 이룩하게 될 그리스도에 대한 그림자 역할을 하며 신약성경의 교훈에 대한 배경적 기능을 한다. 그러므로 신약시대에 허락된 진리를 올바르게 깨닫기 위해서는 구약성경의 율법적 가르침이 절대로 필요한 것이다.

그러므로 구약의 율법은 복음의 은혜와 상충되는 것이 아니라 서로 온전히 조화된다. 따라서 우리는 하나님의 말씀을 묵상할 때 구약성경에 기록된 율법의 말씀과 신약성경에 기록된 은혜의 말씀을 통해 상호 도움을 받아야 한다. 즉 구약성경을 통해 신약의 의미를 깨닫게 되며 신약성경을 통해 구약의 의미를 깨닫게 되는 것이다.

② 율법 안에 계시된 하나님의 뜻

구약성경에 기록된 율법에는 하나님의 분명한 뜻이 계시되고 있다. 범죄한 인간들과 타락한 피조세계 가운데서는 하나님의 뜻이 직접 드러나지 않는다. 하나님께서 특별히 선택하신 언약의 백성들에게 율법을 주신 까닭은 그것을 통해 자신의 뜻을 분명히 계시하기 위해서였다.

그러므로 구약의 율법은 이스라엘 백성들로 하여금 단순히 그에 순종하며 지키도록 주어진 것이 아니다. 하나님께서는 그 율법을 통해 백성들이 자신의 계획과 뜻을 깨닫기를 원하셨다. 따라서 모든 성도들은 그것을 통해 하나님의 뜻을 온전히 알아가야 한다. 이는 구약시대 성도들뿐 아니라 오늘날 우리에게도 동일하게 적용되는 의미이다.

③ 하나님의 뜻을 순종하게 하는 기능

하나님에 대한 진정한 순종은 범죄한 인간의 심성에 달려 있지 않다. 전적으로 타락한 인간의 본성은 하나님을 섬기는 방법과 그에게 순종하는 방법을 알지 못한다. 인간이 스스로 창안한 종교적인 방법으로 하나님을 섬기려 작정한다면 그것은 도리어 우상숭배적인 섬김에 지나지 않는다.

따라서 하나님을 온전히 섬길 수 있는 유일한 방법은 성령 하나님의 도우심을 통한 방법이 있을 따름이다. 예수 그리스도의 영은 하나님의 자녀들로 하여금 율법을 통해 타락한 본성을 가진 인간의 죄악을 알게 하며 그로 인해 발생하는 악한 욕망을 억제한다. 거기에는 자신의 의를 채워가려는 종교적 욕망이 포함되어 있다. 그러므로 성도들은 율법에 계시된 하나님의 뜻에 온전히 순종함으로써 성도의 삶을 살게 된다.

제20장
그리스도인의 자유와 양심의 자유

개괄적 이해 〉〉

자유란 무엇인가? 어떤 것에도 얽매이지 않는 개인적 판단과 행동을 의미하는 것인가? 여기서 말하는 자유란 하나님의 언약을 통해 얻게 된 사탄과 죄로부터의 자유를 의미한다. 즉 하나님을 배신함으로써 저주와 사망에 처한 인간이 하나님의 은혜로 말미암아 영원한 구원과 생명을 소유하게 된 것을 말한다.

하나님의 자녀가 된 모든 성도들은 오직 성경에 기록된 교훈에 얽매일 따름이다. 하나님의 자녀들은 자신에게 주어진 진정한 은혜를 누리게 되며 아무도 그것을 박탈할 수 없다. 그러므로 참된 신앙은 하나님으로부터 주어진 양심의 자유를 누리게 되며 인간들로 말미암는 맹종과 맹신에서 벗어나게 한다. 나아가 세상에 얽매이지 않는 자유를 가지게 되며 이 세상에서 어떤 일을 당한다 할지라도 하나님 안에서 누리는 진정한 자유의 권리를 박탈당하지 않는다.

제 20 장

그리스도인의 자유와 양심의 자유

1 그리스도께서 복음시대의 성도들을 위해 값주고 사신 자유는 다음과 같다: 그들은 그 죄책과 하나님의 정죄하시는 진노, 그리고 도덕법의 저주로부터 해방되었다.[1] 또한 이 악한 세상과 사탄의 굴레 및 죄의 통치에서 벗어나게 되었으며,[2] 환란과 사망과 무덤이 주는 고통 및 영원한 형벌로부터 자유롭게 되었다.[3] 또한 그들은 하나님께 자유롭게 나아가[4] 순종하게 되는데, 이는 노예적인 공포심 때문이 아니라 어린이 같이 단순하게 행하는 사랑과 자원하는 마음으로 인한 것이다.[5] 이 모든 것들은 구약시대의 성도들에게도 적용되었다.[6] 그러나 신약시대에는 성도들의 자유와 특권이 더욱 증가되었다. 그들은 구약시대 이스라엘 백성이 복종했던 의식법의 멍에로부터 해방되었으며,[7] 더욱 담대하게 하나님의 은혜의 보좌로 나아갈 수 있게 되었다.[8] 그리고 율법 시대의 성도들이 통상적으로 누렸던 것보다 훨씬 더 풍성한 성령과의 교통을 누리게 되었다.[9]

1_ 갈 3:13; 살전 1:10; 딛 2:14

2_ 갈 1:4; 행 26:18; 롬 6:14; 골 1:13

3_ 시 119:71; 롬 8:1,28; 고전 15:54-57

4_ 롬 5:1,2

5_ 롬 8:14,15; 요일 4:18

6_ 갈 3:9,14

7_ 행 15:10,11; 갈 4:1-3,6,7; 5:1

8_ 히 4:14,16; 10:19,20

9_ 요 7:38,39; 고후 3:13,17,18

① 그리스도의 사역으로 말미암은 성도의 자유

아담이 범죄한 후 모든 인간은 사탄의 노예가 되어 있다. 불신자는 물론 하나님의 백성들 또한 하나님께서 부르시기 전에는 사탄의 지배하에 놓여 있다. 노예의 신분으로서는 인간 스스로 그 억압된 상태에서 벗어날 수 없다.

단지 선택받은 자녀들은 하나님의 능력을 통해 사탄으로부터 해방될 수 있다. 예수 그리스도는 자기 피로 값주고 성도들을 사심으로써 그들에게 영원한 자유를 허락하셨다. 그것은 사탄의 억압에서 벗어난 진정한 자유를 의미한다.

② 하나님의 진노와 저주의 형벌로부터의 자유

인간이 가장 미리 깨달아야 할 점은 자신이 하나님의 두려운 진노아래 있으며 비참한 죄에 빠져 있다는 사실이다. 공의의 하나님께서는 범죄한 인간의 악행을 결코 그냥 용납하시지 않는다. 따라서 처음 사람 아담으로 인해 모든 인간들은 사탄의 굴레에 갇혀 고통과 좌절감에 빠진 것이다.

우리가 살고 있는 타락한 세상은 악한 세계이며 사탄이 통치하는 환란과 죽음의 영역이다. 물론 이것은 인간의 윤리나 경험에 의한 판단에 따르지 않는다. 진정한 성도들은 하나님의 은혜로 말미암아 자신이 무서운 저주와 형벌에서 벗어났다는 사실을 깨닫게 된다.

③ 하나님께 순종할 수 있는 자유

하나님의 자녀들은 이제 자유롭게 하나님께 나아갈 수 있게 되었다.

예수 그리스도께서 하나님과 인간 사이에 놓여있던 죄의 담을 완전히 허물었기 때문이다. 그러므로 진정한 자유를 깨닫게 된 성도들은 하나님만을 의지하고 그리스도의 사역에 진심으로 감사할 수 있게 된다.

범죄한 인간은 어떤 방법으로도 스스로 하나님의 뜻에 순종할 수 없다. 따라서 진정한 순종의 자유는 하나님의 은혜로 말미암아 성도들에게만 주어진 특권이다. 그 순종의 자유는 결코 공포심이나 종교적 공로를 위해 행해지는 것이 아니다. 죄사함에 대한 분명한 깨달음이 있는 성도들은 하나님께 온전히 순종할 수 있는 자유를 얻게 되는 것이다.

④ 지상의 모든 성도들에게 주어진 동일한 자유

이러한 성도의 자유에 대한 의미는 예수님께서 오시기 전 구약시대의 성도들에게도 동일하게 적용되었다. 단지 구약시대의 성도들은 오실 메시아를 소망하며 하나님의 은혜를 누렸지만, 신약시대의 성도들은 주님의 오심으로 인해 이룩된 심판을 경험한 가운데 신앙을 누리고 있는 것이다.

즉 구약시대에는 실체를 미래에 둔 채 그림자를 통한 자유를 누렸다면, 신약시대에는 그리스도의 실체를 경험하는 가운데 진정한 자유를 누리게 되었다. 모든 성도들에게 주어진 영원한 자유는 하나님의 능력으로 말미암는다. 이는 신구약시대를 통틀어 예수 그리스도의 사역과 연관된 성도들에게 주어진 하나님의 놀라운 은혜이다.

2 하나님만이 인간의 양심을 주관하시는 주인이다.[10] 그러므로 하나님께서는 신앙과 예배의 문제에 있어서 말씀에 위배되거나 거기서 이탈된 인간적인 교리나 계명에서 벗어날 수 있는 양심의 자유를 주셨다.[11] 따라서 양심을 떠나 그런 인본적인 교리를 믿거나 그런 계명을 순종하는 것은 진정한 양심의 자유를 배반하는 것이다.[12] 또한 그런 맹목

적인 신앙과 순종을 요구하는 것은 참된 양심과 이성의 자유를 파괴하는 것이다.[13]

10_ 약 4:12; 롬 14:4

11_ 마 15:9; 23:8-10; 행 4:19; 5:29; 고전 7:23; 고후 1:24

12_ 갈 1:10; 2:4,5; 5:1; 골 2:20,22,23

13_ 사 8:20; 호 5:11; 렘 8:9; 요 4:22; 행 17:11; 롬 10:17; 14:23; 계 13:12,16,17

① 인간의 양심을 주관하시는 하나님

하나님의 백성이라 할지라도 인간은 스스로 자기의 양심을 온전히 주관할 수 없다. 성도들의 양심에 대한 주관자는 주님이시다. 그러므로 인간 스스로 자기의 경험과 이성에 따라 기독교를 해석하며 종교적인 목적을 추구하는 행위는 성경이 말하고 있는 양심에 기초한 것이 아니다.

하나님의 자녀들은 인간들이 제정한 인본적인 교훈이나 계명들에 대해서는 경건한 양심에 따라 그것을 거부할 수 있다. 인간들이 결정한 인본주의에 기초한 교리나 종교적인 법은 완벽하지 않으므로 거기에 완전히 얽매이지 않아도 되는 것이다.

② 인간의 양심이 가지는 한계

만일 어떤 사람이 양심에 따라 하나님을 섬기고 신앙생활을 한다고 주장할지라도 그것 자체가 올바른 신앙을 보증하는 것은 아니다. 죄에 빠진 인간은 전적으로 부패하고 무능한 존재이다. 따라서 그런 연약한 인간이 소유한 양심도 본질적으로는 부패한 양심이다.

그러므로 하나님과 그의 말씀의 간섭이 없는 상태에서는 그 어떤 양심도 부패한 양심일 수밖에 없다. 설령 윤리적으로 건전해 보이고 많은 사람들이 인정하는 외관상 그럴 듯해 보이는 양심이라 하더라도 그것 자체로서는 아무런 의가 될 수 없는 것이다.

③ 다른 성도들의 양심을 억압할 수 없는 인간

이 세상의 어느 누구도 다른 성도들의 참된 신앙 양심을 억압하거나 주관할 수 없다. 이는 모든 종교인들의 일반적인 경우를 말하는 것이 아니라 참된 신앙을 가지고 있는 성도들에게 해당되는 말이다. 즉 올바른 신앙생활을 하는 성도들의 양심을 억압하여 종교적 맹신과 맹종을 요구해서는 안 되는 것이다.

만일 그렇게 하는 자가 있다면 그는 성도의 양심과 이성의 자유를 파괴하는 것이다. 즉 잘못된 종교적 가르침을 절대화하여 맹신하고 맹종하도록 요구하는 것은 도리어 진정한 양심의 자유를 억압하는 악행이 되는 것이다. 그것은 하나님의 뜻을 거부하고 그를 욕되게 하는 악한 행위이다.

3 그리스도인의 자유를 구실로 삼아 죄를 범하거나 정욕을 따르는 것은 자유의 목적을 파괴하는 행위이다. 성도에게 자유가 주어진 목적은 원수들의 손에서 구원받은 우리가 평생동안 하나님 앞에서 거룩함과 의로움으로 두려움 없이 그를 섬기려는 데 있다.[14]

14_ 눅 1:75; 갈 5:13

① 그리스도인의 자유에 대한 오해와 오용

그리스도인의 자유는 성도들이 하나님 안에서 온전한 삶을 살게 하기 위해 허락되었다. 하지만 그 자유는 성도들이 지상에서 자기 마음대로 살아갈 수 있게 하는 근거를 제시하지 않는다. 참된 자유는 사탄에 얽매여 있던 하나님의 자녀들에게 주어진 영원한 해방인 것이다. 이는 동시에 예수 그리스도께 얽매여 살아가는 삶을 의미한다.

이 점을 오해하게 되면 자유를 자신의 목적을 위해 오용하거나 악용하게 된다. 주님께서 "진리를 알지니 진리가 너희를 자유케 하리라"(요 8:32)고 하신 말씀은 하나님의 백성이 죄로부터 해방될 것을 말하고 있다. 따라서 하나님이 아니라 인간적인 욕망을 위해 그 자유를 사용하게 되면 그것이 주어진 원래의 목적을 파괴하는 행위가 된다.

② 그리스도인에게 주어진 자유의 목적

그리스도인의 자유는 인간이 자의적으로 판단하고 행동하도록 허락된 것이 아니다. 참된 자유는 인간들이 자기 마음대로 살 수 있는 방편으로 주어지지 않았다. 따라서 성도들은 종교적 욕망을 포함한 자기의 목적을 달성하기 위해 그 자유를 사용할 수 없다. 단지 기록된 하나님의 말씀에 따라 그에 순종하는 자유가 있을 따름이다.

그러므로 하나님의 자녀들은 사탄으로부터 자유로운 신분이 되어 주님을 온전히 섬길 수 있게 되었다. 사탄은 하나님의 형상을 닮은 원래의 인간들에게 허락된 자유를 박탈했지만 하나님께서는 그것을 다시금 회복하셨다. 성도들은 예수 그리스도의 십자가 사역을 통해 사탄의 억압에서 영원히 벗어나게 된 것이다.

4 하나님께서 정하여 세우신 권세들과 그리스도께서 값주고 사신 자유는 양자가 서로 충돌하여 파괴되는 것이 아니라 상호 보완된다. 그러므로 그리스도인의 자유를 구실로 삼아 국가 및 교회의 합법적인 권세나 타당한 법적용을 거부하는 것은 하나님의 법령에 저항하는 행동이다.[15] 그에 저항하는 주장을 하거나 그런 행동을 지속하는 것은 계시된 하나님의 뜻에 위배되며 통상적인 기독교 신앙, 예배, 삶의 원리, 혹은 경건의 능력에 배치된다. 즉 그런 그릇된 주장이나 행동은 그 성격과 행위로 보아 그리스도께서 교회 안에 세우신 평화와 질서를 파괴하는 것이다. 그런 행위는 책망 받아야 하며 교회의 권징[16]과 국가법에 의해 다

스려져야 한다.[17]

15_ 마 12:25; 롬 13:1-8; 히 13:17; 벧전 2:13,14,16

16_ 마 18:15-17; 요 5:10,11; 롬 1:32; 고전 5:1,5,11,13; 살후 3:14; 딤전 1:19,20; 6:3-5; 딛 1:10,11,13; 3:10; 요이 10:11; 계 2:2,14,15,20; 3:9

17_ 신 13:6-12; 왕하 23:5,6,9,20,21; 대하 15:12,13,16,33,34; 느 13:15,17,21,22,25,30; 사 49:23; 단 3:29; 슥 13:2,3; 롬 13:3,4; 딤전 2:2

① 하나님께서 세우신 권세들과 성도들이 소유한 자유의 관계

하나님께서 세우신 권세들과 성도들이 가진 자유 사이에는 상호 어떤 관계가 있는가? 만일 하나님으로 말미암은 제도를 통한 권세가 성도들의 자유를 제한한다면 그것은 진정한 자유로서 결함이 있지는 않은가? 자유를 이유로 하나님께서 세우신 권세에 저항할 수 있는 권리가 성도들에게 주어져 있는가?

우리가 분명히 이해해야 할 바는 그 양자 사이가 서로 충돌하거나 적대적인 관계가 아니라 상호 인정하며 원칙을 보존하는 관계라는 사실이다. 자유를 내세워 맹목적인 자기 주장을 펼치며 교회와 국가에 허락된 제도적 권세를 반대하는 것은 하나님의 법령을 어기는 결과를 가져오게 된다. 교회와 국가에 주어진 권세들과 그리스도인의 자유는 상호 충돌하는 것이 아니라 보완적 기능을 하게 되는 것이다.

그러므로 그리스도인의 자유를 구실로 교회와 정부에 허락된 제도적 권세에 막무가내 저항하는 것은 올바르지 않다. 복음을 핑계 삼아 국가의 정책을 반대하거나 저항하는 것은 성도에게 주어진 자유가 아니다. 즉 성도는 죄악된 세상을 완전히 떠나 살아가는 것은 아니지만, 종교적인 이유로 세속권력에 간섭하며 관여할 수 있는 자유를 부여받지는 않았다.

② 자유에 대한 책임

성도들은 성경적인 분명한 이유 없이 하나님께서 세우신 제도에 반대하려 해서는 안 된다. 참된 그리스도인이라면 자유를 핑계 삼아 하나님께서 제정하신 권세에 도전해서는 안 되는 것이다. 만일 자유를 그런 식으로 사용한다면 그것은 불법적인 행위이다. 진정한 자유는 하나님의 뜻에 온전히 순종하도록 하며 말씀에 얽매이게 한다.

하나님께서 제도적인 권세들을 제정하신 궁극적인 까닭은 그것을 통해 성도들을 굳건히 세우시고자 함이다. 여기에는 교회에 주어진 직분적 권위뿐 아니라 국가에 주어진 제도적 권력을 포함하고 있다. 그러므로 어떠한 개인이나 집단도 자기의 목적을 위해 하나님께서 허락하신 자유를 임의로 사용할 수 없다. 성숙한 성도들은 하나님께서 허락하신 자유에 대한 책임감이 명확해야 한다.

③ 자유를 오용하는 자들에게 부과되는 책망과 견책

성도들이 소유한 자유는 하나님의 선물이다. 그 자유는 하나님께서 제정하신 제도와 권세의 테두리 안에서 누려져야 한다. 성도들은 교회의 직분제도에 성실해야 하며, 국가의 시민으로서 국가의 정당한 권력에 복종해야 한다. 이는 성도의 삶에 있어서 가장 기본적인 원리를 말하고 있다.

교회의 직분제도를 멸시하거나 국가제도에 대한 불복종을 지속적으로 주장하는 것은 매우 위험하다. 이 말은 악법과 불법에 관계없이 모든 교권과 국가 권력에 무조건 복종하라는 의미가 아니라 교회와 국가의 제도적 권위를 인정해야 함을 말하고 있는 것이다. 그러므로 하나님의 성도로서 무교회주의를 주장하거나 국가와 정부에 대한 무용론을 무책임하게 주장해서는 안 된다.

만일 어떤 사람이 지속적으로 그런 주장을 한다면 그것은 교회를 위하는 것이 아니라 거시적인 안목에서 볼 때 도리어 교회의 평화와 질서를 위협하는 행위가 된다. 그러므로 교회 가운데 그런 자가 있다면 교회의 지도자들은 저를 책망하고 견책해야만 한다. 또한 기독교인들 가운데 국가제도에 저항하는 자들이 있다면 국가법으로 다스리는 것이 타당하다. 물론 이는 교회와 세속국가 사이의 타협을 말하는 것이 아니라 하나님께서 세우신 제도적 원리를 말하고 있는 것이다.

제21장
예배와 안식일

개괄적 이해 〉〉

매 주일主日 하나님께 공예배를 드리는 것은 성도의 기본적인 의무이다. 하지만 그 예배는 단순히 의무적으로 드려질 것이 아니라 자발적인 마음으로 드려져야 한다. 성령과 진리로 드려지는 참된 예배는 말씀선포와 성례를 중심으로 한 본질과 절차에 충실해야 한다. 이는 항상 우주적인 보편교회와 연관되어 있기 때문이다.

하나님께서는 특히 공예배를 위해 주님께서 부활하신 안식 후 첫날인 주일을 성도들이 함께 모이는 예배의 날로 허락하셨다. 그날은 구약의 안식일과 연관되며 하나님의 언약의 징표 역할을 한다. 물론 그날 자체가 우상숭배하듯 특별한 요소가 깃들어진 날로 인식되어서는 안 된다. 우리는 지상에 흩어진 모든 성도들이 매주일 안식후 첫날 하나님을 공적으로 예배하는 날로 삼고 있음을 기억해야 한다. 그것은 교회와 성도들에게 허락된 하나님의 언약적 은혜이다.

우리가 또한 각별히 유의해야 할 점은 주일날의 공예배가 인간들의 축제가 아니라 하나님을 경배하는 시간이라는 사실이다. 그러므로 인간들이 모여 종교적 만족을 추구하거나 누리려 해서는 안 되며 기록된 말씀의 요구에 따라 하나님을 드높여 찬양해야 한다.

제 21 장

예배와 안식일

1 자연계시는 우주만물에 대한 통치권과 주권을 행사하시는 하나님의 존재를 보여준다. 그는 선하신 분이며 선을 행하시는 분이다. 그러므로 인간은 마음을 다하고 성품을 다하고 힘을 다하여, 그를 경외해야 하며 사랑해야 하며 찬양해야 하며 찾아야 하며 믿어야 하며 섬겨야 한다.[1] 그러나 참되신 하나님을 예배하는 합당한 방법은 하나님께서 친히 제정해 주셨으며 그것은 자신의 뜻대로 계시하신 성경말씀 안에 한정되어 있다. 그러므로 인간의 상상이나 고안 또는 사탄의 지시에 따라 어떤 가견적인 표상visible representation을 사용하거나 성경에 규정되어 있지 않는 다른 방법을 따라서 하나님을 예배해서는 안 된다.[2]

1_ 수 24:14; 시 18:3; 31:28; 62:8; 119:68; 렘 10:7; 막 12:33; 행 17:24; 롬 1:20,10:12

2_ 출 20:4-6; 신 4:15-20; 12:32; 마 4:9,10; 15:9, 행 17:25; 골 2:23

① 마땅히 하나님을 경배해야 할 인간

하나님께서는 태초에 천지만물을 창조하셨다. 그것은 하나님의 작정과 계획에 따라 이루어졌기 때문에 그 가운데는 하나님의 뜻이 나타나 있다. 그러므로 모든 우주만물은 하나님의 존재를 보여주는 동시에 그 사실을 입증해 준다.

하나님은 선하신 분으로서 만물을 선하게 창조하셨으며 선한 통치권과 주권을 행사하시기를 원하셨다. 따라서 하나님께서는 자신의 형상대로 창조하신 인간이 마음을 다하고 성품을 다하고 힘을 다하여 자신을 경외하며 진정으로 사랑하기를 바라셨다. 우리가 하나님을 신뢰하는 가운데 그를 찬양하며 섬겨야 할 근거가 바로 거기 있다.

그러나 타락한 인간은 하나님의 뜻을 저버렸으며 자기 마음대로 스스로 원하는 신을 만들어 섬기기를 좋아한다. 범죄한 인간은 하나님을 배반함으로써 진정으로 그를 경배할 수 있는 모든 능력을 상실하게 되었다. 하나님께서는 자신을 떠난 상태에서 온갖 노력을 동원해 종교적 행사에 치중하는 인간들을 받지 않으신다. 오직 예수 그리스도를 통해서만 원상이 회복되어 하나님을 섬길 수 있다.

② 예배의 합당한 방법

구원받은 성도가 하나님을 예배하며 섬기는 방편은 하나님께서 정해주신 대로 그의 뜻 가운데서 이루어져야 한다. 진정한 예배 방법은 하나님께서 친히 제정해 주셨으며 계시된 성경말씀 안에 한정되어 있다. 따라서 기록된 말씀에 계시된 그의 뜻을 벗어나 인간들이 상상하여 고안한 유무형의 이미지를 통해 하나님을 섬기려 하지 말아야 한다.

그러므로 성숙한 성도들은 예배 가운데 그런 세속적인 요소들이 스며들어오는 것을 방지하려 애쓰게 된다. 아무리 순박해 보인다 할지라도 부패한 인간들이 스스로 고안해 낸 것은 하나님의 뜻과 다르기 때문이다. 따라서 온전한 성도들은 예수 그리스도 안에서 마음을 다하고 성품을 다하고 힘을 다하여 그를 경외하며 사랑하며 찬양하며 찾으며 믿으며 섬겨야 한다.

③ 피해야 할 합당하지 않은 예배

인간들이 성심성의껏 많은 노력과 돈을 들여 드리는 예배라 할지라도 그것 자체로서 참된 예배가 될 수 없다. 계시된 하나님의 뜻을 떠나 있다면 그것은 도리어 하나님께 가증한 행위일 뿐 진정한 예배가 될 수 없다. 그러므로 모든 성도들은 기록된 말씀의 교훈을 좇아 하나님을 예배해야만 한다.

유무형의 우상들을 만들어 사용하거나 성경에 규정되지 않는 방법으로 하나님을 섬기는 것은 참된 예배가 아니다. 겉보기에 아무리 그럴듯하고 순수하게 보이는 집회라 할지라도 그것은 우상숭배적 행위가 될 수밖에 없다. 또한 종교적 열정이 넘치고 신앙적으로 즐거운 마음이 생긴다 해도 계시된 말씀의 요구에서 벗어나 있다면 그것은 진정한 예배가 아니라 도리어 하나님을 욕되게 하는 행위일 따름이다.

2 신앙적인 예배는 오직 성부 성자 성령 삼위일체 하나님께만 드려야 된다.[3] 천사나 유명한 죽은 교인들, 혹은 그밖의 어떤 피조물에게도 예배하지 말아야 한다.[4] 그리고 아담의 타락 이후로는 중보자 없이 하나님을 예배할 수 없다. 오직 유일하신 중보자인 그리스도를 통해서만 예배해야 한다.[5]

3_ 마 4:10; 요 5:23; 고후 13:14

4_ 롬 1:25; 골 2:18; 계 19:10

5_ 요 14:6; 엡 2:18; 골 3:17; 딤전 2:5

① 삼위일체 하나님께 드려져야 할 예배

교회를 통한 예배는 삼위일체 하나님께 온전히 드려져야 한다. 성도들은 성부와 성자, 성령 하나님의 풍성한 사역을 기억하는 가운데 삼위일체 하나님께 경배드리는 것이다. 성부 하나님의 놀라우신 사역과 성자 하나님의 십자가 사역, 그리고 오순절날 강림하신 성령 하나님의 온전한 사역에 대해 감사하며 경배 드리지만 삼위일체 하나님이 그 경배의 대상이 된다.

이를테면 성부 하나님께 경배를 드리기 위해 성도들이 성자와 성령 하나님의 도움을 받는 선에 그치지 않는다. 즉 성자와 성령 하나님은 성부 하나님을 위한 예배의 보조적 기능을 담당하는 분이 아닌 것이다. 참된 예배는 삼위 하나님의 사역과 도우심을 통해 삼위일체 하나님께 드려진다. 그러므로 모든 성도들은 진정한 예배를 통해 하나님께 속한 신비한 체험을 하게 되는 것이다.

나아가 성도들은 하나님을 예배하는 시간을 통해 자신의 종교적 즐거움이나 만족을 누리려 해서는 안 된다. 예배하는 인간들에게 그 의미가 돌려지는 것은 진정한 예배가 될 수 없다. 그러므로 인간들이 누리는 종교적 즐거움과 마음에 느끼는 감동의 정도가 올바른 예배의 기준이 될 수 없는 것이다. 인간들이 스스로 종교적인 즐거움과 만족감을 누리기 위해 다양한 악기들을 동원하고 시각적으로 아름다운 이미지들을 창안해내는 것은 견제해야 할 매우 위험한 행위들이다.

② 하나님 이외에 찬양받을 존재는 없음

진정으로 경배를 받으실 분은 오직 하나님 한 분밖에 없다. 하나님 이외에는 어느 누구도 예배를 통해 높임을 받아서는 안 된다. 천사들은 물론 성자聖者들 역시 높임의 대상이 아니다. 나아가 성경말씀에 기록된 중요한 구속사적 인물들이나 선지자들과 사도들 역시 높임의 대상이 될 수 없다. 나아가 어떤 피조물들도 예배시간을 통해 높임의 대상이 되어서는 안 된다.

그러므로 예배의 형식을 빌려 죽은 사람이나 산 사람들을 위한 높임의 행위가 허용되어서는 안 된다. 죽은 사람의 장례식을 예배 형식으로 행하면서 그의 업적을 기린다든지 살아있는 사람을 높이기 위한 기념예배 형식을 띠는 종교행위가 있어서는 안 된다. 예배시간을 통해서는 오직 하나님 한 분만 높여지고 찬양받을 수 있을 따름이다.

③ 예수 그리스도를 통한 예배

타락한 인간들은 하나님께 스스로 예배드릴 수 없다. 예수 그리스도께서 중보자가 되지 않은 상태에서 진정한 예배는 없다. 하나님께 드려지는 모든 예배는 중보자인 그리스도를 통해 드려지게 된다. 신약시대는 물론 구약시대 역시 마찬가지였다. 구약의 성전예배나 회당예배의 중심에는 항상 그리스도가 있었으며 그를 통해 하나님께 경배를 드렸다. 진정한 중보자가 없는 모든 예배행위는 우상숭배적일 뿐이다.

이는 예수 그리스도 이외의 다른 어떤 종교적인 방편들을 통해서 하나님께 경배할 수 없음을 말해준다. 즉 악기나 노래가락 등을 통해 하나님을 예배할 수 없다. 그런 것들을 통해 하나님을 예배할 수 있다고 생각하는 것은 그것이 곧 중보적 역할을 하는 것으로 여기는 것과 같다. 유형적이거나 무형적인 어떤 것도 하나님을 예배하는 중보적 기능을 해서는 안 된다. 그것은 곧 인간들 자신을 위한 우상숭배적 종교행위에 지나지 않는다.

3 감사함으로 드리는 기도는 신앙적 예배의 특별한 한 요소이다.[6] 이는 모든 성도들에 대한 하나님의 요구이다.[7] 그 기도가 하나님께 열납되기 위해서는 성자의 이름으로[8] 성령의 도우심을 받아[9] 하나님의 뜻대로 행해져야 하며[10] 분별력을 가지고 경외심과 겸손과 간절함과 믿음과 사랑과 인내로 행해야 한다.[11] 소리를 내어 기도할 경우에는 알아들을 수 있는 일반적인 언어로 해야 된다.[12]

6_ 빌 4:6

7_ 시 65:2

8_ 요 14:13,14; 벧전 2:5

9_ 롬 8:26

10_ 요일 5:14

11_ 창 18:27; 시 47:7; 전 5:1,2; 마 6:12,14,15; 막 11:24; 엡 6:18; 골 4:2; 히 12:28; 약 1:6,7; 5:16

12_ 고전 14:14

① 예배의 특별한 요소인 감사의 기도

하나님께서는 성도들의 참된 예배에 직접 응답하신다. 예배가 인간들의 일방적인 종교행위인 것은 아니다. 살아있는 예배 가운데는 항상 하나님과 자기백성 사이에 신령한 교통이 이루어지게 된다. 이는 인간들의 종교적 감성이 아니라 계시된 하나님의 말씀을 바탕으로 한 것이다.

하나님을 진정으로 경배하기 위해서는 감사의 기도가 요구된다. 여기서 말하는 감사란 일상적인 것이 아니라 우리를 위해 오신 예수 그리스도로 인한 감사이다. 그러므로 그 감사의 기도는 성자 하나님의 이름으로 성령의 도우심을 받아 하나님의 뜻 가운데 드려져야 한다. 이를 위해서는 말씀을 통해 계시된 하나님의 사역에 대한 진정한 깨달음이 있어야만 한다.

② 성자의 이름으로 드리는 기도

죄에 빠진 인간들은 결코 자신의 이름으로 하나님께 기도할 수 없다. 범죄한 인간은 하나님께 기도할 수 있는 능력을 완전히 상실했다. 성도들이 기도할 수 있는 것은 하나님의 은혜에 기인한다. 하나님은 예수 그리스도의 십자가 사역을 통해 구원받은 자기백성들이 기도할 수 있는 방편을 허락하셨다.

예수 그리스도께서 십자가에 달리신 것은 택함받은 성도들로 하여금 자신을 통해 하나님께 나아가도록 하기 위해서였다. 하나님의 자녀들이 예수 그리스도의 이름으로 기도하는 것은 십자가에 달리신 성자 하나님을 통해 기도하는 것이다. 그러므로 하나님께서 성도들의 기도를 들으시는 것은 전적으로 십자가에 달리신 예수 그리스도 때문이다.

③ 성령의 도우심으로 드리는 기도

인간은 원래부터 자기 욕망에 충실한 존재이다. 죄에 빠진 인간들은 성령 하나님의 도우심 없이는 결코 올바르게 기도할 수 없다. 하나님의 도우심이 없이 스스로 기도하며 예배하는 것은 종교적인 욕망의 표출일 따름이다. 설령 진지한 마음으로 적극적인 예배를 드린다고 할지라도 그것은 자신의 욕망을 위한 종교적 몸부림에 지나지 않는다.

그러므로 성도들은 성령 하나님의 도우심을 절대로 필요로 하게 된다. 성령의 도움을 통해 비로소 온전한 기도의 자리에 나아가게 되며 하나님을 참으로 경배할 수 있게 되는 것이다. 성령 하나님의 도우심 없이 스스로 기도할 수 있다고 믿는 것은 오만한 불신앙에 기인한다는 사실을 결코 잊어서는 안 된다.

④ 하나님의 뜻에 따른 분별력 있는 기도

성도가 기도할 때 하나님의 말씀을 좇아 올바르게 기도하는 것은 무엇보다 중요하다. 많은 시간을 드려 엄청난 분량의 기도를 한다고 해서 그것이 하나님께 기쁨이 되는 것은 아니다. 나아가 정성과 성의를 다한다고 할지라도 그것으로써 올바른 기도가 될 수 없다. 하나님께서 원하시는 참된 기도가 아니면 하나님 앞에서 가증할 따름이다.

그러므로 우리는 하나님의 뜻에 따른 분별력 있는 기도를 하려고 애써야 한다. 하나님의 뜻을 무시하고 자신의 목적과 욕망을 위해 기도를 해서는 안 된다. 물론 이것은 단순한 이론이나 개인적인 결단으로 되는 것이 아니다.

성도의 신앙이 성숙해져 올바른 기도에 나아가고자 하면 인간이 얼마나 기도할 수 없는 존재인가 하는 점을 더욱 절실히 깨닫게 된다. 성령 하나님께서 우리의 잘못된 기도를 바로 잡아주시지 않으면 결코 참된 기도를 할 수 없다. 그러므로 성도들은 성령의 도우심을 의탁하는 가운데 하나님께 기도하며 경배하게 되는 것이다.

⑤ 방언 기도의 문제

방언의 은사는 통변의 은사와 직접 연관되며 예언의 은사와도 연관된다. 만일 우리시대에 방언의 은사가 있다고 한다면 통변의 은사와 예언의 은사도 마땅히 인정되어야 한다. 나아가 방언과 예언의 은사가 인정되면 각 성도들이 경험하게 되는 모든 내용들은 마땅히 지상의 모든 성도들을 향한 보편성을 띠어야 한다. 이는 그것이 직접 하나님으로 말미암은 것이 되기 때문이다.

그러나 우리시대에는 그런 기대를 할 수 없다. 사도교회시대 이후 모든 계시들은 종결되었기 때문이다. 이는 보편교회 시대를 위한 완성을 의미한다. 그러므로 우리는 소리내어 기도할 때는 일반 언어로 해야 한다. 여기서 소리내어 기도한다는 의미는 공적인 기도나 여러 사람들 앞에서 행하는 기도가 아니라 입 밖으로 표현되는 기도를 의미하는 것으로 이해해야 한다.

그럼에도 불구하고 사도교회 당시 방언으로 기도하던 신앙의 정신이 우리시대에 그대로 계승되고 있음을 기억하지 않으면 안 된다. 방언기도란 자기의 생각에 따라 마음대로 기도하는 것이 아니라 성령께서 기도하게 하시는 대로 기도하는 것이다. 그러므로 우리시대에도 개인적인 판단과 욕망에 따라 기도할 것이 아니라 하나님께서 기도하게 하시는 대로 기도해야 한다.

4 기도하는 자는 합당한 것들을 위해 기도해야 되며,[13] 현재 살아 있는 사람들과 장차 태어나게 될 사람들을 위해 해야 한다.[14] 그러나 죽은 사람들이나[15] 사망에 이르는 죄를 범한 자로 알려진 사람들을 위해서 기도해서는 안 된다.[16]

13_ 요일 5:14

14_ 룻 4:12; 삼하 7:29; 요 17:20; 딤전 2:1,2

15_ 삼하 12:21-23; 눅 16:25,26; 계 14:13

16_ 요일 5:16

① 합당한 것들을 위한 기도

우리는 합당한 것들을 위해 기도해야 한다. 그런데 어떤 기도가 합당한 기도인가? 하나님의 뜻을 떠나 개인의 욕망을 추구하는 기도는 합당한 기도가 될 수 없다. 합당한 기도란 하나님의 구원의 은혜에 감사하며 그리스도를 통해 거룩한 하나님을 찬양하는 기도이다. 그리고 하나님의 뜻이 이땅에 이루어지도록 간구하며 하나님의 몸된 교회가 온전히 세워지기를 원하며 기도하는 것이다.

세상은 항상 하나님의 교회와 성도들을 미혹하고자 안간힘을 쓰고 있다. 악한 세상의 가치가 화려한 모습을 하고 교회 가운데 침투하기를 서슴지 않는다. 참된 성도들은 교회가 세상의 가치에 미혹되지 않도록 기도해야 하며, 주님께서 재림하실 때까지 그리스도의 신부로서 정결한 모습을 유지할 수 있도록 기도해야 한다.

② 생존해 있는 사람들과 생존하게 될 자들을 위한 기도

성도들은 다른 이웃들을 위해서 기도해야 한다. 교회는 세속적인 성공이나 만족을 위해서가 아니라 도리어 이 세상을 능히 이길 수 있는 힘

을 가질 수 있도록 서로간 위해서 기도하게 된다. 이를 통해 교회 공동체가 험난한 이땅에 온전히 서 가게 되는 것이다.

우리는 살아있는 하나님의 백성들과 장차 태어나게 될 하나님의 자녀들을 위해서 기도해야 한다. 우리의 관심을 끄는 대목은 아직 이 세상에 태어나지 않은 성도들을 위해 기도할 수 있다는 사실이다. 이는 기도의 목적이 무엇인지 잘 말해 주고 있다. 점차 악해져 가는 이 세상에 태어나게 될 성도들이 장차 온전한 신앙을 지켜나갈 수 있도록 기도하는 것은 교회의 상속에 대한 중요성 때문이다.

③ 죽은 자들이나 사망에 이르는 죄를 지은 자들을 위한 기도 금지

우리는 죽은 자들을 위해 하나님께 기도하지 않는다. 우리에게는 그들을 위해 기도할 수 있는 아무런 제목도 남아있지 않다. 죽은 자들을 위해서 기도하는 것은 아무런 의미가 없을 뿐더러 잘못된 것이다.

또한 우리는 사망에 이르는 죄를 지은 것으로 알려진 자들을 위해서 기도하지 말아야 한다. 이는 매우 조심스럽게 생각해 보아야 할 문제이다. 즉 성도들은 불신자들과 구원의 반열에 들지 않은 사람들을 위해서 기도해서는 안 된다. 우리의 기도로 인해 그들이 구원을 받게 되는 것은 결코 아니기 때문이다. 영원한 구원은 창세전에 선택하신 하나님의 은혜에 달려 있을 따름이다.

5 하나님께 드리는 통상적인 예배에는 여러 가지 요소들이 존재한다. 거기에는 경건한 성경봉독과[17] 건전한 설교,[18] 그리고 분별력과 믿음과 경외심을 가지고 하나님의 말씀을 성실하게 들음으로써 하나님께 순종하고자 하는 자세를 가진 성도들이 있어야 한다.[19] 그들은 심령에서부터 은혜로 시편을 노래해야 하며,[20] 그 가운데 그리스도께서 제정하신 성례가 합당하게 시행되어 성도들이 그에 온전히 참여할 수 있

어야만 한다. 이 모든 요소들은 하나님께 드리는 통상적인 예배에 있어야 할 내용들이다.[21] 이밖에 특별한 경우에는 신앙적인 맹세와[22] 서약,[23] 엄숙한 금식,[24] 특별한 감사[25] 등이 예배의 요소에 포함될 수 있다. 이런 요소들과 더불어 예배를 드릴 경우에도 절차에 따라 경건하고 신앙적인 방식으로 행해져야 한다.[26]

17_ 행 15:21; 계 1:3

18_ 딤후 4:2

19_ 사 66:2; 마 13:19; 행 10:33; 히 4:2; 약 1:22

20_ 엡 5:19; 골 3:16; 약 5:13

21_ 마 28:19; 행 2:42; 고전 11:23-29

22_ 신 6:13; 느 10:29

23_ 전 5:4,5; 사 19:21

24_ 에 4:16; 욜 2:12; 마 9:15; 고전 7:5

25_ 에 9:22; 시 107편

26_ 히 12:28

① 통상적인 예배의 요소들

참된 예배의 중심에는 항상 하나님의 말씀이 존재한다. 그러므로 경건한 마음으로 성경을 읽는 것은 예배의 중요한 요건이 된다. 그리고 하나님의 말씀을 선포하는 설교에는 흠이 없어야 한다. 이는 설교를 하면서 인간의 종교적 목적이나 설교자 자신의 생각을 관철시키려 하지 말아야 함을 의미한다. 예배 시간에는 하나님의 말씀이 교회 가운데 온전히 선포되어 드러나야 하는 것이다. 그러므로 예배에 참여하는 모든 성도들은 선포되는 하나님의 말씀에 관심을 집중해 주의 깊게 귀를 기울여야만 한다.

그리고 온전한 경배를 위해서는 은혜의 찬송이 있어야 한다. 여기서 말하는 찬송이란 단순한 곡조나 악기를 통한 음악을 의미하지 않는다. 그것은 시편 찬송과 성경에 기록된 내용을 노래해야 함을 의미한다. 또한 온전한 예배를 위해서는 그리스도께서 제정하신 성례인 세례와 성찬이 존재해야 한다. 진정한 세례와 성찬의 의미가 결여된 예배는 참된 예배가 될 수 없다. 온전한 예배는 세례를 통한 성도의 새로운 삶과 예수 그리스도의 피와 살을 상징하는 성찬을 나눔으로써 드려지게 된다.

② 특별한 경우 예배에 가미될 수 있는 요소들

공예배 가운데는 일상적인 요건과 더불어 특별한 경우에 가미될 수 있는 요소들이 있다. 신앙적인 공적 맹세와 서약, 신성한 금식, 그리고 특별한 감사 등이 그것이다. 이 요소들은 평상시 주일 공예배 절차에 속하지 않은 요소들이지만 특별한 경우에는 예배 절차에 적절하게 가미될 수 있는 내용들이다.

여기서 말하는 신앙적인 맹세와 서약, 교회적으로 자신을 되돌아 볼 수 있는 기회를 가지기 위한 신성한 금식, 그리고 하나님의 공적인 은혜를 확인하게 되는 특별한 감사 등은 구약의 율법적인 의미에서 요구되는 것들이 아님은 당연하다.

이는 또한 이러한 요소들 이외의 내용들이 무분별하게 예배 절차에 가미되어서는 안 됨을 말해주고 있다. 따라서 개인의 명예를 높이거나 사적인 것들을 예배를 통해 기념하려 해서는 안 된다. 예배에 가미될 수 있는 요소들은 교회의 공적인 결정이 있을 경우에만 허용될 수 있다.

6 복음시대에는 기도를 비롯한 기타 예배 행위가 어떤 특정한 장소에서 거행되어야 하는 것으로 고정된 것이 아니다. 즉, 특정 장소 혹은 그곳을 향해 예배하면 하나님께 더 잘 열납된다고 할 수 없다.[27] 우리는 언제 어디서나 하나님을 경배하되[28] 영과 진리로 예배드려야 한

다.[29] 각 가정에서[30] 날마다 예배드릴 수 있으며[31] 은밀한 가운데 개별적으로 예배드릴 수도 있다.[32] 특별히 공예배는 보다 엄숙하게 드려져야 하는데, 이는 하나님께서 자신의 말씀과 섭리에 의하여 우리를 부르시는 것이므로[33] 경솔히 여겨 고의적으로 등한히 생각해 그 요구를 저버려서는 안 된다.

27_ 요 4:21

28_ 말 1:11; 딤 2:8

29_ 요 4:23,24

30_ 행 10:2; 신 6:6,7; 삼하 6:18,20; 욥 1:5; 렘 10:25; 벧전 3:7

31_ 마 6:11

32_ 엡 6:18; 마 6:6

33_ 눅 4:16; 히 10:25; 잠 1:20,21,24; 8:34; 사 56:6,7; 행 2:42; 13:42

① 교회당과 성전聖殿

교회당은 성전이 아니며 특별히 거룩한 건물이 아니다. 예배당은 성도들이 모여 하나님을 경배하며 주 안에서 교제하기 위해 마련된 교회적 편의시설이다. 예배당이 교회적 편의시설이라는 말은, 그 건물이 성전은 아니지만 성경의 교훈에 따라 성실하게 관리되어야 함을 의미하고 있다.

따라서 교회당은 불필요한 우상적인 장식이나 세속적인 화려한 것들로 꾸며져서는 안 된다. 교회당 건물은 하나님을 예배하기 위해 정숙한 마음을 가지는 데 방해가 되거나 말씀과 진리보다 더 많은 관심을 끌만한 조형물로 채워져서는 안 되는 것이다.

물론 교회당은 기본적으로 교회의 공공 편의시설이기 때문에 모든 성도들은 소중하게 사용해야 할 의무가 있다. 하지만 건물과 장소에 지나치게 얽매이지는 말아야 한다. 그곳이 하나님께 예배를 드리는 공간 이상으로 거룩한 영역으로 인식되어서는 안 된다. 이는 우리시대에는 가시적인 성전으로서 예배하는 장소가 달리 정해져 있지 않기 때문이다. 그러므로 예배를 드리기 위해 화려하고 값비싼 건축물을 지으면 하나님이 더욱 기뻐할 것이라고 생각하는 것은 우상숭배하는 마음과 가깝다.

② 특별한 장소가 있는 것이 아님

성도들은 장소에 따라 하나님께 더 효과적인 기도와 예배를 드릴 수 없다. 특별한 장소에서 기도하거나 예배를 드릴 때 하나님께서 그것을 더 기쁘게 열납하시는 것이 아니다. 예배당이나 산 속 혹은 동굴에서 기도하면 신령한 느낌이 들어 기도가 더 잘 된다는 식의 생각을 하는 것은 올바른 신앙자세에서 나온 것이라 할 수 없다.

모든 성도들은 장소를 가릴 것 없이 어디서든지 항상 하나님 앞에 기도하는 자세를 가져야 하며 예배하는 마음을 유지해야 한다. 물론 시끄럽지 않은 조용한 환경 가운데서 달리 방해받을 요소가 없다는 측면에서는 훌륭한 장소가 있지만 그 이상의 의미는 아니어야 한다. 예배당이든 산 속 혹은 동굴이든 간에 특별한 장소가 결코 더욱 신령한 기도와 예배를 보장하지 않는다.

③ 특별한 시간이 있는 것이 아님

장소에 관한 문제와 더불어 시간에 대해서도 마찬가지로 생각해야 한다. 특별한 시간에 기도하는 것이 더욱 신령한 효과를 가져오는 듯이 생각하는 것은 잘못된 것이다. 새벽에 기도하는 것이 가장 신령하다든지 한밤중에 기도하는 것이 최고라는 생각은 옳지 않다. 기도는 호흡과 같아서 결코 단절되지 않는다.

성도들은 언제든지 하나님께 기도하며 찬송할 수 있는 마음자세를 유지해야 한다. 분주하지 않고 조용한 시간을 선택해 성경말씀을 읽으며 기도하는 것은 바람직한 일이지만, 특별한 시간에 기도하면 더욱 신령한 효과를 얻게 되는 것은 아니다. 성숙한 성도들은 항상 하나님과 동행하며 언제 어디서나 하나님께 기도하며 예배하는 마음 자세를 유지하도록 애쓰게 된다.

④ 공적인 예배와 기도

모든 성도들은 매주일 공예배에 참여하여 다른 성도들과 함께 공동으로 기도해야 할 의무가 있다. 매주일 약속된 장소, 정해진 시간에 모든 하나님의 백성이 회집하여 하나님께 공예배를 드리는 것은 성도의 기본적인 본분이다. 그 가운데 하나님께 드리는 공적인 기도가 있으며 모든 성도들이 공적인 기도에 참여하게 되는 것이다.

그러므로 공예배를 가볍게 생각하거나 소홀히 여기는 것은 죄악이다. 교회 안에 하나님께 드리는 공예배보다 더 중요하게 인식되는 어떤 모임이나 집회가 있어서는 안 된다. 하나님을 경배하는 온 교회의 공적인 예배모임을 능가하는 의미를 지닌 모임이나 집회가 있다면 그것은 우상숭배적인 것이다.

⑤ 사적인 찬송과 기도

성도들의 개별적인 찬송과 기도생활은 장려되어야 한다. 하나님의 자녀들은 개인적으로 늘 기도해야 하며 가정적으로 항상 하나님을 찬송하는 자세를 유지해야 한다. 때를 따라 음식을 나누는 식탁에서 감사기도가 드려져야 하며 일상생활 가운데서 감사와 찬송하는 삶이 넘쳐나야 한다.

물론 이런 사적인 예배와 기도는 교회와 공예배의 의미를 기억하는 가운데 이루어져야 한다. 즉 교회와 무관한 자신의 종교적 사색이나 욕망을 드러내는 것을 말하지 않는다. 참된 사적인 예배와 기도는 교회적 의미 가운데 이루어져야 하는 것이다. 그렇게 함으로써 세상 가운데 흩어져 살아가는 모든 성도들이 동일한 교회적 고백과 더불어 하나님을 찬송하는 삶을 살아가게 된다.

7 하나님께 예배드리기 위해 적절한 때를 구별하여 정하는 것은 자연법칙에 합당한 일이라 할 수 있다. 그래서 하나님께서는 그의 말씀을 통해 적극적이고 도덕적이며 영구한 명령으로써 모든 시대의 성도들에게 이레(七日) 중 하루를 특별한 안식일로 정하여 거룩하게 지키도록 요구하셨다.[34] 그 안식일은 창세로부터 그리스도의 부활까지는 한 주간의 마지막 날이었으나 그리스도의 부활 이후부터는 한 주간의 첫째 날로 바뀌어졌다.[35] 성경에는 그날이 '주의 날'로 불려지고 있으며,[36] 그 날은 세상 끝날까지 교회의 안식일로 지켜져야 한다.[37]

34_ 출 20:8,10,11; 사 56:2,4,6,7

35_ 행 20:7; 창 2:2,3; 출 31:17; 고전 16:1,2

36_ 계 1:10

37_ 마 5:17,18; 출 20:8,10

① 주일 공예배

하나님의 자녀들이 특별히 주일날 공예배로 모이는 것은 언약적인 의미를 지닌다. 구약시대의 안식일 개념은 주님의 십자가 사역을 통해 성취되었으며 그가 이룩하신 부활의 날이 신약시대의 새로운 안식일이 된 것이다. 이는 하나님께서 천지만물의 창조를 완성하신 후 누리셨던 영광이 예수 그리스도를 통해 새롭게 회복되었음을 선포하는 의미를 지닌다.

그러므로 신약시대의 교회는 안식 후 첫날을 '주의 날'로 정해 하나님의 안식을 기억하고 있다. 이날은 교회와 성도들이 주님께서 재림하시는 세상 끝날까지 매주일 지켜야 할 구별된 날이다. 물론 그날의 성분이 다른 날들과 어떤 차이가 있는 것은 아니다. 하지만 창조 때부터 주어진 하나님의 언약이 구약시대를 거쳐 신약시대에 이르러서도 여전히 교회 가운데 상속되고 있음을 보여준다.

② 안식일로 지켜야 할 주일

신약시대의 주일은 특별한 안식일로 지켜져야 한다. 이는 그날을 구약의 율법시대처럼 지켜야 하는 것을 의미하지 않는다. 하나님의 특별한 언약을 드러냈던 구약시대 안식일의 개념이 신약시대의 주일로 바뀌어 지켜지게 된 것이다. 그러므로 신약시대의 주일을 마치 구약시대의 안식일을 지키듯이 율법적으로 그날을 지켜야 한다는 말과는 다르다. 만일 신약의 안식일인 주일을 구약의 안식일처럼 율법적으로 지킨다면 그것은 도리어 매우 잘못된 것이다.

신약시대의 모든 성도들은 매주일 예수님께서 부활하신 안식 후 첫날 교회로 모여 하나님의 언약을 기억하며 그를 높여 찬양한다. 성도들이 공예배를 위해 정해진 시간에 한자리에 모여 하나님을 경배하는 것은 지극히 당연한 일이다. 우리는 '안식'의 의미가 하나님의 영광과 직접 연관된다는 사실을 분명히 기억해야 한다.[9)]

8 그러므로 안식일은 주님께 거룩하게 지켜야 한다. 이를 위해 성도들은 마음을 합당하게 준비하고 일상적인 일들을 미리 정돈해 두어야 한다. 그날은 온종일 세속적인 업무를 비롯해 그에 연관된 말과 생각과 행위, 그리고 세속적인 오락을 중단하고 안식하게 된다.[38] 또한 그날의 모든 시간은 공예배와 사적인 예배, 그리고 부득이 행해야 할 필요가 있

9) 이광호, "안식일과 주일 언약적 의미와 영광의 실천적 주일", 진리와 학문의 세계, 제6권, 2002. 봄, 달구벌기독학술연구회, pp.47-72.

는 일과 자비를 드러내는 일을 위해 사용해야 한다.39

38_ 사 58:13; 출 16:23,25,26,29,30; 20:8; 31:15-17; 느 13:15-19,21,22

39_ 마 12:11

① 안식일로 지켜야 할 주일과 공예배

하나님의 자녀들은 주일을 안식일로서 거룩하게 지켜야 한다. 그렇다면 그날을 거룩하게 지킨다는 말은 무슨 뜻인가? 여기서 우리가 분명하게 기억해야 할 점은 그 의미가 율법적인 인간의 행위가 아니라 하나님께서 원하시는 궁극적인 뜻이 중심적 개념이 되어야 한다는 사실이다.

성도들이 안식일을 거룩하게 지키는 것은 합당한 예배와 연관이 된다. 성도들이 그날을 위해 미리 정돈하고 준비해야 하는 것[10]은 예배에 온전히 참여하기 위해서이다. 하지만 설령 다른 모든 것이 완벽하게 준비되었다 할지라도 공예배를 통해 하나님을 온전히 경배하지 못한다면 그날을 거룩하게 지킨 것이 아니다. 그러므로 안식일의 중심에는 공예배와 그 가운데 있는 말씀선포, 성례, 권징사역 등이 온당하게 동반되어야만 한다.

② 주일을 안식일로 지키는 의미

성도들이 주일을 안식일로 지키는 것은 의무에 해당된다. 이는 주일을 인간의 취향이나 방식대로가 아니라 하나님의 뜻 가운데 지켜야 함을 의미한다. 하나님의 뜻을 벗어난 상태에서는 그날을 안식일로 지킬 수 없다.

---

10) 예를 들어 한국교회에 속한 성도들의 경우 대개 주변에 불신자들인 가족과 친구들이 많이 있다. 그들 가운데 혼사(婚事)나 장례 등이 주일날 있을 경우 성도들은 앞서 미리 방문해 축하를 하거나 문상(問喪)을 해야 한다. 그렇게 함으로써 주일을 온전히 지킬 수 있도록 미리 주일을 예비해야 하는 것이다.

이는 주일을 안식일로 지킨다는 것이 겉으로 드러나는 종교적인 형식을 말하지 않음을 의미한다. 예를 들어 설교하는 목사라고 해서 주일을 잘 지키는 것이 아니며 하루종일 교회에서 열심히 봉사하는 직분자라 해서 그것 자체로서 주일을 온전히 지키는 것이라 할 수 없다. 또한 주일날 종일토록 정장차림을 하고 교회에 머물며 모든 종교적인 행사에 부지런히 참석한다고 해서 주일을 잘 지키는 것도 아니다.

이런 모든 외부적 요건을 갖추어 하루종일을 보낸다 해도 주일 공예배에 온전히 참여하지 않으면 주일성수와는 아무런 상관이 없다. 즉 올바른 말씀선포와 성례의 의미를 동반한 공예배가 없는 상태에서는 주일을 잘 지킬 수 없다. 그러므로 설교하는 목사라 할지라도 말씀을 올바르게 선포하지 않는다면 그는 주일을 제대로 지키지 않는 것이 된다.

③ 자기의 목적과 욕망을 포기하는 의미

성도들은 주일과 그날에 있는 공예배를 통해 세상의 모든 것을 포기해야 하는 의미를 확인하게 된다. 하나님의 자녀라 할지라도 이 세상에 살아가면서 세상의 가치를 항상 삶속에 가까이 둘 수밖에 없다. 죄의 속성을 지닌 인간들은 자기도 모르는 사이 세속적인 것들을 탐하게 되어 있으며 세상의 것들을 누리려 하게 되는 것이다.

그러므로 성도들은 주일을 보내면서 세상의 것에 대한 무가치성을 깨달아야 한다. 세상에서의 번영과 이땅에서 누리는 즐거움이 아무것도 아님을 공예배와 선포되는 말씀을 통해 확인하게 되는 것이다. '오락을 중단하라' 는 요구는 인간적인 욕망에 따라 살지 말아야 할 것에 대한 교훈이다. 이는 곧 이 세상에서 추구하고자 하는 삶의 목적과 욕망에 대한 올바른 해석을 동반하게 되며 결국 그런 것들을 포기하게 만드는 것이다.

④ 이웃을 기억할 수 있는 날

하나님의 자녀들은 주일과 공예배를 통해 이웃을 기억하게 된다. 악한 세상에서 살아가던 성도들이 한자리에 모여 하나님을 예배함으로써 동일한 정체성을 확인하는 것이다. 이를 통해 예배에 참여하는 교회 공동체에 속한 모든 성도들을 더욱 가까이 알아간다. 특별히 예배 중 존재하는 성찬을 나눔으로써 그것을 확인하게 된다. 이를 통해 이웃을 위해 베풀어야 할 자비가 무엇인지 드러나게 되는 것이다.

나아가 모든 성도들이 공예배에 온전히 참여해야 하는 것은 함께 살아가는 교회 공동체의 모든 성도들을 위한 배려이다. 주일날 공예배에 참여하는 성도들 가운데는 영아와 유아는 물론 태아들까지도 있다. 그들은 모두 하나님의 언약 가운데 존재한다. 대다수 한국교회의 경우 어린이들은 물론 청소년들마저 공예배에 참여시키지 않는 것은 심각한 문제이다. 이는 주일 공예배를 통해 전체 교회 공동체를 진정으로 기억해야 하는 원리에서 크게 벗어나는 것이다.

⑤ 성도의 교제를 위한 날

주일은 성도들의 사귐을 위한 특별한 교제의 날이다. 여기서 말하는 교제란 단순한 친교fellowship가 아니라 그리스도의 보혈로 인한 성도의 사귐Holy Communion을 의미한다. 성도들이 공예배를 통해 한자리에서 하나님을 경배한 후 그 연장선상에서 안식의 교제를 나누게 되는 것이다.

하나님의 백성들은 주일날 하나님의 자녀인 성도들과 교제를 나누는 것을 원칙으로 삼아야 한다. 말씀으로 교제하며 다른 성도들의 가족과 함께 식사자리를 마련할 수도 있다. 자연을 찾거나 가벼운 스포츠를 하며 교제를 나누는 것도 괜찮은 일이다. 하지만 승부를 가리는 격렬한 운동은 피해야 한다. 이는 자칫 성도들의 안식과 교제의 의미를 가릴 수 있는 위험이 따르기 때문이다. 주일날에는 하나님의 언약을 기억하며 그리스도 안에서 성도의 교제를 나누는 것이 중요하다.

제22장
합법적인 맹세와 서원

개괄적 이해 〉〉

인간은 자기 판단에 따라 아무렇게나 살아서는 안 된다. 성도들은 자기 마음대로 살 것이 아니라 말씀과 성령의 인도하심에 따라 하나님 앞에 살겠다는 다짐 아래 살아가야 할 존재들이다. 나아가 인간의 모든 삶은 하나님에 대한 예배와 연관되어야 한다.

그러므로 합당한 맹세와 서원은 예배와 연관되는 것이다. 이는 일반적인 개인의 맹세와 서원을 넘어서는 의미를 지닌다. 여기서 말하는 맹세와 서원은 공적인 서약과 유사한 성격을 지니고 있다.[11] 하나님께 드려지는 예배는 말씀에 근거한 적법한 요소들로 구성되어야 한다. 예배 중 포함되는 맹세와 서약 역시 이와 마찬가지다. 따라서 하나님의 법에서 벗어나 인간들의 생각이 고안한 형식적인 요소들로 채워진 예배는 불법적인 거짓 예배이다.

---

11) 〈제22장, 합법적인 맹세와 서원〉 제5항, 참조.

제 22 장

합법적인 맹세와 서원

1 합법적인 맹세는 경건한 예배의 한 요소이다.[1] 맹세하는 자는 예배시간을 통해 맹세하면서 엄숙한 하나님의 보증과 함께 자신이 맹세한 내용에 대해 교회 앞에서 다짐한다. 즉 자기가 서원하고 결심한 내용을 진리에 따라 판단하시는 하나님과 교회 앞에서 공적으로 다짐하게 되는 것이다.[2]

1_ 신 10:20

2_ 출 20:7; 레 19:12; 대하 6:22,23; 고후 1:23

① 경건한 예배의 요소

여기서 말하는 맹세와 서원은 우리가 일반적으로 이해하고 있는 의미와는 상당한 차이가 난다. 즉 그것은 의미상 우리가 생각하는 개인 중심적인 맹세와 서원이 아니라 도리어 하나님과 교회 앞에서 이루어지는 법적인lawful 서약 곧 다짐과 결의를 의미한다(제22장 5항, 참조).

특히 우리가 관심을 가져야 할 부분은 공예배시 맹세와 서원이 이루어진다는 것은 말씀선포와 성례, 그리고 권징사역과 연관되는 의미를 지니고 있다는 사실이다. 모든 성도들은 세례와 입교서약, 유아세례시 부모서약, 직분자서약, 혼인서약 등을 지키도록 노력해야 한다. 그 서약들은 단순한 개인적인 서약에 머무는 것이 아니라 하나님 앞에서 시행되는 교회적 서약이다.

② 하나님의 뜻에 온전히 순종하고자 고백하는 자세

하나님의 자녀들은 선포되는 말씀 앞에서 서약한 자신의 삶을 되돌아보게 되며 성찬을 통해 생명을 확인하게 된다. 그리고 그 고백처럼 지속적으로 살아갈 수 있도록 성도들 상호간 권징사역이 이루어진다. 따라서 성도들의 진정한 맹세와 서원은 우선 공예배와 연관되며 그러한 다짐과 결의를 통해 신앙을 지속적으로 확인하게 된다.

참된 성도들은 그런 서약을 하면서 허위 서약을 하지 않도록 주의해야 한다. 하나님을 경외하는 마음과 말씀에 진정으로 순종하는 마음이 없이 행해지는 서약은 허위일 따름이다. 그러므로 교회는 교인들이 거짓 서약을 하지 않도록 선한 감독을 해야 할 의무가 있다. 신실한 신앙이 결여된 채 마음에 없는 잘못된 서약을 하는 것은 교회를 속이는 행위이기 때문이다. 나아가 그것은 하나님을 욕되게 하는 것임을 깨달아야 한다.

③ 맹세와 서원의 증인이신 하나님

우리가 여기서 특별히 깨달아야 할 점은, 하나님께서 성도들의 공적인 맹세와 서원의 증인이 되신다는 사실이다. 그러므로 모든 맹세와 서원은 하나님과 직접 연관되어 있다. 따라서 교회 앞에서 이루어진 맹세와 서원을 어기거나 등한시하는 것은 사람들에 대한 약속 불이행이 아니라 하나님께 대한 범죄가 성립되는 것이다.

2 성도들은 하나님의 이름만으로 맹세해야 한다. 그리고 맹세할 때 진정으로 하나님을 경외하는 마음과 경건한 자세를 가지고 그 이름을 사용해야 한다.[3] 그러므로 그 영광스럽고 두려운 이름을 허망하게 혹

은 경솔하게 사용하여 맹세하는 것은 죄악이며, 다른 어떤 것을 통해 맹세하는 것도 가증스런 죄악이다. 그런 죄악되는 행동은 두려운 마음으로 피해야만 한다.[4] 중요한 사안과 절차에 따라 맹세하는 것은 성경에 하나님의 말씀으로 보장되어 있다.[5] 그러므로 합법적인 맹세는 적법한 권위에 의해 요구될 때 그것을 이행해야 한다.[6]

3_ 신 6:13

4_ 렘 5:7; 출 20:7; 마 5:34,37; 약 5:12

5_ 사 65:16; 히 6:16; 고후 1:23

6_ 스 10:5; 왕상 8:31; 느 13:25

① 하나님의 이름으로 맹세

하나님이 아닌 다른 어떤 것으로도 맹세하거나 서약할 수 없다. 이는 성도의 삶은 항상 하나님과 연관지어져야 함을 의미한다. 그러므로 신앙적인 다짐을 할 때도 '하나님 앞에서'(Coram Deo) 진지한 자세로 공적으로 시행해야 하는 것이다. 하나님을 진심으로 경외하는 마음 없이 교회 앞에서 행해지는 맹세는 자기 의를 드러내는 위험한 방편이 될 수밖에 없다.

② 하나님에 대한 경외심

참된 맹세와 서약은 하나님을 경외함으로 행해져야 한다. 그러므로 하나님과 교회 앞에서, 종교적인 막연한 판단에 따라 경솔한 맹세를 하거나 하나님이 아닌 다른 것으로 서원하게 되면 그것은 가증스러운 범죄행위이다.

진정한 신앙적인 다짐에는 날마다 자기를 죽이고 쳐 복종시키고 하나님의 말씀에 온전히 순종하겠다는 결의가 담겨 있어야만 한다. 성경에서 말하고 있는 다짐이란 바로 그런 것을 의미한다. 그러므로 공적으로 이루어지는 맹세와 서약에는 항상 하나님을 진정으로 경외하는 마음이 기초에 깔려 있어야 하는 것이다.

③ 말씀에 의해 보증된 맹세

진정한 맹세는 하나님의 말씀에 의해 보증된 서약이어야 한다. 즉 개별적인 판단에 따라 공적으로 맹세하는 것은 옳지 않다. 하지만 성도들이 한평생 하나님을 경외하면서 살겠다는 다짐이나, 세상을 탐하지 않고 천국만을 바라보겠다는 하나님 앞에서의 진실한 결의는 항상 유효하다. 세례를 받고 입교하면서 교회의 성도들이 참여하는 가운데 하나님 앞에서 결의한 것은 결코 변개하지 말아야 한다.

④ 교회의 요구에 따른 맹세

우리가 기억해야 할 중요한 것은 교회가 공적인 입장에서 성도들에게 서약을 요구할 수 있다는 점이다. 유아세례시 부모서약, 세례 및 입교서약, 직분자서약, 혼인서약 등에서 그 의미가 두드러진다. 하나님의 자녀들은 서약에 대한 교회의 선한 요구를 거절할 수 없으며 거절해서도 안 된다.

그렇지만 성경적인 근거가 없는 잘못된 서약은 절대로 하지 말아야 한다. 예를 들어 엄청난 액수의 돈을 벌어 몇 년 내로 얼마만큼의 연보를 하겠다든지, 어떤 경우에도 특정 목회자의 말을 절대로 순종하겠다든지 하는 식의 다짐이나 맹세는 아무런 의미가 없는 것이다. 그런 식의 맹세는 잘못된 것으로서 자기의 의를 드러내고자 하는 천박한 종교적 욕망에 지나지 않는다. 나아가 그런 것들은 도리어 하나님을 욕되게 하는 것일 수 있다.

3 맹세하는 자는 누구든지 그것이 매우 중요하고 엄숙한 행위라는 사실을 명심해야 한다. 그러므로 자기가 진리라고 확신하는 것 이외의 것을 맹세해서는 안 되며[7] 자기의 역량을 벗어나는 것에 대해 맹세하지 말아야 한다.[8] 그와 동시에 선하고 의로운 것에 대한 맹세가 합법적인 권위로부터 요구되었을 때 그것을 거절하는 것이 죄라는 사실을 염두에 두어야 한다.[9]

7_ 렘 4:2; 출 20:7

8_ 창 24:2,3,5,6,8,9

9_ 느 5:12; 출 22:7-11; 민 5:19,21

① 맹세의 엄숙함을 깨닫는 자세의 필요성

하나님 앞에서 맹세하며 서약하는 성도는 진리의 기초위에서 그렇게 해야 한다. 여기서 말하는 맹세와 서약은 단순히 개별적인 심적인 결단에 의한 것을 두고 말하는 것이 아니라 교회 앞에서 이루어지는 공적인 엄숙한 신앙행위를 의미한다. 그것은 예배시간을 통해 교회의 성도들 앞에서 공적으로 공언되어야 한다.

그러므로 단순한 종교적 열망으로써 경거망동한 자세로 맹세하거나 서약하는 것은 올바른 신앙행위가 되지 못한다. 그것은 도리어 자신을 죄에 옭아매는 역할을 하게 되며 종교적인 걸림돌이 된다. 즉 그것으로 인해 진정한 신앙을 가지는 데 방해가 되는 것이다.

② 확신 가운데 맹세해야 함

교회의 회중 앞에서 공적으로 맹세하는 자는 자기가 맹세하고 있는 내용에 대한 분명한 이해를 하고 있어야만 한다. 자기가 무엇을 맹세하는지조차 알지 못한 채 입으로 맹세하는 것은 위선적이며 악한 행동이다.

그러므로 교회는 맹세하는 자에게 그가 맹세하는 내용과 의미를 명확하게 알 수 있도록 가르치고 지도해야 한다. 그에 따라서 자신이 진리라고 확신하는 내용을 하나님과 교회 앞에서 맹세하고 서약하게 되는 것이다. 그렇지 않으면 결코 자기가 맹세한 내용을 온전히 지키고자 하는 자세를 견지할 수 없게 된다. 그것은 교회를 어지럽히게 될 것이며 교회와 자신을 속이는 악한 행위가 될 수밖에 없다.

③ 헛된 말로 하는 맹세의 금지

하나님과 교회 앞에서 공적으로 행하게 되는 맹세와 서약은 헛말로 해서는 안 된다. 그럴 마음이 전혀 없고 아무것도 준비된 바 없으면서 체면치례로 그렇게 하는 것은 거짓 맹세요 거짓 서약이다. 사람들에게 보이기 위해서 행하는 맹세와 서약은 하나님을 욕되게 하는 악한 행위이다.

그러므로 올바른 신앙적인 다짐은 하나님의 말씀에 순종하며 이 세상적인 것에 대해 포기하겠다는 진정한 고백적 표현이 담겨 있어야 한다. 그런 자세가 아니라면 자기의 종교적 욕망을 표출하거나 자기 의를 세우려는 무지한 발상일 수밖에 없다. 그런 식의 맹세는 결코 하지 말아야 한다.

④ 자신이 감당할 만한 역량 안에서 행해야 할 맹세

참된 교인은 자신이 감당할 만한 내용을 겸손한 자세로 서약해야 한다. 자신의 역량을 벗어나는 것에 대한 맹세는 비신앙적인 만용에 지나지 않는다. 그러므로 교회는 성도들이 신실한 자세로 맹세하도록 인도해야 한다. 따라서 주님의 몸된 교회가 합법적으로 선한 다짐을 요구할 때 그것을 거절하는 것은 죄가 된다.

그러나 그것이 교회의 종교조직을 위한 잘못된 동기로 인한 일반적인 서약을 말하고 있는 것은 아니다. 예를 들어 교인들에게 특정한 봉사나 연보 등을 강제적으로 작정하도록 요구하는 것은 그것 자체가 유효하지 않다. 어느 누구도 그런 것을 요구할 권리가 없으며 그것을 따라 순종해야할 의무가 없다. 단지 세상을 탐하지 않고 영원한 천국만을 소망하며 살겠다는 삶의 작정과 고백, 그리고 진리를 위한 성경적인 서약과 관련된 교회의 정당한 요구가 있을 때 성도들은 그에 순종해야만 한다.

4 맹세는 평범하고 명확한 말로 해야 한다. 그러므로 애매모호하거나 막연한 표현을 사용하여 맹세해서는 안 된다.[10] 맹세로 말미암아 죄를 짓게 되는 일은 없어야 한다. 그러나 죄가 되지 않는 것을 맹세했을 경우에는 그것이 자신에게 해로울지라도 지켜야 한다.[11] 설령 이단자나 배교자들 앞에서 맹세한 것이라 할지라도 그것을 어겨서는 안 된다.[12]

10_ 시 24:4; 렘 4:2

11_ 시 15:4; 삼상 25:22,32-34

12_ 수 9:18,19; 삼하 21:1; 겔 17:16,18,19

① 분명하게 이루어져야 할 맹세와 서약

여기서 말하는 맹세는 성도들 앞에서 행해지는 공적인 다짐과 결의를 의미한다. 하나님과 교회 공동체 앞에서 공적으로 행해지는 맹세와 서약은 분명해야 한다. 그리고 서약하는 자는 그 자리에 참석한 모든 성도들이 쉽고 명확하게 알아들을 수 있는 평범한 말로 해야 한다. 맹세를 하면서 결코 애매모호한 말이나 막연한 표현을 사용해서는 안 된다. 이는 일반 성도들이 하나님 앞에서 공적으로 행해지는 그 다짐과 서약에 대한 증인들이 되어야 하기 때문이다.

교회에 속한 모든 성도들은 세례와 유아세례 및 입교서약과 직분서약에 참여하게 된다. 또한 성도들의 혼인서약의 자리에 함께 있게 된다. 이는 성도들이 직접 당사자가 되어 서약하는 것이 아니라 해도, 하나님과 교회 앞에서 행해지는 서약에 대한 증인의 자격자로서 온 성도들이 참여하게 되는 것이다.

② 맹세로 말미암아 죄를 짓게 하지 말아야 함

교회와 지도자들은 성도들에게 잘못된 맹세와 서약을 요구하지 말아야 한다. 나아가 어린 성도들이 잘못된 맹세와 서약을 하지 않도록 지도해야 한다. 비성경적인 맹세와 서약을 요구하거나 방치하는 것은 지도자들뿐 아니라 일반 성도들로 하여금 죄를 짓게 하는 것이다. 모든 성도들은 성령의 인도하심에 따라 하나님의 말씀에 입각한 다짐과 서약을 해야만 한다.

그러므로 어느 누구도 교회에서 잘못된 맹세를 요구해서는 안 되며 그것으로 인해 성도의 삶이 옭아매이게 해서도 안 된다. 그러한 맹세는 하나님 앞에서 악한 일을 자행하는 것이다. 잘못된 맹세와 서약은 종교적 욕심과 더러운 욕망에서 나오는 것일 뿐 교회에 아무런 유익이 되지 않음을 기억해야 한다.

③ 합법적으로 이루어진 올바른 맹세는 실행해야 함

교회 앞에서 합법적으로 맹세와 서약을 한 것에 대해서는 마땅히 실천해야 한다. 나아가 신앙고백서에는 이단자나 배교자들 앞에서 행한 맹세나 서약의 경우라 할지라도 그것을 지켜야 할 것을 말하고 있다. 이는 무엇을 의미하는 것인가?

여기서 말하고자 하는 바는 하나님 앞에서 행한 참된 다짐은 언제 어디서 행해졌다 할지라도 지켜져야 한다는 것이다. 설령 하나님의 복음을 진정으로 깨닫기 전이라 해도, 이단자나 배교자들 앞에서 자신은 세상을 포기하고 하나님과 천국만을 바라보며 살기로 맹세했다면 그것을 마땅히 지켜야 한다. 하나님을 기억하며 행한 맹세와 다짐에 대해서는 어떤 경우라도 지켜져야 하며, 자신에게 엄청난 손실이 따른다고 할지라도 그 결의를 분명코 실천해야만 한다.

5 서원은 서약과 동일한 성격을 지니고 있다. 그러므로 서원을 행할 때도 경건한 배려와 신실한 자세를 가지고 행해야 한다.[13]

13_ 시 61:8; 66:13,14; 전 5:4-6; 사 19:21

① 서원과 서약

웨스트민스터 신앙고백서에서 말하는 서원은 서약과 동일한 성격을 띠고 있다. 맹세 역시 마찬가지다. 여기서 말하고 있는 모든 내용들은 자기 자신을 신뢰하거나 드러내기 위한 잘못된 인본주의적인 것을 말하지 않는다. 이는 하나님과 교회 앞에서 공적으로 행하는 다짐과 결의와 같은 성격을 지니고 있는 것이다.

② 성실하고 경건한 자세

올바르고 진정한 서약은 하나님의 말씀을 좇아 그의 뜻을 기억하는 가운데 신실한 마음으로 행해져야 한다. 즉 개인의 종교적 열망으로 인해 서원하는 것은 인간의 나약함을 망각한 욕망의 표출이거나 자기 의를 드러내고자 하는 수단으로 전락하게 된다.

그러므로 신실한 성도들의 서약은 하나님과 교회 앞에서 공적으로 행해져야 하며 진정한 다짐을 동반해야만 한다. 모든 성도들은 직접 갖가지 서약을 하게 되며 함께 신앙생활을 하는 다른 성도들의 그 서약에 대한 증인으로 참여하게 된다. 우리는 그 모든 서약들에 대해 성실하고 경건한 자세를 유지하지 않으면 안 된다.

6 서원은 어떤 피조물에 대해서 할 것이 아니라 오직 하나님을 향해 이루어져야 한다.[14] 그것이 하나님께 열납悅納되기 위해서는 자원하는 마음으로 믿음과 의무감을 가지고 행해야 된다. 그리고 하나님께서 베푸신 은혜와 소원하던 바를 이루게 된 데 대한 감사의 마음이 동반되어야 한다. 또한 서원하는 자는 그에 수반되는 필요한 의무와 그에 관련된 사항들을 엄격히 지켜야 한다.[15]

14_ 시 76:11; 렘 44:25,26

15_ 창 28:20-22; 신 23:21-23; 삼상 1:11; 시 50:14; 66:13,14; 132:2-5

① 서원과 서약은 하나님께 해야 함

하나님 앞에서의 다짐과 결의는 하나님께 대해서 이루어져야 한다. 다른 어떤 피조물이라 할지라도 그 대상이 될 수 없다. 종교적으로 소위 높은 지위를 가진 인간들이나 특정 직분자에 대해 서원이나 서약을 해서도 안 된다.

그러므로 개인 성도들이 하나님 앞에서 행한 다짐을 특정 직분자가 마치 자기에게 한 것인 양 다그칠 수는 없다. 그것은 매우 위험할 뿐 아니라 하나님의 교회를 교권적 조직으로 만들어가는 무서운 범죄행위이다. 참된 서원과 서약은 교회 앞에서 오직 하나님께 행해야만 하는 것이다.

② 감사하는 마음과 책임감을 가지고 서약해야 함

교회 앞에서 하나님께 이루어지는 다짐과 결의는 감사한 마음과 신실한 믿음으로 행해져야 한다. 그에 대한 순종과 자원하는 마음이 없거나 진정한 책임감이 없이 행하는 헛된 서약은 자신뿐 아니라 하나님의 교회를 어지럽히는 악한 행위이다.

그러므로 서약하는 자는 그 서약한 내용을 당연히 지켜야 한다. 거기에는 하나님의 영원한 은혜와 하나님을 올바르게 섬기기 위해 소원하던 바가 이루어진 데 대한 감사의 마음이 수반된다. 하나님의 뜻에 당연히 순종해야 함을 아는 성도들은 선한 의무감을 가지고 교회 앞에서 공적인 서원과 서약을 하게 되는 것이다.

③ 서약한 내용은 엄격하게 지켜야 함

성도들은 하나님과 교회 앞에서 작정하고 다짐한 내용에 대해서 철저하고 엄격하게 지키려고 애쓰는 삶을 살아야 한다. 이는 예수 그리스도와 함께 십자가에 못박혀 죽고 그와 더불어 다시 새생명을 얻은 성도로서 이 세상을 살아갈 때 더욱 분명한 성도의 삶의 자세를 견지해야 함을 의미한다.

신앙이 나약한 성도들은 자신이 하나님과 교회 앞에서 서약한 내용을 자주 잊어버리게 된다. 그러나 성도들은 교회 가운데서 항상 그것을 새롭게 기억할 수 있어야 한다. 동일한 지支교회에 속한 성도들은 그것을 기억할 수 있도록 서로간 도와주는 것이 중요하다. 그래야만 하나님과 교회 앞에서 행한 자신의 서약을 마음속에 담아두고 그것을 엄격하게 지키려는 올바른 신앙의 자세를 견지할 수 있게 되는 것이다.

7 하나님의 말씀으로 금지된 것에 대한 서원을 해서는 안 된다. 하나님께서 명하신 의무를 방해하는 일과 자신의 역량으로 할 수 없는 일, 그리고 하나님으로 말미암는 아무런 약속이 없는 일에 대해 서원해서는 안 된다.[16] 이런 측면에서 볼 때 로마 카톨릭의 종신독신 서원과 궁핍생활 서원, 그리고 규칙에 대한 엄격한 순종 서원 같은 것은 온전히

지킬 수 없는 것들로서 미신적이며 범죄케 하는 올무들이다. 그런 서원들은 성도들로 하여금 보다 높은 성결에 이르게 하는 훈련의 단계가 될 수 없으므로 아무도 그와 같은 것에 빠져들지 말아야 한다.[17]

16_ 민 30:5,8,12,13; 막 6:26; 행 23:12,14

17_ 마 19:11,12; 고전 7:2,9,23; 엡 4:2,28

① 금지된 서원과 서약을 해서는 안 됨

하나님의 말씀으로 금지된 서원과 서약을 해서는 절대 안 된다. 즉 아무것이나 자신의 종교적 욕구에 의해 서원해서는 안 되는 것이다. 그러므로 교회와 성도들은 서원할 수 있는 내용과 그럴 수 없는 내용을 잘 분별할 수 있어야 한다. 하나님의 말씀에서 벗어나 서원하는 것은 자기 의를 드러내고자 하는 종교적 욕망일 뿐이며 그것은 진정한 신앙을 방해하게 된다.

종신토록 독신생활을 하겠다는 서약이라든지, 한평생 자녀를 두지 않고 살겠다는 식의 서원, 그리고 자발적인 궁핍생활이나 완전한 금욕적인 삶을 맹세하는 것은 잘못된 것들이다. 그런 유형의 서원은 이미 중세시대부터 있어 왔다. 그런 것들은 교회가 인정할 만한 진정한 서원이 될 수 없다. 그런 서원들은 지극히 미신적이며 도리어 사람을 죄악에 가두는 올가미 역할을 하게 된다.

② 감당하지 못할 것에 대한 서원과 서약의 금지

자기의 실제적인 삶과 거리가 있는 무리한 서원을 하는 것도 아무런 의미가 없는 것이다. 그러므로 자신의 역량을 넘어 스스로 감당할 수 없는 내용을 서원해서는 안 된다. 예를 들어 무슨 한이 있어도 순교를 당하겠다든지, 한평생 특정한 규율을 지키며 살겠다는 식의 서원은 종교적인 욕망의 표출 이상 아무것도 아니다.

나아가 목사나 선교사, 혹은 목사의 부인이 되겠다고 서원한다든지 심지어는 자기 자식을 목사로 바치겠다는 식의 서원은 자신의 종교적인 의를 드러내고자 하는 잘못된 방편일 뿐이다. 또한 앞으로 엄청난 돈을 벌어 거액의 연보를 하며 거대한 종교적 사업을 하겠다는 서원 역시 마찬가지다. 성숙한 참된 교회와 성도라면 결코 그런 식의 서원이나 서약을 하지 않는다.

제23장
국가 위정자爲政者

개괄적 이해 〉〉

국가는 하나님께서 세우신 제도들 가운데 하나이다. 즉 국가는 가정과 교회처럼 하나님께서 경륜 가운데 특별히 세우신 제도에 해당된다. 이는 여타의 모든 단체들이나 모임이 역사적인 정황에 따라 인간들의 특정한 목적을 위해 조직된 것과 대비되고 있다.

우리는 특별히 웨스트민스터 신앙고백서에 언급된 국가에 대한 이해를 하면서 당시의 시대적 상황을 이해해야 한다. 이는 이 문서가 작성될 당시의 교회는 국가교회State-Church를 표준으로 작성되었기 때문이다. 그러므로 국가 위정자에 대한 기록을 살펴볼 때 그 역사적 의미와 더불어 생각해 보아야 한다.

제 23 장

국가 위정자爲政者

1 온 세상의 최고의 주主와 왕이신 하나님께서는 모든 국가의 백성들 위에 위정자들을 세우시고 자기의 관할 아래서 직무를 수행케 하셨다. 그것은 하나님의 영광과 그 백성의 공공의 유익을 위한 것으로서 선한 자들을 보호하고 격려하는 한편 악행하는 자들을 벌하기 위해서였다.[1] 하나님께서는 이와 같은 목적을 달성하시기 위해 국가 위정자들에게 무력武力을 허용하셨다.

1_ 벧전 2:13,14; 롬 13:1-4

① 국가의 특이성

이 세상에는 다양한 많은 집단들이 존재한다. 그중에는 자연발생적인 것이 있는가 하면 사회계약적인 것도 있다. 종족과 민족적인 집단을 자연발생적인 것이라 한다면 학교나 직장 같은 경우는 사회계약적인 것으로 볼 수 있다.

하지만 정통적인 기독교에서는 가정과 교회, 그리고 국가를 하나님께서 경륜 가운데 세우신 단체로 이해하고 있다. 물론 하나님을 알지 못하는 불신자들은 가정을 자연발생적으로 보기도 하며 계약적 관계를 기초하고 있는 것으로 보기도 한다. 이에 대해서는 국가 역시 마찬가지다.

그러나 성경은 우리에게 국가 제도의 특이성을 말해 주고 있다. 국가는 교회와 성도들이 이 세상에서 살아가고 있는 동안 필수적으로 속하게 되는 특별한 기초적 단체이기 때문이다. 오늘날 성도들이 국가에 속하여 다양한 의무와 권리를 가지게 되는 것은 이와 직접 연관된다.

② 하나님께서 세우신 위정자

하나님께서는 국가와 백성들을 위해 위정자를 세우셨다. 여기서 위정자란 통치자를 의미한다. 그렇다면 하나님께서 이 세상에 존재하는 모든 국가의 위정자들을 직접 세우셨는가? 이를테면 기독교 계통의 국가 위정자들을 비롯한 불교 국가의 통치자와 이슬람과 힌두교 국가의 위정자들도 하나님께서 세우셨는가? 만일 그렇게 말한다면 하나님께서 세우신 통치자들에 대해 어떤 경우에도 저항해서는 안 된다. 왜냐하면 그것은 하나님께 저항하는 것이 되기 때문이다.

그럼에도 불구하고 하나님께서는 모든 통치자들을 세우셨다고 말할 수 있다. 그렇다면 어떻게 해서 모순성이 있어 보이는 이 문제에 대해 그렇게 말할 수 있는가? 이는 하나님께서 각 국가들의 개별적인 통치자들을 한 사람씩 직접 발탁해 세우셨다는 의미가 아니라 위정자들의 직무수행을 위한 통치기구를 제정하셨다는 뜻이다. 즉 하나님께서는 국가의 통치자들을 직접 선택하여 세우신 것이 아니라 국가제도의 통치기구를 제정하신 것이다.

그러므로 모든 통치자들은 원리적으로 보아 하나님께서 국가제도를 제정하신 그 뜻에 따라 통치권을 행사해야 한다. 그에서 벗어나면 그 통치자는 하나님의 뜻을 거스리는 것이 된다. 그것은 곧 통치자가 저지르는 사악한 범죄행위가 되는 것이다.

③ 국가제도를 제정하신 하나님의 목적

하나님께서 국가를 은혜로 허락하시고 그 제도를 제정하신 일차적인 목적은 국가자체와 국가에 속한 일반 시민들이 아니라 그 가운데 살아가는 교회와 성도들을 위해서이다.

하나님의 백성들은 천국에 시민권을 두고 있지만 이 세상을 살아가는 동안 국가의 통치권 아래 있을 수밖에 없다. 본질적으로 악한 인간들은 강자가 약자를 해치게 되며 불법이 성행하기 마련이다. 하나님의 자녀가 되어 세상의 악을 거부하며 살아가는 성도들은 악한 자들에게 저항할 수 있는 능력을 가지고 있지 않다. 그러므로 그들과 힘으로 맞서 싸울 수 없는 것이다.

하나님께서 국가를 허락하신 근본적인 목적은 바로 거기 있다. 그 가운데 존재하는 교회와 성도들을 국가가 가지는 공권력에 의해 보호하시는 것이다. 이는 자기백성들을 보호하기 위한 하나님의 간접적인 통치 방편에 속한다.

2 그리스도인들이 국가의 관직에 발탁되었을 때 그것을 맡아 수행하는 것은 적법하다.[2] 그들은 직무를 수행하면서 소속 국가의 건전한 법률에 따라 하되 특별히 경건과 공의와 평화를 유지하도록 힘써야 된다.[3] 그 목적을 이루기 위해 신약시대에도 정당하고 부득이한 경우 전쟁을 치르게 되는 것은 합법적이다.[4]

2_ 잠 8:15,16; 롬 13:1,2,4

3_ 삼하 23:3; 시 2:10-12; 82:3,4; 딤전 2:2; 벧전 2:13

4_ 눅 3:14; 딤후 2:4; 행 10:1,2; 롬 13:4; 계 17:14,16

① 성도가 국가의 공직자가 될 수 있음

교회에 속한 하나님의 자녀들도 세속국가의 공직자가 될 수 있다. 이는 교회와 성도가 탈 국가적인 존재가 아니라는 사실을 말해준다. 성도가 통치권을 가진 국가의 공직자가 될 수 있는 것은 그 가운데 살아가는 성도들과 교회를 위한 신학적 봉사에 대한 의미 때문이다. 여기서 신학적 봉사란 말의 의미는 성경의 교훈에 합당한 봉사를 일컫는다.

하나님의 자녀가 국가의 공직자가 되는 일차적인 목적은 국가 자체를 위한 것이라기보다 국가에 속한 성도들이 성경의 진리 가운데 살아갈 수 있도록 보호하는 것이다. 그러므로 성경이 요구하는 바 특별한 경건과 공의와 평화를 유지하기 위해 국가정책을 수행하며 그에 적법하게 관여하는 것이 성도의 공직수용의 중요한 기반이 된다.

② 성도인 국가 공직자는 누구를 위한 공직자여야 하는가

성도가 공직자가 되는 것은 개인적인 성공이나 출세와 상관이 없다. 불신자들과 달리 성도가 국가 공직자가 된다면 그 가운데는 특별한 하나님의 인도하심이 있는 것으로 보아야 한다. 이는 국가 공직이 아닌 일반 직장이나 학교 등 사회단체의 직원이 되는 것과는 다르다는 의미이다.

이에 대해서는 앞에서 말한 것처럼 국가의 특별한 의미를 생각할 수 있어야 한다. 이는 성도가 교회의 직분을 맡는 것이 전적인 하나님의 인도하심에 의한 것이어야 하듯이 국가의 공직자가 되는 것 역시 그와 어느 정도 연관이 된다는 의미이다,

그러므로 하나님을 경외하는 성도가 공직을 맡게 된다면 그는 국가 자체가 아니라 교회와 성도들을 위한 공직자임을 잊지 말아야 한다. 하나님을 알지 못하는 자들은 그에 대한 아무런 인식없이 부지중에 하나님께서 맡기신 교회와 성도들을 보호하는 기능을 수행하게 되지만 성도인 공직자는 그와 다르다. 공직을 맡은 성도들은 국가가 가지는 일반적인 기능과 더불어 교회와 성도들을 위한 신앙적인 통치권을 행사해야만 한다.

③ 전쟁에 관한 문제

웨스트민스터 신앙고백서에서는 소위 '의로운 전쟁' 혹은 '정당한 전

쟁' 을 인정하고 있다. 이는 악을 행하는 국가의 정부에 대해서는 전쟁을 통한 정당한 응징이 가능함을 말하는 것이다. 하지만 우리는 그에 대해 좀더 신중한 생각을 해보아야 한다. 과연 우리시대에 전적으로 하나님께서 주도하시는 전쟁이 있는가 하는 점 때문이다.

과거 믿음의 선배들이 신앙고백서를 작성하면서 의로운 전쟁을 인정하게 된 것은 당시의 특수한 시대적 상황으로 인한 것이다. 역사 가운데는 기독교 국가들끼리 총칼을 겨누고 서로간 살상殺傷을 저질렀던 경우가 수 없이 많다. 대개는 그때마다 서로 적이 되어 하나님이 자기 군대의 편이 되어주기를 바랐다. 그들은 전쟁 중에도 성경을 읽었으며 기도하기를 쉬지 않았다. 우리는 결코 그것을 올바른 신앙인의 태도라 생각지 않는다. 그러므로 우리시대에는 더이상 의로운 전쟁이 있다고 말할 수 없다.

예수님께서는 어떤 경우에도 무력적인 대응을 하시지 않았으며 그의 제자들 역시 마찬가지였다. 어떤 학자들은 구약시대 이스라엘 민족이 치렀던 전쟁을 예로 들지만 그것은 우리시대의 올바른 적용이 아니다. 구약시대 이스라엘 백성들의 전쟁은 메시아를 위한 특별한 왕국과 하나님의 이름으로 조성된 특별한 공동체의 순결을 위한 것이었으며 그것이 우리시대의 전쟁을 정당화하기 위한 근거가 될 수 없는 것이다.

3 국가 위정자들은 말씀선포와 성례집행의 권한이 자신들에게 있다고 생각해서는 안 되며, 천국의 열쇠와 관련된 권징 사역에 대해서도 역시 마찬가지이다. 뿐만 아니라 그들은 신앙과 관련된 사건에 대하여 조금이라도 간섭해서는 안 된다.[5] 나아가 그들에게는 교회를 위한 의무가 있는데 그것은 교회의 질서와 일치 그리고 화평을 위하는 것과 하나님의 진리가 순수하고 온전하게 보전되도록 도와야 한다. 그리고 모든 불경건한 것들과 이단들을 억제하며, 예배에 있어서 모든 부패한 요소

와 폐습을 개혁하며 저지하고 하나님의 거룩한 규례들이 정당하게 행해지며 실시되도록 협조해야 한다.[6] 이에 관련된 일들을 효과적으로 이행하기 위해 위정자는 교회 회의를 소집할 수 있으며, 거기에 참석해 그 회의의 결과를 하나님의 뜻에 합당하게 시행되도록 협조할 권리가 있다.[7]

5_ 대하 26:18

6_ 레 24:16; 왕하 18:3,4; 대하 15:12,13; 34:33; 스7:23,25-27

7_ 대하 19:8-11; 29장; 33장

① 위정자는 교회에 속한 직분자가 아님

국가의 위정자는 교회의 직분자가 아니다. 그러므로 공예배시 하나님의 말씀을 선포하거나 성례를 집행하는 일을 감당할 수 없다. 그리고 공적인 권징사역을 주도적으로 시행할 수도 없다. 그것들은 교회의 직분자들에게 맡겨진 직무이다.

하지만 국가에 속한 공직자들도 교회를 위해서 해야 할 사명이 있다. 그것은 국가의 공권력을 가진 일반적인 모든 공직자들이 부지중에 하나님의 계획에 어느 정도 가담하고 있는 것을 포함하지만, 하나님의 자녀로서 공직을 맡은 자들에게 직접 연관된다. 앞에서도 언급한 것처럼 성도가 국가의 공직자가 된다는 것은 불신자들의 생각과는 달리 하나님께서 제정한 기관인 국가의 공직자가 된다는 의미이기 때문이다.

② 교회를 위한 위정자의 권한과 의무

위정자인 성도들은 직무를 수행하면서 항상 교회의 유익을 염두에 두어야 한다. 이는 물론 물리적인 유익을 말하는 것이 아니라 교회의 교회다움에 관한 것을 의미한다. 즉 불신자들인 위정자들은 교회를 위한 직접적인 의무를 지지 않았지만, 성도인 공직자들은 교회의 질서를 보장하고 교회의 통일성과 교회의 평화를 보존하는 일을 위해 직무를 감당해야 하는 것이다.

그러므로 교회를 어지럽히고 진리를 훼손하는 이단들을 억제해야 하며 기독교의 예배 가운데 부패한 요소와 악습과 폐습을 저지하고 개혁해야 한다. 그리고 기독교와 교회의 부당한 일을 지적하고 정당하게 시행하도록 명령할 수 있어야 한다. 그것은 하나님께서 성도인 공직자들에게 특별히 부여하신 권한이자 의무이다.

③ 종교회의를 소집할 수 있는 권한

성도인 위정자에게는 교회의 불신앙적 요소를 성경에 비추어 지적하고 책망할 수 있는 권한이 있다. 나아가 불신자인 위정자라 할지라도 타락한 교회가 사회적 윤리에조차 반하는 악습과 폐습을 도입할 경우 그에 대한 문책을 할 수 있다. 그러므로 특히 기독교인인 위정자들은 결코 자기의 정권유지를 위해 기독교를 이용하거나 종교지도자들과 타협하려 해서는 안 된다.

세속국가의 위정자들도 국가 안에 존재하는 교회의 형편에 따라 종교회의를 소집할 수 있다. 물론 그것은 진정한 기독교 신앙적인 문제뿐 아니라 부패한 종교인들의 문제와도 연관된다. 오늘날 대한민국처럼 전형적인 세속국가에서는 이에 대한 분명한 이해를 하는 것이 여간 어렵지 않다. 그러나 국가교회State Church인 경우 성도들이 이에 대한 이해를 하기에 훨씬 용이하다.

우리가 여기서 주의 깊게 생각해 보아야 할 바는 세속국가인 경우에도 그 원리가 적용되어야 한다는 사실이다. 즉 실제로 그것이 적용되느냐 하는 것에 앞서 원리적인 측면에서 그렇게 되는 것이 옳다. 불신자인 위정자라 할지라도 기독교가 부패와 부도덕을 일삼는다면 종교회의를 소집하여 그 악을 제거함으로써 부지중에 교회의 교회다움을 위해 직무를 수행할 수 있는 것이다.

국가 공직자가 된 올바른 성도라면 하나님의 뜻과 교회를 중심으로 살아가게 된다. 그는 국가 가운데 있는 교회가 교회다워야 함을 항상 민감하게 깨닫고 있어야 한다. 교회가 질서를 잃고 부패한 혼란에 빠지게 될 때 국가 공권력을 가진 성도는 국가의 공직자로서 그 문제를 해결할 의지를 보여야 하는 것이다. 이는 교회에 대한 공권력의 신앙적 간섭을 말하는 것이 아니라, 어지러운 지경에 놓인 교회의 질서를 바로잡도록 주선하는 책무가 그에게 주어져 있다는 말이다.

4 모든 성도들은 위정자들과 정부를 위해 기도하고[8] 그들의 인격을 존중하며[9] 세금과 기타 공과금을 납부할 의무를 가지고 있으며,[10] 정부의 합법적인 명령에 대하여 양심에 따라 순종해야 한다.[11] 위정자가 무신론자이거나 혹은 종교가 다를 경우에도 마찬가지이다. 모든 사람은 위정자의 적법한 권위를 무시할 수 없으며 그에 불복종할 권한이 없다.[12] 이런 의무 수행에 있어서 교직자들ecclesiastical persons도 예외가 아니다.[13] 한편, 교황은 세속적 문제들에 있어서 각 국가의 위정자들과 일반 백성에 대한 통치권과 사법권을 가지고 있지 않다. 설령 그들이 이단사상이나 다른 오류를 가지고 있다고 해도 교황에게는 그들에 대한 통치권이나 생명을 박탈할 아무런 권세가 주어지지 않았다.[14]

8_ 딤전 2:1,2

9_ 벧전 2:17

10_ 롬 13:6,7

11_ 딛 3:1; 롬 13:5

12_ 벧전 2:13,14,16

13_ 롬 13:1; 왕상 2:25; 행 25:9-11; 벧후 2:10,11; 유 1:8-11

14_ 살후 2:4; 계 13:15-17

① 위정자들에 대한 교회의 자세

교회와 성도들은 국가와 위정자들을 위해 기도해야 한다. 그리고 성도들은 공직자들의 인격을 존중해야 한다. 이는 원리적으로 그들이 하나님께서 세우신 국가의 위정자가 되었다는 사실과 더불어 그 가운데서 하나님의 뜻에 순종해야 할 의무가 있기 때문이다.

우리가 유념해야 할 점은 여기서 말하는 위정자란 일반적인 모든 위정자들과 함께 특히 하나님을 경외하는 성도로서의 위정자들을 염두에 두어야 한다는 사실이다. 교회는 하나님을 경외하는 위정자들이 하나님의 뜻을 잘 분별하는 가운데 본질적으로 교회를 위한 사역을 잘 감당하도록 기도해야 한다.

이는 일반적으로 국가와 위정자들을 위해 기도한다는 막연한 말과는 상당한 차이가 난다. 성도들이 그들을 위해 기도하는 근본적인 목적의 중심에는 항상 교회를 위한 개념이 자리잡고 있다. 즉 세상에 존재하는 교회가 질서 가운데 온전히 세워져 가며 하나님의 자녀들이 위정자들의 직무를 통해 화평을 유지하고자 함이다.

② 권력에 복종할 의무와 납세의 의무

성도들은 국가의 통치권에 온당히 순종해야 할 의무가 있다. 이를 위해서는 특히 성도인 공직자들이 그 의무를 올바르게 잘 수행할 수 있어야 한다. 하나님을 알지 못하는 불신자인 공직자들이 설령 올바른 통치를 수행하지 않는다 할지라도 공직을 맡은 성도들은 저들과 달라야 한다.

또한 위정자들이 불신자라 할지라도 모든 백성은 국가 위정자의 정당하고 적법한 권위를 인정하고 그에 순종해야 한다. 거기에는 어떤 경우에도 예외가 없다. 따라서 교회의 직분을 맡은 모든 성도들 역시 국가의 정당한 통치권에 따라야 할 의무가 있다.

③ 정교분리의 원칙

국가와 교회는 서로 분리되어 있다. 여기서 말하는 분리란 아무런 상관이 없다는 의미가 아니다. 즉 국가와 교회는 서로 분리되어 있으되 여전히 깊은 연관성 가운데 존재한다. 이는 교회와 국가는 공히 하나님께서 세우신 특별한 제도이기 때문이다.

그러므로 국가와 교회는 정치적으로 상호간 배타적 대치관계에 놓여 있지 않다. 국가는 교회 위에 군림할 수 없으며, 교회가 국가의 공권력과 같은 통치권을 소유하고 있는 것이 아니다. 반대로 국가와 교회는 서로간 일반적인 관점에서 말하는 협조관계에 놓여 있지도 않다. 국가와 위정자는 교회의 예배를 주관하거나 성도들의 신앙을 간섭할 수 없다. 동시에 교회와 교직자들은 국가에 속한 백성들에 대한 공권력을 행사할 수 없다. 어떤 경우에도 교회가 백성들에 대한 일반적인 통치권과 재판권을 가지거나 행사할 수 없는 것이다.

제24장
혼인과 이혼

개괄적 이해 〉〉

성도의 혼인은 하나님의 예정에 의한 것이다. 성도들은 자기의 판단에 따라 배우자를 선택하지 않는다. 즉 하나님의 자녀들은 배우자를 선택하는 것이 아니라 하나님께서 예정하신 대로 짝지어 주시는 것이다.

우리시대의 가장 위험한 생각 가운데 하나는 배우자를 선택한다는 사고이다. 만일 배우자가 인간의 선택에 달려 있다면 그들로 말미암아 출생한 자녀들은 우연의 산물이 될 우려가 따른다. 즉 다른 사람과 혼인했으면 태어나지 않을 자녀들이 선택적 혼인에 의해 태어나게 된다는 것이다. 그러므로 성도의 혼인은 인간의 선택이 아니라 하나님의 섭리에 의한 것이다.

따라서 성도들에게 있어서 이혼은 불능이다. 설령 배우자 가운데 한쪽이 성적인 부정을 저질렀다고 할지라도 그것 자체가 이혼의 사유가 되지 못한다. 만일 그것이 이혼사유가 된다면 부도덕한 자식이나 부당한 처신을 하는 부모와도 관계를 끊을 수 있다는 논리가 성립된다. 그러나 그 어떤 것도 부부를 포함한 가족의 관계를 끊을 수 없다. 그것은 불신자들이 행하는 잘못된 행위이다.

제 24 장
혼인과 이혼

1 혼인은 한 남자와 한 여자 사이에 이루어져야 한다. 한 남자가 한 명 이상의 아내를 두는 것은 불법이며, 한 여자가 한 명 이상의 남편을 두는 것도 마찬가지다.[1]

1_ 창 2:24; 잠 2:17; 마 19:5,6

① 혼인은 한 남자와 한 여자 사이에 이루어져야 함

혼인은 한 남자와 한 여자 사이에 이루어져야 한다. 남자와 남자, 여자와 여자 사이에는 혼인이 이루어질 수 없다. 그리고 복혼이나 중혼은 허용될 수 없다. 남자든 여자든 한 명 이상의 배우자를 둘 수 없는 것이다. 그런 류의 혼인은 그 자체로서 간음에 해당되며 하나님 보시기에 명백한 불법행위이다.

그럼에도 불구하고 성경에는 중혼한 인물들이 많이 있다. 아브라함, 야곱, 다윗 등이 그렇다. 그들은 한결같이 믿음의 사람들이다. 나아가 그들은 하나님의 구속사 가운데 특별히 쓰임을 받은 인물들이다. 그렇지만 우리는 중혼을 통한 그들의 혼인관계를 모범으로 생각할 수 없다.

② 성경에 나타난 중혼에 관하여

구약시대 믿음의 조상들 가운데 다수의 남성들이 중혼을 했으나 여성들 중에 중혼을 한 경우는 없다. 그렇다면 구약시대 믿음의 조상들의 중혼에 대해 우리는 어떻게 이해해야 할까? 물론 우리는 그들의 중혼을 정당한 것으로 보지 않는다. 하지만 하나님께서는 그들의 부당한 혼인에도 불구하고 특별한 경륜 가운데서 그들을 선하게 인도하셨다.

즉 그들이 하나님 보시기에 정당한 인물들이었기 때문에 그들을 믿음의 조상으로 삼으셨던 것이 아니다. 도리어 하나님께서는 문제가 많은 그들을 통해 자신의 거룩한 뜻을 이루어 가셨다. 그러므로 어느 누구도 하나님 앞에서 자고할 인간이 없다. 이는 하나님의 사역이 인간의 의로운 삶과 행동에 기인하는 것이 아님을 명백히 보여준다.

2 혼인은 부부간에 서로 돕고 살아가도록 하기 위해 제정되었다.[2] 그리고 적법한 방법에 따라 인간들이 번성함에 따라 경건한 자손들을 통해 교회가 번성하며,[3] 성적인 부정을 방지하기 위해 제정되었다.[4]

2_ 창 2:18

3_ 말 2:15

4_ 고전 7:9

① 혼인의 목적

혼인은 남편과 아내가 서로 도우며 살아가도록 하기 위한 목적으로 제정되었다. 이는 단순히 부부간의 도움을 통해 건전한 가정이 세워지는 것을 목적으로 하지 않는다. 원리적인 측면에서 보아 그 가운데는 하나님의 원대한 뜻과 그의 교회가 존재하고 있다. 즉 상호 조력을 통한 부부간의 일반적인 가정이 아니라 이땅에 하나님의 몸된 교회를 온전히 세워가는 기초 단위인 온전한 가정을 확립하기 위한 것이 혼인의 목적이 된다.

② 합법적인 자손을 얻기 위한 수단

혼인은 자손을 얻기 위한 중요한 수단이 된다. 하나님께서 선택하신 백성들은 창세전에 이미 예정된 상태였다. 즉 그 사람들은 이 세상에 태어나기도 전에 이미 저들의 출생이 작정되어 있었던 것이다.

그들은 남녀간의 혼인관계를 통해 이 세상에 태어나게 된다. 하나님께서는 혼인을 창세전에 택하신 자기자녀들을 출생시키는 수단으로 삼으신 것이다. 그러므로 성도의 혼인은 하나님 백성들의 합법적인 출생을 위한 수단이 된다.

③ 성적 만족을 위한 방편

혼인은 인간들이 부정한 성적인 유혹에 빠지지 않게 하는 한 방편이 된다. 성은 하나님께서 허락하신 특별한 선물이다. 그러나 타락한 인간들은 성을 단순한 쾌락의 도구로 사용하기를 주저하지 않는다.

하나님께서는 자기자녀들이 성적인 죄악에 빠지지 않도록 부부관계를 허락하셨다. 부부관계를 떠난 상태에서 이루어지는 성관계는 하나님을 욕되게 하는 악한 행위이다. 그러므로 부부는 배우자의 성생활을 유지할 수 있도록 배려하는 마음자세를 가져야만 한다.

3 혼인에 응할 수 있는 분별력을 가진 사람이면 누구나 혼인할 수 있다.[5] 그러나 그리스도인들은 오직 주 안에서만 혼인해야 한다.[6] 특별히 참된 개혁신앙을 소유한 성도는 불신자나 로마 카톨릭교도 혹은 기타 우상숭배자와 혼인할 수 없다. 또한 노골적으로 사악한 생활을 하는 자나 저주받을 만한 이단사상을 주장하는 자와 더불어 혼인해서도 안 된다. 경건한 성도가 그런 자들과 혼인하여 멍에를 같이 할 수는 없는 것이다.[7]

5_ 히 13:4; 창 24:57,58; 고전 7:36-38; 딤전 4:3

6_ 고전 7:39

7_ 고후 6:14; 창 34:14; 출 34:16; 신 7:3,4; 왕상 11:4; 느 13:25-27; 말 2:11,12

① 강제적인 혼인은 허용되지 않음

우리시대에는 누구든 타인의 혼인을 강요해서는 안 된다. 설령 자기 자식이라 할지라도 부모는 강제로 혼인시키려 해서는 안 된다. 분별력을 갖추어 혼인할 연령이 된 사람들은 강요를 당하지 않고 자연스럽게 혼인할 수 있다.

그러므로 혼인문제를 두고 사회나 특정집단이 미혼자에게 심적인 부담을 주어서는 안 된다. 교회와 가정 역시 마찬가지다. 혼인을 하지 않은 성도들이 주변의 지나친 눈총으로 인해 불편한 마음을 가지게 해서는 안 된다. 올바른 혼인은 하나님의 인도하심에 의해서만 가능하다. 잘못된 부담감은 분별력을 갖춘 사고를 하는 데 있어서 장애가 될 수 있다는 사실을 기억해야 한다.

② 주 안에서 혼인해야 할 의무

하나님의 성도들은 주 안에서 혼인해야 한다. 이는 혼인의 목적이 개인적인 행복이나 만족을 위한 것이 아님을 의미한다. 앞에서 언급한 것처럼 성도의 혼인은 참된 교회를 세우는 일에 동참하는 원리를 내포하고 있다.

그러므로 성도의 혼인은 개인과 가정에 속한 것일 뿐 아니라 교회와 연관되어 있다. 따라서 성도의 혼인에 대해서는 교회가 말씀의 교훈을 좇아 관여할 수 있어야 한다. 우리는 성도가 지교회에 입교入敎함에 있어서 혼인이 세례와 이명증을 통한 입교를 거치지 않은 유일한 경우임을 기억해야 한다.

③ 사악한 우상숭배자들과 혼인하지 말아야 함

성도들은 이방종교를 믿는 자들과 혼인해서는 안 된다. 하나님을 노골적으로 욕되게 하는 불신자들과 멍에를 같이 할 수 없는 것이다. 그렇게 하는 것은 하나님의 교회를 세워가는 일에 정면으로 배치된다. 물론 불신자들 가운데 하나님으로부터 선택받은 사람이 있을 수 있다. 그들은 때가 되면 하나님의 부르심을 받게 된다.

그럴 경우라 할지라도 성도는 하나님께서 예비하신 때를 기다리는 것이 원칙이다. 인간들이 사전에 그것을 분명히 알 수 있는 방법은 없기 때문이다. 하지만 어린 성도들이 성급한 판단에 따라 혼인을 하고 나서 오랜 세월이 흐른 뒤에야 불신자인 배우자가 복음 안에 들어오는 경우가 있음을 종종 보게 된다. 그런 때에도 우리는 그것이 하나님의 경륜에 따른 은혜라는 사실과 그 원리를 잘 기억해야만 한다.

4 성경이 금하고 있는 가까운 혈족이나 인척간에는 혼인할 수 없다.[8] 그런 근친상간적인 혼인은 어떤 인간의 법으로도 합법화될 수 없으며 쌍방의 동의로도 정당화되지 못한다.[9] 나아가 남자나 여자를 막론하고 자신의 골육지친뿐 아니라 그 배우자측의 어떤 근친과도 혼인할 수 없다.[10]

8_ 레 18:6-18; 암 2:7; 고전 5:1

9_ 막 6:18; 레 18:24-28

10_ 레 20:19,20

① 근친혼인 엄금

하나님의 백성은 골육지친과 근친혼인을 해서는 안 된다. 성경이 금하고 있는 가까운 혈족이나 인척간에는 혼인이 불가하다. 그것은 근친상간에 해당하며 가정의 질서를 파괴하게 된다.

물론 우리는 혈족과 인척의 범위가 어디까지인지 분명하게 구분짓기 쉽지 않다. 즉 본가와 외가쪽으로 몇 촌寸 범위 내에는 혼인해서 안 된다고 명백하게 말하기 힘든다. 그렇지만 사회적 상식과 더불어 교회가 혼인 가능한 혈족과 인척의 범위를 확인해야 한다.

② 국가의 적법성과 교회의 합법성은 다름

혈족과 인척간의 혼인에 관한 문제는 개인윤리와 국가 및 사회윤리에 근거하지 않는다. 주변의 환경이 그것을 용납한다고 해서 개별적 판단에 의해 근친혼인을 해서는 안 된다. 설령 국가의 법이 근친혼을 허용하고 사회가 용인한다고 해도 성도들에게 있어서는 그것이 불법이다.

우리는 여기서 혼인이 단순히 개인과 사회적 판단에 근거하지 않는다는 사실을 깨달아야 한다. 즉 혼인은 문화적 측면에서 해석되어서는 안 되는 것이다. 혼인은 하나님께서 제정하신 특별한 가정제도로서 본질적인 인륜人倫에 해당된다. 그러므로 성도는 그 원리 가운데 혼인하여 하나님의 뜻 가운데 온전한 가정을 세워가야 한다.

③ 구약시대의 근친혼인은 어떻게 이해해야 할 것인가

그렇지만 구약성경에는 근친혼에 관한 기록이 많이 나타난다. 아담 이후의 인간사회 초기 단계와 노아홍수 이후 초기에는 근친혼을 할 수 밖에 없었다. 그런 경우는 예외로 본다 할지라도 아브라함을 비롯한 족장시대의 근친혼에 대해서는 어떻게 이해해야 할 것인가 하는 문제가 남는다.

우리는 그들의 근친혼이 구속사 가운데 있었던 특별한 경우로 이해해야 한다. 굳이 말하자면 이방 혼인에 대한 경계와 더불어 특별한 정체성 확립을 위한 것이 아니었던가 생각해 보아야 한다. 그것은 아직 하나님을 경외하는 구속사적 민족 공동체가 이루어지기 전에 있었던 하나님의 인도하심이었다. 그러므로 우리는 구약시대의 근친혼을 우리시대의 모범으로 내세울 수 없는 것이다.

5 약혼한 후에 범한 간음이 혼인 전에 발각되면 흠 없는 측에서 그 약혼을 파기할 수 있다.[11] 그리고 혼인한 후에 간음한 경우에는 흠없는 측에서 이혼소송을 할 수 있으며,[12] 이혼한 후에는 범죄한 측이 죽은 것이나 마찬가지이므로 다른 사람과 혼인할 수 있다.[13]

11_ 신 24:1

12_ 마 5:31,32

13_ 롬 7:2,3; 마 19:9

① 적법한 파혼

성도들에게는 혼인을 하기 전에 약혼할 수 있다. 이는 서로가 서로를 살펴볼 수 있는 기간을 확보할 수 있기 때문이다. 이는 비록 혼인하게 될 당사자들뿐 아니라 교회와 성도들에게 주어진 기회이기도 하다. 그 기간 동안 배우자가 될 사람의 신앙과 신학사상을 확인할 수 있게 되는 것이다.

약혼한 상태에서 상대가 범한 간음이나 간통 사실이 드러나게 되면 약혼을 파기할 수 있다. 하지만 그것이 마땅히 파혼해야만 하는 것을 의미하지는 않는다. 그것으로 인해 파혼하려 한다면 당사자는 그 의사를 전달하면 된다. 이 모든 것은 개인 당사자뿐 아니라 교회와 연관되어 있음을 잊어서는 안 된다.

② 이혼의 조건(?)

웨스트민스터 신앙고백서에서는 부부 중 한 사람이 간음을 범했을 경우 이혼소송을 하는 것이 적법하다고 한다. 여기서 주의해야 할 점은 이혼이 적법하다고 말하는 것이 아니라 이혼소송을 하는 것이 적법하다고 한다는 점이다. 물론 그에 대한 판단 기준은 일반 세속정부의 사법기관이 아니라 교회가 그 중심이 되어야 함을 말하고 있다.

설령 세속법정이 그에 대해 판단한다 할지라도 하나님을 경외하는 교회가 기준이 되어야 한다. 즉 불신자들의 일반적인 관행에 의한 판결에 의존할 수 없다. 이혼은 개인의 결단이나 부부 상호간의 합의에 의해 이루어지는 것이 아니라 교회의 객관적인 의사가 반영되어야 한다는 것이다. 이는 가정이 개인에게 속한 공동체이기에 앞서 교회에 속해 있음을 염두에 두어야 함을 말한다.

③ 재혼의 적법성

남편이나 아내를 사별했을 경우 재혼을 하는 것은 적법하다. 웨스트민스터 신앙고백서는 적법한 이혼을 한 후 재혼하는 것은 적법한 것으로 본다. 이는 부정을 저지른 배우자를 사망한 자와 동일하게 취급하기 때문이다. 하지만 부정을 저지른 당사자가 이혼한 후 재혼하는 것은 그 자체를 간음행위로 본다.

그러나 이혼 자체를 불법으로 보는 관점에서는 어떤 경우라 할지라도 그에 대한 성경적인 적법성을 인정할 수 없다. 신앙고백서에서 적법한 이혼에 대한 긍정적인 태도를 보이는 것은 개인의 문제가 아니라 교회적 순결 때문인 것으로 이해해야 된다. 더러운 누룩에 의해 교회가 오염되는 것을 방지하고자 하는 것이다. 믿음의 선배들이 부정한 혼인관계를 청산함으로써 교회의 순결을 유지하고자 했던 마음은 충분히 이해할 만 하지만, 성도의 이혼은 본질적으로 용납될 수 있는 것이 아니다.

④ 이혼불능에 대한 교훈

혼인은 한 남자와 한 여자만의 문제가 아니다. 그것은 가정과 가정의 문제이다. 본질적으로는 그 부부 사이에 태어난 자녀들의 직접적인 문제이다. 그러므로 원론적인 측면에서 보아 이혼은 어떤 경우에도 허용되어서는 안 된다.

우리는 이에 대한 이해를 돕기 위해 다른 가족관계를 살펴보아야 한다. 예를 들어 아버지가 다른 여인과 간음을 했다면 악을 미워하는 그의 자식은 아버지와 완전히 갈라서거나 의절할 수 있는가? 혹은 자신의 딸이 혼인 중 다른 남성과 부정한 간음을 행했다면 의절해도 좋은가?

그것은 결코 그렇지 않다. 부모나 자식이 혼인 중에 다른 이성과 간음을 행했다고 해도 그 관계 자체를 해체할 수는 없다. 부부관계도 이와 동일한 관점에서 이해해야 한다. 최악의 경우 별거를 통해 교회와 나머지 가족이 고통 가운데 교훈을 얻게 될지라도 간음이 이혼의 조건이 되어서는 안 된다.

6 인간의 부패성은 하나님이 짝지어 주신 부부라 할지라도 부당하게 이혼사유를 캐내려는 경향이 있다. 그러나 부부 중 한 편이 간음한 경우와 고의적으로 버리는 경우 외에는 충분한 이혼사유가 되지 못한다.[14] 이런 경우에는 교회나 국가의 법정이 어떻게 할 도리가 없다. 또한 이혼은 어떤 이유에서든지 그 당사자들의 개인적 자유나 판단에 맡겨진 것이 아니다.[15] 그것은 교회법이나 국가법에 의거한 공적인 법적 질서와 절차에 따라 처리되어야 한다.

14_ 마 19:8,9; 고전 7:15

15_ 신 24:1-4

① 혼인을 파괴하고자 하는 경향성을 지닌 인간의 본성

인간은 그 자체로서 악한 존재이다. 악한 인간은 혼인한 후에도 문제가 발생할 경우 배우자로부터 부당한 사유를 찾아내려고 하는 속성이 있다. 하나님께서 부부로 짝지워 주셨지만 자기 판단과 욕망에 따라 살려고 하는 것이다. 그러므로 이혼을 하려는 사람에게 있어서 태반은 그 원인은 자신에게 있다. 그럼에도 불구하고 자기가 아니라 배우자에게 그 원인이 있음을 강변하려 한다. 배우자의 부정이나 간음에 있어서도 마찬가지다. 배우자가 그런 악행을 하도록 원인을 제공한 상당한 잘못은 그 상대편 배우자에게 있다.

평상시 신앙적으로 살지 못하고 배우자를 믿음으로 지켜주지 못함으로 인해 그런 일이 발생하게 되는 경우가 태반이다. 즉 평소 올바른 삶을 제대로 살았더라면 그런 사악한 일이 발생하지 않았을 것이라는 사실이다. 부부가 서로 경멸하고 미워한다는 것은 상대 배우자를 부정과 간음의 자리로 내몰고 있는 것이라는 사실을 결코 잊어서는 안 된다.

② 별거別居

성도는 어떠한 경우에도 이혼해서는 안 된다. 설령 배우자가 성적인 간음에 빠졌다 할지라고 이혼을 해서는 안 된다. 이혼으로 인해 부모와 자식 등 나머지 가족들에게 가정의 해체라는 고통을 안겨주어도 괜찮은 권한은 아무에게도 없다. 최악의 경우에 성도가 취할 수 있는 유일한 방편은 별거이다.

별거는 약속에 의한 별거여야 한다. 즉 한 달이라든지 일년이라든지 정해진 기간동안의 별거여야 하는 것이다. 그 기간동안 자신을 철저히 돌아보며 죄에 대한 깨달음과 뉘우침을 가져야 한다. 물론 정해진 기간이 지나도 용납할 만한 단계에 이르지 못하면 다시 기간을 연장할 수 있을 것이다.

③ 혼인과 이혼은 당사자의 판단에 달려있지 않음

성도들에게 있어서 혼인과 이혼은 당사자의 개인적인 판단에 달려 있지 않다는 사실을 깨닫는 것은 매우 중요하다. 즉 그것은 당사자의 견해가 아니라 교회의 의사가 중요한 것이다. 따라서 혼인에 관계된 모든 일들에 대해서는 교회 특히 당회의 관여가 요구된다. 개인의 감정적인 판단에 의존해서는 안 되는 것이다.

그러므로 성도들은 혼인에 관한 모든 문제를 교회적 판단에 맡길 수 있는 지혜를 가져야 한다. 이는 지극히 원론적인 이야기이지만 우리시대에 적용하기란 여간 어렵지 않다. 하지만 그 원리자체를 무시하거나 기억하지 못해서는 안 된다. 현대교회가 직면한 가장 안타까운 점이 바로 이 점이라는 사실을 간과해서는 안 된다.

④ 구약성경의 이혼에 대한 경우들과 신약성경의 관련된 기록

필자는 혼인은 하나님의 창세전 작정과 연관됨을 말했다. 그러므로 이혼은 불능이라고 지적했다. 이렇게 말하면 이혼을 하고 나서 그 전보다 더욱 감사한 삶을 누리는 사람들이 많이 있지 않느냐고 강변할 사람들이 혹 있을지도 모른다.

하지만 이는 살인을 한 사람이 그것을 뉘우치고 그 전보다 더욱 훌륭한 삶을 살고 있다고 말하는 것과 같다. 우리 주변에 아무리 많은 살인이 일어난다고 할지라도 그것이 적법성을 띨 수 없다. 거기에 어떤 타당한 이유가 제시되어서는 안 된다. 살인행위 자체는 '불능' 이어야 할 악행이다.

이혼도 이와 동일한 관점에서 이해되어야 한다. '불능' 인 이혼을 많은 사람들이 빈번하게 행하고 있다. 우리시대 다수의 교회들이 이혼 자체가 죄악이라는 사실을 깨닫지 못하고, 그럴 만한 이유들을 들어 그것이 마치 적법성을 띠는 것처럼 인식하고 있는 것은 심히 안타까운 일이다.

제25장 교회

개괄적 이해 〉〉

교회는 하나님께서 거룩한 피로 값주고 사신 그리스도의 몸이다. 교회는 역사적 산물이 아니며 인간들이 종교적으로 결성한 단체도 아니다. 교회는 하나님으로 말미암아 세워진 거룩한 공동체이다.

진정한 교회는 이미 창세전에 작정되고 계획된 바였다. 즉 교회의 참 성도들은 하나님의 예정과 선택에 속한 자들이다. 역사 가운데 출생한 하나님의 자녀들은 그리스도의 사역과 성령의 인도하심에 따라 교회로 모이게 된다.

그러므로 교회의 머리는 그리스도시며 모든 성도들은 그의 몸을 이루고 있다. 교회는 인간들의 판단에 의해 이끌어져서는 안 되며 성경을 통해 말씀하시는 하나님의 뜻에 따라 성장해 가야 한다. 지상의 모든 교회들은 하나님의 영광의 대상이 되어야 하며 하나님께서 요구하시는 원리 가운데 존재해야 하는 것이다.

제 25 장
교 회

1 보편적 또는 우주적 교회는 불가견적인 존재로서 교회의 머리이신 그리스도를 중심으로 과거와 현재와 미래에 걸쳐 선택된 모든 택한 백성으로 구성되어 있다. 이 교회는 만물을 충만케 하시는 자이신 그리스도의 신부이자 몸이며 그의 충만이다.[1]

1_ 엡 1:10,22,23; 5:23,27,32; 골 1:18

① 창세전에 작정된 교회

교회는 역사적 산물이 아니며 단순한 종교적 결집체가 아니다. 교회는 창세전에 이미 세워지기로 작정된 하나님의 공동체이다. 그러므로 보편적이며 우주적인 교회는, 창세전에 하나님께서 예정하신 교회와 역사상 존재하는 교회가 본질상 정확하게 동일하다.

앞에서 살펴본 것처럼 하나님께서 택하신 성도의 수는 창세전에 이미 확실하게 정해져 있었다. 그 수에 속한 모든 성도들은 인간의 역사 가운데 흩어져 존재한다. 그들은 과거부터 현재에 이르기까지 예수 그리스도의 구속사역을 통해 하나님께로 부르심을 받아 왔다. 그리고 아직 이 땅에 태어나지 않은 여러 성도들은 앞으로 하나님의 거룩한 교회로 부르심을 받게 될 것이다.

② 하나의 교회

하나님의 교회는 원리적인 측면에서 보아 하나이다. 교회들은 다양한 역사적 시대 가운데 존재했으며 동일한 시대라 할지라도 상이한 지역의 다양한 문화들 속에 존재해 왔다. 그들이 서로 다른 시대 상이한 문화적 배경을 가지고 있다 할지라도 모든 참된 교회들은 하나의 우주적 교회에 속해 있다.

그러므로 참된 교회들은 자기가 속한 교회만을 독특한 교회로 분류할 수 없다. 도리어 우주적이며 보편적인 교회에 속해 있음을 말씀을 통해 끊임없이 확인해 가게 된다. 그것을 통해 본질적으로 하나인 교회가 세상 가운데 드러나게 되는 것이다.

③ 그리스도의 교회

교회는 그리스도께서 자신의 거룩한 피로 값주고 사신 백성들의 총수總數이다. 그 교회는 하나님의 기쁨과 영광의 대상이 된다. 우리는 이를 표현하기 위해 교회를 예수 그리스도의 신부라 칭하고 있다.

그러므로 예수 그리스도의 신부인 교회는 신랑을 떠나 세상을 탐하거나 사랑할 수 없다. 그것은 신랑을 질투하게 하는 악행일 뿐 아니라 더러운 간음행위이기 때문이다. 따라서 교회는 예수님께서 재림하실 때 까지 거룩한 신부로 단장하며 항상 신랑을 맞을 준비를 하고 있어야만 한다.

2 또한 가견교회는 복음 아래서 보편적이며 우주적이다. 이는 이전의 율법시대처럼 특별한 한 민족에 국한되어 있지 않다. 이 가견교회는 전 세계적으로 참된 종교를 신앙하는 모든 사람들[2]과 그의 자녀들[3]로 구성된다. 그리고 이 교회는 주 예수 그리스도의 왕국이요,[4] 하나님의 집이며 권속이다.[5] 통상적으로 이 보편적 교회 밖에서는 결코 구원을 받을 수가 없다.[6]

2_ 시 2:8; 롬 15:9-12; 고전 1:2; 12:12,13; 계 7:9

3_ 행 2:39; 창 3:15; 17:7; 겔 16:20,21; 롬 11:16; 고전 7:14

4_ 사 9:7; 마 13:47

5_ 엡 2:19; 3:15

6_ 행 2:47

① 유형교회

이땅에 존재하는 교회는 가시적인 유형교회이다. 그것은 실질적인 존재로서 눈으로 보고 확인할 수 있는 대상인 것이다. 그 교회는 이 세상에 존재하지만 거기에는 하나님 나라의 원리가 적용되어야 하며 천상의 나라가 반영되어야만 한다.

예수 그리스도께서 오시기 전의 구약시대의 성도들은 아담Adam의 타락후 하나님께서 언약하신 '여자의 후손'(창3:15)을 기다렸다. 구약시대 교회에 속한 하나님의 백성들은 그 메시아가 오시지 않으면 아무런 소망이 없음을 깨닫고 그가 오시기를 간절히 고대했다. 이는 신약시대의 성도들이 그리스도의 오심과 그의 사역으로 인해 감사하며 기뻐하는 것과 약간의 대비가 된다고 할 수 있다.

② 보편교회

신약시대 교회들은 보편교회Catholic Church의 특성을 지니고 있다. 이는 시도시대 이후 신약교회에는 하나님 앞에서 특별한 의미를 지닌 민족이나 구속사적인 인물이 없다는 의미와 통한다. 구약시대에는 다양한 특성이 있었다. 셋, 노아, 아브라함, 모세, 다윗, 여러 제사장들과 선지자들은 특별한 사람들이었다. 그리고 사도교회 시대의 여러 사도들은 특별한 직임을 맡고 있었다.

그러나 A.D.70년 로마제국에 의한 예루살렘성전 파괴와 더불어 하나님의 교회는 보편성을 띠게 되었다. 교회는 오직 말씀과 성령에 의해 인도되었으며 특별한 사도적 인물들을 필요로 하지 않는다. 신약시대의 교회사 가운데 훌륭한 믿음의 선배들이 있었던 것은 그들이 특별히 선택받은 인물이었다기보다 신앙이 성숙한 훌륭한 인물들로 이해해야 한다.

③ 세상과 구분되는 왕국

교회는 예수 그리스도께서 통치하시는 왕국이다. 이는 사탄의 지배아래 있는 세상의 왕국과 구분되는 개념이다. 그러므로 교회는 하나님의 왕국의 드러남이며 그 가운데 생명과 구원이 있다. 교회는 하나님과 그의 말씀을 통해 영원한 구원을 약속받고 있지만 세상에는 사망이 존재할 따름인 것이다.

그러므로 지상 교회는 항상 생명을 담고 있는 보배로운 그릇 역할을 하게 된다. 교회가 세상을 향해 심판을 선언하는 것은 마땅히 감당해야 할 사명이다. 그렇게 함으로써 하나님의 자녀들을 세상으로부터 불러내게 된다. 이 일은 결코 평온하게 진행되는 것이 아니라 힘겨운 싸움을 동반하게 된다. 지상의 교회와 세상의 왕국은 항상 대치관계에 놓여있을 수밖에 없는 것이다.

3 그리스도는 이 보편적 가견교회에 직분과 성경과 규례를 허락하심으로써 세상 끝날까지 모든 성도들이 모여 온전케 되도록 하셨다. 따라서 그의 약속에 따라 자신의 임재와 성령을 통해 이 모든 것들을 효과적으로 이루어 가신다.[7]

7_ 사 59:21; 마 28:19,20; 고전 12:28; 엡 4:11-13

① 교회의 존재 목적

교회의 존재 목적 가운데 하나는 세상에 흩어진 성도들을 불러 모으는 것이다. 하나님의 선택을 받은 성도들이지만 부르심을 받기 전에는 사탄이 지배하는 세상 가운데 살면서 고통당하고 있다. 그들은 사탄의 유혹 가운데 살고 있으면서도 죄로 말미암아 그 사실을 전혀 깨닫지 못하고 있다.

교회는 그들을 불러 모으기 위해 세상에 하나님의 복음을 선포한다. 교회가 전도를 하고 선교를 하는 까닭은 사탄이 통치하는 세상에 빠져 있는 하나님의 백성들을 불러내기 위한 것이다. 그들은 예수 그리스도의 존재와 그의 사역에 대한 메시지와 더불어 부르심을 받아 교회 안으로 들어오게 되는 것이다.

② 성경과 성례, 그리고 직분제도

교회는 인간들의 단체가 아니라 하나님의 것이다. 하나님께서는 자신의 교회를 세워 가시기 위해 그 가운데 분명한 기준과 제도를 주셨다. 참된 교회는 그 기준에서 벗어날 수 없으며 그와 무관한 제도를 창안해서도 안 된다.

하나님은 교회의 절대적인 표준으로서 기록된 계시인 성경을 주셨다. 그 성경은 신구약 성경 66권에 제한된다. 그 외에는 성경이 있을 수 없다. 아무리 문장이 아름답고 권위있는 모양을 갖추었더라도 그것은 인간의 언어일 뿐 성경이 아니다.

그리고 하나님께서는 성례와 직분제도를 교회 가운데 허락하셨다. 성례는 세례와 성찬을 의미하며 이는 교회와 세상을 구분짓는 역할을 할 뿐 아니라 생명의 근원을 확인하는 기능을 하게 된다. 그러므로 교회에서는 항상 세례와 성찬이 끊어지지 않는다. 만일 세례와 성찬이 없는 교회가 있다면 그 모임은 종교적 집단일 뿐 참된 교회가 아니다.

또한 하나님께서는 사도교회 시대에 사도, 선지자, 전도자 등 다양한 특별 직분들을 허락하셨으나 예루살렘성전이 파괴된 후 보편교회 시대부터는 점차 목사, 장로, 집사 직분을 통해 교회를 이끌어 가셨다. 그러므로 여기서 말하는 직분이란 목사, 장로, 집사 등 하나님께서 보편교회를 위해 허락하신 직분들을 말한다. 그 직분을 부여하는 일은 원칙적으로 하나님의 사역에 속하며, 그 직분을 맡은 자들은 하나님의 뜻에 따라 순종해야 할 뿐 자기의 목적을 위해 그것을 사용하지 못한다.

③ 성도의 온전한 삶

하나님께서는 죄악 세상 가운데 묻혀 존재하는 자기백성들을 교회를 통해 부르시기를 기뻐하신다. 특히 전도와 선교라 일컬어지는 복음선포에 의해 그 놀라운 일이 일어나게 된다. 그러므로 그 사역은 지상의 교회가 마땅히 행해야 할 사명이다.

나아가 교회에 속한 성도들은 하나님께서 계시하신 말씀과 성례, 그리고 특별히 제정하신 직분제도를 통해 온전케 되어간다. 이는 교회와 그에 속한 성도들이 하나님의 말씀에 순종함으로써 점차 세상으로부터 더욱 선명하게 구별되어 감을 뜻한다.

4 이 보편적 교회는 때로는 쉽게 식별되기도 하며, 때로는 식별이 어렵기도 하다.[8] 보편교회에 속해 있는 개 교회들 가운데 복음의 교리가 얼마나 잘 가르쳐지고 받아들여지느냐, 규례가 잘 집행되느냐, 공적 예배가 얼마나 순결하게 진행되느냐에 따라 순수성에 대한 식별이 가능하다.[9]

8_ 롬 11:3,4; 계 12:6,14

9_ 고전 5:6,7; 계 2,3장

① 보편교회에 대한 이해

우주적 교회는 무형적이며 불가시적이지만, 지상의 보편교회는 가시적이기도 하다. 성도들은 보편교회를 눈으로 보며 확인할 수 있다. 그러나 그것은 항상 그런 것은 아니며 상당한 주의를 기울여야만 볼 수 있는 것이다.

가시적으로 볼 수 있는 보편교회는 믿는 성도들에게 가능하다. 어린 성도들은 그 교회를 잘 분별하기가 쉽지 않다. 그러므로 교회 안팎의 불신자들은 진정한 보편교회를 볼 수 없다. 그들은 지상에 존재하는 참된 교회가 아니라 기독교 조직을 보면서 그것을 교회라 생각하게 되는 것이다.

② 보편교회에 속한 개체 교회

보편교회를 떠난 진정한 개체 교회란 있을 수 없다. 모든 참된 교회들은 보편교회에 속해 있어야만 한다. 하나님께서 피로 값주고 사신 개 교회들은 보편교회의 신학과 신앙에 온전히 조화되는 신앙을 가져야 하는 것이다.

그러므로 개체 교회는 보편교회를 떠난 독자적인 신앙을 추구해서는 안 된다. 독자적인 신학을 구축함으로써 특별한 신앙을 형성하려는 것은 지극히 위험하다. 우리가 신앙의 선배들의 올바른 신학과 신앙적 전통을 상속받아 교회를 세워 나가고자 하는 것은 바로 그 이유 때문이다.

③ 단위교회로서의 직무

보편교회에 속한 개체 교회는 매우 중요하다. 지상에 흩어진 각 개체 교회들은 보편교회의 관문역할을 하기 때문이다. 하나님의 부르심을 받은 성도들은 개 교회를 통해 세례를 받고 입교함으로써 보편교회에 속한 회원이 된다.

개체 교회들은 이웃 교회들의 명령이나 지시를 받는 것이 아니라 보편교회의 원리를 벗어나지 않으려 힘써야 한다. 그것을 위해 말씀이 선포되고 성례가 시행되는 순수한 공예배를 시행하게 된다. 그에 대한 잘못된 사상과 가치관이 유입되는 것을 막기 위해 교회 가운데 권징사역이 지속적으로 이행되어야 하는 것이다.

5 지상에서는 아무리 순수한 교회라 할지라도 혼탁함과 과오를 범하게 되는 경향성을 지니고 있다.[10] 어떤 교회는 그리스도의 교회가 아니라 사탄의 회라고 할 만큼 깊이 타락하기도 한다.[11] 그럼에도 불구하고 지상에는 하나님의 뜻에 따라 순종하며 예배하는 교회가 항상 존재할 것이다.[12]

10_ 마 13:24-30,47; 고전 13:12; 계 2-3장

11_ 롬 11:18-22; 계 18:2

12_ 시 72:17; 102:28; 마 16:18; 28:19,20

① 지상 교회의 한계

지상의 교회는 완벽할 수 없다. 인간의 역사 가운데 존재하는 교회는 항상 문제를 가질 수밖에 없는 것이다. 그러므로 온전한 교회는 스스로 자고自高하거나 교만해지지 않는다. 진정으로 건강한 교회라면 도리어 연약한 자신의 모습을 기억하며 더욱 주님을 가까이 의존하게 된다. 이는 모순되는 말처럼 여겨질지 모르지만 교회는 그것을 통해 하나님의 은혜를 더욱 깊이 누리게 되는 것이다.

② 사탄의 회會

그리스도의 이름을 핑계대고 '교회'라는 이름을 가지고 있지만 실상은 사탄의 회가 되어 있는 경우가 많이 있다. 처음에는 하나님을 경외하는 성도들에 의해 교회가 세워지지만 악한 불신자들이 교회 안으로 들어와 점차 세속화된 집단으로 타락해 버리는 것이다.

그들은 기독교적 외양을 갖추고 열심히 모이기도 한다. 그들은 건축

물 위에 커다란 십자가를 세우기도 하고 찬송가를 열심히 부르며 기도에 열중하기도 한다. 또한 그들의 종교적 활동을 위해 연보를 거두어 나름대로 좋은 일에 사용하기도 한다.

그러나 그들이 하나님의 말씀을 떠나 있거나 하나님을 진심으로 경외하지 않는다면 더이상 진정한 교회라 할 수 없다. 그들은 입으로 '하나님' 을 부르며 종교적인 충성을 다한다고 하지만 실상은 사탄의 회인 것이다. 참된 교회와 그에 속한 성도들은 말씀과 성령의 도우심을 통해 그런 자들을 분별할 수 있어야만 한다.

③ 참된 교회의 존속

이땅에는 항상 올바른 교회가 존재해 왔다. 어느 시대를 막론하고 교회를 어지럽히는 무리들이 많이 있었지만 하나님께서는 자신의 교회를 보호하며 유지시키셨다. 그것은 단순한 인간의 종교적 노력에 의한 것이 아니라 하나님의 인도하심에 의한 것이다.

그러므로 아무리 타락한 시대라 할지라도 순수한 주님의 교회는 존속되었다. 그들은 세속적 가치의 위협과 고통 가운데서도 그에 굴하지 않고 하나님에 대한 경배를 지속해 왔다. 그들은 하나님의 말씀과 그의 뜻에 따라 하나님을 온전히 예배하기를 게을리하지 않았던 것이다.

6 주 예수 그리스도 외에는 교회의 머리가 없다.[13] 로마 카톨릭의 교황은 어떤 의미에서든지 교회의 머리가 될 수 없다. 그는 적그리스도요 죄악의 사람이며 멸망의 아들이다. 그는 그리스도 및 하나님과 관계된 모든 것에 반대되며 교회 안에서 자기를 높이는 자이다.[14]

13_ 엡 1:22; 골 1:18

14_ 마 23:8-10; 살후 2:3,4,8,9; 계 13:6

① 오직 그리스도가 교회의 머리

교회의 머리는 오직 예수 그리스도 한 분밖에 없다. 그리스도 이외에 달리 교회의 머리가 있을 수 없는 것이다. 그러므로 누구든지 교회 가운데서 머리 행세를 하려거나 그렇게 하는 자들은 주님을 업신여기고 그의 자리를 가로채려는 악한 자들이다.

나아가 주님께서는 자신을 대신해 머리 행세를 할 만한 자들을 교회 가운데 허락하지 않으셨다. 하나님은 자신의 교회를 통치하기 위한 영적인 대행자를 세우지 않으셨던 것이다. 하나님께서는 말씀과 성령을 통해 직접 교회를 통치하시며 그 일을 위해 여러 직분자들을 허락하셨을 따름이다.

② 적그리스도

하나님의 몸된 교회에서 우두머리 행세를 하려는 자들은 적그리스도이다. 로마의 교황이 자신을 교회의 머리로 행세하며 잘못된 특별한 권위를 내세운다면 적그리스도라 할 수밖에 없다. 멸망의 자식이 아니면 감히 그리스도의 자리를 넘볼 수 없기 때문이다. 그런데 교회의 우두머리 행세를 하는 자들에게 실제로 물어보면 자신이 교회의 머리라고 주장하는 자들은 그렇게 많지 않다.

그러나 그리스도께서 존귀하게 인정받아야 할 자리에 자신을 두고 있는 자라면 적그리스도라 할 만하다. 그는 하나님의 영광을 강탈하는 자이기 때문이다. 진정한 성도라면 자신을 그런 자리에 놓기를 두려워할 것이며 성숙한 성도들은 그런 자들을 높이는 오류에 빠지지 않기 위해 항상 깨어 있을 것이다.

제26장
성도의 교통

개괄적 이해 〉〉

성도의 교통이란 무엇인가? 이는 성도의 교제를 의미한다. 그러나 성경이 말하는 성도의 교제란 단순히 원만한 인간관계의 유지를 말하지 않는다. 교회는 종교적 목적을 이루기 위해 교제fellowship를 나누는 곳이 아니다. 교회는 예수 그리스도의 몸과 피를 통해 역어진 거룩한 교제Holy Communion 공동체이다. 그러므로 본질을 상실한 일반적인 교제fellowship가 강화되는 것 자체로서는 아무런 의미가 없다.

제 26 장

성도의 교통

1 모든 성도들은 성령과 믿음으로 말미암아 머리이신 예수 그리스도와 연합되어 있다. 그러므로 그들은 그의 은혜와 고난과 죽음과 부활과 영광 안에서 그와 교제를 갖게 된다.[1] 그리고 성도들은 사랑 안에서 서로 연합되어 있다. 그러므로 그들은 각기 받은 은사와 은혜를 통용하며,[2] 공사간에 각기 서로 섬기며 덕을 세움으로써 영육간 피차 유익을 받도록 협력해야 한다.[3]

1_ 요 1:16; 롬 6:5,6; 엡 2:5,6; 3:16-19; 빌 3:10; 딤후 2:12; 요일 1:3

2_ 고전 3:21-23; 12:7; 엡 4:15,16; 골 2:19

3_ 롬 1:11; 12:14; 갈 6:10; 살전 5:11,14 요일 3:16-18

① 그리스도와 연합

모든 성도들은 성령으로 말미암아 교회의 머리이신 예수 그리스도와 연합되어 있다. 그 연합에서 떨어진 자라면 아무리 기독교적인 종교활동을 열심히 한다 할지라도 진정한 성도라 할 수 없다. 참된 성도들은 그리스도의 모든 사역 안에 존재하는 것이다.

그들은 예수 그리스도께서 베푸신 은혜와 그의 고난과 죽음, 그리고 그의 부활과 영광 안에서 교제를 갖게 된다. 그것은 지적인 승인을 말하는 것이 아니라 본질적인 상태를 의미한다. 그러므로 하나님께서 친히 피로 값주고 사신 바 된 성도들은 그와 온전히 연합된 관계 아래 있는 것이다.

② 성도간 연합의 진정한 의미

예수 그리스도 안에 존재하는 모든 성도들은 하나로 연합되어 있다. 이는 연합하도록 힘쓰라는 말이 아니라 연합된 상태로 존재한다는 것을 의미한다. 따라서 그 연합은 인간들의 종교적인 의도에 의해서 확립되는 것이 아니라 그리스도의 사역으로 말미암아 이룩되는 것이다.

하지만 우리시대에 교회연합을 외치는 사람들이 많다는 사실은 교회가 그만큼 약화되어 있음을 보여준다. 그들 중 다수는 종교적인 운동을 통해 기구적 연합을 추구하고 있다. 그러나 진정한 교회연합은 기구적 통합을 말하는 것이 아니라 예수 그리스도의 사역으로 말미암는 본질적 연합을 의미한다. 성숙한 성도들은 이미 하나로 연합된 교회를 하나님의 말씀을 통해 확인함으로써 함께 하나님의 뜻을 이루어가게 된다.

③ 다양한 은사들을 통한 교제

예수 그리스도로 말미암아 연합된 성도들은 서로간 연결되어 교통하게 된다. 각 성도들이 받은 은사와 하나님께서 허락하신 은혜 안에서 교통하게 되는 것이다. 그것은 선택적이 아니라 필연적으로 이루어져 가게 된다. 온전한 성도들은 그 교제 가운데 존재하지 않을 수 없다.

성도들에게 허락된 다양한 은사들은 교회를 세우기 위해 주어진 하나님의 선물이다. 다른 형제들을 기억하는 가운데 이루어지는 신령한 교통은 모든 성도들에게 주어진 의무이다. 그러므로 성숙한 성도들은 공적으로나 사적으로 항상 그 일을 위해 힘쓰는 가운데 신앙생활을 이어가야 한다.

2 공적인 신앙고백을 통해 성도가 된 자들은 하나님을 예배하는 가운데 거룩한 교제와 교통을 유지해야 한다. 그들 상호간의 덕을 세우기 위해 서로간 신령한 봉사를 해야 하며, 각자의 능력과 필요에 따라 서로간 물질적인 도움을 나누어야 한다.[4] 이러한 성도들의 교통은 하나님께서 기회를 주시는 대로 어디서든지 주 예수의 이름을 부르는 모든 성도들에게 베풀어져야 한다.[5]

4_ 사 2:3; 행 2:42,46; 고전 11:20; 히 10:24,25

5_ 행 2:44,45; 11:29,30; 고후 8,9장; 요일 3:17

① 교통을 위한 모든 성도들의 의무

공적인 신앙고백을 통해 교회에 속한 모든 성도들에게는 부과되는 의무가 있다. 그들은 공예배에 참석할 의무가 있으며 교회를 온전히 세우기 위해 신령한 봉사를 감당해야 할 의무가 있다. 나아가 그들은 나약한 형제들의 어려움을 부담하기 위해 물질을 나누는 일에 게을리하지 말아야 한다.

물론 그것은 하나님을 경외하며 영적인 삶을 살고자 하는 기본적인 성도의 자세를 가진 자들을 염두에 둔 교훈이다. 즉 하나님을 경외하지 않거나 게으른 자들에게도 그것이 동일하게 허락된 것은 아니다. 그러므로 성숙한 성도들은 항상 주변의 성도들을 관심있게 살펴보아야 할 의무를 지니게 된다.

② 예수 그리스도 안에서 보편적으로 이루어져야 할 교통

성도의 교통은 자기가 속한 개체 교회에서만 적용되는 것이 아니다. 비록 동일한 지교회에 속한 성도가 아니라 할지라도 다른 성도들의 어려움을 보게 되면 함께 짐을 나누어 질 준비를 갖추고 있어야만 한다.

그것은 교회의 공적인 입장뿐 아니라 성도들의 사적인 자세를 동시에 말하고 있다.

하나님의 자녀들은 언제 어디서나 항상 참된 성도들과 교통하게 된다. 모든 성도들은 기회가 주어지는 대로 그 신령한 교통을 누릴 수 있어야 한다. 그러므로 하나님을 진정으로 경외하는 형제들의 아픔과 고통을 보게 되면 항상 그것을 나누어 질 준비를 하고 있어야만 하는 것이다. 그것은 예수 그리스도 안에서 보편적으로 이루어져 할 성도의 교통이다.

3 성도들이 그리스도와 더불어 교통한다는 의미는 그들이 그리스도께서 가진 신격의 본체를 소유한다거나 그리스도와 동등하게 된다는 뜻이 아니다. 이 두 가지 가운데 하나라도 그렇다고 생각한다면 그것은 불경건한 신성모독이다.[6] 또한 성도간의 상호교통이 각자의 은사나 재물에 대한 권리를 침해하거나 상실 당한다는 의미가 아니다.[7]

6_ 고전 8:6; 시 45:7; 사 42:8; 골 1:18-19; 딤전 6:15-16; 히 1:8-9

7_ 출 20:15; 행 5:4; 엡 4:28

① 성도의 교제의 한계

성도들이 예수 그리스도와 나누는 교제에는 한계가 있다. 성도들이 그리스도의 모든 사역을 받아들여 그와 함께 교제한다고 해서 그리스도의 신격의 본체를 소유하는 것이 아니며 그와 동등하게 되는 것도 아니다.

따라서 그리스도와 교제 가운데 있는 성도라 할지라도 다른 사람들과 다른 하나님의 신격의 본체와 연관된 신령한 속성을 가지는 것은 아니다. 어떤 사람이 자신은 그리스도의 신령한 성품을 소유한 것처럼 주장하거나 어느 정도 그와 같이 되어간다고 생각한다면 잘못이다. 인간은 하나님의 신격의 본체를 소유하거나 그리스도처럼 사역할 수 있는 능력을 가질 수 없다. 만일 그렇다고 주장하는 자가 있다면 그는 하나님을 모독하는 자이다.

② 강요할 수 없는 영역

성도들의 상호간 교통을 핑계로 다른 사람의 소유에 관해 강압적인 주장을 할 수 없다. 즉 어떤 성도가 경제적인 어려움을 당했을 때 다른 사람에게 그의 재산권에 대한 요구를 할 수 없는 것이다. 성도의 교통과 그로 인한 고통의 짐을 나누어지는 것은 어디까지나 신앙을 바탕으로 한 자발적인 것이어야 한다.

그것이 성도의 중요한 의무에 해당되기는 하지만 은사나 재산상의 소유권 자체가 침해될 수는 없는 것이다. 비록 성도들은 청지기 정신을 가지고 모든 것을 소유하고 있지만 그것은 결코 강압적이지 않다. 모든 것은 성령 하나님의 인도하심에 따른 성도들의 신실한 신앙적 판단에 근거해야만 한다.

제27장
성례

개괄적 이해 〉〉

하나님께서는 교회 가운데 거룩한 성례를 허락하셨다. 그런데 그것이 왜 성례인가? 성례가 거룩한 의식인 까닭은 하나님으로부터 요구되고 명령된 것이기 때문이다. 그러므로 성례를 위해서는 하나님께서 그것을 제정하신 의미를 분명히 알아야 하며 그가 제시하신 규례에 따라야 한다.

성례에 대한 진정한 의미를 알지 못하고 형식만 취하는 것은 아무런 의미가 없다. 그리고 하나님께서 제정하신 규례에 따르지 않는다면 도리어 성례를 모독하는 것이 된다. 그러므로 참된 성례가 없는 교회는 있을 수 없으며 성례의 의미와 규례를 멸시하는 교회는 거짓교회이다.

제 27 장

성 례

1 성례는 은혜언약에 대해 인치는 거룩한 표이다.[1] 그것은 하나님께서 그의 백성과 맺은 언약의 표로서 친히 제정하신 것이다.[2] 이는 그리스도와 그가 주시는 은혜를 나타내며 그 안에서 우리가 누리는 유익을 확고히 하며,[3] 교회에 속한 성도들과 세상에 속한 사람들 사이를 가시적으로 구별해 준다.[4] 또한 우리로 하여금 하나님의 말씀에 따라 그리스도 안에서 하나님을 섬기는 일에 경건하게 참여토록 하기 위함이다.[5]

1_ 창 17:7,10; 롬 4:11

2_ 고전 11:23; 마 28:19

3_ 고전 10:16; 11:25,26; 갈 3:17,27

4_ 출 12:48; 창 34:14; 롬 15:8

5_ 롬 6:3,4; 고전 10:16,21; 마 26:26-28

① 은혜언약의 표로서의 성례

성례를 통해 자기의 몸을 십자가에 내어주신 하나님의 아들 예수 그리스도의 은혜언약이 드러나게 된다. 하나님의 백성이 성례에 참여하게 되는 것은 죄악 세상을 떠나 하나님께 속했음을 고백하는 의미를 지닌다.

그러므로 성례는 교회 안과 밖을 분명하게 구별하는 역할을 한다. 성례는 교회 안에만 존재하며 교회 밖에는 존재하지 않는다. 그러므로 성례는 교회와 세상을 구분짓는 중요한 징표가 된다. 이는 하나님께서 친히 제정하신 거룩한 의례이다.

② 참된 예배에 참여하게 하는 거룩한 방편

하나님을 예배하는 성도들은 성례를 통해 하나님을 진정으로 경배하게 된다. 성례의 의미가 동반되지 않은 예배는 진정한 예배가 될 수 없다. 공예배에 온전히 참여할 수 있는 기본적인 조건은 세례를 받은 성도여야 하며, 그 가운데는 모든 성도들이 함께 나누는 성찬의 의미가 살아 있어야 한다.

그러므로 진정한 성례의 의미가 결여된 예배행위는 하나님을 알지 못하는 자들이 기독교적 외양을 배워 행하는 종교적 의례에 지나지 않는다. 참된 예배를 위해서는 하나님의 말씀과 더불어 성례가 필히 존재해야만 하는 것이다.

2 모든 성례에는 그 표와 실체 사이에 영적인 관계와 성례적 연합이 존재한다. 그러므로 그 실체에 관한 내용이 그 표에 따른 명칭과 효과들로 표현될 수 있다.[6]

6_ 딛 3:5; 창 17:10; 마 26:27,28

① 성례와 은혜언약의 관계

성도들은 성례를 행할 때마다 하나님의 은혜언약과 성례 사이의 영적 관계를 깨달아 누려야 한다. 예수 그리스도의 몸을 통해 완성된 은혜언약이 본질에 속한다면 성례는 그 형식적인 표에 속한다고 말할 수 있다. 그러므로 성례를 행할 때 상징적 연합이 이루어짐을 깨달아야 한다.

이는 성례를 형식으로만 받아들일 것이 아니라 본질적 의미속으로 진입해야 함을 말한다. 성례에 참여하면서도 그 본질적인 의미를 소홀히 여긴다면 진정한 성례에 참여했다고 볼 수 없다.

② 은혜언약과 성례로부터 발생되는 상호효과

본질에 속하는 은혜언약과 성도들이 가시적으로 행하는 성례 사이에는 상호효과가 발생한다. 그러므로 그 둘 사이의 우열을 논할 수 없다. 그 둘은 교회와 성도들을 위해 필요불가결한 것들이기 때문이다.

따라서 교회에 속한 모든 성도들은 성례를 통해 그리스도의 사역으로 말미암는 하나님의 은혜를 실제적으로 누리게 된다. 교회가 행하는 공적인 성례에 참여함으로써 성도들이 영적인 은혜를 체험하게 되는 것이다. 그것이 지상의 하나님의 자녀들이 구체적으로 누릴 수 있는 최상의 은혜이다.

③ 성례에서의 명칭과 효과

우리는 성찬의식을 통해 성도들이 나누어 먹는 떡을 예수 그리스도의 몸이라 칭한다. 그리고 그때 떡과 더불어 성도들이 마시는 포도주를 그리스도의 피라 말한다. 떡과 포도주가 상징적인 의미를 지니고 있지만 일반적으로 그렇게 부르는 것은 아무런 문제가 없다.

또한 성찬의례를 통해 나누어지는 떡과 포도주는 그리스도의 살과 피를 상징하지만 실제적인 효과가 드러나게 된다. 이는 성례가 단순한 상징이 아니라 실체와 신비적 연합을 이루고 있음을 말한다. 이는 눈으로 보며 입으로 먹고 마심으로써 참여하는 예배를 통해 예수 그리스도의 사역에 실제로 참여하는 의미를 지닌다.

3 올바른 성례전을 통해 나타나는 은혜는 성례에 사용되는 음식에 들어있는 내재적인 능력이나 집례자의 경건성과 그의 의도 때문이 아니다.[7] 거기에 은혜가 임하게 되는 원인은 성령의 사역과[8] 성례에 관련된 하나님의 말씀 때문이다. 즉, 성례에 관한 주님의 명령과 그것을 합당하게 받는 성도들에게 주어진 주님의 약속이 은혜의 원천이 된다.[9]

7_ 벧전 3:21; 롬 2:28,29

8_ 고전 12:13; 마 3:11

9_ 마 26:27,28

① 성례의 효력에 대한 오해

성례에 사용되는 음식에 어떤 신비한 힘이 들어있는 것은 아니다. 그것을 통해 성례에 참여하는 성도들에게 특별한 능력이 주어지지 않는다. 그러므로 성례식의 떡과 포도주 안에 존재하는 특별한 능력에 의해 은혜가 나타난다고 말하는 것은 잘못된 것이다.

성례를 통해 하나님의 언약에 관한 의미가 드러나게 되며 그것이 성도들에게 은혜로 역사하게 된다. 즉 성례를 통해 교회와 성도들은 하나님의 언약을 기억하며 선물로 받은 은혜와 믿음을 강화하게 되는 것이다.

② 성례 집행자의 권위에 대한 오해

성례를 집행하는 목사는 중재자가 아니다. 그는 성례에 수종드는 봉사자일 따름이다. 그러므로 성례를 집행하는 자의 개인적인 경건성이나 종교적 권위에 따라 성례의 효력이 달라지지 않는다.

만일 성례를 집행하는 자의 권위에 따라 그에 나타나는 영적인 의미가 달라진다고 생각한다면 잘못이다. 즉 종교적 명성이 있는 목사가 성례를 집행하면 더 놀라운 은혜가 발생하게 되고 그렇지 않은 평범한 목사가 집행하는 성례는 은혜가 덜하다고 말할 수 없다. 만일 그렇게 생각하거나 주장하는 자가 있다면 하나님께서 역사하시는 성례의 의미를 모르는 자이다.

③ 성령의 사역과 말씀에 기록된 약속

성례는 성령의 사역이며 하나님의 말씀에 기초한 은혜의 의식이다. 그러므로 교회와 성도들은 말씀에 순종함으로써 성례를 시행하며 참여해야 한다. 거기에는 인간들이 부여하는 화려한 형식이 불필요하다.

올바른 성례는 항상 성령의 선한 간섭 아래 베풀어져야 하며 말씀의 교훈과 더불어 시행되어야 한다. 하나님의 말씀에는 성례집행을 위한 명령과 함께 합당하게 성례에 참여하는 자들에게 주어지는 은혜에 대한 약속이 포함되어 있다.

4 복음시대에는 그리스도께서 제정하신 두 가지의 성례가 있을 뿐인데, 그것은 곧 세례와 성찬이다. 이 두 가지 성례 중 어느 것이든 아무나 베풀 수 없으며, 오직 합법적으로 임직된 말씀 사역자만이 집행할 수 있다.[10]

10_ 마 28:19; 고전 4:1; 11:20,23; 히 5:4

① 성례의 종류

신약시대에 하나님께서 제정하신 성례는 세례와 성찬이다. 우리시대에는 그 이외에 다른 유형의 성례가 없다. 이는 진정한 성례는 예수 그리스도 한 분에게 집약되고 있음을 말해 준다.

그러므로 카톨릭을 비롯한 세속적인 교파들에서 주장하는 여러 유형의 성례들은 인위적인 것들이다. 성경에서 명령하고 있지 않은 것들이 인간들의 열성으로 인해 제정된 것이다. 설령 그것들을 성례로 제정한 자들의 마음이 순수하다 할지라도 성경이 요구하고 있는 것이 아니라면 진정한 성례가 될 수 없다. 그런 것들은 결국 하나님의 교회를 어지럽히게 될 뿐이다.

② 성례집행자에 관하여

성례를 집행하는 일은 인간들의 자의적 판단에 맡겨지지 않았다. 그 일은 교회로부터 세움을 받은 목사에 의해 이루어져야 한다. 하지만 이는 결코 안수받은 목사에게 성례를 집행할 수 있는 특별한 권한이 주어졌음을 말하는 것이 아니다.

목사가 성례를 집행할 수 있다고 하는 것은 자격 여부를 따지는 것을 주된 목적으로 삼지 않는다. 그것은 하나님의 언약과 상속 가운데서 성례가 집행되어야 함을 의미한다. 역사 가운데 상속되고 있는 교회와 하나님의 말씀 사역자로 세워진 목사를 통해 합법적으로 성례가 집행되어야 하는 것이다. 그것은 보편적인 주님의 교회를 통일성 있게 온전히 세워가는 소중한 은혜의 방편이 되기 때문이다.

5 구약의 성례들이 상징하고 표현하는 영적인 의미는 본질적으로 보아 신약의 성례와 동일하다.[11]

11_ 고전 10:1-4

① 구약과 신약의 성례들

구약시대에도 여러 가지 성례들이 있었다. 할례를 비롯한 다양한 규례들이 곧 그것들이다. 신약시대에는 세례와 성찬이 성례이다. 구약의 성례들과 신약의 성례들이 서로 다른 모습을 띠고 상이한 방법으로 시행되었지만 본질적으로는 동일하다.

하나님의 자녀들이 행하도록 요구받은 성례는 시대를 초월하여 모두 하나님으로부터 나온 것들이다. 즉 인간들이 종교적으로 고안하거나 만들어낸 것이 아니다. 이는 하나님의 동일한 뜻이 그 가운데 존재하고 있음을 말해주고 있는 것이다.

② 그리스도를 중심으로 한 의미로서의 성례

구약과 신약시대의 모든 성례의 중심에는 항상 그리스도가 존재한다. 그리스도와 연관되지 않는 성례란 존재할 수 없다. 그러므로 하나님의 백성들은 모든 성례들을 통해 그리스도의 사역과 그의 은혜를 기억해야만 한다.

성례는 언약의 징표로서 그리스도를 드러내고 있다. 구약은 앞으로 오실 그리스도를 예표하며 그를 드러내고 있으며, 신약은 이땅에 오신 예수 그리스도를 예표하며 그를 드러내고 있다. 따라서 구약시대와 신약시대의 모든 성도들은 성례를 통해 그리스도와 그의 사역을 기억하며 영원한 은혜를 누리게 되는 것이다.

제28장
세례

개괄적 이해 〉〉

세례는 하나님의 자녀가 말씀에 의해 죽임을 당하는 것이다. 정확하게는 세례받는 성도는 자기의 판단에 의해 스스로 죽는 것이 아니다. 도리어 그의 고백에 따라 말씀을 맡은 목사가 그의 육신적인 것을 상징적으로 죽이게 된다. 그와 함께 세례식에 참여하는 모든 성도들은 미리 죽은 자들로서 그에 대한 보증인이 되는 것이다.

세례를 받은 성도들은 교회 안에서 새로운 삶으로 거듭 태어나게 된다. 따라서 교회는 세례를 통해 옛사람이 죽고 새사람이 태어났음을 성부, 성자, 성령의 이름으로 공표해야 한다. 그것은 하나님의 언약에 기초한다.

유아세례 역시 하나님의 언약과 직접 연관된다. 역사 가운데 교회를 상속해 가시는 하나님의 언약이 성도들의 가정에서 출생하는 유아들을 통해 확인되는 것이다. 세례와 유아세례가 공히 구원을 보증하는 표가 되는 것은 아니지만 하나님의 언약을 표징하는 중요한 은혜의 방편이 되는 것이다.

제 28 장

세 례

1 세례는 신약의 성례로서 예수 그리스도께서 친히 제정하신 것이다.[1] 그것은 세례받은 자를 유형교회에 엄숙하게 가입시키는 방편[2]일 뿐 아니라 은혜언약에 들어가는 표sign와 인seal의 의미를 지닌다.[3] 그리고 그것은 세례를 받는 자가 그리스도에게 접붙임을 받는 의미를 가진다.[4] 이는 그의 중생[5]과 죄씻음을 의미하며[6] 그리스도로 말미암아 하나님께 헌신하여 새생명 가운데 살게 됨을 의미한다.[7] 이 세례는 그리스도께서 친히 명하신 것이므로 세상 끝날까지 그의 교회 가운데서 항상 지속되어야 한다.[8]

1_ 마 28:19

2_ 고전 12:13

3_ 롬 4:11; 골 2:11,12

4_ 롬 6:5; 갈 3:27

5_ 딛 3:5

6_ 막 1:4

7_ 롬 6:3,4

8_ 마 28:19,20

① 세례는 그리스도께서 제정하심

세례는 인간들이 제정한 종교적 의례가 아니다. 세례요한은 천국이 가까이 도래했음을 선포하면서 백성들에게 회개를 촉구하며 세례를 베풀었다. 예수님께서도 천국을 선포하며 요단강에서 세례를 베푸셨다.

부활하신 예수님께서는 제자들에게 하나님의 자녀들을 불러모아 성부와 성자와 성령의 이름으로 세례를 베풀도록 명하셨다. 그 일은 온 이방지역에서 이루어져야 하며 세상 끝날까지 지속되어야 할 것을 말씀하셨다. 주님께서는 제자들에게 세례를 명함으로써 지상교회에 필연적으로 존재해야 할 의례를 제정하신 것이다.

② 교회에 가입하게 되는 절차

세례는 부름받은 성도가 하나님의 몸된 교회에 가입하는 필수적인 절차이다. 그 세례는 원칙적으로 개 교회에 속한 모든 성도들이 공동으로 감당해야 할 의례이다. 어떤 사람이 복음을 깨달아 세례를 받고자 할 때 장로회가 그에 대한 구체적인 교육과 문답을 거친 후 말씀 사역자인 목사가 의례를 베풀지만 온 교회가 공동으로 그에 참여하게 된다.

그리고 세례는 한 성도의 개체 교회에 가입하는 것일 뿐 아니라 보편교회에 가입하게 된 것을 상징적으로 의미하고 있다. 그러므로 세례를 베푸는 개체 교회는 여간 신중하지 않으면 안 된다. 만일 교회에 입교시키지 말아야 할 자를 교회에 가입시키게 되면 그는 지교회뿐 아니라 전체 보편교회에 악을 행하도록 허용하는 것과 다르지 않기 때문이다.

③ 은혜언약에 속한 표

세례는 예수 그리스도로 말미암아 완성된 은혜언약에 속했음을 선언하는 표이다. 그리스도께 속한 성도는 세례를 통해 그 신분을 교회 안과 밖에 드러내게 되는 것이다. 즉 세례는 삶의 본질적인 기초가 변했음을 드러내는 표로서 기능하게 된다.

교회는 그리스도께서 피로 값주고 사신 공동체이자 하나님의 언약을 담고 있는 그릇이다. 성도가 세례를 받아 그 교회에 속하게 되었다는 것은 하나님의 은혜언약을 누리게 되었음을 뜻한다. 그러므로 세례받은 성도는 더이상 죄악 세상으로부터 무엇을 얻고자 하지 않으며 세상의 것을 통해 삶을 누리고자 하는 마음을 버리게 된다.

④ 헌신의 표

세례는 하나님에 대한 헌신의 표이다. 그는 예수 그리스도와 더불어 십자가에 못박혀 죽었으며 그의 부활에 참여하는 자가 되었다. 그의 삶에 대한 모든 의미는 자기 자신으로부터가 아니라 하나님으로 말미암아 발생하게 된다.

그러므로 성도들은 더이상 자신을 위해 살려고 하지 않고 자기를 죄 가운데서 구원하신 하나님을 위해 살고자 하는 마음을 가지게 된다. 그것은 곧 하나님에 대한 헌신을 의미한다. 모든 성도들은 세례를 받음으로써 그 헌신의 표를 가지게 되는 것이다.

⑤ 교회의 표징

교회는 그 이름만으로 참된 교회가 되는 것이 아니다. 진정한 교회가 되기 위해서는 성경이 요구하는 표징이 있어야만 한다. 그 가운데 가장 중요한 것이 세례이다. 이는 성도의 삶이 이 세상에 대해서는 죽고 하나님을 향해 다시 살게 되었음을 고백함과 동시에 인증하는 기초가 되기 때문이다.

그러므로 지상의 교회들은 주님께서 재림하시는 날까지 지속적으로 세례를 베풀어야 한다. 하나님께서 창세전에 택하신 자녀들이 끊임없이 교회 안으로 불려 들어올 것이기 때문이다. 교회와 성도들은 새로 교회에 가입하는 어린 성도들에게 세례를 통해 한 형제가 되었음을 확인해야 하며 성찬을 통해 그리스도를 향한 삶을 영위해 가야 한다. 하나님의 말씀에 따라 올바른 세례를 베푸는 것은 교회의 중요한 표징이 되는 것이다.

2 세례에 사용되는 외형적인 요소는 물이다. 성도는 물로 세례를 받을 때 성부 성자 성령의 이름으로 받게 되며, 그 의례는 합법적으로 부르심을 입은 복음 사역자인 목사에 의해 집행되어야 한다.[9]

9_ 마 3:11; 28:19,20; 요 1:33

① 물로 베풀어지는 세례

세례는 항상 물로 베풀어져야 한다. 이는 성경에 교훈된 내용들이 상징적으로 적용된 것이다. 세례에 사용되는 물은 하나님을 알지 못하는 옛사람에 대한 죽임과 새사람에 대한 진정한 생명공급을 의미한다.

노아홍수 때는 하나님께서 물로써 인간들을 심판하셨으며 동일한 물로써 노아와 그 가족들에게 새로운 삶을 허락하셨다. 이스라엘 백성들은 모세와 더불어 홍해바다의 물을 건넘으로써 새로운 삶을 공급받았지만 애굽Egypt의 모든 병사들은 그 물에 의해 생명을 잃게 되었다. 또한 세례요한은 요단강에서 물로 세례를 베풀면서 이스라엘 백성들이 죽음의 길에서 돌이켜 생명의 길로 나아오도록 촉구했다.

교회는 이러한 언약적 의미를 기억하며 세례를 베풀 때 물을 사용한다. 이는 구약성경과 신약성경에 기록된 구속사적 의미의 상징적 표현이다. 그러므로 교회는 물을 통한 세례를 베풀면서 하나님의 구원사역과 그의 언약을 기억하게 된다.

② 삼위일체 하나님의 이름으로 베풀어지는 세례

세례는 성부와 성자와 성령의 이름으로 베풀어져야 한다. 이는 세례의 근원을 말하는 것이다. 즉 세례는 인간들의 자의적 판단에 따라 베풀 수 있는 종교의례가 아니다. 그러므로 세례를 베푸는 의식은 삼위일체 하나님과 밀접하게 연관되어 있다.

세례를 통해 선포되는 하나님의 심판과 구원사역은 삼위일체 하나님으로 말미암는다. 자기백성을 사망으로부터 구원의 자리로 불러 교회에 가입시키는 주체는 삼위일체 하나님이시다. 따라서 교회에 속한 모든 성도들은 지속적으로 이루어지는 세례의식을 통해 하나님의 사역을 기억해야만 한다. 그것을 통해 모든 성도들은 하나님의 놀라운 언약을 확인하게 되는 것이다.

③ 목사에 의한 집례

하나님의 자녀들이라 해서 아무나 세례를 집례할 수 없다. 세례는 반드시 합법적으로 세움을 받은 목사에 의해서 이루어져야 한다. 이는 목사가 세례를 베풀 수 있는 특별한 자격을 획득한 자라는 의미가 아니다.

목사는 하나님의 말씀을 맡은 교사인 성도이다. 안수받은 목사가 세례를 집행해야 하다는 말은 합법적인 교회의 상속과 연관되며 말씀에 의한 세례라는 의미를 지닌다. 그러므로 목사라 하면서 상속의 개념을 상실하거나 말씀에 의한 세례를 베풀지 않는다면 잘못된 것이다.

현대 교인들 중에는 목사가 아니어도 세례를 베풀 수 있다고 주장하는 사람들이 더러 있다. 그들은 그것이 마치 목사들만 누릴 수 있는 특권인 양 잘못 생각하고 있다. 그러나 세례를 집행하는 것은 결코 특정인에게 주어진 특권이 될 수 없다. 단지 하나님의 언약 가운데서 말씀을 맡은 직분자로서 순종하는 것이다. 우리는 웨스트민스터 신앙고백서를 직접 작성한 신앙의 선배들 가운데 목사가 아닌 성도들이 다수 있었음을 기억해야 한다.

3 세례를 베풀면서 세례받는 당사자를 반드시 물 속에 잠기게 할 필요는 없다. 세례를 베푸는 올바른 방법은 세례받는 사람의 머리 위에 물을 붓거나 적시는 것으로 족하다.[10]

10_ 막 7:4; 행 2:41; 16:33; 히 9:10,19-22

① 침례

세례를 받는 사람이 반드시 물 속에 잠겨야 하는 것은 아니다. 물론 사도교회와 초기 단계의 보편교회들에서는 물에 잠기는 침례를 베풀었다. 그것은 의미를 보다 강하게 표현하는 수단이 될 수 있다. 하지만 그렇게 하기 어려운 형편에 놓여있는 사람들이 있음을 고려해야 한다. 심각한 신체적 장애가 있는 사람들이나 병약한 사람들의 경우에는 침례가 어려울 수 있는 것이다.

② 물을 뿌리는 세례

우리시대에는 일반적으로 머리에 물을 뿌림으로써 세례를 베푼다. 그것은 단순히 편의주의적인 생각 때문만은 아니다. 앞에서 말한 것처럼 특별한 경우들을 기억하면서 침례가 아닌 물을 뿌리는 세례를 베풀게 되는 것이다.

그렇지만 그럴 경우라 할지라도 세례의 의미는 명확하게 드러나야 한다. 물에 잠기는 침례를 받는 것은 아니지만 그 물에 의해 죽게 되고 그 물로 말미암아 새생명을 얻게 되는 의미는 분명해야 된다. 그에 대한 의미는 세례를 받는 당사자뿐 아니라 거기 참여한 모든 성도들에게 선포되어야 한다.

4 그리스도에 대한 신앙과 그에게 순종을 공적으로 고백한 사람에게 세례가 베풀어지지만,[11] 부모가 모두 신앙있는 성도이든지 부모 가운데 한 편이 신앙을 가지고 있을 경우 그 가정의 유아들도 세례를 받아야만 한다.[12]

11_ 행 8:37,38; 막 16:15,16

12_ 창 17:7,9; 막 10:13-16; 롬 4:11,12; 고전 7:14; 갈 3:9,14; 골 2:11,12

① 유아세례의 의미

유아세례도 성인세례와 마찬가지로 물로 세례를 베푼다. 단지 유아들은 자신의 고백에 의해서가 아니라 부모의 고백에 의해 유아세례를 받게 된다. 그러므로 유아세례를 받는 당사자인 어린 유아는 자기가 세례를 받는다는 사실을 인식조차 하지 못한다. 그럼에도 불구하고 교회에 속한 온 성도들은 유아세례식에 참여하여 그것을 확인하며 보증하게 된다. 부모는 그것을 통해 하나님께서 허락하신 자녀를 자기의 욕망에 따라 양육하지 않겠다는 서약을 하게 된다. 그것은 곧 자녀의 신앙을 교회의 의사에 맡기겠다는 고백을 하는 것과 마찬가지다.

② 교회의 자녀

한 성도의 자녀를 유아세례교인으로 받아들인 교회는 그 아이에 대한 공동책임을 지게 된다. 그것은 모든 성도들에게 그 아이에 대한 공동양육의 의무가 있음을 고백한 것과도 같다. 교회의 성도들은 그가 자라서 입교할 때까지 그의 성장을 잘 지켜봐야 하며, 혹시라도 친부모가 아이를 세속적으로 잘못 양육하지 않는지 살펴보아야 한다. 교회의 모든 입교인들은 그 어린이의 유아세례를 받는 데 참여하면서 그 부모의 서약에 참여했기 때문이다.

그러므로 유아세례를 받은 아이들은 교회의 가르침을 배우고 따라야 한다. 교회의 유년주일학교는 원칙적으로 유아세례교인들을 말씀으로 양육하는 기관이다. 주일학교에는 유아세례를 받은 어린이들이 중심이 되어 말씀을 통한 양육이 지속되어야 한다. 주일학교 교사들은 아이들이 세상의 학문으로 말미암아 잘못된 사고를 가지지 않는지 점검하며 교회의 성도로 성장할 수 있도록 힘써 양육해야 하는 것이다.

5 세례를 멸시하거나 가볍게 여기는 것은 큰 죄악이다.[13] 그러나 사람이 하나님의 은혜와 구원을 받는 데 있어서 세례가 절대불가결의 요소가 되는 것은 아니다. 세례를 받지 않고도 중생하여 구원받는 성도가 있는가 하면[14] 세례를 받았음에도 불구하고 중생하지 못한 사람들도 있다.[15]

13_ 눅 7:30; 출 4:24-26

14_ 눅 23:43; 행 10:2,4,22,31,45,47; 롬 4:11

15_ 행 8:13,23

① 세례의 언약적 의미

세례의식을 모독하는 것은 악한 죄가 되며 그것을 무시하는 것도 커다란 죄가 된다. 그런데 어떻게 하는 것이 세례를 모독하며 무시하는 것인가? 말과 생각으로 그 의미를 폄하하는 것도 죄가 되지만, 하나님의 뜻을 벗어나 무분별하게 오용하거나 남용하는 것이 곧 그 의식을 모독하며 무시하는 것이다.

교회는 세례가 하나님의 언약을 드러내는 소중한 방편임을 깨닫고 그것을 엄중하게 시행해야 한다. 모든 성도들은 그 세례를 통해 자신이 하나님께 속한 백성임을 드러내게 된다. 그에 대한 분명하고도 충분한 이해없이 인본적인 목적을 추구하기 위해 세례를 오용하거나 남용하는 것은 하나님 앞에 커다란 죄가 될 뿐 아니라 교회를 어지럽히는 악행이 된다. 그것은 거룩한 성례를 모독하며 무시하는 행위이기 때문이다.

② 구원과 연관된 세례의 효력

세례는 교회와 성도들에게 주어진 언약의 표징이다. 하지만 세례 자체가 구원을 보증하는 것은 아니다. 따라서 형식적인 세례를 받은 자들

중에서도 구원과 아무런 상관이 없는 자들이 많이 있다. 특히 세례의 진정한 의미를 알지 못하고 세례를 베풀거나 받을 경우에는 더욱 그렇다.

나아가 반드시 세례를 받아야만 구원을 받을 수 있다고 말할 수도 없다. 특별한 형편으로 인해 세례를 받지 못한 사람들 중에도 구원을 받을 자들이 상당수 있다. 태중에서나 영아 때 사망한 성도들과 정신지체장애를 가진 성도들이 그에 대한 대표적인 경우이다.

세례는 그 자체로서 영원한 구원의 효력을 가지는 것이 아니다. 세례가 교회를 위한 중요한 언약의 표징이 되지만 그것 자체가 구원을 보증하지는 않는다. 세례를 통해 언약을 확인하게 되고 그 의미에 온전히 참여하는 참 교회와 그에 속한 성도들이 진정한 구원에 참여하게 되는 것이다.

6 세례의 효력은 세례가 집행되는 그 시간에만 국한되는 것이 아니다.[16] 그러나 세례를 올바르게 시행하면 하나님의 약속된 은혜가 성령으로 말미암아 구체적으로 세례받는 당사자에게 임하게 된다. 하나님께서는 자신의 뜻하신 목적에 따라 성인뿐 아니라 유아세례자에게도 그 은혜를 실제적으로 베풀어 주신다.[17]

16_ 요 3:5,8

17_ 행 2:38; 2:41; 갈 3:27; 엡 5:25,26; 딛 3:5

① 세례의식의 효력

세례의 효력은 세례를 받는 당사자와 더불어 교회 가운데 드러나게 된다. 하나님의 부르심과 인도하심에 따른 합당한 세례일 경우에는 자연스럽게 그 효력이 발생하는 것이다. 하지만 그 효력이 항상 세례식을 행하는 그 시각에 즉시 발생하는 것은 아니다.

세례의식의 효력은 즉시 발생할 수도 있지만 상당한 세월이 흐르면서 서서히 드러나기도 한다. 또한 그로 말미암은 효력은 교회 가운데 상존常存하게 된다. 그러므로 교회는 항상 세례받은 성도들의 공동체임을 기억해야만 한다.

② 실제적인 은혜가 임하는 방편

올바른 세례는 실제적인 은혜가 임하는 소중한 은혜의 방편이 된다. 이는 그 의식이 세례를 받게 되는 개인 당사자만을 위한 것이 아니라 전체 교회를 위한 것임을 의미한다. 또한 그것은 단순한 상징적 의미를 지니는 것에 그치지 않는다. 세례의식은 항상 모든 성도들이 누리게 되는 실제적인 은혜를 동반하게 되는 것이다.

그러므로 하나님의 백성들은 교회 가운데 지속적으로 이루어지는 세례의식을 통해 세상과 구별된 자기의 모습을 확인하게 된다. 그것을 통해 세상에 대해 죽은 자기의 모습을 보며 하나님을 향해 다시 살게 된 자신을 확인하게 되는 것이다.

세례의 성례는 어느 누구에게든지 단 한 번만 베풀어져야 한다.[18]

18_ 딛 3:5

① 단회적인 세례

참된 진정한 세례는 단회적이다. 예수 그리스도로 말미암아 세상에 대해서는 죽고 하나님을 향해서는 새생명을 얻었음을 고백하는 세례라면 단회적이어야 한다. 세례를 되풀이해서 받는다는 것은 세례의 의미를 알지 못하기 때문이다. 그에 대한 책임은 원칙적으로 세례를 베푸는 교회와 목사에게 있다.

그러므로 세례를 베풀게 되는 교회와 집례하는 목사는 세례를 받을 자에게 그에 대한 설명을 충분하고도 분명하게 해 주어야 한다. 그렇게 함으로써 세례의 진정한 의미를 알고 세례에 참여하도록 해야 하는 것이다.

② 고백과 보증이 없는 세례

올바른 세례를 위해서는 교회의 문답을 통한 고백과 신앙적 보증이 있어야만 한다. 문답은 복음에 관한 기본적인 교육과 더불어 신앙을 확인하기 위한 과정이다. 문답의 주체는 교회의 장로들의 모임이다.

하나님의 말씀을 맡은 교사인 목사와 말씀사역에 동참하는 장로들은 세례받을 자의 신앙을 확인하며 교육해야 한다. 장로회는 그 결과를 교회 앞에 보고하며 그의 신앙을 보증하게 된다. 그것을 기반으로 하여 그에게 세례를 베풀게 되는 것이다. 세례받을 자의 신앙고백에 대한 진정한 보증이 없는 세례는 참된 세례라 할 수 없다.

③ 형식적인 거짓 세례

합법적인 절차를 거치지 않는 엉터리 세례는 진정한 세례가 아니다. 그것은 그리스도를 모독하는 행위이다. 참된 세례가 아닌 것을 단순한 종교적 의례로 받은 자가 진정으로 복음을 깨닫게 되었을 경우에는 다시 세례를 받아도 된다. 그것은 재세례가 아니라 세례가 아닌 것을 세례인 양 속았기 때문이다.

특히 한국교회에 만연해 있는 군에서 베푸는 소위 진중세례는 진정한 세례가 아니다. 통상적인 경우, 세례를 통한 죽음을 보증하는 성도의 무리가 없는 세례란 있을 수 없다. 장로회의 교육과 문답이 없는 세례는 참된 세례가 아니다. 세례받은 성도의 지속적인 성찬에 대한 약속이 없는 세례는 거짓 세례일 따름이다.

제29장
주의 성찬

개괄적 이해 〉〉

개혁주의 교회에서는 '듣는 예배' 와 '보는 예배' 를 동시에 중요하게 여긴다. '듣는 예배' 란 선포되는 하나님의 말씀을 들음으로써 참여하는 예배를 말하는 것이며, '보는 예배' 란 성찬에 참여하면서 그리스도의 살과 피를 상징하는 떡과 포도주를 눈으로 보며 참여하는 예배를 의미한다. 개체 교회에 속한 온 성도들이 함께 성찬을 나누어 먹는 것은 자신이 그것을 먹음으로써 한 덩어리 떡 안으로 들어가는 의미가 있다. 우리는 십자가에 달려 자신의 몸과 피를 내어주신 예수 그리스도를 기억하는 가운데 떡을 떼는(partaking) 의미에 대해 잘 생각해 보아야 한다.

제 29 장

주의 성찬

1 우리 주 예수께서는 팔리시던 날 밤 자신의 몸과 피를 상징하는 성찬이라 칭해지는 성례를 제정하셨다. 그는 그 의례가 세상 끝날까지 교회 가운데서 지켜지도록 요구하셨다. 이는 그가 자신의 죽음으로 자신을 친히 희생제물로 드린 사역을 영원히 기념케 하며, 참 신자들에게 그 희생이 주는 모든 은혜들을 보증하며, 그 안에서 그들이 영적인 양식을 먹고 성장케 하기 위함이다. 그리고 그들이 그에게 마땅히 행해야 되는 의무들을 보다 충성스럽게 이행케 하며, 그들이 그와 더불어 갖는 교통과 그의 신비한 몸의 지체들로서 그들 상호간에 갖는 교통의 매는 줄과 보증이 되게 하기 위함이다.[1]

1_ 고전 10:16,17,21; 11:23-26; 12:13

① 마지막 유월절과 성찬의례 제정

예수님께서는 유대인들에 의해 체포되기 전날 밤 제자들과 한자리에 앉았다. 그날은 유월절이어서 유월절 음식을 먹기 위해서였다. 그런데 그날 밤 그곳에는 유월절 어린양 고기가 없었다. 제자들은 유월절 양고기를 준비하고자 했지만, 주님께서는 자신의 몸을 친히 유월절 음식으로 예비해 두고 계셨던 것이다.

예수님께서는 떡과 포도주를 들어 축사하시고 제자들에게 나누어 주시면서 그것이 자기의 몸과 피라고 말씀하셨다. 그것은 십자가에 달려 죽음으로써, 창세전에 택하신 백성들을 위해 내어놓게 될 자신의 거룩한 몸을 상징하는 것이었다. 제자들은 그날 밤 유월절 양고기 대신 주님께서 나누어 주시는 떡과 포도주를 먹고 마셨다. 예수님께서는 그것을 통해 성찬의례를 제정하셨으며, 그 의례는 주님께서 다시 오실 때까지 교회 가운데서 지속적으로 행해져야 할 것을 말씀하셨다.

② 교회의 본질로서 성찬

성찬의례는 교회의 본질에 속한다. 교회의 예배 가운데 나누어지는 떡과 포도주는 십자가에 달리신 예수 그리스도의 몸을 상징하기 때문이다. 그 몸은 구약시대의 모든 희생제물들에 대한 언약적 성취이다. 하나님께서는 그리스도께서 친히 제정하신 성찬의례를 통해 모든 은혜들을 보증하신다.

주님의 몸을 온전히 기억하는 성찬이 없는 교회란 있을 수 없다. 그것은 단순한 형식적 의례에 그치는 것이 아니라 교회의 본질에 속한다. 따라서 공예배 가운데 가장 분명히 드러나야 할 의미는 거룩한 성찬의식이다. 그러므로 주님의 몸과 피를 상징하는 성찬의 의미를 약화시킬 만한 유무형의 어떤 내용들이 있어서는 안 된다. 그런 것들은 곧 우상적인 역할을 하게 될 것이기 때문이다.

③ 성장의 방편

성도로 태어난 하나님의 자녀들은 주 안에서 날마다 자라가야 한다. 이땅에 출생한 사람들이 날마다 먹는 음식을 통해 자라가듯이 하나님의 성도들은 매주일 먹는 성찬을 통해 영적으로 성장해 간다. 이 세상의 음식이 육신을 위한 것이라면 예수 그리스도의 피와 살을 상징하는 성찬은 영원한 생명의 양식이다.

그러므로 매주일 시행되는 거룩한 의례를 통해 정기적인 성찬을 먹지 않고 성도들이 자라갈 수는 없다. 참된 하나님의 자녀들은 온전한 신앙의 자세로 성찬을 먹음으로써 점차 성장하여 장성한 분량에까지 이르러야 한다. 이로써 믿음이 굳건해지고 마땅히 행해야 할 바 성도의 의무를 감당하게 되는 것이다.

④ 성도의 교제

모든 하나님의 자녀들은 교회의 공예배 가운데서 거룩한 성찬을 나누게 된다. 그것을 통해 개체 교회에 속한 성도들이 주 안에서 교통하게 되며 나아가 지상에 흩어진 모든 성도들이 서로간 연결되어 교통하게 되는 것이다. 진정한 하나님의 교회라면 어느 시대 어느 지역에 존재한다 할지라도 그리스도의 몸과 피를 상징하는 동일한 떡과 포도주를 나누고 있기 때문이다.

하나님께서는 모든 성도들로 하여금 자신의 몸을 상징하는 성찬의례에 참여케 함으로써 모든 성도들을 한 덩어리로 묶고자 하셨다. 그것이 곧 주님께서 피로 값주고 사신 교회의 보증이 된다. 따라서 모든 하나님의 백성들은 저들이 나누는 성찬을 통해 예수 그리스도의 신비한 몸의 지체임을 확인해야만 한다.

2 성찬의례를 통해 그리스도께서 다시 성부에게 실제로 바쳐진다거나 산 자와 죽은 자의 죄를 사하시기 위해 제물로 드려지는 것이 아니다.[2] 다만 이 성찬예식은 십자가에서 스스로 자신을 단번에 영원한 희생제물로 바치신 것을 기념하는 것이며, 하나님께 드릴 수 있는 모든 찬양을 영적으로 봉헌하는 것이다.[3] 로마 카톨릭의 희생제사인 소위 '미사'에서는 성찬을 행할 때마다 그리스도가 속죄제물로 거듭해서 바쳐진다고 주장한다. 그러므로 로마 카톨릭의 희생제사인 '미사'는 곧고다 십자가 위에서 택한 자녀들을 위해 단번에 죽으심으로써 충족했던 그리스

도의 속죄적 희생의 완전성을 극단적으로 손상시키는 것이다.[4]

1_ 고전 10:16,17,21; 11:23-26; 12:13

2_ 히 9:22,25,26,28

3_ 고전 11:24,26; 마 26:26,27

4_ 히 7:23,24,27; 10:11,12,14,18

① 영적인 신령한 상징

그리스도의 몸을 상징하는 떡과 포도주가 그리스도의 실체인 것은 아니다. 예수님의 몸이 십자가 위에서 하나님께 드려지는 거룩한 희생제물로 바쳐졌듯이, 성찬을 통해 그리스도의 몸이 다시금 실제로 하나님께 바쳐지는 것이 아니다.

따라서 성찬에 참여하는 행위가 죄사함의 직접적인 근거가 되지 않는다. 그것은 예수님께서 자신의 몸을 십자가 위에서 단번에 드린 그 희생을 기념하는 것이다. 그러므로 성도들은 주님의 살과 피를 상징하는 떡과 포도주를 나누어 먹음으로써 그의 은혜를 실제적으로 기억하게 된다.

② 영적인 찬송의 본질

우리는 그리스도의 몸과 피를 상징하는 성찬을 통해 하나님을 경배하며 찬양한다. 이는 우리의 찬송이 인간들에게서 나오는 것이 아니라 십자가에 달리신 그리스도의 몸에서 나오는 것임을 의미한다. 인간들의 종교적인 열정과 정성 자체가 결코 하나님을 기쁘시게 할 수 없다. 그런 것들은 도리어 하나님을 진노케 할 수 있다.

그러므로 교회와 성도들은 성찬을 통해 모든 찬미를 영적으로 봉헌한다. 우리는 예수 그리스도의 살과 피를 먹고 마심으로써 그의 몸에 상징적으로 온전히 참여하게 된다. 하나님께서는 그것을 통해 성자 예수님의 몸에 온전히 예속된 자기백성들의 찬미를 기쁘게 받으시는 것이다.

③ 로마 카톨릭의 미사와 현대 한국교회의 소위 헌신예배

예수님께서는 친히 제사장이 되셔서 자신의 거룩한 몸을 하나님을 위한 희생제물로 드리셨다. 그러므로 우리시대에는 주님 이외에 달리 제사장이 필요하지 않으며 주님의 몸이 아닌 제물이 필요하지 않다.

누구든지 예수 그리스도를 대신하여 하나님의 제사장이 되려는 자가 있어서는 안 된다. 그리고 그리스도를 대신하여 하나님께 드릴 만한 희생제물이 있다고 생각해서도 안 된다. 그리스도께서 친히 제사장이 되어 자기 몸을 단번에 하나님께 거룩한 희생제물로 드리셨기 때문이다.

그럼에도 불구하고 로마 카톨릭에서는 사제들이 있어서 하나님께 제사를 드리는 미사를 집례한다. 그런 행위는 예수 그리스도를 대신하는 제사장을 둠으로써 그를 대신한 다른 형태의 희생제사를 드리려는 것과 다르지 않다. 나아가 오늘날 한국교회에서는 일반적으로 하나님 앞에 자기의 몸을 제물로 드리는 양 특별한 헌신예배를 드리기도 한다.[12] 그러한 종교적인 관습 행위들은 예수 그리스도의 십자가 사역의 진정한 의미를 손상시키는 것이다.

3 주 예수께서는 성찬을 시행함에 있어서, 세워진 사역자들을 통해 성찬에 관련하여 주어진 자신의 말씀을 회중에게 선포하고 기도하게 하셨다. 그리고 성찬의 요소인 떡과 포도주를 가지고 축사함으로써 그

---

12) 사도바울은 로마교회에 편지를 쓰면서, "그러므로 형제들아 내가 하나님의 모든 자비하심으로 너희를 권하노니 너희 몸을 하나님이 기뻐하시는 거룩한 산제사로 드리라 이는 너희의 드릴 영적 예배니라"(롬12:1)라고 말하고 있다. 바울은 하나님의 자녀들이 영적으로 그리스도께 온전히 속해 있어야 함을 가르치고 있는 것이다. 그러나 이것이 성도들로 하여금 예배 가운데서 자신의 몸을 헌신하라는 의미는 아니다.

것을 거룩하게 구별하여, 떡을 취하여 떼며 잔을 들어 집례자 자신뿐 아니라 회중들에게 나누어주어 참여케 하셨다.[5] 그러나 그 회중에 참여하지 않은 자에게는 아무에게도 성찬을 허락지 않으셨다.[6]

5_ 마 26:26-28; 고전 11:23-26

6_ 행 20:7; 고전 11:20

① 말씀을 맡은 목사가 성찬예식을 집행

하나님께서는 교회 가운데 성찬의례가 무분별하게 집행되는 것을 금하셨다. 그는 성찬을 집행하는 사역자를 택정하여 그것을 행하게 하셨던 것이다. 그것은 교회가 성령의 도우심에 따라 세우게 되는 직분과 연관된다.

그러므로 교회의 세움 없이 개인적인 판단에 따라 성찬을 집행하는 자가 있어서는 안 된다. 나아가 직분과 무관하게 교회적 합의에 의해 그 일을 맡겨서도 안 된다. 즉 교회가 말씀을 맡은 목사로 세운 직분자가 아닌 사람으로 하여금 성찬의식을 집행하도록 결의할 수 없는 것이다. 이는 흩어져 존재하는 지상의 교회들을 질서 가운데 인도해 가시는 하나님의 뜻이다.

② 하나님의 명령에 순종하는 성찬절차

공예배 가운데서 성찬을 나누기 위해서는 특별히 요구되는 절차가 있다. 지상에 흩어진 모든 교회들이 동일한 절차에 의해 성찬을 나누게 된다면 자연스럽게 통일성 있는 하나의 예배에 참여하게 된다. 모든 진정한 교회들은 동일한 그리스도의 몸을 통해 하나님을 찬양하며 경배하기 때문이다.

성찬을 집행하는 목사는 먼저 회중 가운데서 하나님의 말씀을 선포하고 하나님께 그에 대한 기도를 한다. 그리고는 떡과 포도주로 인해 감사한 다음 그것을 다른 상시적인 음식과 구별하여 참여한 성도들에게 나누어 준다. 그 떡과 포도주를 먹고 마시는 성도들은 십자가에 달리신 그리스도를 기억하며 그 은혜에 참여하며 누리게 되는 것이다.

③ 교회 공동체 내부에서 떡과 잔이 나누어짐

성찬은 교회 공동체 가운데 합법적으로 나누어지게 된다. 그 예식은 공예배 중에 시행됨으로써 하나님을 찬양하며 경배하는 근거가 된다. 성찬의 의미가 결여된 예배는 결코 있을 수 없는 것이다.

그러므로 성찬음식은 공예배에 참석하지 않은 바깥사람들에게 결코 나누어질 수 없다. 성찬은 항상 예배하는 무리 가운데 존재하는 것이기 때문이다. 공예배에 참여하여 주님의 거룩한 몸을 상징하는 떡과 포도주를 먹고 마실 수 있는 것은 하나님의 백성들에게만 주어진 영원한 특권이다.

4 로마 카톨릭의 사적私的인 미사, 즉 성례를 사제 혹은 다른 사람으로부터 혼자 받는 것과[7] 잔을 일반 회중에게는 나누어 주지 않는 것[8]은 잘못된 행위이다. 그리고 떡과 포도주에 경배하며 그것들을 높이 치켜드는 것과 숭상하는 의미에서 가지고 돌아다니는 것은 옳지 않다. 또한 다른 거짓된 종교적 용도를 위하여 따로 보관해 두는 것도 합당한 행위가 아니다. 이와 같이 행하는 것은 성례의 본질에 어긋나며 그리스도께서 성찬을 제정하신 원래의 뜻에 부합하지 않는다.[9]

7_ 고전 10:6

8_ 막 14:23; 고전 11:25-29

9_ 마 15:9

① 사적인 성찬식의 금지

성찬의례는 원칙적으로 공적으로 이루어져야 하며 사적으로 행해져서는 안 된다. 개인 성도들이 목사에게 특별한 성찬을 요구할 수 없는 것이다. 성찬은 항상 공예배 시간에 하나님의 말씀선포와 더불어 행해져야 한다. 성찬이 때와 장소를 가지지 않고 무분별하게 행해지는 것은 심각한 문제이다. 특히 교회를 통한 공예배와 무관한 기독교적인 집회에서 무분별하게 성찬이 나누어지는 것은 피해야 한다.

성찬 상床은 항상 세례를 받아 한 교회에 입교한 성도들 사이에 나누어져야 한다. 그들은 지속적인 권징사역을 통해 성찬에 참여할 자인지 아닌지 서로간 확인되는 상태에 있어야만 하는 것이다. 그렇지 않은 상태에서 성찬을 나누는 것은 그에 대한 진정한 의미를 알지 못하는 단순한 종교행위에 지나지 않는다.

② 차별적인 성찬식의 금지

성찬을 나눔에 있어서 의식을 집행하는 목사나 그에 참여하는 성도들은 모두 동등하다. 소위 성직자들은 떡과 포도주를 다 먹을 수 있지만 일반 교인들은 둘 중 하나만 먹어야 한다고 말할 수 없다.[13] 성찬은 모든 성도들이 동등하게 참여해야 하는 것이다.

또한 성찬식에 사용하고 남은 음식에 대해서도 그와 마찬가지다. 남은 포도주는 아무나 마실 수 없고 오직 성직자들만 마셔야 한다는 생각은 잘못되었다.[14] 어떤 경우에도 성찬과 관련하여 성도들간에 차별적일 수 없는 것이다.

---

13) 로마 가톨릭교에서는 사제들은 떡과 포도주를 다 먹고 마시지만 일반 교인들은 떡만 먹고 포도주를 마시지 않는다. 이는 화체설을 주장하는 로마교회의 교리에 근거한 것으로서 혹시라도 일반 교인들의 실수로 인하여 그리스도의 피로서의 포도주를 쏟는 일을 막기 위함인데, 이는 철저히 잘못된 교리이다.

14) 일부 한국의 개신교회에서는 성찬식에 사용하고 남은 포도주를 예배가 끝난 후 목사들을 비롯한 교역자들이 나누어 마신다.

③ 우상숭배적 성찬식의 금지

성찬의례를 행하면서 떡과 포도주에 특별히 신비한 종교적 성격을 부여하려 해서는 안 된다. 즉 떡과 포도주 앞에서 종교적인 경의敬意를 표한다든지 성찬에 사용하고 남은 떡과 포도주를 다른 종교적인 목적을 위해 사용하는 것은 우상숭배적인 행위이다.

성찬식에 사용하는 떡과 포도주에는 특별히 신령한 성분이 들어있는 것이 아니다. 만일 성찬식에 사용하고 남은 떡을 먹으면 더 경건해질 것이라든지 남은 포도주가 특별한 약효를 가진다고 생각해서는 안 된다. 나아가 성찬식에서 남은 음식을 땅에 묻는 행위도 올바른 행위가 아니다.[15] 그렇게 하는 것은 성찬의 본질을 벗어날 뿐 아니라 성찬을 제정하신 하나님의 뜻에 어긋나는 것이다.

5 이 성례에 사용되는 외형적인 요소인 떡과 포도주는 그리스도께서 제정하신 용도에 따라 구별되어 있으므로 십자가에 달리신 그리스도와 관련이 있다. 그 관련성은 참되지만 상징적인 의미를 지니고 있다. 그러므로 떡과 포도주는 때로 그리스도의 몸과 피로 불려진다.[10] 그렇다 할지라도 그것들은 실체와 본질에 있어서는 여전히 전과 전혀 다름없는 떡과 포도주 그대로이다.[11]

10_ 마 26:26-28

11_ 고전 11:26-28

15) 한국교회에서는 대개 성찬에 사용하고 남은 음식을 땅에 묻거나 특별히 처리하는 경향이 있다. 그러나 그들이 가지는 종교성에도 불구하고 그것은 올바른 자세가 아니다.

① 십자가에 달리신 그리스도의 몸으로 구별되는 떡과 포도주

성찬에 사용되는 떡과 포도주에는 다른 특별한 종교적 성분이 들어있지 않은 것이 분명하다. 그러나 그 음식은 다른 일반적인 음식과 온당하게 구별되어야 한다. 이는 떡과 포도주의 성분 자체를 말하는 것이 아니라 하나님께서 교회에 허락하신 본질적인 의미를 말하고 있는 것이다.

그러므로 성찬식에 참여하는 성도들은 떡과 포도주를 성찬으로 나누면서 십자가에 달리신 그리스도의 몸을 기억하게 된다. 그 떡과 포도주는 십자가에 못박히신 예수 그리스도와 깊은 관련이 있다. 그러므로 우리는 성찬에 사용하는 떡을 그리스도의 몸이라 칭하고 포도주를 그리스도의 피라고 칭하게 되는 것이다.

② 떡과 포도주의 본질이 변하는 것은 아님

성찬식에서 나누어지는 떡과 포도주는 상징적인 의미를 지닌다. 그러므로 떡과 포도주의 성분은 여전히 원래 가지고 있던 성분과 동일하다. 즉 성찬에 사용된 떡과 포도주는 그 실체와 본질이 변하지 않는다.

그러므로 성찬식에 사용되는 떡과 포도주는 성찬이 나누어지는 공예배 시간에만 의미를 가지게 된다. 성찬식이 끝난 후에는 그 떡과 포도주는 다른 일반 음식과 전혀 다를 바 없다. 따라서 그 남은 음식은 누구나 자연스럽게 먹고 마실 수 있다. 하지만 연약한 성도들이 오해하는 것을 방지하기 위해 성찬식이 끝난 후라 할지라도 그것을 경거망동한 자세로 아무렇게나 취급해서는 안 된다.

6 사제의 축사나 다른 특별한 방법을 통해 떡과 포도주가 실제적인 그리스도의 살과 피로 바뀐다고 하는 화체설은 성경의 교훈에 반할 뿐 아니라 일반 상식과 이성에도 모순된다. 이러한 교리는 성찬의 본질을 뒤엎는 것이며 여러 가지 미신과 조잡한 우상숭배의 원인이 되어 왔

고 지금도 마찬가지다.[12]

12_ 눅 24:6,39; 행 3:21; 고전 11:24-26

① 화체설

성찬에 대한 잘못된 이론과 주장들은 많이 있어 왔다. 로마 카톨릭에서는 신부의 축사나 혹은 다른 방법을 통해 떡과 포도주가 그리스도의 몸과 피의 실체로 바뀐다고 생각하며 주장한다. 그것을 화체설化體說이라 한다. 그러나 그것은 성경의 교훈에 반하는 비상식적인 주장이다.

십자가에 달리시기 전날 맨처음 성찬의례를 제정하실 때 예수님께서 제자들에게 나누어 주신 떡과 포도주는 주님의 몸이 직접 변한 것이 아니다. 즉 그 안에 예수님의 살과 피가 들어있지 않았다. 주님께서는 일반 사람들이 사용하는 떡과 포도주를 상징적인 의미로 성찬에 사용하셨던 것이다.

② 미신과 우상숭배의 원인이 됨

로마 카톨릭에서 화체설을 주장하는 것은 매우 위험한 사상이다. 그것은 교인들에게 미신과 우상숭배의 원인을 제공하게 된다. 카톨릭의 신부가 축사함으로써 그 떡과 포도주가 실제적인 그리스도의 몸과 피로 변했다고 주장하는 것은 우리가 알 수 없는 신비한 물질이 되었다는 말이다. 그러므로 성찬을 나누고 남은 음식은 여전히 그리스도의 신비한 몸과 피일 수밖에 없다.

신앙이 어리거나 미신적인 교인들은 그리스도의 살과 피로 변했다고 여겨지는 그 떡과 포도주를 개인의 목적을 위해 특별하게 사용하려 할 것이다. 그것이 저들에게 어떤 특별한 유익을 끼칠 수 있으리라 생각하는 것은 당연하다. 결국 화체설은 성찬을 제정하신 하나님의 뜻을 벗어나게 할 따름이다.

7 합당하게 성찬에 참여하는 성도들은 눈에 보이는 외적 요소인 떡과 포도주를 받으면서,[13] 십자가에 못박히신 그리스도와 그의 죽으심으로 말미암는 모든 은혜를 믿음으로 받으며 취한다. 이와 같은 성찬이 실제로 참된 것이기는 하지만 육체적인 것이 아니라 영적인 것이다. 즉 그것을 받아 취할 때 그리스도의 살과 피가 눈에 보이는 떡과 포도주 가운데 실질적으로 존재하지는 않는다. 그렇지만 그리스도의 살과 피가 그 성찬에 참여하는 자들의 신앙을 통해 영적으로 임재하게 된다.[14]

13_ 고전 11:28

14_ 고전 10:16

① 영적인 의미

합당하게 성찬에 참여하는 성도들은 눈으로 볼 수 있고 손으로 만질 수 있는 떡과 포도주를 받아먹을 때 내적으로는 믿음으로 받아야 한다. 이는 단순히 물질적인 음식을 육체적으로 섭취하는 것에 국한되지 않는다. 그것은 영적인 의미를 실제적으로 동반하게 되는 것이다.

영적인 의미가 결여된 육체적인 음식섭취라면 아무런 의미가 없다. 그러므로 성도들은 성찬에 관한 올바른 깨달음이 있어야 한다. 세례를 받아 입교한 성도들에게만 성찬 참여가 허용되는 것은 바로 그런 이유 때문이다. 따라서 입교한 성도들은 항상 분명한 영적인 깨달음을 가지고 성찬에 참여해야만 한다.

② 상징적인 의미

성찬을 위해 성도들에게 나누어지는 떡과 포도주에는 상징적인 의미가 들어있다. 즉 떡 속에 그리스도의 몸이 실제적으로 섞여있는 것이 아니며 포도주 속에 그의 피가 존재하는 것이 아니다. 그러므로 성찬에 참여하는 성도들이 직접 그리스도의 살과 피를 섭취하지는 않는다.

하지만 성찬에 참여하는 성도들은 교회가 나누는 성찬을 통해 상징적인 의미를 실제로 받아들이게 된다. 그 가운데 하나님의 은혜가 구체적으로 임하는 것이다. 이는 성도의 모든 삶이 성찬을 통해 예수 그리스도의 몸에 의한 십자가 사역 아래 존재하고 있음을 확인하고 있다. 주님의 성찬은 성도들에게 상징적이면서도 구체적이며 실제적인 영향을 가지게 되는 것이다.

③ 영적인 실제로서 그리스도의 몸과 피를 깨닫게 됨

성찬을 나누는 것은 눈으로 볼 수 있을 뿐 아니라 구체적인 행동을 취하는 예배이다. 그러므로 그 의식에 참여하는 모든 성도들은 그리스도의 성찬을 먹음으로써 예수님의 십자가 사역의 의미를 영적으로 체험하게 된다. 나아가 성도들은 눈앞에 차려진 성찬상을 통해 그에 참여하는 다른 성도들과 함께 구체적으로 교제하게 된다.

성도들은 가시적인 성찬을 통해 떡과 잔을 취하는 것처럼 실제로 그리스도의 몸과 피를 깨닫게 되는 것이다. 그것은 정신적 상상을 통한 깨달음이 아니라 구체적이며 실제적인 깨달음이다. 이는 하나님께서 허락하시는 믿음으로만 가능하다.

8 무지하고 사악한 자들은 성찬에 참여한다고 해도 물질적인 요소들인 떡과 포도주를 받게 될 뿐 그것이 의미하는 상징적 실체는 받지 못한다. 따라서 그들의 성찬 참여는 주님의 몸과 피를 범하는 죄를 짓는 것으로서 스스로 멸망에 이르게 된다. 그런 불경한 사람들은 그리스도와 교통을 누리기에 부적합한 자들이다. 그들은 회개하지 않는 한 성찬에 참여할 자격이 없으며,[15] 성찬에 참여하도록 허락되어서도 안 된다.[16]

15_ 고전 11:27-29; 고후 6:14-16

16_ 마 7:6; 고전 5:6,7,13; 살후 3:6,14,15

① 그리스도의 몸과 피를 범하는 죄

올바른 믿음이 없는 상태에서 형식적으로 참여하는 성찬은 아무런 의미가 없다. 성찬 음식을 먹는 행위 자체로서 특별한 은혜가 임하게 되는 것이 아니다. 합당치 않은 성찬에 대한 참여는 주님의 몸과 피를 범하는 죄를 짓는 것이다.

따라서 그릇된 믿음으로 거룩한 성찬에 참여하게 되는 것은 도리어 자신의 파멸을 자초하는 것과 같다. 이는 잘못된 자세로 성찬에 참여하는 것이 얼마나 두려운 일인가 하는 것을 잘 말해준다. 그러므로 진정한 신앙을 가진 자가 아니라면 주님의 거룩한 성찬에 참여해서는 안 된다.

② 부적합한 자들을 성찬에 참여시키는 것은 그리스도에 대한 큰 죄

성찬을 집행하는 목사와 장로회, 그리고 교회는 성찬에 참여할 수 없는 자를 잘 분별해야 한다. 하나님을 알지 못하고 불경건한 자들은 성찬에 참여할 자격이 없다. 그런 자들을 성찬에 참여하도록 허락하거나 억지로 성찬에 참여하도록 권하는 것은 하나님을 모독하는 일이다.[16]

그것은 결국 하나님에 대한 공예배를 더럽히는 것이 되기 때문이다. 그러므로 교회는 항상 불경건한 자들이 성찬에 참여하는 일이 없도록 감독해야 할 의무가 있다. 이를 위해서는 온 교회가 신경을 써야 하며 그것을 위해 권징사역이 지속되어야 한다.

16) 이에 관해서는 한국교회가 심각한 배도의 길을 걷고 있다. 대다수 한국교회는 군에서 시행하는 집단세례에 참여하고 있으며 신앙이 있지도 않은 자들에게 억지로 성찬에 참여하도록 유도하고 있다. 그것은 하나님의 성례를 더럽히는 일이며 주님을 욕되게 하는 사악한 행위임을 그들은 모르고 있는 것이다.

제30장
교회의 권징勸懲

개괄적 이해 〉〉

권징사역은 교회의 필수적 요소이다. 올바른 말씀선포, 올바른 성례의 시행, 올바른 권징사역은 교회의 중요한 표지이다. 그러므로 이 세 가지 가운데 하나라도 없거나 잘못 시행되고 있다면 그 교회는 이름만 가졌을 뿐 진정한 교회라 할 수 없다. 하나님의 백성들은 교회가 세속에 물들지 않도록 항상 말씀을 통한 확인에 관심을 기울여야 한다. 그것을 통해 그리스도의 신부로서 교회의 순결성이 유지되어야 하는 것이다. 권징은 벌을 주기 위해서가 아니라 올바른 교육을 위한 것이다. 즉 권징사역의 목적은 교회의 교회다움을 유지하기 위한 방편이다.

우리시대에는 권징사역을 근본적으로 오해하는 자들이 많이 있다. 그들은 권징을 진정한 사랑의 방편임을 깨닫지 못하고 있는 것이다. 그런 자들은 성도의 잘못을 지적하지 않고 무조건 덮어주는 것이 마치 사랑의 표현인 양 생각한다. 그것은 당사자뿐 아니라 전체 교회를 어지럽히는 무서운 죄악임에도 불구하고 그것이 마치 사랑을 베푸는 것처럼 오해하고 있는 것이다. 현대교회가 세속적인 악에 대한 묵인을 마치 관용과 사랑인 것처럼 오해하고 있는 것은 심각한 문제이다.

또한 권징의 대상이 되는 죄의 범위에 대한 잘못된 일반적인 인식도 큰 문제이다. 현대 교인들은 대개 구체적인 범죄행위에 대한 사실만 권징의 대상이 되는 것으로 생각한다. 즉 살인, 간음, 도둑질, 이웃에 대한 해악 등을 범죄로 이해하는 것이다. 물론 그런 것들은 무서운 죄악임에 틀림없다.

그러나 권징의 대상이 되는 죄악의 범위는 그보다 훨씬 넓다. 예를 들어 하나님의 자녀가 세상의 것을 자랑하거나 세상을 탐하는 것은 정신 차려 경계해야 할 죄악이며 권징의 대상이 된다. 만일 어떤 성도가 자기 자식을 세상에서 유능한 자로 키우기 위한 욕망으로 인해 교회가 요구하는 신앙적 교육을 소홀히 한다면 그것은 심각한 죄악이다. 그런 것들은 마땅히 권징의 대상이 되어야만 하는 것이다. 권징의 대상에 대한 올바른 깨달음을 가지는 것은 무엇보다 중요하다.

제 30 장

교회의 권징勸懲

1 교회의 왕이요 머리이신 주 예수께서는 세속국가의 위정자와는 구별되는 교회의 직원들에게 교회의 정치를 제정해 주셨다.[1]

1_ 살전 5:12; 사 9:6,7; 마 28:18-20; 행 20:17,18; 고전 12:28; 딤전 5:17; 히 13:7,17,24

① 교회의 머리이신 예수 그리스도

예수 그리스도는 교회의 머리이자 절대적인 통치자이시다. 그는 교회의 왕으로서 성도들을 자신의 거룩한 뜻에 따라 다스리기를 기뻐하신다. 그러므로 모든 성도들은 왕의 명령과 요구에 절대적으로 순종해야 한다.

누구를 막론하고 교회 가운데서 왕의 명령을 거스르는 자는 불순종하는 범죄자이다. 그리고 왕의 의도를 자의적으로 해석하여 다른 사람들에게 전하거나 가르치는 자는 악행하는 자이다. 따라서 교회는 항상 하나님의 절대적인 주권 가운데 존재해야만 한다.

② 하나님의 통치방편인 직분제도

하나님께서는 교회를 다스리기 위해 교회정치를 허락하셨다. 그는 자기가 세우신 직분제도를 통해 자신의 교회를 인도해 가시기를 원하신다. 인간의 눈에 보이지 않는 하나님께서는 말씀과 성령을 통해 교회를 세워 가시지만 그 일을 위해 특별히 직분제도를 주셨다.

우리가 여기서 유념해야 할 점은 직분제도와 직분자의 차이이다. 직분제도는 항존적이지만 직분자들은 역사 가운데서 항상 교체된다. 그러므로 교회로부터 세움을 받은 모든 직분자들은 하나님께서 세우신 직분을 성실하게 감당해야 한다. 그 제도는 하나님의 몸된 교회를 위한 것이며 결코 개인 성도들의 권력이나 명예를 위한 것이 아니다.

2 교회의 직원들에게는 천국열쇠들이 맡겨졌다. 그들은 그것들을 사용하여 범죄자를 맬 수도 있으며 풀어줄 수도 있다. 또한 그들은 하나님의 말씀과 권징을 통해 회개하지 않는 자에게는 천국문을 닫고, 회개하는 자에게는 그것을 열어줄 수 있는 권세를 가지고 있다.[2]

2_ 마 16:19; 18:17,18; 요 20:21,22; 고후 2:6-8

① 교회가 지닌 천국열쇠들

하나님께서는 지상의 교회에 천국열쇠들을 맡기셨다. 하나님께서 맡기신 그 열쇠들은 교회가 세운 직분자들이 가지고 있다. 그 가운데 특히 말씀을 맡은 목사와 장로들이 그것을 관리하게 된다.

하나님께서 맡기신 열쇠들은 결코 아무렇게 사용해서는 안 된다. 남용을 해서도 안 되며 오용을 해서도 안 된다. 하나님께서 그 열쇠들을 맡기신 의도에 따라 신중하게 그것을 사용해야만 한다. 만일 그 열쇠들을 자기 목적을 위해 잘못 사용하게 되면 그는 하나님 앞에서 큰 죄를 짓게 되며 교회를 어지럽히는 커다란 악을 행하게 되는 것이다.

② 천국문을 여닫는 열쇠들

하나님께서 교회에 허락하신 열쇠들은 단순한 상징이 아니라 실제적인 기능을 한다. 그 열쇠들은 천국문을 열기도 하고 닫기도 한다. 하나님께서는 지상의 교회에 엄청난 권위를 허락하셨으며 교회를 통해 세우신 직분자들에게 그 열쇠를 사용하도록 허락하셨다.

하나님의 복음을 받아들여 고백하는 성도들에게는 세례를 베풂으로써 그들을 위해 천국문을 연다. 그러나 교회에 들어와 교인으로 행세하면서도 진정으로 죄를 회개치 않는 자들에 대해서는 출교를 통해 천국문을 닫는다. 하나님께서는 교회가 그 신령한 사역을 감당할 수 있도록 직분자들을 세우시고 그들에게 천국열쇠들을 맡기신 것이다.

3 교회의 권징이 필요한 것은 범죄한 형제들을 교정矯正하여 잃어버리지 않고, 다른 사람들이 그와 같은 범죄에 빠지지 않게 막아 전체 덩어리에 퍼질지 모르는 누룩을 깨끗이 제거하기 위함이다. 또한 그리스도의 명예와 복음에 대한 거룩한 고백을 옹호함으로써 하나님의 진노를 막기 위함이다. 그러나 그리스도의 언약과 그 언약의 인치심seal이 악하고 완악한 범죄자들에 의해 더럽혀지는 것을 신자들이 묵인할 경우 하나님의 진노가 마땅히 그 위에 임할 수밖에 없다.[3]

3_ 마 7:9; 고전 5장; 고전 11:27; 딤전 1:20; 5:20; 유 1:23

① 권징은 구원을 위한 사랑의 방편

교회의 권징사역은 기본적으로 성도들에 대한 사랑의 표현이다. 우리는 형제들을 잘못된 죄의 자리에 빠지게 할 수 없다. 그러므로 권징은 교회 안의 성도들이 범죄의 자리에 지속적으로 머물지 않도록 도와주는 사랑의 방편인 것이다.

만일 형제가 죄에 빠져 허덕이고 있는데도 그에 대한 아무런 지적이나 권면을 하지 않는다면 형제로 하여금 더 큰 고통에 빠지도록 방치하는 것이 된다. 따라서 교회에는 권징이 절대적으로 필요하다. 그것을 통해 형제의 잘못을 교정함으로써 온전히 하나님을 섬길 수 있도록 도와주어야 한다.

② 누룩의 퍼짐을 방지하기 위한 방편

하나님의 거룩한 교회는 항상 순결을 유지하도록 힘써야 한다. 교회는 하나님께서 피로 값주고 사신 그리스도의 신부이기 때문이다. 하지만 세속적인 것들은 항상 교회 안의 사람들을 통해 교회를 위협하게 된다. 교회는 결코 세속적인 악한 사조나 행동들이 교회 안으로 들어오는 것을 방치하거나 용납해서는 안 된다.

만일 교회를 더럽히는 악한 사조나 행위들을 그냥 두게 되면 어린 자녀들은 그 영향을 받아 잘못된 것을 참된 것인 양 받아들이게 될 우려가 있다. 그렇게 되면 악한 누룩이 전체교회에 퍼지게 된다. 교회에 권징이 필요한 이유는 연약한 성도들이 악을 따라하거나 그에 무디어지지 않도록 하기 위해서이다.

③ 진리를 보존하고 보호하기 위한 방편

교회는 하나님의 진리를 담고 있는 거룩한 그릇이다. 그러나 악한 자들은 항상 교회를 어지럽히기 위해 성도들을 유혹하고 있다. 그러므로 교회는 하나님의 진리를 해치려는 자들에 대해서 민감하게 저항하며 반응해야 한다.

권징은 교회 가운데 진리를 보존하고 보호하기 위한 소중한 방편이다. 교회가 만일 진리를 상실한다면 더이상 진정한 교회라 할 수 없다. 그렇게 되면 결국 사탄의 회가 될 수밖에 없는 것이다. 그러므로 교회는 진리를 지키고 보존하기 위해 항상 지속적인 권징사역을 감당해야만 한다.

④ 하나님의 진노를 미연에 방지하기 위한 방편

하나님의 백성들은 교회가 하나님의 뜻에 적합한 공동체로 자라가는 일에 소홀하지 말아야 한다. 그것이 지상교회에 대한 하나님의 뜻이기 때문이다. 하나님의 자녀가 하나님의 뜻에 따르는 것은 지극히 당연한 의무이다. 따라서 교회를 어지럽히거나 진리를 훼손하게 되면 하나님의 진노를 사는 것이 마땅하다.

그러므로 교회는 권징사역을 통해 하나님의 뜻에서 벗어나지 않도록 힘써야 한다. 그것을 위해 권징이 필요한 것이다. 올바른 권징사역은 하나님의 진노를 미연에 방지하는 하나님의 은혜의 방편이 된다는 사실을 깨닫는 것은 매우 중요하다.

4 권징의 목적을 효과적으로 이루기 위해 교회의 직원들은 당사자의 죄의 성질과 정도에 따라 경책, 일시적인 수찬 정지, 혹은 출교를 행해야 한다.[4]

4_ 마 18:17; 고전 5:4,5,13; 살전 5:12; 살후 3:6,14,15; 딛 3:10

① 다양한 징계의 종류

교회는 권징을 위한 다양한 징계의 종류를 두고 있다. 교회의 직분을 맡은 직원들은 악한 일을 행한 당사자의 형편을 고려하여 적절한 징계를 하게 된다. 그가 저지른 잘못된 행동의 내용과 죄의 성질에 따라 그에 적절한 징계를 하게 되는 것이다.

경책, 일시적인 수찬정지, 출교 등 징계의 종류가 다양한 것은 악한 행위를 한 성도들에게 효과적인 깨달음을 주기 위해서이다. 즉 단순히 범죄의 경중輕重이나 정도에 따라 당사자에게 책임을 묻는 차원 이상을 의미한다. 교회의 권징은 일차적으로 벌을 주기 위해서가 아니라 올바른 교육을 위해서이다. 그것은 당사자뿐 아니라 온 교회와 성도들이 함께 간접적으로 그 교육에 참여하게 되는 것이다.

② 목적에 반하여 권징을 악용하는 자들

참된 권징은 하나님의 권위로 말미암는다. 교회는 권징을 시행하면서 인간적인 취향이나 감정에 의존해서는 안 된다. 그러므로 모든 권징은 성부와 성자와 성령 하나님의 이름으로 시행되는 것이다. 권징이 하나님의 뜻과 참된 교회를 세우기 위한 목적에 반하여 시행되면 교회는 즉시 타락의 늪에 빠지게 된다.

그럼에도 불구하고 기독교 역사와 현실 교회를 보면 교권을 유지하기 위해 권징을 악용하는 자들이 항상 있어왔다. 그들은 자신의 종교적인 정치 목적을 달성하기 위해 징계의 칼을 휘두르는 것을 두려워하지 않는다. 그들은 하나님의 이름을 핑계대고 교회를 위한다는 명분을 앞세우고 있지만 실상은 하나님의 교회를 어지럽히는 배도한 자들이다.

그러므로 성숙한 교회는 그런 악한 자들이 더러운 힘을 행사하지 못하도록 항상 깨어 있어야 한다. 교회의 직분제도가 올바르게 확립되고 직분자들이 하나님께서 맡기신 직분을 잘 감당함으로써 그런 자들을 경계할 수 있게 된다. 권징을 남용하거나 악용하는 것이 얼마나 악한 죄인가 하는 것을 깨닫는 것은 매우 중요하다.

제31장
공의회synods와 협의회councils

개괄적 이해 〉〉

공의회와 협의회는 어떻게 서로 다른 성격을 지니고 있을까? 공의회는 교회조직의 형태로서 우리가 일반적으로 이해하고 있는 교단의 노회와 총회를 일컫는 것으로 이해된다. 그리고 협의회란 교단적 조직을 넘어서는 기구를 말하고 있는 것으로 생각해 볼 수 있다. 그렇지만 우리가 생각하듯 분명한 개념을 구분짓기에는 한계가 있는 것이 사실이다.

여기서 중요한 것은 흩어진 지역 교회들이 모여 더 큰 규모의 회합의 필요성이 있음을 말하고 있다는 사실이다. 이는 개 교회가 보편교회의 선한 간섭과 보호아래 있어야 함을 의미한다. 이는 이기적인 개교회주의를 방지하고 그리스도께서 피로 값주고 사신 하나의 교회에 대한 인식을 분명히 하도록 한다.

동시에 공의회와 협의회는 성도들이 속해 살아가고 있는 국가정책에 대한 대응을 하게 된다. 이는 개 교회들이 국가를 상대하는 것이 아니라 공의회와 협의회가 국가를 상대할 수 있는 기관이 되기 때문이다. 이는 개 교회들마다 상이한 입장을 가지고 국가에 대응하는 것을 방지하기 위해서이다. 그러므로 개 교회와 성도들은 공의회와 협의회의 결정과 의사에 따르는 것이 원칙이다.

제 31 장
공의회synods와 협의회councils

1 효율적인 교회정치와 건덕을 위해 일반적으로 공의회synods와 협의회councils가 필요하다.[1]

1_ 행 15:6; 행 15:2,4

① 교회정치

교회정치가 필요한 것은 교회의 효율적인 치리와 건덕을 위해서이다. 이는 교회를 올바르게 세우고 보존하기 위해서는 지교회 이외에 이와 같은 협의기구들이 필요하다는 것을 말한다. 하지만 교회정치는 세속정치와는 판이하게 다르다. 세속정치의 기반이 합의와 통치에 있다면 교회정치의 기본은 하나님의 말씀에 대한 순종에 있다.

그러므로 교회의 치리는 단순히 다스리기 위한 통치적 회합이 아니며 지교회 위에 군림하는 상위기관도 아니다. 도리어 매주일 말씀이 선포되고 성찬이 나누어지는 교회를 보호하기 위해 필요한 기구이다.

② 건덕을 위한다는 의미

교회의 건덕을 위한다는 말은 윤리적인 의미가 아니다. 이는 교회를 교회답게 유지한다는 뜻이다. 세상에 흩어진 지교회들은 항상 상이한 세속적 가치관에 직면해 있으며 국가의 정책가운데 존재하고 있다. 인간들이 살고 있는 세상은 항상 변천해 가고 있으며 국가와 사회는 세상의 변화에 따라 새로운 가치관과 정책들을 끊임없이 내어놓는다.

이는 세상의 가치가 가변적이라는 말과도 같다. 하나님의 자녀들 역시 이 세상을 살아가는 동안 그에 대한 직접적인 영향아래 놓여있다. 그러므로 그에 대한 올바른 분별력을 가지고 교회를 세워나가는 일은 매우 중요하다. 공의회와 협의회가 있는 것은 지교회를 올바르게 세우고 보호하기 위해서이다.

③ 교회적 회會의 조직

교회의 모든 회들은 은사적 직분을 기초로 한다. 목사, 장로, 집사 등은 교회가 공적으로 선출한 직분자들이며 사사로운 목적을 이루기 위해 세워진 자들이 아니다. 그러므로 공의회와 협의회도 직분에 기초해서 조직되어야 한다. 이는 단순한 친목이나 인본주의적인 종교목적을 위해 조직되는 모임과 다른 것이다.

그러므로 교회적 협의회가 조직되는 목적은 교회의 교회다움을 유지하기 위한 것이다. 교회와 성도들이 존재하고 있는 이 세상은 본질적으로 악하다. 따라서 흩어져 있는 지상 교회들은 공동으로 변화하는 세속적 가치와 그에 대한 유혹을 공동으로 방어하며 위로를 주고받아야 한다. 나아가 진정한 교회의 보존을 위해서는 상호간 살피며 선한 감독을 해야 할 책임과 의무를 지닌다.

2 국가의 위정자들은 종교적 사항에 관해 상의하고 충고하기 위한 의도로 목사들을 비롯한 적절한 인물들로 구성된 공의회를 적법하게 소집할 수 있다.[2] 그러나 위정자들이 교회에 대항하여 공적으로 적대행위를 할 경우에는 교회의 사역자들이 그 직무상 권한에 따라 별도로 그와 같은 회의들을 소집할 수 있다.[3]

2_ 대하 19:8-11; 대하 29,30장; 잠 11:14; 사 49:23; 마 2:4,5; 딤전 2:1,2

3_ 행 15:2,4,22,23,25

① 일반 위정자들의 기독교 회의소집 권한

이에 관한 문제는 매우 민감하다. 이 문제는 웨스트민스터 신앙고백서를 작성하던 당시의 서구사회에만 해당되는 것일까? 원칙적인 측면에서 본다면 이는 모든 국가의 경우에 해당되는 것으로 이해해야 한다.

나아가 이에 대해서는 교회가 존재하는 국가에서 발생하는 상식적인 측면에서 접근해야 한다. 교회가 없는 국가라면 위정자들이 아예 교회의 종교적 회의를 소집할 일이 없을 것이기 때문이다. 건전한 국가일 경우 나라 안에 존재하는 교회와 기독교 신앙을 가진 많은 시민들을 의식하는 것이 자연스럽다.

그러므로 국가는 종교문제에 관해 상의하고 충고하는 일을 할 수 있다. 여기서 말하는 종교문제란 무엇을 말하는 것인가? 이는 신학적 문제를 말하는 것 같지는 않다. 예를 들어 기독교인들의 맹신과 종교적인 과열로 인해 국가적인 심각한 문제가 야기된다면 위정자들은 그에 대해 상의하고 충고할 수 있는 것이다.

② 교회의 사역자들의 권한

국가의 위정자들이 교회에 대항하여 공적으로 적대행위를 할 경우 교회의 사역자들은 그에 대응하는 회의를 소집할 수 있다. 여기서 말하는 적대행위란 단순히 교회에 대한 물리적 박해를 말하는 것은 아니다. 물론 그럴 경우에도 공의회나 협의회가 모여 그에 대한 대처를 위한 논의를 할 수 있을 것이다.

하지만 여기서 말하는 위정자들의 공적인 적대행위란 국가가 교회를 어지럽히는 행위이다. 예를 들어 진화론과 단군신화에 관한 국가교육정책을 생각해 볼 수 있다. 대한민국의 경우 모든 어린이들은 초등학교 교육을 의무적으로 받아야 한다. 그런데 학교에서 성경이 말하는 것과는 정면으로 배치하는 이단사상을 가르칠 때 교회의 공의회와 협의회는 그에 관한 논의를 하며 분명하게 대처해야만 한다.[17)]

3 공의회synods와 협의회councils는 신앙과 양심에 관련된 문제로 인한 논쟁을 해결하고 공예배와 교회정치에 대한 규칙과 지도원리를 결정할 수 있다. 그리고 치리회의 실책에 대한 불평과 고소를 접수하여 권위 있게 판결하는 권한을 갖고 있다. 그렇게 해서 확정된 결의사항과 판결이 하나님의 말씀에 일치하는 경우 성도들은 그에 순종해야 한다. 그들이 그것을 따라야 할 또 다른 이유는 공의회가 성경의 교훈에 따라 세워진 권위를 가졌기 때문이다.[4]

4_ 마 18:17-20; 행 15:15,19,24,27-31; 16:4

① 공의회와 협의회의 권한

공의회와 협의회는 교회를 올바르게 세우고 보존하기 위해 적당한 지침을 내릴 수 있으며 개체 교회들을 간섭할 수 있다. 이는 단순한 힘의 논리를 배경으로 하지 않는다. 오히려 그것은 성경말씀의 올바른 교훈을 분별하며 참된 권위로써 교회에 제시하는 것이다.

그러므로 공의회와 협의회는 일반적인 문제에 대해 권위주의적 자세로 개체 교회들을 간섭하거나 명령할 수 없다. 협의회와 지支교회 사이에는 조직적 상하관계가 형성되는 것이 아니기 때문이다. 따라서 공의회와 협의회의 모든 결정사항은 성경말씀에 일치하는 경우에만 그 권위

17) 하지만 한국교회의 공의회나 협의회의 경우 진정으로 심각하게 대처해야할 그런 내용들에 대해서는 철저히 수용하면서, 엉뚱한 정치적 사안에 대해서는 관여하려고 하는 것은 원리에 크게 어긋난 행위이다.

를 가지게 된다.

② 신학적 문제를 확정짓는 일

지상에 속한 교회들 가운데는 항상 신학적 문제들이 발생한다. 교회는 결코 그것을 방치하거나 그에 대해 무관심해서는 안 된다. 이는 세상의 변화에 대해 교회가 취해야 할 대응자세가 결정되어야 하기 때문이다.

세상은 그전에 없던 새로운 문명과 문화로 인해 그 결과물들을 끊임없이 양산해 낸다. 또한 그것으로 말미암아 사람들의 가치는 지속적으로 변천해 간다. 그러나 교회는 하나님을 알지 못하는 자들과 동일한 사고를 함으로써 그들의 가치관에 끌려가서는 안 된다. 하나님의 자녀들은 도리어 세상으로부터 발생하는 잘못된 가치관에 휩쓸리지 않기 위해 저항하며 노력해야 한다.

그럼에도 불구하고 세상 가운데 살아가는 성도들은 직면한 문제들을 죄악된 이성에 따라 판단하게 되어 그런 것들이 서서히 개 교회 안으로 스며들게 된다. 공의회와 협의회는 세속적인 사조들이 교회를 위협하는 것을 보며 그에 대한 올바른 해석을 하는 가운데 진정한 성경적인 관점을 확정지어야 한다. 이는 곧 교회를 위한 분명한 신학적인 입장을 제시하는 것과 연관되는 문제이다.

③ 규칙과 지침을 정하는 일

지상에 존재하는 교회들은 원칙적으로 교회적 질서를 가지고 있어야 한다. 이는 직분에 관한 문제와 공예배에 관한 문제를 포함하고 있다. 즉 교회가 직분에 대한 공동의 체계를 가지고 공예배를 위한 공동의 절차를 가지고 있을 때 지상의 모든 참된 교회들은 하나의 교회로서 통일성 있는 형식을 취하게 되는 것이다.

공의회와 협의회는 바로 그것을 위해 규칙과 지침을 정하게 된다. 이는 개 교회나 개인이 자의적 판단에 따라 함부로 교회를 세우거나 예배

행위를 하지 못하도록 방지하는 기능을 한다. 사적인 주관과 생각이 교회적 질서를 어지럽히는 것을 감독하며 방지하는 것은 공의회가 해야 할 매우 중요한 임무이다.

④ 불평과 고소 문제를 결정하는 일

교회와 그에 속한 성도들은 여전히 죄악이 가득한 지상에 살고 있다. 그러므로 세상의 욕망을 완전히 떨치지 못하며 자신의 경험과 이성에 따른 사고를 할 수밖에 없다. 나아가 그런 행태는 비록 일상생활뿐 아니라 교회를 세워가는 과정에서도 발생할 수 있다. 즉 상이한 입장을 가지고 있으면서 서로간 자기의 주장을 교회 가운데 관철시키려 할 수 있는 것이다.

그렇게 되면 결국 다툼이 일어나게 된다. 그렇다면 그에 대한 문제를 누가 어떻게 결정해야 할 것인가? 물론 개인 성도들과 지교회가 그에 대한 해결을 위해 성의있는 노력을 해야만 한다. 그럼에도 불구하고 문제해결이 되지 않을 경우 결국은 공의회가 말씀과 규례에 따른 답변을 제시해야 한다. 공의회의 결정이 성경의 교훈에 온전히 조화된다면 교회를 이루고 있는 모든 성도들은 경건한 마음으로 그것을 받아들여야 할 의무가 있다.

4 사도시대 이후 모든 공의회와 협의회는 총회 차원이나 개별적 회의에서 항상 과오를 범할 가능성을 지니고 있다. 실제로 과거의 많은 회의들에서 실수들이 범해졌다. 그러므로 공의회와 협의회는 신앙과 행위에 대한 절대적 규범의 원천이 될 수 없으며, 신앙과 실제적인 측면에서 도움을 주게 될 따름이다.[5]

5_ 고후 1:24; 행 16:11; 고전 2:5; 엡 2:20

① 공의회와 협의회의 한계

사도교회 시대의 예루살렘 공의회는 해석에 오류가 없는 완벽한 기관이었다. 당시 교회들 가운데 신학적 논쟁이나 현실적 문제가 발생하면 공의회가 그에 대한 사도적 해설자가 되었다. 따라서 예루살렘 공의회의 결정은 절대적인 것으로서 그것이 곧 진리였다.

하지만 사도시대 이후의 모든 공의회와 협의회의 결정은 절대적이지 않다. 말씀을 기초로 한 올바른 해석과 결정을 하기 위해 상당한 노력을 한다 할지라도 실수가 생겨날 수 있다. 그러므로 공의회의 결정을 성경의 권위와 동등선상에서 절대적인 지침으로 삼아서는 안 된다.

② 절대적인 규범을 제정하는 것이 아님

사도시대 이후의 공의회와 협의회는 절대적인 규범을 제정하는 기관이 아니다. 그런 모임들은 교회를 보호하기 위해 성경의 진리를 순종하며 그에 대한 겸손한 해석과 결정을 하게 된다. 공의회의 결정은 지교회들과 성도들에게 신앙적인 도움을 주는 역할을 해야 하는 것이다.

그러므로 공의회와 협의회의 결정을 성경말씀 이상으로 절대시하는 오류에 빠지지 말아야 한다. 자칫 잘못하면 그것을 통해 도리어 하나님과 말씀을 능욕하는 죄에 빠지게 된다. 역사 가운데는 공의회의 결정을 절대규범으로 삼는다는 명분으로 그것을 자기를 위한 도구로 삼음으로써 하나님의 교회를 어지럽힌 자들이 숱하게 많이 있다.

5 공의회와 협의회는 교회에 관련된 사항 이외의 다른 사안을 취급하거나 결정해서는 안 된다. 그리고 국가의 세속정치 문제에 간섭하려해서는 안 된다. 다만 특별한 경우 위정자에게 겸허한 태도로 청원할 수 있으며, 혹 위정자의 요구가 있을 때 양심껏 충고하는 방식을 취할 수 있다.[6]

6_ 눅 12:13,14; 요 18:36

① 공의회와 협의회가 다룰 수 있는 사안

지상에 존재하는 교회와 성도들은 항상 변천하는 세상 가운데 살아가고 있다. 이는 언제든지 신학적 해석을 내려야 할 만한 사안들이 발생하게 됨을 뜻한다. 나아가 지상의 교회들 가운데는 항상 분쟁의 요소가 존재하고 있다. 공의회와 협의회는 교회의 질서유지와 진리를 보존하기 위해 설립된 기관이다.

그 기관들은 현실 교회가 직면한 근본적인 문제들을 다루어야 한다. 거기에는 신학적인 문제와 교회의 실천적인 문제들이 포함되어 있다. 공의회는 바로 그런 사안들에 대해 신학적인 답변을 제시하고 그 문제들을 원만하게 해결하기 위해 설립되었다. 그러므로 공의회는 교회와 관련된 문제만 다루어야 한다.

② 국가에 대한 태도

공의회와 협의회는 세속국가의 사안에 간섭하거나 관여할 수 없다. 나아가 국가와 관련된 사회문제에 대해서도 간섭해서는 안 된다. 설령 국가와 사회에 커다란 문제가 발생했다고 할지라도 공의회가 그에 대한 결정을 할 수 없는 것이다. 이는 공의회와 협의회의 설립목적이 그런 문제들을 해결하기 위한 것이 아니기 때문이다.

하지만 특별한 경우 국가 위정자의 요구가 있을 때 그에 대해 양심껏 충고하는 방식을 취할 수 있다. 여기서 말하는 특별한 경우란 국가가 성도들에게 신앙에 위배되는 악행을 강요한다거나 비진리를 강제적으로 주입하는 교육을 시행하는 경우 등을 말한다. 그런 경우 공의회와 협의회는 교회가 소유한 진리를 보존하기 위해 청원하는 형식을 취할 수 있다.

제32장
인간의 사후死後 상태와 죽은 자의 부활

개괄적 이해 〉〉

인간의 죽음은 죄로 말미암는 것이다. 하지만 그 죽음은 끝을 말하는 것이 아니라 새로운 세계의 시작을 의미하고 있다. 하나님의 자녀들은 의로운 부활을 예비하게 되며 사탄에게 속한 자들은 심판의 부활을 눈앞에 두게 된다. 이 세상에서 살다가 죽은 모든 인간들은 최종적인 하나님의 심판을 피할 수 없다.

마지막 심판날이 되면 하나님의 자녀들은 의의 부활을 하게 되지만 악인들은 심판의 부활을 맞이한다. 의인들은 부활하신 예수 그리스도의 몸과 같이 신령한 몸을 입을 것이다. 그들은 영원한 천국에서 하나님을 경배하며 원래 하나님께서 인간을 창조하셨던 그 의미 가운데 참여하게 된다.

그러나 하나님을 알지 못하는 자들의 영혼은 영원한 심판에 처해지게 된다. 이는 범죄한 아담의 형상만을 지닌 인간들에 대한 하나님의 심판이다. 공의의 하나님께서는 사탄으로 말미암은 자들에 대해 궁극적인 심판을 하시게 되는 것이다.

제 32 장

인간의 사후死後 상태와 죽은 자의 부활

1 인간의 육체는 죽은 후 흙으로 돌아가 썩게 된다.[1] 그러나 그 영혼은 결코 죽거나 잠들지 않고 불멸의 실체로서 조물주이신 하나님께로 즉시 돌아간다.[2] 의인의 영혼은 죽는 순간 거룩하게 되어 완전해져서 지극히 높은 천상의 나라에 들어가 빛과 영광중에 거하시는 하나님의 얼굴을 대하게 된다. 그들은 그곳에서 몸의 완전한 구속救贖을 기다린다.[3] 한편 악인의 영혼은 죽은 후 지옥에 던져져 그곳에서 고통과 흑암 중에서 마지막 심판을 기다리게 된다.[4] 성경은 인간의 육신이 죽은 후 영혼들이 갈 곳에 대해 위의 두 영역밖에 말하지 않는다.

1_ 창 3:19; 행 13:36

2_ 전 12:7; 눅 23:43

3_ 행 3:21; 고후 5:1,6,8; 엡 1:23; 4:10; 빌 1:23; 히 12:23

4_ 마 25:41; 눅 16:23,24; 행 1:25; 벧전 3:19; 유 1:6,7

① 인간의 육체와 영혼

인간의 육체는 한시적이다. 인간은 죽게 되면 그 육체가 흙으로 돌아가 썩게 된다. 그러나 인간의 영혼은 불멸의 본질을 가지고 있다. 인간이 죽는다 할지라도 그의 영혼은 불멸의 존재로서 즉시 영원한 세계를 향하게 되는 것이다. 그러므로 인간이 죽은 후의 영혼은 잠들거나 죽는 것이 아니다.

의인이든 악인이든 간에 죽은 인간들의 영혼은 새로운 몸을 입게 될 날이 오게 된다. 마지막 심판날이 곧 그날이다. 모든 인간들은 죽은 후 새로운 세계에 들어가게 되는데 의인은 천국으로 가게 되며 악인은 지옥에 들어가게 된다.

② 의인들의 영혼

하나님으로부터 의로운 자로 인정받은 성도들의 영혼은 즉시 천상의 나라로 들어가게 된다. 이는 그들이 육체를 완전히 떠나 거룩하게 되었기 때문이다. 그들이 거룩하게 되어 천국에 들어가게 되는 것은 하나님의 선택과 그리스도의 구속사역으로 말미암은 것이다.

하나님의 자녀들은 죽음과 더불어 그리스도로 말미암아 완전케 된 삶이 드러나게 된다. 그러므로 성도들의 영혼은 천국에서 빛과 영광 가운데 하나님을 뵙게 되는 것이다. 거기서 그들은 하나님의 심판날에 이룩될 몸의 완전한 구속을 기다리게 된다.

③ 악인들의 영혼

하나님을 알지 못하는 악인들은 하나님으로부터 의롭다고 인정받지 못한다. 그들은 처음부터 하나님을 알지 못하는 자들이었다. 그들이 악인으로 불리는 것은 세상에서 있었던 그들의 비윤리적 삶 때문이 아니라 원래부터 창조주 하나님과 아무런 상관이 없는 자들이기 때문이다.

그러므로 죽는 순간 그들의 영혼은 지옥으로 던져지게 된다. 그곳은 칠흑같이 어둡고 무서운 고통이 가득한 곳이다. 그들은 거기서 죄악으로 인한 고통을 겪게 된다. 거기서 그들은 하나님의 궁극적인 심판날을 기다리게 되는 것이다.

2 마지막 심판날 살아남아 있는 성도들은 죽지 않고 그 몸이 변화될 것이며,[5] 이미 죽은 모든 성도들은 전과 같이 여전한 몸으로 부활하게 된다. 그러나 부활한 몸은 질적인 면에서 그 전과 같지 않으며, 그 몸은 자신의 영혼과 영원히 결합하게 될 것이다.[6]

5_ 살전 4:17

6_ 빌 3:21; 욥 19:26,27

① 마지막 날에 살아있는 성도들

마지막 심판날에는 육신의 죽음을 경험하지 않고 지상에 살아남아 있는 성도들이 많이 있을 것이다. 그들은 그날 순간적으로 새로운 몸으로 변화하게 된다. 변화된 그들은 죽었다가 부활한 성도들의 몸과 동일한 체질의 몸을 가진다. 그리하여 죽은 자들이나 산 자들 모두 동일한 새로운 몸을 입게 되는 것이다.

② 죽은 성도들이 부활하게 될 몸

이땅에 살다가 죽은 성도들은 마지막 심판날 새로운 몸으로 부활하게 된다. 죽었던 의인들의 모든 영혼이 새로운 몸과 영원토록 결합하는 것이다. 하지만 부활한 성도들의 몸은 그전에 살아있을 때 가졌던 육체와는 질적으로 다르다. 처음 가졌던 인간들의 몸은 썩을 육체였으나 두 번째 얻게 되는 몸은 영원히 썩지 않는 몸이다.

3 마지막 심판날 불의한 자들의 몸은 그리스도의 능력에 의해 욕된 것으로 부활한다. 그러나 의로운 자들의 몸은 성령으로 말미암아 영광스러운 상태로 다시 살게 되어 그리스도의 영광스러운 몸의 형상으로

변화하게 된다.[7]

7_ 요 5:28,29; 행 24:15; 고전 15:43; 빌 3:21

① 불의한 자들의 몸

하나님을 알지 못하는 자들도 성도들과 마찬가지로 부활하게 된다. 그들의 부활 역시 그리스도의 권능으로 말미암는다. 하나님께서는 썩지 않는 새로운 몸을 입은 그들을 궁극적으로 심판하고자 하시는 것이다.

그러므로 불의한 자들은 영원한 지옥에서 고통과 굴욕을 당하게 된다. 그것은 하나님을 떠나 타락한 아담의 형상을 지닌 그의 자손들에 대한 심판이다. 여기서 우리는 죄를 심판하시는 공의의 하나님의 속성을 잘 깨달을 수 있다.

② 의로운 자들의 몸

의로운 성도들의 부활한 몸은 성령의 무한한 은혜를 입게 된다. 그들은 성령으로 말미암아 하나님께서 예비하신 영광에 이르게 된다. 그들은 영원한 천국에서 하나님을 경배하며 원래 하나님께서 인간을 창조하셨던 그 의미 가운데 거하게 되는 것이다.

부활한 성도들은 예수 그리스도의 신령한 몸과 같이 영광스러운 형상으로 변화된 몸을 입게 될 것이다. 그러므로 성도들은 서로간 신령한 눈으로 알아보며 영원토록 하나님을 찬양하는 삶을 누리게 된다.

제33장
최후의 심판

개괄적 이해 〉〉

예수님께서 재림하시는 날은 마지막 심판날이 된다. 그날은 인간 역사의 모든 것들이 하나도 빠짐없이 백일하에 드러나게 된다. 어느 누구도 자신을 감추거나 숨길 수 없으며 위장할 수 없다.

그날은 또한 하나님의 창조사역이 완성되는 날이다. 하나님께서는 그때 사탄의 훼방으로 인해 오염되고 파괴된 처음 창조세계를 궁극적으로 심판하시게 된다. 그렇게 하심으로써 재창조되어 완성된 새로운 세계가 열리게 되는 것이다.

제 31 장

최후의 심판

1 하나님께서는 예수 그리스도로 말미암아 공의로 세상을 심판하실 한 날을 정하시고[1] 그에게 모든 심판의 권세를 맡기셨다.[2] 그날에는 타락한 천사들이 심판을 받을 뿐 아니라[3] 땅 위에 살았던 모든 인간들이 그리스도의 심판대 앞에 서서 저들의 생각과 말과 행위의 전말을 밝히고 그들의 삶에 따라 선악간 보응을 받게 될 것이다.[4]

1_ 행 17:31

2_ 요 5:22,27

3_ 벧후 2:4; 고전 6:3; 유 1:6

4_ 전 12:14; 마 12:36,37; 롬 2:16; 14:10,12; 고후 5:10

① 이미 정해진 그날

하나님의 심판의 날은 이미 정해져 있다. 그것은 형편의 추이에 따른 결정이 아니다. 하나님께서는 세상의 마지막 날 타락한 천사들을 심판하고자 하셨으며 자기자녀들에 대한 구원과 죄인들에 대한 심판을 계획해 두고 계신다.

그러므로 인간들 가운데 그날을 피할 자는 아무도 없다. 선악간 모든 인간들은 그날을 통과해야만 한다. 그것을 통해 어떤 이들은 생명의 부활로 다시 태어나게 되며, 다른 어떤 이들은 사망의 부활로 인한 영원한 삶에 돌입하게 되는 것이다.

② 예수 그리스도의 심판

마지막 심판날의 재판관은 예수 그리스도이시다. 하나님께서는 성자를 통해 선악을 심판하시고자 하신다. 이는 완벽한 인간의 몸을 입으신 하나님의 아들이 사탄의 모든 세력을 심판하게 됨을 말하고 있다.

최종적인 심판은 창세기 3장 15절에 기록된 여자의 후손이 궁극적으로 행하신다. 지상에 오셔서 십자가 사역을 완성하신 예수님께서 처음 피조세계의 마지막 날 최종 심판을 하시게 되는 것이다. 즉 첫 번째 아담을 유혹하여 죄에 빠뜨린 사탄을 완벽한 인간이신 두 번째 아담이 궁극적인 심판을 행하신다.

③ 심판의 내용과 기준

하나님께서는 자신의 성품에 따라 선을 택하시고 악을 심판하신다. 인간들은 마지막 심판날 자신의 모든 것을 하나님 앞에 드러낼 수밖에 없다. 이땅에 살았던 모든 인간들은 예수 그리스도의 심판대 앞에 서게 된다.

그들은 자신의 생각과 말과 행동의 전말을 하나님 앞에 밝히게 되며 선악간 행한 모든 것으로 인해 보응을 받게 된다. 이렇게 되면 모든 인간들은 영원한 형벌을 받을 수밖에 없다. 인간들 가운데 자신의 삶에 완벽한 자들은 아무도 없기 때문이다. 따라서 하나님의 자녀들에게는 그리스도의 구속의 은혜가 적용됨으로써 심판을 통과하게 되는 것이다.

2 하나님께서 심판날을 정하신 목적은 택한 자들을 영원히 구원하여 자신의 자비의 영광을 나타내시고 거역하는 사악한 불택자들을 영원히 정죄하여 자신의 공의의 영광을 나타내시고자 함이다. 그때 의인들은 영생으로 들어가 주님으로부터 임하는 충만한 기쁨과 만족을 누리게 될 것이지만, 하나님을 알지 못하고 복음을 거역한 자들은 영원한 고

통 가운데 던져져 거기서 멸망의 형벌을 받게 된다.[5]

5_ 마 25:21,31-46; 행 3:19; 롬 2:5,6; 9:22,23; 살후 1:7-10

① 하나님의 영광이 드러남

하나님께서 마지막 심판날을 정하신 목적은 자신의 영광을 드러내시기 위해서이다. 하지만 사탄은 하나님의 심판이 있기까지 악한 자신의 성품대로 활동한다. 그러면서 인간들을 속이며 하나님을 능욕하고 있다.

따라서 하나님을 알지 못하는 인간들은 사탄에게 속아 그 심판날이 오게 되리라는 사실조차 예측하지 못한다. 나아가 사탄은 하나님의 자녀들마저 속이기 위해 몸부림을 친다. 사탄은 성도들을 미혹하여 하나님의 심판과 상관없이 타락한 인간의 욕망대로 살아갈 것을 요구하며 교회를 혼란케 하는 것이다.

② 택한 백성들을 구원하시기 위한 날

최후 심판은 하나님의 자녀들에게 있어서 궁극적인 축복이 임하게 됨을 의미한다. 의로운 자로 인정받은 성도들은 그 심판을 통해 하나님의 영광을 보게 된다. 그것으로 인해 하나님의 자녀들은 도리어 영원한 생명에 이르게 되는 것이다.

마지막 심판을 통과한 성도들은 하나님으로부터 임하는 충만한 기쁨과 만족을 누리게 된다. 그것은 이 세상에서 경험한 것과는 도저히 비교가 될 수 없는 것들이다. 하나님께서는 창세전에 선택하신 자기백성들에게 궁극적인 구원을 베푸시기 위해 마지막 심판날을 정하셨다.

③ 심판의 대상이 되는 인간

하나님께서는 사악하고 불순종하는 자들을 심판하여 정죄하신다. 그것을 통해 공의의 하나님이신 자신의 영광을 드러내신다. 그러므로 불신자들은 복음을 거역한 결과 공의에 따라 영원한 고통에 빠지게 된다.

우리는 그들에 대한 궁극적인 심판이 하나님의 영광으로 인한 것이라는 사실을 깨달아야 한다. 악인들은 하나님의 영광의 광채를 견딜 수 없다. 즉 그들은 하나님의 영광으로부터 오는 권능에 의해 영원한 형벌을 받게 되는 것이다.

3 그리스도는 장차 있을 심판날을 우리에게 확실히 확신시키고자 하셨다. 그것은 죄를 멀리하게 하고, 경건한 자들이 역경에 빠지게 될 때 더욱 큰 위로를 받게 하기 위함이다.[6] 그와 동시에 그리스도는 심판날을 사람들에게 숨겨두시기를 원하신다. 이는 성도들로 하여금 항상 깨어 있어서, '오시옵소서, 주 예수여, 속히 오시옵소서! 아멘'이라는 고백을 갖추어 살게 하려는 것이다.[7]

6_ 눅 21:27,28; 롬 8;23-25; 고후 5:10,11; 살후 1:5,7; 벧후 3:11,14

7_ 마 24:36,42-44; 막 13:35-37; 눅 12:35,36; 계 22:20

① 심판날에 대한 예언과 하나님의 위로

최후 심판에 대한 하나님의 예언은 성도들에게 커다란 위로가 된다. 그것을 통해 성도의 삶은 이땅에 얽매이지 않음을 확인하게 된다. 하나님께서는 자기자녀들에게 마지막 심판에 대한 확신을 가지게 함으로써 세상의 죄를 멀리하게 하셨다.

그러므로 경건하게 살아가는 성도들은 어려운 역경에 빠지게 될 때도 하나님의 심판을 기억하며 커다란 위로를 받게 된다. 최후 심판에 관한 하나님의 구체적인 약속으로 인해 성도들은 세상의 고통을 능히 이겨나가게 되는 것이다.

② 감추어진 심판의 날

주님의 심판날이 도래한다는 사실은 명백하지만 그날의 시기는 감추어져 있다. 사람들은 그날이 언제인지 궁금해 하지만 그것은 성도들을 위한 하나님의 놀라운 배려이다. 만일 그 심판날의 시기를 안다고 하면 약삭빠른 인간들은 그날을 계산하며 어리석은 삶을 위한 유혹에 더욱 쉽게 빠져들게 될 것이다.

따라서 성도들은 그 심판의 날을 알지 못하기 때문에 육신적인 안주에 빠지지 않고 주님을 더욱 간절히 바라보게 된다. 주님께서 언제 재림하실지 알지 못하므로 항상 깨어 있게 되는 것이다. 최후의 심판이 이루어질 날이 감추어져 있는 것은 우리를 위한 하나님의 은혜이다.

③ 궁극적인 소망의 날

성도들에게 있어서 궁극적인 소망은 주님의 심판에 달려 있다. 하나님을 알지 못하는 자들에게는 그날이 두려움의 날이 되겠지만 성도들에게는 기쁨과 소망의 날이 된다. 그날을 통해 최종적인 하나님의 뜻이 완성될 것이기 때문이다.

하나님의 자녀들은 인간들이 살고 있는 이 세상이 심판의 대상이 된다는 사실을 잘 알고 있다. 그것은 결코 피할 수 없는 과정이다. 그러므로 성도들은 세상의 고통 가운데서도 마땅히 도래하게 될 그날을 소망으로 삼고 살아가는 것이다. "아멘! 주 예수여, 속히 오시옵소서!"